Golfo de Vizcaya
FRANCIA
ANDORRA
Santander
Bilbao
Vizcaya
San Sebastián
Irún
Guipúzcoa
PAÍS VASCO
Álava
Vitoria
Pamplona
NAVARRA
Burgos
Logroño
LA RIOJA
Burgos
Huesca
Huesca
Lérida
Gerona
Gerona
Soria
Soria
Zaragoza
Zaragoza
CATALUÑA
Lérida
Barcelona
Costa Brava
ARAGÓN
Badalona
Barcelona
L'Hospitalet
Tarragona
Tarragona
Guadalajara
Guadalajara
Alcalá de Henares
Teruel
Teruel
MAR MEDITERRÁNEO
Cuenca
Cuenca
Castellón
TILLA-
Castellón de la Plana
ISLAS BALEARES
Menorca
VALENCIA
Valencia
Valencia
Palma de Mallorca
Mallorca
Real
Albacete
MANCHA
Albacete
Ibiza
Islas Baleares
Alcoy
Alicante
Formentera
Elche
Alicante
Costa Blanca
MURCIA
Murcia
Granada
ISLAS CANARIAS
Cartagena
OCÉANO ATLÁNTICO
Lanzarote
Almería
La Palma
Tenerife
Santa Cruz de la Palma
Santa Cruz de Tenerife
Fuerteventura
Almería
La Gomera
Las Palmas de Gran Canaria
Santa Cruz de Tenerife
El Hierro
Gran Canaria
Islas Canarias
Las Palmas
Melilla (España)

Línea verde 3

Paso a nivel

Katrin Feist
Helma Irene Gómez Gunaropulos
María Engracia López Sánchez
Bianca Maneval
Pilar Pérez Cañizares
Iván Reymóndez Fernández
Thomas Scholz
Konrad Steinmetz
María Suárez Lasierra
Antje Willma

Ernst Klett Verlag
Stuttgart · Leipzig

Línea verde 3 – Paso a nivel

von
Katrin Feist, Markkleeberg; Helma Irene Gómez Gunaropulos, Bietigheim-Bissingen; María Engracia López Sánchez, Tübingen; Bianca Maneval, Malterdingen; Dr. Pilar Pérez Cañizares, München; Iván Reymóndez Fernández, München; Thomas Scholz, Koblenz; Konrad Steinmetz, Nordheim / Main; María Suárez Lasierra, Ostfildern; Dr. Antje Willma, Leipzig

Beratung
Prof. Dr. Andreas Grünewald, Bremen

Zusatzmaterialien für Schülerinnen und Schüler zu diesem Band:
Cuaderno de actividades mit Audio-CD, *Klett-Nr. 535781*
Grammatisches Beiheft, *Klett-Nr. 535785*
Vokabellernheft, *Klett-Nr. 535786*
Diez minutos, Drehbuch, *Klett-Nr. 535546*

1. Auflage 1 5 4 3 2 | 12 11 10 09

Alle Drucke dieser Auflage sind unverändert und können im Unterricht nebeneinander verwendet werden. Die letzte Zahl bezeichnet das Jahr dieses Druckes.

Internetadresse: www.klett.de

Redaktion: Josefa Díaz, Doris Wieser, Noemi Zach

Gestaltung: Thomas Gremmelspacher
Umschlagfotos: Corbis GmbH; iStockphoto, Abimelec Olan
Illustrationen: Beate Klauder, Esslingen; Sabine Koch, Stuttgart
Karten: Graphi-Ogre/GEOATLAS (Vorderer und hinterer Bucheinband, 45, 81, 82, 104)
Umschlaggestaltung: Anne Bäßler
Reproduktion: Meyle + Müller, Medien-Management, Pforzheim
Druck: Druckhaus Götz GmbH, Ludwigsburg

Printed in Germany
ISBN 978-3-12-535780-8

9 783125 357808

Inhalt

Wegweiser durch Línea verde 3

Zeichenerklärungen

Auf der CD aus dem *Cuaderno de actividades* (Klett-Nr. 535781) findet ihr Aufnahmen der Lektions- und Hörtexte.

Dies ist eine Hörverstehensübung. Den Hörtext spielt euch euer Lehrer / eure Lehrerin vor.

Diese Symbole kennzeichnen Übungen für Partner- oder Gruppenarbeit. Unter den Partnerübungen sind auch Aufgaben, bei denen die Partner abwechselnd in ihrer Spalte die Lösung vor sich haben. So könnt ihr gegenseitig kontrollieren, ob ihr den Stoff gut beherrscht.

Übungen mit diesem Zeichen eignen sich zur schriftlichen Bearbeitung.

In diesen Übungen könnt ihr selbst Gesetzmäßigkeiten der spanischen Sprache erkennen und Regeln formulieren. Eure Ergebnisse könnt ihr im Grammatischen Beiheft (Klett-Nr. 535785) überprüfen.

Hier übt ihr wichtige Lern- und Arbeitstechniken, die euch das Spanischlernen erleichtern. Auch Lerntipps sind so gekennzeichnet.

In so gekennzeichneten Übungen könnt ihr alles anwenden, was ihr bisher gelernt habt.

Diese Übungen eignen sich besonders gut dafür, eure Resultate zu sammeln und in einer eigenen Mappe abzuheften. In diesem *Portfolio* könnt ihr im Laufe der Zeit euren Lernfortschritt erkennen und anderen zeigen, wie gut ihr bereits Spanisch sprecht und schreibt.

[ ] Dieses Symbol kennzeichnet Buchteile, die durchgenommen werden können, die aber auch entfallen können.

(§ + *Zahl)* hinter den Titeln der Übungen verweist auf den Paragraphen mit dieser Nummer im Grammatischen Beiheft. Dort könnt ihr Erklärungen zu der grammatischen Struktur, die hier besonders geübt wird, nachlesen.

535780-0001 Unter diesen Online-Links findet ihr und euer Lehrer / eure Lehrerin weitere Materialien wie die Estrategias aus *Línea verde* 1 und 2, weitere Linktipps und Hinweise zu den Statistiken. Einfach die Nummer unter www.klett.de/online eingeben.

Weitere Rubriken

Repaso: Im Anschluss an die Lektionen 2, 4, 6 und 8 findet ihr Wiederholungsphasen mit Aufgaben zum Lernstoff der vorangehenden Lektionen und Wiederholungsübungen zu wichtigen Strukturen aus dem vergangenen Schuljahr. Die Lösungen zu diesen Aufgaben stehen in den *Soluciones* (S. 186–191).
Im *Glosario cultural* (S. 120–129) findet ihr wichtige Landeskundeinformationen zu den Themen der Lektionen. In manchen Übungen werdet ihr aufgefordert, dort nachzuschlagen. Ihr könnt das *Glosario cultural* aber auch sonst zur ersten Informationssuche verwenden.
Das *Vocabulario* (S. 130–153) verzeichnet alle neuen Vokabeln, nach Lektionen geordnet und in der Reihenfolge ihres Vorkommens. Es enthält auch Verweise auf ähnliche Wörter in anderen Sprachen, bereits bekannte spanische Wörter aus der gleichen Wortfamilie, Synonyme und Antonyme (Wörter mit der gleichen oder entgegengesetzten Bedeutung) sowie Beispielsätze. Diese solltet ihr immer mitlernen, denn im Satzzusammenhang prägt man sich die Wörter besser ein. Im lektionsbegleitenden Vokabular stehen auch Übersichts-Kästchen zu allen grammatischen Strukturen. Angegeben ist auch der Paragraph im Grammatischen Beiheft, in dem ihr die Regeln nachlesen könnt.
Das *Diccionario* (S. 154–185) listet den gesamten Lernwortschatz aus *Línea verde 1–3* in alphabetischer Reihenfolge auf (Spanisch-Deutsch und Deutsch-Spanisch). Es enthält zusätzlich weitere Wörter, die ihr nur erkennen und verstehen solltet.

1 Jóvenes en camino

A

B

E

F

G

H

1 Tiempo libre, tiempo de aventuras

a Mirad las fotos. ¿Dónde creéis que se encuentran los chicos? ¿Qué están haciendo?

b Escuchad lo que cuentan los jóvenes en el cedé. Relacionad las fotos con los informes. ¿Cómo se llaman los chicos y de dónde son? ¿Qué hacen y por qué les gustan estas actividades?

c ¿Habéis practicado alguna de estas actividades o actividades parecidas? ¿Cuál de las actividades os gustaría hacer y cuál no? Discutid en grupos y justificad vuestras opiniones.

2 Jóvenes en cifras (§ 1)

a Resumid en un e-mail a unos compañeros hispanohablantes lo que habéis entendido de las estadísticas. Usad porcentajes y números quebrados *(Bruchzahlen)*.

Ejemplo: Tres cuartos de los chicos entre 15 y 19 años van al cine en su tiempo libre.

b Continuad el e-mail del ejercicio 2a. Preguntadles a vuestros compañeros hispanohablantes si pueden confirmar los datos. Proponedles hacer entre los dos cursos una estadística parecida para comparar.

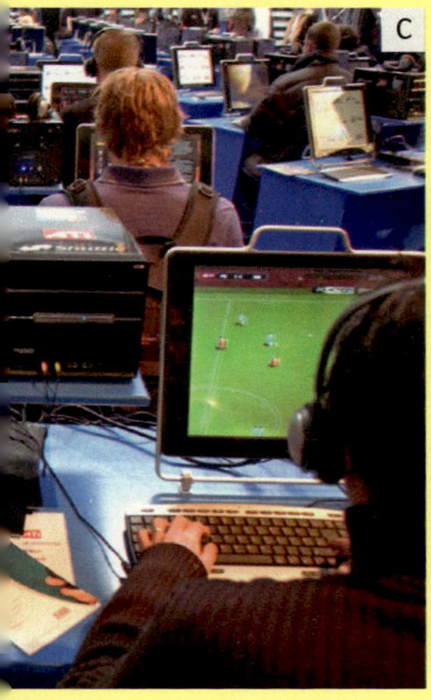
C

D

I

Estadística 1

Tiempo medio disponible en horas a la semana para ocio de la población joven (15 – 29 años), por sexo y grupos de edades

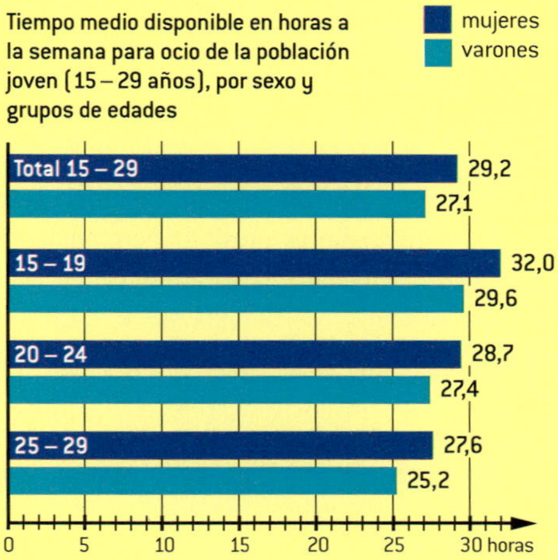

www.injuve.mtas.es (2004) 535780-0001

Estadística 2

Actividades de tiempo libre de los jóvenes españoles entre 15 y 19 años

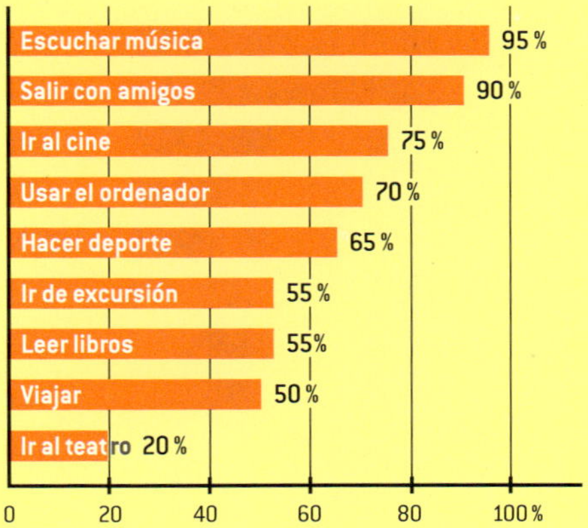

Con estas expresiones puedo hablar de estadísticas

números quebrados
- $^1/_2$ la mitad (de)
- $^1/_3$ un tercio (de) / una tercera parte (de)
- $^2/_3$ dos tercios (de) / dos terceras partes (de)
- $^1/_4$ un cuarto (de) / una cuarta parte (de)
- $^3/_4$ tres cuartos (de) / tres cuartas partes (de)
- $^1/_5$ un quinto (de) / una quinta parte (de)
- $^1/_{10}$ un décimo (de) / una décima parte (de)

comparaciones y generalizaciones
- en general
- aproximadamente
- más o menos
- con menor frecuencia
- un número superior / inferior a …
- más / menos chicos que chicas …
- tantos chicos como …

sustantivos útiles
- la cantidad
- la cifra
- la frecuencia
- el número
- la mayoría
- la minoría

c Haced una estadística de vuestra clase para vuestros compañeros hispanohablantes. Comparad los resultados con los datos del grupo de jóvenes españoles de 15 a 19 años.

Dani ha escrito el siguiente artículo para una revista juvenil de tiempo libre.

Verano en Asturias

Me acabo de apuntar a un campo de trabajo en un pueblecito asturiano, en medio de montañas espectaculares. El proyecto tiene una duración de tres semanas y lo subvenciona El Principado: se trata de restaurar cabañas de pastores abandonadas en zonas altas de montaña y prepararlas como refugios a fin de que pueda descansar la gente que hace senderismo por la zona. De esta forma, ayudamos al desarrollo turístico de la región. En el proyecto participan dos monitores y unos veinte chavales de entre 15 y 20 años. A pesar de que es un trabajo duro, estamos muy motivados y trabajamos al máximo para restaurar el mayor número posible de cabañas. Nos alojamos en el camping del pueblo y allí dormimos en tiendas de campaña. Cada día tenemos dos kilómetros de subida hasta la zona de trabajo; es bastante si tenemos en cuenta que vamos con las mochilas llenas de comida y de material de trabajo, pero no nos importa porque nos encanta la montaña. Trabajamos unas seis horas al día, de modo que, después de la jornada de trabajo, no disponemos de mucho tiempo libre; no obstante, la organización ofrece juegos, actividades deportivas y de carácter cultural. ¡Os recomiendo que os apuntéis!

Carla está pasando sus vacaciones en casa. Llama por teléfono a su amiga Irene para hablar con ella.

¡Qué vacaciones!

Carla: ¿Qué tal, chica? ¿Cómo estás?

Irene: Hola, Carla. Aquí, en casa … Como mis padres tienen que trabajar y a mi querido hermano no le da la gana de ayudar lo más mínimo, tengo que ocuparme yo sola del enano, y no veas qué pesadito se puede poner.

Carla: ¿Te da mucha guerra?

Irene: ¡No creo que tú hayas tenido nunca tanto estrés! No me deja tranquila: que si llévame al parque, que si no quiero comer … Además mi hermano mayor no hace más que poner música a todo volumen y monopolizar el televisor todas las tardes. Entre los dos me tienen de los nervios; no sé si lo podré resistir. Y tú, ¿qué tal por ahí? ¿Cómo estás pasando estos días?

Carla: Bien … ¡Por fin puedo dormir todo lo que quiero! Voy a la piscina con las amigas, después salimos por ahí … Pero, aunque ahora no tengo que estudiar, mis padres sólo me dejan salir hasta las diez: aunque haya una fiesta de cumpleaños y todos se queden hasta tarde: «a las diez, en casa». Supongo que me cuidan mucho para que no me pase nada … Dime tú qué me va a pasar … Y los domingos … bueno … mis padres quieren que salgamos todos juntos de excursión. A mí me gustaría quedar con las chicas, pero se ponen tan pesados con lo de los valores familiares, que te aseguro que no me queda más remedio que ir con toda la familia.

Irene: Pues menudas vacaciones nos han tocado …

3 **subvencionar algo** etw. subventionieren – 3 **una cabaña de pastor** eine Schäferhütte – 5 **el senderismo** das Wandern – 10 **una tienda de campaña** ein Zelt – 20 **un enano** ein Zwerg – 25 **monopolizar algo** *hier:* etw. für sich allein beanspruchen

1 Proyectos

a El jefe de redacción de la revista acepta el artículo de Dani, pero os encarga a vosotros redactar el primer párrafo para resumir la noticia. Considerad las siete preguntas básicas: ¿Qué? ¿Cómo? ¿Cuándo? ¿Dónde? ¿Quién? ¿Por qué? y ¿Para qué?

b Imaginaos que participáis en un proyecto en España y buscáis más voluntarios en un instituto. Presentadles el proyecto y motivadlos a participar. ¡Intentad motivar al máximo a los compañeros para que se apunten a vuestro proyecto!

2 Jóvenes de vacaciones

a ¿De quién creéis que habla Irene cuando dice «tengo que ocuparme yo sola del enano» (líneas 19–20)? ¿Creéis que está contenta con las vacaciones? Justificad vuestra respuesta. ¿Qué aspectos positivos de sus vacaciones en casa menciona *(erwähnt)* Carla?

b ¿Qué diferencias hay entre lo que hacen las chicas durante las vacaciones y lo que hacéis vosotros? Haced una lista con vuestras actividades.

c En parejas, imaginaos que contáis a un amigo / una amiga cómo estáis pasando las vacaciones. Con la ayuda de las notas del ejercicio 2b, poneos espalda contra espalda y representad una conversación telefónica.

3 El próximo puente *(Brückentag)* (§ 2)

Irene y su hermano Nacho hablan de lo que (no) harán en los próximos días libres.

a Trabajad en parejas y completad las frases del diálogo con el presente de indicativo y de subjuntivo.

Irene
Aunque **(yo, tener)** un examen muy importante, no me quedaré en casa para estudiar.
¿De verdad? ¡Pero si a ti te encanta estudiar! Yo creo que te meterás en tu habitación como siempre. Bueno, quizás **sales / salgas** para comer.
Y dormiré un montón, aunque tú **(poner)** la música a todo volumen.
¡Buena idea! Yo también pienso hacerlo, aunque ahora, en realidad, ya **duermo** todo lo que quiero.
Y aunque **(hacer)** mal tiempo, iré a la piscina con las amigas.
Oye, quizás te **acompaño / acompañe** para que me **presentes** a esas chicas.
¡No, no, por favor! Iré sin ti, aunque… **(ser)** mejor que tú también **(venir)**. Así te puedes ocupar de nuestro hermano.
No sé, no sé … quizás no me **interesa / interese** tanto como pensaba …
Y lo más importante, aunque no **(yo, saber)** si es buena idea contártelo: quiero salir con el chico más guapo de la clase…
…aunque **sea** el más aburrido, ¿no?
Pues sí, y saldremos juntos, aunque a mamá y a papá no les **(gustar)** la idea.
Tú y tus planes. ¿Quién sabe? ¡Quizás **tienes / tengas** suerte, hermanita!

Nacho
Aunque **tenga** un examen muy importante, no me quedaré en casa para estudiar.
¿De verdad? ¡Pero si a ti te encanta estudiar! Yo creo que te meterás en tu habitación como siempre. Bueno, quizás **(tú – salir)** para comer.
Y dormiré un montón, aunque tú **pongas** la música a todo volumen.
¡Buena idea! Yo también pienso hacerlo, aunque ahora, en realidad, ya **(yo, dormir)** todo lo que quiero.
Y aunque **haga** mal tiempo, iré a la piscina con las amigas.
Oye, quizás te **(yo, acompañar)** para que me **(tú, presentar)** a esas chicas.
¡No, no, por favor! Iré sin ti, aunque… **es** mejor que tú también **vengas**. Así te puedes ocupar de nuestro hermano.
No sé, no sé … quizás no me **(interesar)** tanto como pensaba …
Y lo más importante, aunque no **sé** si es buena idea contártelo: quiero salir con el chico más guapo de la clase …
… aunque **(ser)** el más aburrido, ¿no?
Pues sí, y saldremos juntos, aunque a mamá y a papá no les **guste** la idea.
Tú y tus planes. ¿Quién sabe? ¡Quizás **(tú, tener)** suerte, hermanita!

b ¿Qué otras cosas creéis que harán Irene y su hermano el próximo puente? Escribid tres oraciones en las que aparezcan las conjunciones *aunque* y *quizás*.

4 Campos de trabajo, voluntariados y ONG (§ 2)

Completad el texto con las conjunciones de la casilla. Atención: hay varias soluciones posibles.

Organizaciones No Gubernamentales

A muchos jóvenes españoles les gusta ayudar a los demás, **1** muchos se deciden a trabajar con una ONG[1]. Y desean hacerlo **2** tengan que dejar sus casas durante varios meses para ayudar en países con problemas. Colaboran en diferentes proyectos **3** la gente de esos lugares pueda tener una buena educación y mejores condiciones de vida … **4** estos jóvenes quieren darlo todo, algunos tienen problemas con la nueva situación. **5** no es fácil para todos, la gran mayoría de los voluntarios seguirá ahí, porque creen que es posible un mundo mejor.

¡Recuerda!

• para que • a fin de que	*+ subjuntivo*
• así que	*+ indicativo*
• aunque • a pesar de que • de modo que	*+ indicativo / subjuntivo*

1 **una ONG** eine Nichtregierungsorganisation

5 Con tu ayuda el mundo será mejor (§ 3)

a Leed las frases y completad la información con los comparativos y superlativos correspondientes a los adjetivos en negrita.

+	–
• superior	• inferior
• óptimo, -a	• pésimo, -a
• mayor	• menor

Ejemplo: El año pasado el trabajo de los voluntarios fue **bueno**.
Este año su trabajo fue **mejor / óptimo**.

1. Muchas personas en el primer mundo tienen un nivel educativo **bajo**.
   Muchas personas en el tercer mundo …
2. El año pasado muchas ONG tuvieron resultados **buenos**.
   El año pasado algunas …
3. Un **pequeño** número de voluntarios se queda seis meses en el campo de trabajo. Un … (más de seis meses).
4. La situación económica de algunas familias es **mala**. La situación económica de otras familias …
5. En España las personas tienen un nivel de vida **alto**. En Suecia …
6. Algunos voluntarios hacen un **gran** esfuerzo para ayudar a los demás. Otros hacen …

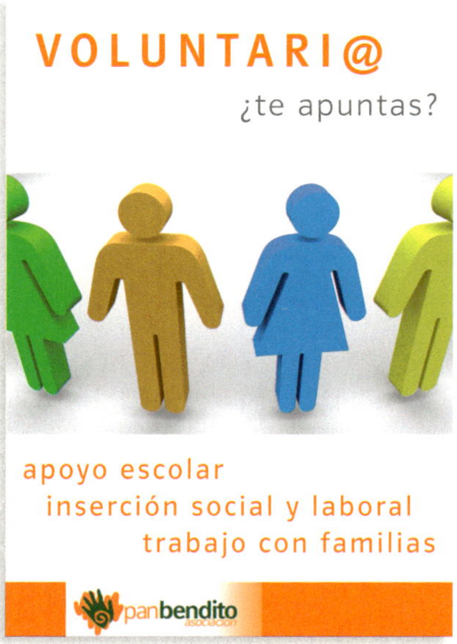

b ¿Cuál es el mensaje de estos carteles *(Plakate)*? Discutid en parejas.

6 Cooperación para el desarrollo (§ 1)

La siguiente estadística muestra lo que hacen los jóvenes españoles para ayudar a la gente pobre.

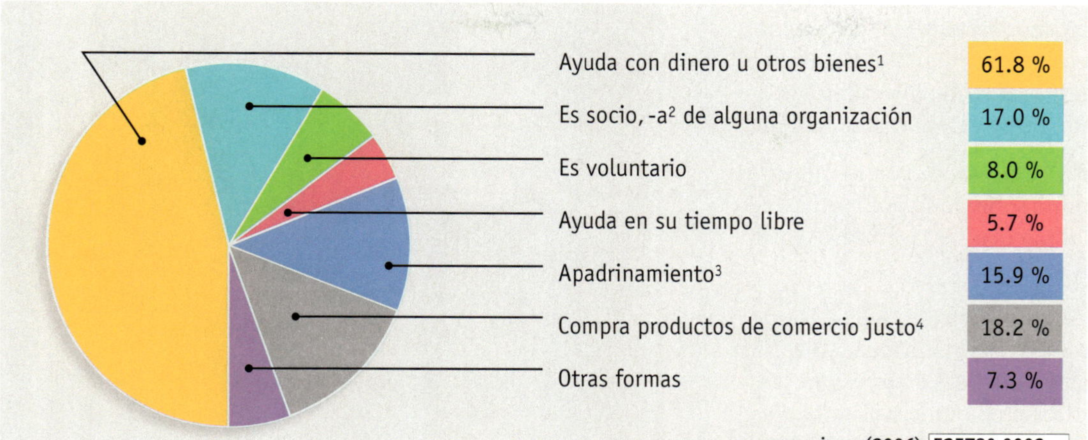

www.cis.es (2006) 535780-0002

a Con ayuda de los datos de esta estadística escribid un pequeño texto para la revista de un instituto. Usad los números quebrados.

b ¿Qué hacéis vosotros para ayudar a los demás? ¿Qué os gustaría poder hacer en el futuro? Discutidlo con vuestros compañeros y compañeras. Para más información podéis mirar las páginas web de varias organizaciones de ayuda.

[1] **los bienes** die Güter – [2] **un socio, una socia** ein Mitglied – [3] **el apadrinamiento** die Patenschaft – [4] **el comercio justo** der faire Handel

Enlaces *(Links)* 535780-0002
www.intervida.org
www.intermonoxfam.org
www.fundacionvicenteferrer.org

7 Un accidente *(Unfall)*

Imaginaos que estáis participando en un campo de trabajo en España. Uno de vuestros compañeros se ha caído *(ist gefallen)* y se ha roto un pie. El monitor llama a sus padres a través de *webcam*, pero él no sabe alemán y los padres del chico tampoco saben español, así que necesitan vuestra ayuda. Haced de intérprete *(Dolmetscher)*.

Ejemplo: Hola, señor Schwarz. → Hallo, Herr Schwarz / Er sagt …

Monitor: Hola, señor Schwarz. Soy Sergio, uno de los monitores del campo de trabajo donde se encuentra su hijo Till.
Tú: …
Padre: Guten Tag. Ist meinem Sohn etwas passiert?
Tú: …
Monitor: Till está bien. Ha tenido un pequeño accidente, pero no es nada grave.
Padre: Was ist denn passiert?
Monitor: Pues los chicos estaban subiendo la montaña hacia una de las cabañas. Uno de los compañeros de su hijo se salió del camino sin querer, Till quiso ayudarlo y se cayó.
Padre: Ist er verletzt?
Monitor: Parece ser que se ha roto un pie.
Padre: Waren Sie bei einem Arzt?
Monitor: Sí, lo hemos llevado al hospital más próximo.
Padre: Und was hat der Arzt gesagt?
Monitor: Le ha dicho que puede regresar al camping, pero que tendrá que esperar varios días hasta que el pie vuelva a estar bien.
Padre: Das Workcamp geht morgen zu Ende, nicht wahr?
Monitor: Sí, por eso le he llamado rápidamente.
Padre: Ich denke, das Beste wird sein, wenn ich ihn abhole. Aber ich weiß nicht, wann ich da sein kann.
Monitor: No se preocupe. Till se puede quedar con nosotros, los monitores, hasta que llegue usted.
Padre: Vielen Dank! Ich werde Sie anrufen und informieren sobald ich die Reise organisiert habe.
Monitor: De acuerdo. Nosotros nos ocuparemos de su hijo. Puede estar tranquilo.

1 Peregrinos *(Pilger)* jóvenes de todo el mundo

a Mirad en la página de la derecha el mapa del Camino de Santiago, ruta de peregrinos desde el siglo X (→ glosario cultural). ¿Qué regiones y paisajes recorre *(durchläuft)* el Camino? ¿Cuánto tiempo creéis que necesitan los peregrinos para recorrer esta distancia a pie?

b En la Edad Media *(Mittelalter)* los peregrinos hacían el Camino sobre todo por motivos religiosos. ¿Cuáles pueden ser los motivos de un peregrino hoy en día?

c Escuchad la entrevista del cedé. ¿De qué países vienen los peregrinos Mona, Anja, Nico y Dani? ¿Por qué hacen el Camino? ¿Qué se aprende sobre los preparativos, el ambiente y las dificultades *(Schwierigkeiten)* de este viaje?

Estrategia

Text- und Worterschließung bei Originaltexten

1 Selbst in der Muttersprache versteht ihr nicht immer jedes einzelne Wort eines Lese- oder Hörtextes. Das ist meistens auch gar nicht nötig. Eure Erfahrungen und Erwartungen, die Situation, der Kontext, Illustrationen, Gesten, der Tonfall etc. sind Dinge, die euch das Verstehen fast unmerklich erleichtern. Macht euch daher bewusst, was ihr vor dem Lesen oder Hören eines spanischsprachigen Textes bzw. was ihr bei einem Film ohne Ton schon alles versteht.

2 Auch müsst ihr oft nur einen Teil der Nachricht verstehen. Den übrigen Text, so kompliziert er auch erscheinen mag, könnt ihr dann beruhigt ausblenden. Deshalb, spart euch Arbeit und Frustration und beachtet die Aufgabenstellung genau.

3 Manche Wörter sind allerdings für den Text von so entscheidender Bedeutung, dass wir ohne ihre Kenntnis vieles falsch oder gar nicht verstehen würden. Dies ist für jeden Text und alle Zuhörenden oder Lesenden jeweils unterschiedlich, daher müsst ihr immer selbst entscheiden, welchen Begriff ihr genauer verstehen wollt.

4 Selbst dann müsst ihr nicht immer zum Wörterbuch greifen. Eure Vorkenntnisse aus anderen Sprachen, Fremdwörter, aber auch Wörter aus dem Spanischen ermöglichen es euch oft, zumindest die ungefähre Bedeutung eines Wortes zu erschließen.

¡Ahora vosotros!

Versucht die Bedeutung folgender Wörter der Originaltexte in *Panorama* aus Seite 15 zu erschließen. Überprüft eure Annahmen im *Vocabulario* dieses Lehrwerks.

andere Sprachen und Fremdwörter	spanische Wortbildung und Wortfamilien
representante, básico, espíritu, satisfecho, emoción, iglesia, saco	convivencia, cansancio, compañerismo, refrescar, escolar, artístico, cansarse, caminata

Mochileros hacia Santiago de Compostela

Llevan muchas noches sin dormir, con sus mochilas preparadas sólo de material y ropa básica. Nerviosos, inquietos, ilusionados. Son los 400 alumnos del IES Séneca que hoy partirán a hacer el Camino de Santiago en nueve autobuses, acompañados de 28 profesores, personal del centro, así como cuatro funcionarios de la Policía Nacional y tres representantes del Instituto Municipal de Deportes. Esta gran aventura, pionera por el gran número de escolares que se movilizan, es una «experiencia que trata de potenciar la solidaridad, la convivencia y la educación en valores, además del amor a la naturaleza y al patrimonio histórico y artístico», subraya el director del instituto, José Luna. Rosa Gallardo, «Mochileros hacia Santiago», www.diariocordoba.com, 01-04-2006 (abreviado)

1 un mochilero una persona que lleva una mochila – 3 **inquieto, -a** nervioso, -a – 3 **ilusionado, -a** erwartungsvoll – 3 **IES** Instituto de Educación Secundaria – 5 **municipal** *hier:* städtisch – 5 **pionero, -a** primero, -a – 6 **movilizarse** ponerse en marcha – 6 **potenciar algo** etw. fördern – 7 **un patrimonio histórico y artístico** ein Kulturgut

El IES Séneca en su segunda etapa (24 kilómetros)

La etapa de ayer, de Portomarín a Palas de Rey, comenzó cerca de las once, aunque el toque de diana se dio a las 7.30 horas. La jornada arrancó con niebla y con una fuerte subida. Disfrutaron de bosques, hórreos e iglesias románicas. El sol reinó durante el día, hasta que, pasadas las siete de la tarde, empezó a refrescar. Los alumnos pasaron mucho calor, pero aseguran que sólo le temen al frío de la noche.

«Hoy dormiré en mi saco con el abrigo», subrayó Nieves Ortega, de 4° de ESO. «Nunca he andado tanto como ahora, porque, incluso, al centro de Córdoba voy en autobús, pero aquí yo resistiré, aunque me canse», matizó. Su compañera, Cristina Madrid, que ha perdido la cuenta de las ampollas que tiene, añadió que «aunque llore de dolor, no voy a parar, porque esto sólo ocurre una vez en la vida, y se lo recomiendo a todo el mundo». Ambas están contentas por disfrutar de un espectacular paisaje y de unos pueblecitos encantadores. «Además, no nos hemos peleado, mantenemos el espíritu de compañerismo, y por donde vamos lo dejamos todo muy limpio», destacó Cristina, casi a un kilómetro de Palas de Rey y pasadas ya las 20.23 horas. El profesor José Aumente también se siente satisfecho del comportamiento de los alumnos. Quizá el cansancio evite muchas travesuras y, por eso, «pasadas las doce y media no se escucha una mosca». Sueños y emociones van llenando sus días de caminatas.

Un hórreo

Rosa Gallardo, «Ampollas, rozaduras … y muchas tiritas», www.diariocordoba.com, 04-04-2006 (abreviado)

3 **el toque de diana** der Weckruf – 3 **darse** sonar – 4 **un hórreo** ein Getreidespeicher – 5 **románico, -a** Baustil des 11. und 12. Jahrhunderts – 10 **matizar algo** etw. ausführen – 11 **una ampolla** eine Wundblase – 15 **encantador, -a** precioso, -a – 16 **destacar algo** etw. hervorheben – 19 **una travesura** una tontería, Unfug

2 El reportero «volante» *(fliegende)*

a Un reportero del *Diario Córdoba* acompaña al grupo. ¿Qué preguntas tiene que hacer para escribir los artículos «Mochileros hacia Santiago» y «El IES Séneca en su segunda etapa» (pág. 15)? ¿A quién tiene que preguntar? Escribid cinco preguntas en una hoja.

b Vosotros sois reporteros «volantes» en busca de respuestas a las preguntas de 2a. Entrevistad lo más rápido posible a varias personas de la clase y tomad notas. ¿Quién tendrá primero todas las respuestas? Cuidado: no sólo sois reporteros, también tenéis que contestar las preguntas de los demás.

3 Una experiencia inolvidable *(unvergesslich)*

¿Han conseguido los alumnos del IES Séneca lo que dice el director? Buscad ejemplos en el texto. Imaginaos también otras situaciones en el Camino que llevan a estos objetivos *(Ziel)*.

4 Un padre preocupado (§ 2)

a En la línea 10 del texto «El IES Séneca» (pág. 15) Nieves dice: «Yo resistiré, **aunque me canse**». Y Cristina añade: «**Aunque llore** de dolor, no voy a parar». Explicad por qué en estos casos *aunque* lleva el subjuntivo.

b Después de haber leído el artículo de prensa, el padre de Cristina se ha puesto muy inquieto *(unruhig)* y llama a su hija al móvil. Pero Cristina no toma en serio sus preocupaciones e intenta calmar *(beruhigen)* a su padre. Con la ayuda de los dibujos, de la casilla y de la información del texto, inventad pequeños diálogos. Utilizad en cada diálogo la conjunción *aunque* + *subjuntivo*.

Con estas expresiones puedo …

… tranquilizar y animar a alguien

- No te preocupes.
- No te pongas nervioso, -a.
- Verás como todo sale bien.
- No pasa nada.
- Tú tranquilo, -a.
- Anda.
- Anímate.

A

B

C

Ejemplo:
Padre: Y con ese tiempo, hija. Vas a tener frío, seguro.
Cristina: Tú tranquilo, papá. Tenemos abrigos. / Voy a continuar el Camino / resistiré / ***aunque*** …

D

c Julián, un compañero de clase, es más realista. Seguro que existen dificultades, pero no pierde el ánimo *(Mut)*. Continúa el Camino *aunque* las etapas son muy largas.
Inventad tres frases más utilizando *aunque* + *indicativo*.

5 ¡Sólo faltas tú!

a Mirad el cartel. ¿A quién se dirige? ¿Cuál es su mensaje *(Botschaft)*? Explicad el significado del lema *(Motto)* y de la foto.

b Para una campaña publicitaria *(Werbekampagne)* elaborad un cartel con fotos, un lema y un texto en español que se dirija especialmente a jóvenes que quieran hacer el Camino de Santiago. Podéis usar un lema de la lista de abajo o inventar otro.

- Santiago te deja tiritas *(Pflaster)* en el corazón
- Un destino, mil recuerdos
- Un Camino, muchas caras
- Encuentra el Camino

c Presentad vuestro cartel a toda la clase y explicad vuestras ideas. Comparad los carteles y después decidid cuál os gusta más.

6 El caminante *(der Wanderer)*

Este poema es de Antonio Machado (1875–1939), un poeta sevillano perteneciente *(zugehörig)* a la «Generación del 98» (→ glosario cultural). Leed el poema.

a ¿Qué sentimientos provoca el poema en el lector? Elegid dos palabras de la casilla. ¿Por qué tiene este efecto el poema?

b ¿De qué camino habla el texto? ¿Quién es entonces el caminante? Buscad también otras metáforas en el poema y su significado.

c ¿Qué quiere expresar el poeta con la frase «se hace camino al andar»? ¿Existe una meta *(Ziel)*? Y vosotros, ¿creéis que existe el destino *(Schicksal)* o que uno mismo decide su vida?

d Para muchos españoles estos versos tienen un sentido *(Sinn)* muy personal. Copiad el poema en vuestros cuadernos y añadid lo que significa para vosotros, por ejemplo en forma de fotomontaje *(Collage)* o con vuestros propios dibujos o textos.

Caminante, son tus huellas
el camino y nada más;
Caminante, no hay camino,
se hace camino al andar.
Al andar se hace el camino,
y al volver la vista atrás
se ve la senda que nunca
se ha de volver a pisar.
Caminante, no hay camino,
sino estelas en la mar.

Antonio Machado, «Proverbios y cantares XXIX», 1912 (abreviado)
En: Poesías completas, (ed. Manuel Alvar), Colección Austral 33, Espasa Calpe, Madrid, 1997.

- la monotonía
- el consuelo *(Trost)*
- la alegría
- la tristeza
- la tranquilidad
- la intranquilidad
- la solemnidad *(Feierlichkeit)*

1 **una huella** eine Spur – 5 **al andar** beim Gehen – 6 **la vista** → ver – 6 **atrás** ↔ adelante – 7 **una senda** un camino – 8 **haber de** deber – 8 **pisar** caminar – 10 **una estela** eine Kielspur eines Schiffes – 10 **la mar** lenguaje poético para *el* mar

7 Un paseo por Santiago de Compostela

a Santiago de Compostela, la capital gallega de más de 90.000 habitantes, es el final del Camino de Santiago. Vamos a dar un paseo por esta famosa ciudad. Mirad las fotos con algunas de sus atracciones. ¿Qué veis? ¿Cuáles de las atracciones os gustaría visitar? ¿Por qué?

b Escuchad el cedé y relacionad las fotos con los textos de la audición. Escuchad otra vez y tomad notas de los hechos más importantes.

fundar algo	etw. gründen	**una fachada**	eine Fassade
un fundador	ein Gründer	**la entrada**	der Eingang
un peregrino	ein Pilger	**un apóstol**	ein Apostel
un peregrinaje	eine Pilgerreise	**una tumba**	ein Grab

c En grupos de tres o cuatro haced una visita guiada *(Stadtführung)* a Santiago de Compostela. Sacad fotocopias de las imágenes de arriba y repartidlas en seis mesas del aula. Después guiad a vuestro grupo de «turistas» por el aula e imaginad que estáis en la ciudad. Explicadles las atracciones de las fotos. Los «turistas» tienen que hacer preguntas, comentar vuestras explicaciones y expresar interés o sorpresa.

Con estas expresiones puedo mostrar interés y sorpresa

- ¡Ay, qué guay / bonito / lindo / interesante!
- ¡Qué monumento tan precioso / maravilloso / hermoso!
- ¡Qué cosa / maravilla!
- ¡Qué raro!
- ¿Es verdad? No me lo puedo creer.
- ¡No me digas!

Cortesía española
(spanische Höflichkeit)

En España la gente suele expresar su interés, sorpresa y alegría más frecuentemente que en Alemania. Mientras los alemanes comentan una o dos veces su gusto o desagrado por algo, los españoles lo hacen varias veces. Por eso, si algún amigo español os invita a comer, no olvidéis mencionar varias veces que os ha gustado la comida.

1 El Camino en bici – una aventura virtual

Estáis organizando un viaje a Santiago de Compostela en bici de montaña con la clase de español. Un autobús os llevará con las bicis hasta León. Os quedan como máximo siete días para llegar a Santiago de Compostela (304 km). Viajáis (y trabajáis) en grupos de 3 ó 4 personas. Con la ayuda del mapa y los siguientes pasos elaborad un programa de viaje en el ordenador.

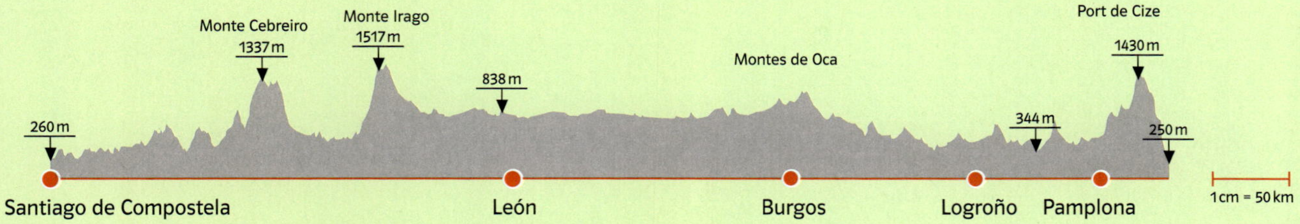

1. Repartid *(teilt)* el trayecto *(Strecke)* en 6 ó 7 etapas, según vuestra condición física. El gráfico y las direcciones web de la casilla os ayudarán. ¡Cuidado! No hay albergues *(Herbergen)* en todos los pueblos.

2. ¿Qué monumentos o qué paisajes os gustaría ver? Elegid por lo menos tres atracciones y añadid al documento fotos e información sobre los monumentos. Anotad también la fuente *(Quelle)*.

3. En la mochila no hay sitio para un diccionario. Por eso escribid una lista con vocabulario útil para el viaje (15-20 palabras).

4. En grupos escribid un artículo de prensa sobre vuestro viaje para el *Diario Córdoba* o contad vuestras aventuras en forma de un diario personal.

5. Pegad lo que habéis escrito en la pared y dad premios: un premio al *mayor* esfuerzo deportivo, un premio al *mejor* programa cultural y un premio a la presentación *más interesante*. Discutid qué grupos se han merecido los premios e inventad dos premios más utilizando *superlativos*.

Enlaces *(Links)* 535780-0003
www.xacobeo.es
www.caminosantiago.com
www.santiagodecompostela.org

2 Un hotel bonito en Santiago de Compostela

(→ Glosario cultural)

Después del largo viaje preferís dormir en un hotel bonito cerca de la catedral. Buscad una dirección en Internet y llevad la información a clase. Como no os gusta enviar datos personales por Internet, haced una reserva por teléfono. Las frases de la casilla amarilla os ayudarán. Poneos espalda contra espalda.

Con estas expresiones puedo ...

... hacer una reserva *(eine Unterkunft reservieren)*

- Quisiera reservar una cama en un dormitorio / una habitación individual / con baño / ducha para el [fecha] / desde el [fecha] hasta el [fecha].
- ¿Cuál es el precio por noche?
- ¿Incluye *(umfasst)* el desayuno?
- ¿Qué servicios hay?
- ¿Hay...
  - minibar?
  - aire acondicionado *(Klimaanlage)*?
  - Internet?
  - servicio despertador *(Weckdienst)*?
  - ascensor?
  - calefacción?
  - baño compartido *(Gemeinschaftsbad)*/ individual?

... y me pueden hacer estas preguntas

- ¿A qué hora llegará usted?
- ¿De qué manera / Cómo prefiere pagar usted? ¿Con tarjeta de crédito? ¿En efectivo?
- Indique, por favor, sus datos. ¿Puede deletrearme su nombre?
- ¿Podría confirmar usted su reserva por fax o e-mail?
- ¿Quiere que le confirmemos su reserva por fax o e-mail?

2 Ser joven: ¡qué difícil es!

A

B

1 Y tú, ¿qué piensas?

a Observad los carteles de las siguientes campañas contra las drogas. Describid lo que expresan. ¿Cómo interpretáis el mensaje?

b Vais a escuchar tres anuncios de radio. Relacionadlos con los carteles correspondientes.

c Leed las siguientes frases y escuchad de nuevo los anuncios. ¿Qué frases se refieren *(beziehen sich)* a cada anuncio?

1. El que bebe cree que es gracioso y guapo, pero en realidad hace el ridículo.
2. La educación es muy importante para evitar el alcoholismo y la drogadicción.
3. Las personas no nacen con problemas de drogas o alcohol, pero pueden llegar a tenerlos.
4. No es posible saber qué droga causa más daño que otra.
5. Las drogas y el alcohol pueden causar daños irreparables.
6. El peligro de las drogas no es un juego de niños.

d Haced una lista de ocho palabras de las que habéis escuchado en los anuncios. Intercambiadlas con un compañero / una compañera y ampliad vuestras listas.

e Resumid ahora el contenido de los tres anuncios y decid si os convencen *(überzeugen)* y por qué.

E

C

D

2 Una llamada telefónica

a Ahora escuchad la siguiente llamada telefónica. Describid la situación en que se encuentra el chico.

b Completad las frases con las expresiones de la casilla.

1. Pues, colega, esto ?, no sé por dónde empezar.
2. Mi padre ?.
3. ?. He suspendido 5 asignaturas.
4. Es que este fin de semana …, no sé, ?. La marcha fue muy fuerte.

- a mí no me va estudiar
- es flipante
- se largó hace la tira de tiempo
- me pasé de la raya

c ¿Sabéis si en vuestro país hay algún teléfono de ayuda para los jóvenes? ¿Quiénes creéis que llaman a estos teléfonos? ¿Los chicos o los familiares?

d Ahora elegid uno de los temas de la casilla y decidid un lema para una campaña publicitaria *(Werbekampagne)*.

- el consumo de tabaco, drogas o alcohol
- conducir con responsabilidad
- el sexo seguro
- la comida basura

Hoy toca ensalada

Andrés y Belén son dos amigos que se encuentran en la calle.

Andrés: Hola, Belén, ¿adónde vas?

Belén: Voy a casa a estudiar mates, ya sabes, no quiero suspender otra vez o quizá de pronto repetir …

Andrés: Venga … ¿No querrías venir a comer? Podríamos ir juntos al «Cutre», he quedado con Julián.

Belén: No sé, me asusta un poco el examen … tengo lo justito para estudiar y me sentiría más tranquila si …

Andrés: Pero, chica, si yo fuera tú, me relajaría …

Belén: Vale, vale, está bien, ¡vamos!

(En el bar)

Belén: Estoy muerta de hambre … ¿Qué tomamos?

Andrés: Mmh, aquí tienen unos bocadillos de chorizo con patatas fritas bien buenos. ¡Deberías probarlos!

Belén: ¡Ay, no! Últimamente me he pasado de la raya con las grasas y toda esa comida basura. Voy a comer una ensalada. A ver … Me gustaría una con mucho tomate …

Andrés: Ahora cuéntame. ¿Sabes algo de Jaime?

Belén: Sí, hemos chateado un par de veces y me ha dicho que estudia en el colegio de Ciudad de México en el que trabaja su madre.

Andrés: ¿Y cómo funciona el cole allí?

Belén: Pues me ha dicho que hay primaria, secundaria y preparatoria. Lo han puesto en el curso 4° de preparatoria que sería algo como 4° de ESO.

Andrés: Pero, en fin, ¿por qué se fueron a México?

Belén: Le ofrecieron un puesto a su madre y ella lo aceptó, también porque Jaime aquí estaba un poco desubicado … Su madre no se lo habría propuesto en otra situación. ¿Te acuerdas de lo que pasó en la fiesta de fin de curso?

Andrés: ¿Qué? ¡Yo no me enteré de nada!

Belén: Pues ya llevaba bastante tiempo bebiendo y fumando de todo. Ese día se emborrachó hasta tal punto que tuvieron que llevarlo al hospital. Creo que la madre hasta llamó a la FAD y pidió ayuda.

Andrés: ¡Qué me dices! Yo creo que nunca habría llamado a una línea de ésas … Mira, ahí viene Julián …

Julián: ¡Hola! ¿Qué tal? Mmhh, ¡qué buena pinta tiene tu ensalada, Belén! ¿Sabes que ayer me sentí fatal después de la tarde en Maxi-Burger?

Belén: A quién se lo dices. Fue pesadísima la comida, ¿por qué crees que ahora estoy comiendo ensalada?

Julián: Bueno, voy a pedir una también … hoy me voy a cuidar.

Andrés: Hombre, ¡no te reconozco!

Julián: Sí, sí, búrlate. Mira aquí en esta revista. La estaba leyendo en el metro:

Los niños con sobrepeso mayores de 6 años tienen una probabilidad del 50 % de seguir siéndolo en la edad adulta. Así que los padres, cuyos hijos tengan tendencia al sobrepeso, deben entender que son ellos quienes tienen que evitar alimentos con los cuales puedan dañar la salud de sus hijos…

1 Preguntas

En parejas, escribid diez preguntas sobre el texto. Después jugad con otra pareja a preguntar y contestar.

2 Ayer en Maxi-Burger (§ 5)

Andrés quedó ayer con sus amigos en Maxi-Burger, pero no fue. Completad lo que suponen sus amigos con la forma correcta de los verbos de la casilla y escribid dos suposiciones más.

estar • saber • tener • irse

Rubén: Alguien sabe por qué ayer Andrés no vino?
Belén: Pues no sé, estaría enfermo …
Julián: … o no **1** la dirección del Maxi-Burger …
Belén: … o **2** que hacer otras cosas ….
Julián: … o **3** enfadado con nosotros …
Belén: … o **4** a casa de Juan …

3 Si yo fuera Jaime … *(Wenn ich Jaime wäre …)* (§ 5)

Mirad aquí lo que hace Jaime en México. ¿Que haríais vosotros? ¿Y qué no?

Ejemplo: No iría a comer hamburguesas.

4 ¡Nunca lo habría hecho! (§§ 5, 6)

Marcel es un amigo alemán de Julián y le ha escrito un correo electrónico de lo que piensa de Jaime y su ida a México. Escribid en español el siguiente mensaje con vuestras palabras.

Hallo, Julián! Das hätte ich ja nie gedacht: Jaime in Mexiko! Und das, wo er immer gesagt hat, dass er nie von Madrid weggehen würde! Ich wäre nicht mitgegangen. Ich hätte Verwandte gefragt, ob sie mich aufnehmen oder hätte mir einen Job gesucht, damit ich mir eine Wohnung nehmen könnte. Ich hätte nie meine Freunde aufgeben können. Und meinen Verein hätte ich auch nie verlassen. Kannst du Jaime verstehen? Bis bald, Marcel.

5 Ciudad de México (§ 7)

a Reformulad las frases sobre Ciudad de México (→ glosario cultural) con los pronombres relativos correctos.

1. Ciudad de México es la capital de México. El nombre oficial de México es «Estados Unidos Mexicanos».
2. El español es el idioma oficial en México, pero hay diversidad lingüística. La diversidad lingüística viene de las lenguas indígenas.
3. En la Zona Metropolitana del Valle de México hay varias ciudades. Por las ciudades pasan el metro y muchos buses.
4. En la Ciudad de México está la Universidad Nacional Autónoma de México (UNAM). Su mayor campus es Ciudad Universitaria.

b Mirad los dibujos de abajo y describid las personas. Formad frases con *cuyo, cuya* como en el ejemplo. Vuestros compañeros dicen a qué dibujo corresponde vuestra frase.

Ejemplo: El chico, cuya camiseta es blanca, está aburrido.
El chico, cuyo jersey es rojo, está pensando en la play.

6 Elige tu camino

a Leed las informaciones de la casilla y relacionadlas con los dibujos. Después contad la historia como la imagináis.

b Ahora escuchad el rap «Elige tu camino» y comparad vuestra versión de la historia con la que cuenta la canción. Discutid las diferencias en cuanto a:

- los problemas a los que tiene que enfrentarse *(muss sich stellen)* el protagonista.
- el papel que tiene el banquero en la vida del protagonista.
- el final y al mensaje de la canción.

c Durante la cena, el banquero le cuenta su día a su mujer. Escribid el diálogo.

d Haced una fotonovela sobre el texto de la canción. Sacad fotos de alumnos / alumnas de vuestra clase. Utilizad un editor de texto *(Textverarbeitungsprogramm)* en el ordenador para poner los bocadillos *(Sprechblasen)* o añadir pequeños textos.

e Visitad la página oficial del rapero español Haze e informaos sobre su vida. Escuchad más de su música y preparad una presentación.

Enlaces 535780-0004
www.cyloop.com/haze
www.elhaze.com

El rap «Elige tu camino»

el empollón / el buen alumno
- le gusta estudiar
- trabaja, quiere sacar buenas notas
- se queja de sus compañeros: «Me han pegado»

el vago
- le cuesta estudiar
- no hace los deberes, prefiere jugar a la play, se justifica: «Me dolía la cabeza».
- su padre no puede comprarle zapatillas de deportes de marca

la historia
- en el aula: recuerda la verdadera razón
- en el recreo: no calza zapatillas de deporte de marca
- años más tarde: se ha convertido en un adolescente atractivo
- él y su novia esperan un hijo: la novia embarazada
- en el banco: dinero para comprar un piso para la nueva familia; el banquero debe resolver el problema del joven.

1 El sistema escolar

Informaos en el glosario cultural sobre el sistema escolar y las notas en España y en México y comparadlos. ¿Hay diferencias en las notas, los niveles, la duración, los títulos? ¿Os parece mejor o peor al sistema de vuestro país? ¿Por qué?

Verano en suspenso

Muchos alumnos tienen que empollar durante el verano porque han suspendido una o más materias que tienen que recuperar en septiembre.

Ángel Javier Álvarez, 13 años:

«La mitad de mi clase ha suspendido una media de tres materias».

Estudia 1° de Educación Secundaria Obligatoria en un colegio religioso concertado. Suspendió lengua en junio.

«En primaria, sólo con entender en clase sacaba notable, pero en la ESO hay que estudiar. Le quitamos la *play* y empezamos a vigilarle», recuerda Rosa, su madre, matemática. «Un día, en la *web* del colegio vi el desastre: seis suspensos», dice Rosa. «No dije nada porque las iba a recuperar, para no montar el pollo», se justifica Ángel, que aprobó cinco en junio. «Está descolocado», observa Rosa. «Coincide el cambio de edad, el de prioridades y el de nivel. Ha pasado de un tutor a 11 profesores. Además,» admite, «no ve el estudio como obligación». Ángel – un verano sin play - tiene un plan para segundo: «Organizarme». Rosa, otro: «Igual contrato clases particulares para que le controlen. A los padres nos torean.»

Álvaro Cordero, 13 años:

«Este es mi último verano en el sótano».

Estudia 1° de Educación Secundaria Obligatoria en un colegio concertado. Ha suspendido cinco asignaturas para septiembre.

Llegaba por la tarde a casa, merendaba, se iba a entrenar con su equipo de fútbol; luego, a clase de inglés, y a las nueve en casa. Estudiar, estudiar, lo justito. «Y así me he *pegao* el trompazo». La técnica de Álvaro ha sido este año la misma que manejó en primaria. «Pero ya no valen medias tintas, estamos en la ESO», comenta Mireia, de 29 años, la profesora particular que este verano se ha convertido en su sombra. Juntos preparan las cinco asignaturas que Álvaro ha suspendido y por las que ha tenido que decir adiós al fútbol, al menos en verano: sociales, naturales, lengua, música y plástica. Lo más redondo que ahora alcanza su vista es una bola del mundo que reposa en el sótano de la casa de sus padres en Pozuelo (Madrid), donde Mireia y él repasan las lecciones al calor estival. Jesús, el padre, reconoce: «El deporte no se lo podemos quitar, pero queremos que comprenda que no se suspende en balde».

Quino Petit / Luz Sánchez Mellado, El País Semanal, 03-09-2006 (abreviado)

3 **recuperar** *hier:* im zweiten Anlauf bestehen – 5 **una media de tres** drei im Durchschnitt – 6 **concertado,-a** *hier:* staatlich anerkannt – 8 **notable** (Note) „gut" – 9 **vigilar algo** etw. überwachen – 12 **descolocado,-a** durcheinander – 12 **coincidir** zusammentreffen – 14 **igual** *hier:* quizás – 14 **contratar clases particulares** Nachhilfestunden nehmen – 20 **merendar** comer algo pequeño por la tarde – 21 **me he pega(d)o un trompazo** *(col.)* es hat mich erwischt – 22 **manejar** utilizar – 22 **no valen medias tintas** halbe Sachen gehen nicht – 24 **una sombra** ein Schatten – 26 **la bola del mundo** die Weltkugel – 27 **reposar** *hier:* estar – 28 **estival** *(adj.)* del verano – 29 **en balde** umsonst

2 Así me he pegado el trompazo

¿Cómo se dice en español coloquial? Buscad las expresiones correspondientes en la introducción y en el texto sobre Ángel.

1. Pasado el choque, se puso a *estudiar mucho* para aprobar las asignaturas en junio.
2. Cuando Ángel supo que había suspendido, no quiso *empezar una discusión.*
3. Ángel se creía excelente alumno. Cuando suspendió varias asignaturas en la ESO se quedó muy *confuso.*
4. Los padres pensaban: «Algo habrá sucedido. *A los padres los hijos nos engañan.*»

3 El fracaso escolar: razones y medidas

a Haced una lista con las razones del fracaso escolar *(schulischer Misserfolg)* de las cuales hablan los textos. Añadid una lista con las medidas *(Maßnahmen)* que han tomado los alumnos o sus padres.

b Mirad ahora los cómics y leed el texto del profesor Díez. ¿De qué otras razones y medidas habla? ¿Hay más? Añadid vuestras soluciones a las listas.

JOSÉ LUIS DÍEZ PASCUAL,

profesor de psicología y pedagogía, orientador escolar

Lo que los hijos necesitan es que se les ayude a adquirir hábitos de estudio de una forma progresiva. Se empieza por veinte minutos de estudio y se va aumentando poco a poco el tiempo hasta poder dedicar el tiempo necesario que cada asignatura necesita. Además, habrá que hacerles ver que se debe estudiar todos los días, aunque no haya examen. Así, poco a poco, llegarán a obtener las metas académicas que se propongan.

José Luis Díez Pascual, «Del fracaso al éxito escolar», www.ecojoven.com, enero 2008 (abreviado)

Mafalda: **agarrar** *hier:* in Angriff nehmen – **lograr algo** etw. schaffen

Andalucía: **la consejera de cultura** die Kultusministerin (einer span. Region)

Díez Pascual: 3 **adquirir** erwerben – 3 **el hábito** die Angewohnheit – 7 **obtener** erhalten – 7 **la meta** das Ziel

4 ¿Quién os puede ayudar? Un juego de roles

Formad grupos de tres alumnos: dos padres y un orientador escolar. El orientador les da consejos a los padres de un alumno que ha suspendido. Los padres no quieren aceptar estos consejos, ¡así que el orientador tiene que convencerlos *(überzeugen)*! Intercambiad los papeles.

Con estas expresiones puedo dar consejos

- (No) tienes que / (No) debes *(+ infinitivo)*
- Estudia más. No salgas tanto.
- (No) tendrías que / (No) deberías *(+ infinitivo)*
- En tu lugar estudiaría más.
- ¿Por qué no ...?
- Si no ..., tendrás que ... / vas a tener problemas

El botellón, el nuevo reino de la juventud

En marzo, un vendaval de correos electrónicos y mensajes de móvil recorrió toda España para convocar a adolescentes y veinteañeros a botellones masivos en unas 20 ciudades de todo el país. Esta curiosa convocatoria era también una competición no oficial entre poblaciones para ver cuál de las ciudades podía reunir un mayor número de bebedores. De repente, las autoridades se dieron cuenta de las verdaderas dimensiones de este fenómeno sobre el que los expertos llevaban advirtiendo más de 10 años: el botellón.

Un fenómeno que incide de manera negativa en la salud de los chicos pero que también afecta a los vecinos de las zonas que sirven de escenario para el botellón. Con motivo de la fiesta de la Comunidad de Madrid, que se celebra el 2 de mayo, la plaza del mismo nombre volvió a ser un enorme botellón con cientos de jóvenes bebiendo en la calle. Tras la fiesta, la resaca: basura con un olor mezcla de orín y cerveza cubría toda la zona. Todo un tormento para los vecinos, que se quejan de no haber podido pegar ojo por el ruido durante los cuatro días de festejos.

Ignacio Calderón, director general de la Fundación contra la Drogadicción (FAD) dice que el botellón es „el resultado de una sociedad extremadamente individualista en la que la juventud recibe mensajes como *hazlo ahora, tienes el derecho a hacer lo que quieras* o *no dejes de divertirte ni un momento*. Pero, en su educación, no hay ni rastro de una cierta conciencia de responsabilidad o respeto«.

Arturo Díaz, Metro World News, Madrid, junio 2006 (abreviado)

5 En busca de ...

Decidid si las frases corresponden al texto o no.

1. El botellón es un juego informático con gente de diferentes regiones.
2. Una persona dice que los botellones muestran que vivimos en una sociedad egoísta.
3. Los botellones causan mucho ruido y mucha basura.
4. El botellón ya existía en la cultura de los íberos.
5. Los alcaldes de cada pueblo y cada ciudad querían organizar un botellón más grande que los de los otros lugares.
6. Beber con amigos es típico de la cultura española.
7. Los jóvenes responsables no participan en botellones.
8. Los botellones tienen consecuencias negativas para la salud.
9. Los vecinos no han podido dormir.

Lerntipp 535780-0005

Acordaos de lo que habéis aprendido sobre la comprensión global de textos y sacad de este artículo de periódico las informaciones para la tarea.

6 Un artículo

Escribid un artículo en alemán para una enciclopedia libre en Internet (por ejemplo www.wikipedia.de) sobre lo que es un botellón. Sacad del texto las informaciones importantes.

7 Problemas y soluciones (§§ 5, 6)

a Si fuerais *(wärt)* alcaldes *(Bürgermeister)* de una ciudad, ¿qué haríais ante *(angesichts)* ese problema? Trabajad en grupos de tres: uno es el alcalde, los otros dos son un habitante y un joven.

b ¿Creéis que el alcohol es un problema para los jóvenes? Discutid cómo se podría reducir *(verringern)* el consumo del alcohol.

c Dos buenos amigos os han invitado a dos fiestas diferentes el mismo día. Sabéis que en la casa de uno de estos amigos el alcohol es tabú. ¿Qué importancia tiene este hecho (*Tatsache*) para vuestra decisión?

Estrategia

Sprachmittlung

Wenn ihr eine Fremdsprache könnt, werden z. B. während eines Spanienurlaubs euch eure Eltern bitten, ihnen bei der Bestellung im Restaurant oder beim Verstehen der Wettervorhersage zu helfen. Dieses Übertragen von Informationen von der einen in die andere Sprache nennt man *Sprachmittlung*. Dabei geht es prinzipiell darum, die Informationen sprachlich und situativ angemessen weiterzugeben: Manchmal ist es notwendig, alle Informationen zu übertragen. In einer anderen Situation ist eine Zusammenfassung der wesentlichen inhaltlichen Punkte gefragt.
Dabei könnt ihr Synonyme, Antonyme, andere Wörter der gleichen Familie (z. B. Verb statt Substantiv) oder Umschreibungen verwenden. Oft müsst ihr auch interkulturelles Wissen einbeziehen, etwa wenn es um eine Einladung in «un bar» während eures Austauschs in Salamanca geht, was ihr euren Eltern am Telefon nicht mit „eine Bar" übersetzen solltet.

¡Ahora vosotros!

Fasst den folgenden Artikel auf Spanisch zusammen. Namen und Institutionen können wegfallen. Ihr könnt so beginnen:

Carnaval: 1000 carteles contra el alcohol

Durante el carnaval los jóvenes toman mucho alcohol. En Krefeld esto es un gran problema ...

Karneval: 1000 Plakate gegen Alkohol

Sie saufen, bis der Arzt kommt. Sie – das sind zunehmend Kinder und Jugendliche. Spätestens seit dem vergangenen Karnevalsfest ist klar: Auch in Krefeld wird der Alkoholmissbrauch unter Jugendlichen ein Problem. Die Sorge ist, dass da eine eine Generation heranwächst, die sich ohne Sinn und Verstand betrinkt. Dagegen will ein Bündnis gegen Alkoholmissbrauch von Kindern und Jugendlichen in Krefeld etwas unternehmen. Vor allem Aufklärung und Prävention haben sich die Organisatoren auf die Fahnen geschrieben. Neben dem Festkomitee Krefelder Karneval (FKK), der AOK, der Kinderklinik und dem Alexianer Krankenhaus gehören auch die verschiedenen Fachbereiche der Stadt, der Drogenberatung und des Kinderschutzbundes dazu.

Keine Erinnerung mehr?

Gestern stellten die Akteure in der Kinderklinik die Entwürfe einer Plakatserie vor, mit denen gegen Alkoholmissbrauch geworben werden soll. Knapp 10 000 Flyer und 1000 großformatige Plakate werden in Krefeld auf den Missbrauch hinweisen. „Keine Erinnerung mehr? ... Da hättest du diesmal lieber nichts getrunken", so oder so ähnlich lauten die einprägsamen Sprüche, mit denen die Schüler der Oberstufe der Gestaltungstechnik auf den Missbrauch hinweisen. Die 18-jährige Kim Voss hat an den Entwürfen mitgearbeitet, sie setzt auf den Erfolg der Plakate, genauso wie die Lehrerin Angelika Baumann des Berufskollegs Glockenspitz.

Kim Voss hat vor allem beeindruckt, dass sich „alleine im vergangenen Jahr bundesweit vier Kinder und Jugendliche zu Tode getrunken haben". Die Plakate sollen an Litfaßsäulen und an Ständern angebracht ein optisches Signal gegen Alkoholmissbrauch setzen.
Albert Höntges vom FKK: „Wir wollen auf die Probleme aufmerksam machen, nicht nur jetzt zu Karneval. Die Plakate sollen das ganze Jahr über bis zum Karneval 2009 gegen den Alkoholmissbrauch werben." Und auch der Hotel- und Gaststättenverband macht mit. „Einige der Flyer werden der Fachzeitschrift beigelegt, damit die Gastwirte aufmerksam werden", so Höntges.

Jugendschutzkontrollen

Auch sollen, neben den normalen Kontrollen, schwerpunktmäßig Jugendschutzkontrollen durchgeführt werden. Wer als Besitzer erwischt wird, für den wird es ein teurer Spaß. Wie die Rettungssanitäter und die Stadt mit den alkoholisierten Kindern und Jugendlichen umgehen, soll in der nächsten Woche der Öffentlichkeit vorgestellt werden.

Röse, Rheinische Post, www.rp-online.de, 10.01.2008

12 Karnevalsverein (FKK) **una asociación carnevalesca** – 18 **ein Plakat** un cartel – 34 **beeindruckt sein** estar impresionado, -a

8 Paradojas

a Muchos jóvenes piensan que la juventud es la peor fase de su vida porque tienen que estudiar mucho o porque todavía no tienen los mismos derechos que los adultos. Este cuento presenta otra forma de ver la vida. ¿Qué os parece? Justificad vuestras respuestas.

La Paradoja de la vida

Dicen que Dios creó al burro y le dijo: «Serás burro, trabajarás de sol a sol, cargarás sobre tu lomo lo que te pongan y vivirás treinta años». El burro contestó: «Señor, seré todo lo que me pidas, pero… treinta años es mucho. ¿Por qué no mejor diez años?» Y Dios creó al burro.

Después Dios creó al perro y le dijo: «Serás perro, cuidarás la casa de los hombres, comerás lo que te den y vivirás veinticinco años». El perro contestó: «Señor, seré todo lo que me pidas, pero… veinticinco años es mucho. ¿Por qué no mejor diez años? Y Dios creó al perro.

Y luego Dios creó al mono y le dijo: «Serás mono, saltarás de árbol en árbol, harás payasadas para divertir a los demás y vivirás quince años.» El mono contestó: «Señor, seré todo lo que me pidas, pero… quince años es mucho. ¿Por qué no mejor diez años? Y Dios creó al mono.

Finalmente, Dios creó al hombre y le dijo: «Serás hombre, el más inteligente de la Tierra, dominarás el mundo y vivirás treinta años». El hombre contestó: «Señor, seré lo que me pidas, pero… treinta años es poco. ¿Por qué no me das los veinte que no quiso el burro, los quince que rechazó el perro y los cinco que no aceptó el mono? Y Dios creó al hombre.

Y así es que el hombre vive treinta años como hombre; luego se casa y vive veinte como burro, trabajando de sol a sol y cargando sobre su espalda el peso de la familia; luego se jubila y vive quince años como perro, cuidando de la casa y comiendo lo que le dan y termina viviendo cinco años como mono, saltando de casa en casa de los hijos y haciendo payasadas para divertir a los nietos.

Juan José Romero Hernández, «Los famosos cuentos de Juan Canario», Antología, La Laguna, 1996

b Con la ayuda de un diccionario haced una lista de diez animales con sus características.

Ejemplo: perro: leal, inteligente, amigo del hombre.

c Escribid la paradoja de la vida con otros animales sobre cómo querríais *vuestra* vida. Haced un póster con dibujos, fotos o recortes de revistas para presentárselo a la clase.

2 **crear algo** etwas erschaffen – 3 **cargar algo** etwas laden – 3 **el lomo** der Rücken – 13 **una payasada** eine Clownerie, Albernheit – 21 **rechazar algo** no aceptar algo – 23 **casarse** heiraten – 25 **jubilarse** in Rente gehen – 28 **los nietos** los hijos de los hijos

Buscar trabajo

Leed el siguiente anuncio e imaginad que queréis solicitar *(sich bewerben um)* un puesto de monitor. Escribid vuestro Currículum Vitae y la carta de presentación con la ayuda de la casilla.

¿Quisieras trabajar en las vacaciones?

- Buscamos monitores de niños para trabajar en un campo de vacaciones en España.
- No es necesario tener experiencia, sólo muchas ganas de divertirse.
- Ponte en contacto con nosotros. Envía tu CV y la carta de presentación vía correo electrónico a la dirección:

campoverano@divertirse.es

DATOS PERSONALES

Nombre:	María Camila Gómez
Fecha de nacimiento:	26 de febrero de 1992
Dirección:	
Teléfono:	
Correo electrónico:	

FORMACIÓN

1997-2003	Escuela de primaria San Francisco, Barcelona, España (1º a 6º Grado primaria)
2004-2007	Instituto La Enseñanza, Madrid, España (1º a 4º ESO actualmente)
2008	

IDIOMAS

Español	lengua materna
Inglés	nivel avanzado (B2)
Francés	nivel intermedio (B1)

Con estas expresiones puedo escribir . . .

. . . el Currículum Vitae

1. **Encabezamiento *(Überschrift, Briefkopf)***
   Currículum Vitae
2. **Datos personales:**
   Nombre y apellidos, ciudad y fecha de nacimiento
   Dirección, teléfono de contacto, fax y correo electrónico
3. **Formación académica y extraacadémica**
   Estudios, títulos, centro, localidad y años
4. **Experiencia profesional**
   Nombre y actividad de la empresa
   Años y funciones *(Tätigkeiten)*
5. **Idiomas**
   Nivel (oral y escrito)
6. **Informática**
   Programas, aplicaciones *(Anwendungen)*
7. **Otros datos de interés**
   Clubes o asociaciones, deportes

. . . la carta de presentación *(das Anschreiben)*

1. **Encabezamiento**
   Nombre, lugar, fecha
2. **Destinatario *(Empfänger)***
   A la atención del Sr. / de la Sra. . . .:
3. **Saludo**
   Estimado, -a, -os, -as/Apreciado, -a, -os, -as . . .
4. **Cuerpo de la carta**
   - Presentación: Como podrán comprobar *(überprüfen)* en mi CV adjunto *(beigefügt)* he hecho . . . / he realizado . . .
   - Justificación: Creo que mi formación y experiencia se ajusta *(passt)* al perfil que están buscando por . . .
5. **Despedida**
   En caso de serles útil podrán ponerse en contacto conmigo. *(Wenn ich Ihnen helfen kann, setzen Sie sich mit mir in Verbindung.)*
   Reciban un cordial saludo. *(Mit freundlichen Grüßen)*
6. **Firma**

1 El viaje al Camino de Santiago

Los alumnos del IES Ventura Morón van a hacer una parte del Camino de Santiago y han recibido una carta. Completad la carta con las formas correspondientes del presente de subjuntivo.

Lerntipp 535780-0006

Con los *Repasos* podéis seguir practicando en casa. Recordad cómo estudiar de manera autónoma y controlar y corregir vuestro español.

A TODOS LOS INTERESADOS EN EL VIAJE:

Os escribimos esta carta para explicar algunos puntos importantes sobre el viaje. Es necesario que (apuntarse) en la lista de participantes y que (pagar) los 200 euros antes del viernes. Los profesores que van a participar en el viaje son Ángel López y Manuela Alcaraz. Es una lástima que por problemas de salud Antonio Segura no nos (poder) acompañar, pero le deseamos que (mejorarse) y esperamos que el próximo año (venir) con nosotros.

Y ahora algunos consejos:

Esperamos que (hacer) buen tiempo toda la semana, pero quizás (llover) en algún momento, así que es importante que todos nosotros (llevar) también ropa para la lluvia.
Os recomendamos que (decidir) qué cosas necesitáis realmente. No queremos que nadie (llevar) una mochila que (ser) muy pesada. Si necesitáis que los alumnos que participaron el año pasado os (dar) más información y que os (contar) cómo fue su experiencia, podéis venir a la reunión del miércoles.

Si todavía no te has decidido, es necesario que (hacerlo) cuanto antes. Sólo quedan 12 plazas libres.

La dirección

2 Los jóvenes y el tiempo libre

El instituto de la juventud INJUVE ha realizado un estudio entre los jóvenes españoles para conocer sus opiniones y gustos sobre cómo pasan su tiempo libre. Unid los elementos de la columna de la izquierda con los de la derecha y poned el verbo en indicativo o subjuntivo, según corresponda.

Injuve
Instituto de la Juventud

1. (No) me molesta que
2. (No) creo que
3. (No) me preocupa que
4. Me parece que
5. (No) me gusta que
6. Pienso que
7. Me alegro de que
8. Es una lástima que
9. Me parece importante que

A los jóvenes **(perder)** el tiempo
B muy pocos jóvenes **(ir)** al teatro
C **(haber)** muchos jóvenes que **(ir)** de vacaciones con su familia
D la actividad de tiempo libre favorita **(ser)** escuchar música
E muchos jóvenes **(necesitar)** mucho tiempo para ayudar en casa
F los jóvenes españoles no **(hacer)** mucho deporte
G ir al cine **(ser)** un poco caro
H **(nosotros pasar)** mucho tiempo delante del ordenador
I los jóvenes **(participar)** en campos de trabajo y **(ayudar)** a las ONGs

3 ¡Buenas vacaciones!

a Resumid brevemente lo que pasa en las diferentes situaciones.

nadie escuchar	para que	no ver nada
preferir ir a la playa	a pesar de que	explicar muy bien
no comprender nada	aunque	gritar mucho
aprender español	a pesar de que	llover
entrar en el refugio	para que	las chicas españolas comprenderlo
subir la montaña	así que	el grupo hacer una pausa
quedarse en casa	de modo que	estar cansado, -a
haber una niebla fuerte	a fin de que	no pasarle nada

b Contad en primera persona lo que piensan las personas de los dibujos. Las expresiones de la casilla os ayudan.

4 La experiencia en la ONG

Escuchad a estos tres chicos que cuentan su experiencia en una ONG y contestad con verdadero, falso o no está en el texto.

1. Los resultados que ha conseguido la ONG son peores que los del año pasado.
2. Las cifras de gente que ha ayudado son superiores a las del año pasado.
3. La mayoría de la gente da dinero para niños enfermos.
4. Según el segundo chico, el trabajo de voluntario es más duro de lo que muchos piensan.
5. Ha hecho mal tiempo, pero por lo menos ha sido mejor que en el pueblo de sus padres.
6. Todos los del grupo han trabajado al máximo.
7. Algunos del grupo querían regresar a casa después del primer día.

5 Los planes para las vacaciones

Antonio y Lucía hablan sobre sus planes para las vacaciones. Formad las frases usando los relativos *el / la que, quien, cuyo, lo que*, etc. ¡Atención! A veces tenéis que usar preposiciones o el subjuntivo.

Antonio: He encontrado un campo de trabajo. El campo de trabajo me parece muy interesante.
Lucía: Yo estoy buscando todavía un sitio. En el sitio tiene que ser posible hacer mucho deporte.
Antonio: Mira, aquí tengo el folleto: «Este folleto es para jóvenes. La perspectiva de los jóvenes es ayudar a los demás.»
Lucía: No tengo ganas de ir de vacaciones a ese lugar. En él no tienes tiempo libre.
Antonio: El folleto también dice: «Tenemos muchos recursos. Con esos recursos podemos hacer que la vida de mucha gente sea mejor.»
Además hay también un programa cultural. Puedes apuntarte al programa cultural.
Lucía: Yo quiero ir con amigos. Con esos amigos me divierto siempre.
Antonio: Pues en el campo seguro que hay gente divertida e interesante. Voy a conocer a esa gente.

6 Un intercambio en México

Sebastián va a hacer un intercambio y estudiar un año en México. En una reunión de su instituto los alumnos mayores cuentan sus experiencias. Alfredo, uno de los participantes del año pasado, escribió sobre su experiencia en un blog. Ahora quiere animar a Sebastián. ¿Qué dice? Reformulad lo que dice Sebastián en el blog y usad el futuro simple.

Ejemplo: Los primeros días tendrás un poco de miedo.

Los primeros días **tenía** un poco de miedo, pero luego **fue** todo realmente estupendo: mi familia mexicana **fue** muy amable y a los pocos días **encontré** mucha gente que me **quería** conocer y se **interesaba** por mí: amigos de la familia y sobre todo en la preparatoria. Al principio el sistema educativo mexicano me **parecía** un poco raro, pero me **acostumbré**. Los demás españoles y yo lo **pasamos** muy bien. En realidad nos **sentimos** casi como en casa y al final de todo **regresé** a España y **era** muy diferente: ya no me **interesaban** las mismas cosas. **Pensaba** todo el tiempo en cómo volver allí y **buscaba** posibilidades para irme otra vez a México…

7 Para evitar el fracaso escolar

a Una profesora da una serie de consejos para evitar el fracaso escolar. Elegid el apropiado para cada frase:

1. Si estudias un poco todo los días,
a) el examen será más difícil.
b) tendrás problemas a final de curso.
c) no necesitarás estudiar mucho el día antes del examen.

2. Si alguna asignatura te gusta menos que las otras,
a) mejor te olvidas de ella.
b) tendrás que prepararla mejor que las otras.
c) harás menos deberes.

3. Si suspendes una asignatura,
a) tendrás más suerte la próxima vez.
b) la estudiarás especialmente.
c) tus padres te comprarán un regalo.

4. Si haces los deberes con algún compañero,
a) podrás comparar tus resultados con los suyos.
b) seguro que luego estarán mal.
c) van a ser más difíciles.

b Ahora escribid un final distinto para las cuatro frases anteriores.

8 ¿Los ayudarías?

a Imaginaos que unos amigos vuestros tienen algunos problemas. ¿Qué haríais en estas situaciones? Utilizad las ideas de abajo y escribid al menos cuatro frases para cada situación.

Roberto se pasa el día comiendo comida basura.
Carla ha suspendido matemáticas.
Andrés tiene problemas con el alcohol.

- ofrecerle naranjas
- decirle que tiene que cuidar su salud
- no ir con él a las hamburgueserías
- hacer los deberes con ella siempre
- explicarle los ejercicios
- buscar un profesor particular[1]
- hablar con sus padres
- llamar a un teléfono de ayuda
- decirle que puede gastar[2] su dinero en cosas mejores
- invitarlo a hacer deporte juntos
- decirle que pregunte si no ha entendido

[1] **un profesor particular** ein Nachhilfelehrer – [2] **gastar algo** etw. ausgeben

b Ahora transformad vuestras frases en oraciones condicionales en el pasado.

Ejemplo: Si Roberto hubiera sido mi compañero, le habría ofrecido naranjas.

9 Buscando hotel en Sevilla

Imaginaos que un amigo de vuestros padres quiere viajar a España y necesita reservar un hotel, pero tiene problemas porque no habla español. Habéis encontrado la página web de este hotel. Explicadle en alemán dónde está el hotel, cuánto cuestan las habitaciones, etc.

HOTEL VELÁZQUEZ

C/ Maestranza, 7, 41004 Sevilla

Ubicación: Centro ciudad, centro comercial, zona de museos, parque, universidad, casco antiguo.

Internet: Internet wi-fi disponible sólo en las zonas públicas. Gratis

Parking: No hay parking.

Tarifas: Habitación doble	88 euros
Habitación doble uso individual	75 euros
Junior Suite	105 euros
	+ 7 % IVA

Desayuno incluido.

Promociones especiales: Noche de sábado a domingo 15 % de descuento.

3 Los muros de la gran ciudad

A

B

C

D

E

F

G

1 Muros del mundo

a En pequeños grupos poneos de acuerdo sobre las fotos. ¿Qué muestran? ¿Os parece que realmente son «muros»? Presentad vuestros resultados en clase.

b ¿Conocéis otros muros famosos? Contad lo que sabéis de ellos.

c En grupos, escoged un muro y buscad argumentos para defenderlo o pedir su demolición *(Abriss)*.

d Construid un mapa mental con la palabra *muro*.

Un mural de Diego Rivera (1886–1957, muralista mexicano, marido de Frida Kahlo)

Los murales y los grafiti son las formas de arte que más reflejan los cambios sociopolíticos. Siempre han reflejado la ideología de la iglesia, los gobiernos y los mecenas[1], pero también en las calles el espíritu de la sociedad rebelde.

2 Muros que hablan

a Describid el mural y la foto: ¿Qué diferencias hay? ¿Y qué tienen en común? Interpretad sus mensajes.

b Discutid el uso de muros como medios para transmitir *(übermitteln)* mensajes. Justificad vuestros argumentos.

Enlace 535780-0007
Más murales de Diego Rivera: www.diegorivera.com

1 **un mecenas** ein Mäzen / ein Sponsor

Ser joven en la gran ciudad

Esta semana hay un concierto gratuito de Maná en el Estadio Azteca en Calzada de Tlalpan. Centenares de personas esperan para entrar. Así que hemos aprovechado la ocasión para poder entrevistar a algunos jóvenes de Ciudad de México. Ellos nos hablan un poco de su vida cotidiana. Aquí tenéis lo que nos han contado.

Entrevistador: Hola, somos de la revista «España Joven». ¿Lleváis mucho rato esperando aquí?

Ángel: Hola. Pues sí, más de dos horas, pero es normal aquí. ¡Me gustaría que abrieran ya!

Entrevistador: Tiene que ser fantástico vivir en una ciudad tan grande y con tanto programa cultural, ¿no?

Ángel: Pues, no sé, sí y no, quizás. Tiene sus ventajas y sus desventajas. Por un lado, hay muchos acontecimientos culturales, sin embargo, por otro, la gran actividad urbana causa mucho tráfico.

Entrevistador: ¿A qué te refieres?

Ángel: Mira, mi hermano menor tiene alergias y estoy seguro de que es por la contaminación. ¡Todas esas emisiones de las industrias y de miles de coches! Además, aquí el aire no circula bien. Te puedes imaginar la cantidad de gases que respiramos. Por eso, yo creo que si viviéramos en el campo, a mi hermanito le iría mejor. Bueno, Carmen, cuéntale tú lo de tus noches.

Entrevistador: Eso parece interesante, cuenta …

Carmen: Sí, ríete, pero no tiene mucha gracia. Lo que pasa es que vivo lejos de la preparatoria en la que estudio. Por eso tengo que cambiar dos veces de metro.

Entrevistador: Pero, ¿qué tiene que ver eso con tus noches?

Carmen: Pues que son muy cortas. Pero no me quejaría si los vecinos de arriba no hicieran tanto ruido por la noche, y ni hablemos de los bares de la calle. Son muchos los factores que se juntan y, en consecuencia, duermo poquito y me levanto por las mañanas muy cansada.

Entrevistador: ¡Pobre! ¿Y si tú y tu familia os mudarais a otro lugar, podrías dormir mejor?

Carmen: Eso sí, pero tendríamos que cambiar toda nuestra vida. No sería fácil encontrar otra vivienda y la renta no la podríamos pagar. El que quiere ir a vivir fuera es mi hermano mayor, Luis. No para de hablar de los Estados Unidos.

Entrevistador: Hola, Luis. ¿Es verdad lo que dice tu hermana?

Luis: Hola. Bueno, no es nada del sueño americano, no creas eso, yo soy muy realista.

Entrevistador: Y entonces, ¿cómo es que preferirías vivir allí?

Luis: Pues, mira: tengo un primo allí. Apenas llegó a los Estados Unidos, encontró un buen trabajo. Si yo me hubiera ido con él a los Estados Unidos quizás viviría mejor.

Entrevistador: ¿Y por qué no te vas?

Luis: ¡Como si fuera tan fácil! Establecerse allí es muy difícil. Hay que hacer mucho papeleo o ir de ilegal, lo cual causa muchos problemas.

Entrevistador: Y tu primo, ¿cómo lo hizo?

Luis: Encontró un puesto en una empresa que vende productos mexicanos. Y, ya sabes, con contrato de trabajo no hay problema. Me habría ido también si ya hubiera terminado la preparatoria. Pero, de momento, sigo estudiando …

Entrevistador: Bueno, chicos, muchas gracias a los tres y ¡a pasarlo bien en el concierto!

1 La gran ciudad

a Tanto Luis como Ángel y Carmen nos cuentan algunos problemas de vivir en una gran ciudad. ¿Cuáles son estos problemas? ¿Cuáles son sus causas *(Ursachen)*?

b ¿Qué problemas tenéis en vuestra ciudad o pueblo? ¿Y qué es lo que más os gusta de vivir allí?

2 El Estadio Azteca (§ 12)

Este sábado jugaron los Pumas contra el América, dos de los mejores clubes de fútbol mexicano. Reformulad las noticias y haced frases enteras. Usad los números colectivos de la casilla.

400 fanáticos se pelearon después del partido de Pumas.

70 personas ayudaron a limpiar el estadio.

12 médicos esperaban fuera del estadio.

Vendieron **15.000** hamburguesas durante el partido.

5.000.000 de personas vieron el partido en la televisión.

60.000 fans fueron al partido.

- una docena de
- decenas de
- centenares / cientos de
- millares / miles de
- millones de
- decenas de miles de

3 ¡A entrenar! (§ 8)

a En el texto «Ser joven en la gran ciudad» aparece una nueva forma verbal: el imperfecto de subjuntivo. Apuntad los ejemplos y completad todas las formas verbales para los verbos *abrir* y *mudar*.

b ¿Cómo créeis que se conjuga el verbo *beber* en imperfecto de subjuntivo?

mudar	abrir	beber
mudara		
	abrieras	

4 Dos veces lo mismo (§ 8)

Para el imperfecto de subjuntivo hay dos formas diferentes. Se usan sin ninguna diferencia.

trabajara – trabajase	comiera – comiese	fuera – fuese
trabajáramos – trabajásemos	comiéramos – comiésemos	fuéramos – fuésemos

Buscad las formas del imperfecto de subjuntivo en el texto y cambiadlas por la forma correspondiente en *-ase* / *-(i)ese*.

5 La ciudad renace, su gente lo hace (§ 11)

Después de la entrevista Luis, Ángel y Carmen hablan sobre las posibilidades de mejorar las condiciones de vida en la Ciudad de México. Ya tienen algunas ideas. Unid un elemento de cada columna y formad frases como en el ejemplo.

Ejemplo: **Si** las industrias **usaran** más filtros, **habría** menos emisiones.

1. industrias **usar** más filtros	haber menos coches en las calles
2. tener más caminos para bicicletas	los niños saber más sobre la contaminación
3. llevar siempre una mochila al supermercado	**haber** menos emisiones
4. la gente ir más en autobús	haber menos tráfico
5. los profesores hacer una campaña en las escuelas	el aire ser más limpio
6. los coches ir con más cuidado	usar menos bolsas de plástico
7. haber menos coches	ser menos peligroso ir en bicicleta

6 Lo que no hicimos a tiempo (§§ 10, 11)

a Durante muchos años no hemos hecho lo suficiente por el medio ambiente. Hemos perdido mucho tiempo ya. Transformad las siguientes frases como en el ejemplo y terminadlas.

Ejemplo: **Si** no **hubiéramos perdido** tanto tiempo, no **tendríamos** tantos problemas ambientales.

1. No hemos escuchado a los ecologistas.
2. Hemos empezado muy tarde con los programas de medio ambiente.
3. Hemos construido muy pocos caminos para bicicletas.
4. Hemos tirado mucha basura en los ríos y en los bosques.
5. Hemos dejado entrar demasiadas empresas extranjeras.
6. No hemos respetado el modo de vivir de los indígenas.
7. Hemos usado demasiada agua y energía.

b Si seguimos así, ¿adónde vamos a parar? Continuad y dad más ejemplos.

Ejemplo: Todavía seguimos perdiendo tiempo como si no fuera urgente. / Todavía seguimos sin escuchar a los ecologistas como si no hubiéramos entendido nada. / …

7 Casualidades *(Zufälle)* (§§ 10, 11)

¿Qué no habría pasado si estas personas hubieran hecho otra cosa? Contad las historias.

8 Las tres erres: Reducir. Reusar. Reciclar. (§ 11)

¿Cómo podríamos llegar a cumplir con *(erfüllen)* las tres erres? Formad frases con ayuda de las fotos.

A

juntar el papel para el reciclaje

B

tirar el vidrio en contenedores especiales

C

no comprar latas

D

ahorrar agua

E

separar la basura orgánica

Ejemplo: Si todos fuéramos en transporte público, cumpliríamos con la erre de reducir.

9 La Torre Latinoamericana

Aquí tenéis información sobre la Torre Latinoamericana, un edificio muy conocido de la Ciudad de México (→ glosario cultural). Completad con las medidas *(Maßangaben)* de la casilla y contad a un amigo español los datos técnicos.

Ficha técnica

Ubicación: 1,65 A al este del Zócalo
Fecha de construcción: 1948 – 1956
Uso: Oficinas
Altura máxima: 204 B

3 niveles subterráneos en los 48 niveles totales.
Piso más alto: 138 C
Número de pisos: 48

Área total: 27.700 D
Número de ascensores: 8
Peso total: 24.100 E
Total de lámparas de iluminación: 4.000

Se hunde[1] 8,5 F al año
300 G de agua para limpiar las ventanas

- 1 cm un centímetro
- 1 m un metro
- 1 km un kilómetro
- 1 m² un metro cuadrado
- 1 t una tonelada
- 1 l un litro

10 Siempre podemos mejorar algo (§ 9)

¿Qué os gustaría que cambiara en Alemania o en vuestro país de origen? Formad al menos ocho frases como en el ejemplo y usad las expresiones de la casilla.

- me gustaría
- me encantaría
- desearía
- esperaría
- me fascinaría

\+ *que*

Ejemplo: Nos gustaría que las tiendas abrieran los domingos.

[1] **hundirse** absinken

1 Muros invisibles

a Mirad la foto de México D.F. Adivinad el tema del siguiente artículo.

b ¿Qué palabras y expresiones – en alemán – esperáis encontrar de este tema? Haced una lista y completadla después con las expresiones españolas que encontréis en el texto.

c Según el título la Ciudad de México es «única». ¿Cuáles son las características geográficas que la hacen especial?

Lerntipp 535780-0008

Antes de trabajar con un nuevo texto, fijaos en el contexto y formulad expectativas *(Erwartungen)* sobre el tema.

La Ciudad de México única en su tipo

La Ciudad de México está casi completamente rodeada por montañas que alcanzan 1.200 metros de altura. Las montañas, que constituyen una barrera para la circulación del aire, aíslan a la Ciudad de los vientos regionales. Este es un factor importante para la formación del fenómeno natural conocido como inversión térmica. Estas inversiones se producen cuando una «tapa» de aire caliente se sitúa por arriba de una capa de aire frío, atrapando las emisiones contaminantes provenientes de la actividad urbana.
A la altitud de la Ciudad de México la atmósfera es aproximadamente 25% menos densa que al nivel del mar. Esto significa que el filtro protector que la atmósfera ofrece es 25% menor. En consecuencia la mayor incidencia de radiación azul y ultravioleta da lugar a una mayor formación de ozono. Los bajos niveles de oxígeno atmosférico a esta altura causan una combustión incompleta de los motores y aumentan las emisiones de monóxido de carbono, hidrocarburos y componentes orgánicos volátiles.

María Guadalupe Lomelí R. / Ramón Tamayo, «El problema de la contaminación en la ZMCM (Zona Metropolitana de la Ciudad de México)», www.sagan-gea.org (enero 2008) (adaptado)

2 **rodeado, -a por** umgeben von – 4 **aislar algo** etw. isolieren – 7 **una tapa** eine Deckel – 7 **situarse** ponerse – 8 **una capa** eine Schicht – 8 **atrapar algo** etw. fangen – 11 **denso, -a** dicht – 13 **una incidencia** eine Auswirkung – 14 **la combustión** die Verbrennung – 14 **un hidrocarburo** ein Kohlenwasserstoff – 15 **un componente volátil** ein Schwebstoff

d Después de leer, copiad el siguiente esquema en vuestro cuaderno y rellenadlo para resumir los argumentos principales del artículo. No es necesario entender todas las palabras, pero es recomendable buscar las típicas expresiones causales.

Características / Causas	Fenómenos consiguientes	Consecuencias para el aire

- causar
- dar lugar a
- significar
- reducir
- aumentar
- producirse

2 ¿Y qué piensan los mexicanos?

a En el texto buscad las expresiones que describen la reacción de la gente.

b El autor del artículo usa formas de la primera persona y preguntas que contesta directamente después. Describid el efecto (*Wirkung*).

c Ahora vosotros. Pensad en problemas de vuestra ciudad y escribid una carta al director del periódico. Contad lo que piensa y hace la gente en vuestro país.

Nadie niega el problema de la contaminación, pero las personas no se sienten responsables [...]. Un alto porcentaje acusa a las fábricas. Un número menor apunta a los gases de los vehículos, que en realidad son la fuente de 75% de las emisiones contaminantes. La población dice que el problema está en otras áreas, en el noroeste o el centro, pero no donde ellos viven. Los responsables son los demás, quizás mis vecinos, pero no yo, no mi automóvil.
¿Y qué hace la gente para enfrentar la contaminación? Normalmente, nada. ¿Para qué está preparada? Para muy poco, aunque casi todos reconocen que la contaminación del aire es perjudicial para la salud y especialmente peligrosa para los niños.

Abreviado de «Contra la contaminación del aire en Ciudad de México» por Michelle Hibler. Reproducción con permiso del International Development Research Centre, Canadá.

1 **negar** decir que no es verdad – 3 **apuntar a** indicar – 3 **un vehículo** ein Fahrzeug – 3 **la fuente** die Quelle – 7 **enfrentar** bekämpfen – 9 **perjudicial** que hace daño

3 En una asamblea de vecinos de San Florián, barrio de México D.F.

Actuad como si fuerais a una asamblea *(Versammlung)* de vecinos y discutid lo que deberíais hacer para mejorar el aire en vuestro barrio céntrico de México D.F.

1. Repartid la clase en cuatro grupos. Cada grupo asume el papel de una de las siguientes agrupaciones de representantes de la población:
   – padres de familia, jóvenes
   – propietarios de tiendas y fábricas, trabajadores de automóviles
   – políticos regionales
   – un grupo de ecologistas
2. Buscad argumentos y escribidlos en tarjetas correspondientes a cada rol.
3. Con la ayuda de vuestras tarjetas discutid lo que deberíais hacer en vuestro barrio.

Estrategia

Einen Redebeitrag schreiben

Zur Vorbereitung eines längeren Redebeitrags z. B. bei einer Bürgerversammlung, aber natürlich auch im Unterricht, hat sich die folgende Gliederung in fünf Schritte bewährt.

1. Anknüpfung	
• an einen Text	acabamos de leer que el autor propone que …
• an eine Äußerung	acerca de *(in Bezug auf)* lo que tú dices …
2. Haltung zum fremden Standpunkt	
• Ablehnung	es cierto que … pero …, yo no puedo entender por qué … no estoy de acuerdo, no comparto tu opinión
• Zustimmung	estoy de acuerdo, tiene(s) razón
• Teilzustimmung	admito que (a veces) es así
3. Äußerung des eigenen Standpunkts	
• andere Sicht	a mí me parece que …, yo pienso que, en mi opinión
• Ergänzung	no debemos olvidar / quisiera añadir que …
4. Begründung(en)	
• Argument	primero / en segundo lugar, porque, pues, es que
• Beispiel	por ejemplo, como
• Vergleich	sería como si (+ imp. subj.), al igual que, (tal) como
5. Fazit / Konsequenz	
• Ankündigung	voy a (+ infinitivo), no pienso (+ infinitivo)
• Forderung	pido / espero que, repito que (+ subjuntivo)
• Überleitung	¿me entiendes?, me gustaría saber lo que piensa …

¡Ahora vosotros!

Estructurad el fragmento del siguiente discurso según el esquema de arriba:

Bueno, acerca de lo que dices tú, que se debería prohibir *(verbieten)* la entrada de los coches al centro de la ciudad, en general, estoy de acuerdo, pero no debemos olvidar que el transporte público no siempre es una alternativa para los coches. Por ejemplo, como todos sabemos, el metro ya está completamente lleno a todas horas y los metrobuses también. De modo que de momento no me parece posible.

4 El acceso al agua en los montes de México D. F.

(→ glosario cultural)

Rebelión mazahua

Villa de Allende, Méx., 11 de octubre. – Caminando bajo la lluvia y en medio de un intenso frío, los cerros las han visto subir y bajar en su lucha por el agua. Son las mujeres zapatistas por la defensa del agua, pertenecientes a la comunidad Mazahua de Mesas de San Martín, una de las localidades más afectadas por el mal funcionamiento de la obra hidráulica del Cutzamala. La planta potabilizadora surte de agua a la zona metropolitana de la Ciudad de México. Sin embargo, las viviendas de las mujeres indígenas no cuentan con agua potable.
En medio de esa problemática, y cansadas de que las autoridades sólo «han engañado» a sus hombres, las mujeres de la región mazahua se organizaron y tomaron las armas simbólicamente para ser escuchadas. Clausuraron la entrada principal a la planta potabilizadora «Los Berros» hace unas semanas y lograron la instalación formal de las mesas de negociación con autoridades de la Comisión Nacional del Agua (Conagua).
«Aquí conseguir agua significa esperar gota a gota durante horas. En caballo o burro y a dos horas de camino, apenas conseguimos un garrafón de 20 litros de agua», acusa Ofelia Peñalosa, de 29 años y madre de dos niñas.
Por su parte, Felisa Rodríguez Marín, de 75 años, explica: «Los de la Comisión del Agua son responsables de todo, por sus construcciones y por la planta Cutzamala, los manantiales naturales se murieron.»

Argelia Villegas, Román González, www.proceso.com.mx, enero 2008 (abreviado)

a Resumid: ¿Cuál es el problema de los mazahuas? ¿Qué medidas *(Maßnahmen)* han tomado las mujeres?

b Discutid con vuestro compañero / vuestra compañera: ¿Os parece justo? ¿Cómo os imagináis el futuro de los Mazahuas? ¿Habría alternativas?

c Completad las frases y continuad con más ejemplos:
Los mazahuas tendrían acceso *(Zugang)* a agua potable, si …
1. … la gente en la capital (gastar) menos agua.
2. … el gobierno (respetar) sus derechos.
3. … (haber) construido una obra hidráulica mejor.

5 Los mazahuas y su lucha en la actualidad

Informaos en Internet, especialmente en el archivo de *La Jornada*, uno de los grandes periódicos mexicanos, acerca de la situación actual de los mazahuas. Cread un cartel con los titulares *(Schlagzeilen)* en clase.

6 ¿El mismo problema en la capital?

Escuchad ahora a unos vecinos de un barrio de México D. F. que describen sus problemas con el agua y con la «pipa», el camión que lleva agua potable a zonas pobres.

a ¿Qué pasa con el agua? Resumid en una o dos frases lo que cuenta cada uno de los vecinos.

b En la foto veis una asamblea de vecinas: imaginaos una discusión sobre el problema del agua y representad la escena en clase.

3 **un cerro** ein Hügel – 4 **una lucha** ein Kampf – 4 **zapatista** *véase la casilla en la pág. 54* – 5 **la defensa** die Verteidigung – 5 **los pertenecientes** die Angehörigen – 6 **afectado, -a por** betroffen von – 7 **la obra hidráulica** die Wasserversorgung – 8 **una planta potabilizadora** ein Wasserwerk – 8 **surtir** versorgen – 10 **el agua potable** agua para beber – 13 **clausurar algo** cerrar algo – 16 **una gota** ein Tropfen – 17 **un garrafón** una botella muy grande – 17 **acusar** *hier:* sich beklagen – 19 **un manantial** una fuente

7 El Santuario de la Mariposa Monarca

¡Despacio, despacio! El oficial de tránsito levanta la mano. No corras, nos indica. Que las peligras, las mariposas.
En algún lugar en los montes al oeste de la ciudad de México, el mundo no es el mismo entre enero y marzo: conductores que manejan su automóvil a una velocidad menor que un peatón, policías que custodian el tráfico en medio de los montes, y excursionistas que suben la montaña sin quejarse, llenos de polvo, para guardar silencio en la cima.
Estamos a unos 200 kilómetros al oeste de la Ciudad de México en medio de pinos de los bosques de Valle de Bravo. Estar con los insectos tan alegres es un sentimiento atrayente, y nadie se mueve para no molestar el vuelo de las mariposas. Sobre la calle observamos una nube de colores anaranjados. Al lado nuestro miles de mariposas, pilotos valerosos, circulando el flujo lento de coches. Cuando aceleramos, nos siguen volando en zigzag para evitar las corrientes de aire. Pero regresan. No se alejan – por el momento – de su domicilio veraniego. Aún no.

Miguel Castro, «Mariposas Monarcas: colores naturales», ¡Despacio, despacio!, Infoline México, 09-02-2004 (abreviado)

a El artículo cuenta lo que sorprendió a Miguel Castro de las Monarcas. Contad qué detalles fueron y empezad así: *Las mariposas le sorprendieron porque…*

b Comparad el estilo de este artículo con el de «México única en su tipo» (pág. 42) y mencionad algunos ejemplos.

un santuario ein Heiligtum – 1 **despacio** lentamente – 1 **un oficial de tránsito** un policía que controla el tráfico – 2 **peligrar algo** in Gefahr bringen – 4 **manejar** *hier:* lenken – 4 **la velocidad** → veloz (rápido) – 5 **un peatón / una peatona** alguien que va a pie – 5 **custodiar algo** etw. bewachen – 6 **una cima** ein Gipfel – 11 **atrayente** anziehend – 11 **valeroso, -a** mutig – 12 **un flujo** ein Fluss – 12 **acelerar** ir más rápido – 13 **alejarse** sich entfernen – 13 **veraniego, -a** → verano – 13 **aún no** todavía no

8 Sobrevolando fronteras (§ 9)

El periodista encontró más información sorprendente *(überraschend)* sobre las mariposas Monarca:

1. Las mariposas pesan menos de un gramo.
2. Vuelan de cuatro mil quinientos a cinco mil kilómetros durante dos meses.
3. Su camino va desde el sureste de Canadá hasta Michoacán en México.
4. Vuelan unos ciento veinte kilómetros al día.
5. Cuando se ponen en los árboles cubren todo un bosque.
6. Desde tiempos antiguos los hombres estudian las Monarca.
7. El río Papaloapan y el cerro Papalotepec tienen su nombre de la mariposa Monarca.
8. Del turismo que trae el santuario viven más de 100 comunidades indígenas.
9. Un pequeño avión llamado Papalotzin ha seguido la migración de esta mariposa.

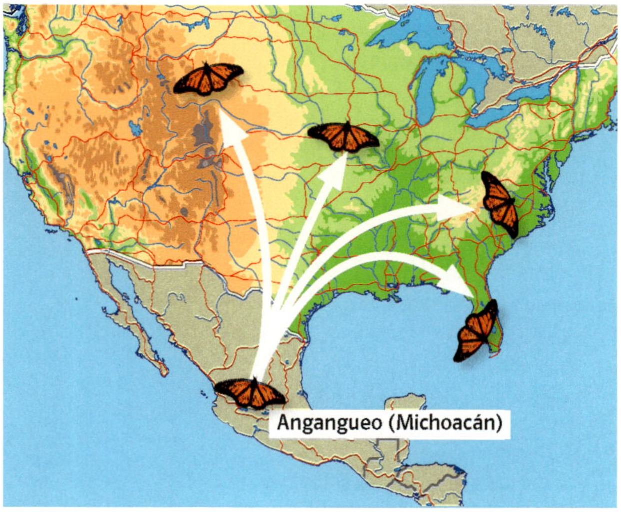

a Formad frases como en el ejemplo y expresad vuestra sorpresa.

Ejemplo: Me sorprende que las mariposas pesen menos de un gramo.

b Un día más tarde contáis lo mismo a un amigo.

Ejemplo: Me sorprendió que las mariposas pesaran menos de un gramo.

9 Economía contra ecología

Manolito es uno de los personajes de «Mafalda». Sus protagonistas *(Hauptfiguren)* son niños de seis o siete años. Manolito es hijo del dueño de una tienda y como muchos niños en Latinoamérica tiene que ayudar. Sus comentarios representan la opinión de los capitalistas.

una estación hay cuatro: primavera, verano, otoño, invierno – **una carcajada** ein Gelächter – **una golondrina** eine Schwalbe – **una balanza de pagos** eine Zahlungsbilanz – **nivelar algo** etw. ausgleichen

a Separad la poesía que Manolito recita *(aufsagen)* de sus comentarios. Haced una tabla.

b En un diccionario bilingüe, buscad la expresión que dice lo mismo que el gesto que hace al final.

c Discutid la conexión entre economía y ecología *(Ökologie)* y dad algunos ejemplos.

10 Un cuento corto

a Apuntad cada frase y la continuación que os parece correcta para obtener un resumen del texto.

1. **En el micro-cuento «El monte» de Max Aub una montaña**
   - desaparece de un día al otro.
   - crece enormemente.
   - al salir el sol se pone completamente tranquila.
2. **El protagonista, un campesino, se da cuenta de este cambio y**
   - se pone triste
   - se alegra
   - desaparece
3. **porque la montaña**
   - le da pena.
   - no le ha gustado nunca.
   - siempre le ha dado buenas ideas.
4. **Su mujer**
   - está de acuerdo.
   - va rápidamente a casa de su hermana.
   - no cree que sea verdad.
5. **Ella piensa que**
   - el cambio ha venido demasiado deprisa.
   - este cambio hará más fácil su vida social.
   - se trata de una broma[2] de su hermana.

El monte

Max Aub (1903, París – 1972, Ciudad de México)

Cuando Juan salió al campo, aquella mañana tranquila, la montaña ya no estaba. La llanura se abría nueva, magnífica, enorme, bajo el sol naciente, dorada.
Allí, de memoria de hombre, siempre hubo un monte, cónico, peludo, sucio, terroso, grande, inútil, feo. Ahora, al amanecer, había desaparecido.
Le pareció bien a Juan. Por fin había sucedido algo que valía la pena, de acuerdo con sus ideas.
— Ya te decía yo — le dijo a su mujer.
— Pues es verdad. Así podremos ir más deprisa a casa de mi hermana.

4 **una llanura** eine Ebene – 6 **dorado,-a** golden – 8 **cónico,-a** kegelförmig – 8 **peludo,-a** con mucho pelo – 10 **suceder** pasar – 11 **valer la pena** die Mühe wert sein

b En grupos, discutid la reacción de Juan y su mujer. Comparadla con la reacción de otra gente respecto a cambios enormes. Presentad vuestros resultados a toda la clase.

c Describid el efecto de las enumeraciones *(Aufzählungen)* que usa el autor.

d Continuad el cuento.

[1] **darle pena a alguien** jmd. etwas leid tun – [2] **una broma** ein Witz

Muros, murales y grafitis

Elegid una de las siguientes tareas:

a Reflexionad sobre las fotos de abajo y comentad los grafiti. Imaginaos un contexto para cada una.

A

B

C

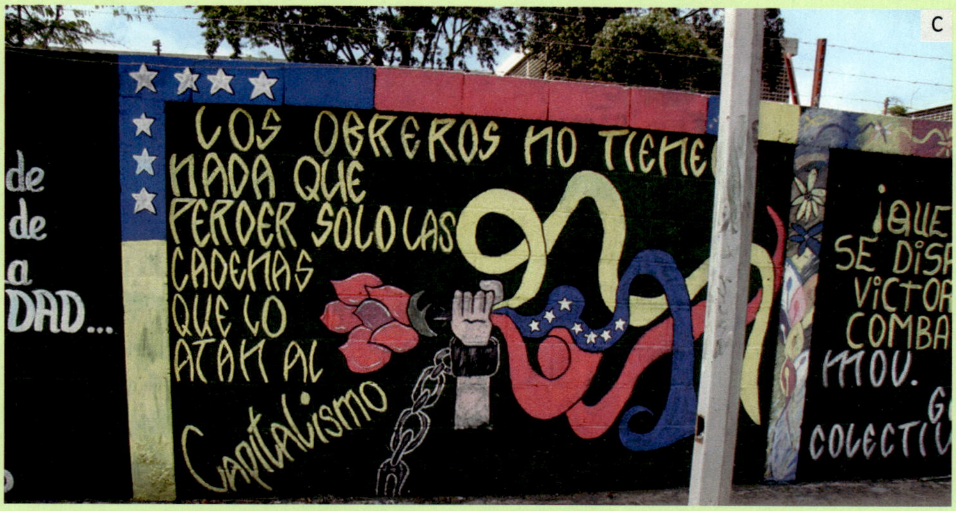

b Sacad fotos de grafiti y pinturas murales de vuestra ciudad. Describid cada foto y su mensaje. Explicad por qué os llamaron la atención. Comentad también su valor estético.

Con estas expresiones puedo hablar de arte:

- en primer / segundo plano
- al fondo
- a la izquierda / derecha
- encima / debajo de
- en el centro
- hay / está / se encuentran / aparecen / vemos …

- el mural expresa / transmite … una opinión / un sentimiento / una queja
- el grafiti acusa / pone en duda / apoya / pide

- el diseño, los elementos, los motivos
- la letra, la figura
- el color, la forma geométrica
- el tag (la firma)
- las ideas: el juego de palabras, el chiste, el símbolo, la alusión *(Anspielung)*

4 Culturas antiguas y sus herederos

Los nombres de los 20 días y sus signos del calendario azteca

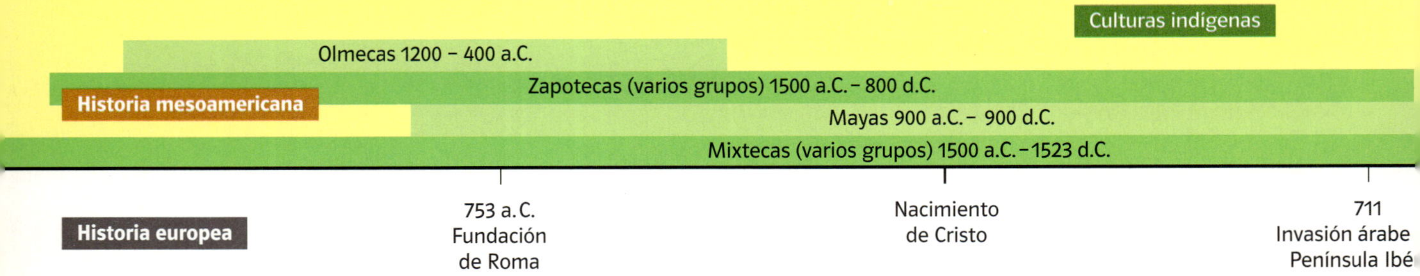

1 El calendario azteca

a Escuchad el reportaje del cedé y tomad notas sobre los siguientes aspectos:

¿Qué culturas utilizaban este calendario? ¿En cuántos «meses» dividen el año y cuántos días tiene cada «mes»? ¿Qué significado tienen los nombres de los días del gráfico superior? ¿Cuántos años forman un ciclo?

b Explicadle a un amigo alemán cómo funciona el calendario azteca.

c Ahora explicadle el calendario que usáis vosotros a un azteca: ¿Qué conceptos se parecen a los de semana, mes, año y siglo? Además, ¿qué es un año bisiesto *(Schaltjahr)*?

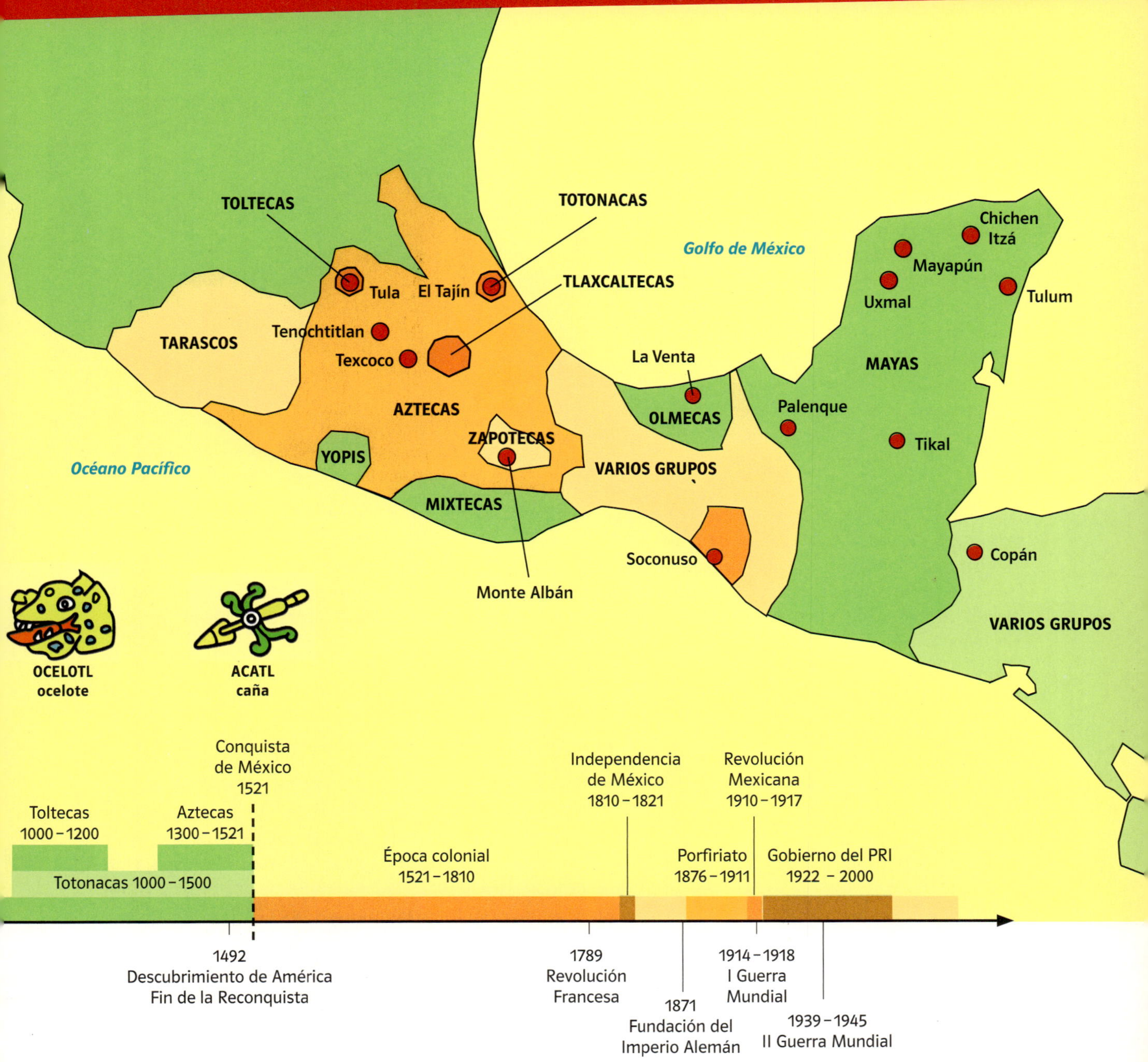

2 Las antiguas culturas indígenas

a ¿Qué culturas indígenas tenían mayor extensión y cuáles perduraron *(überdauern)* más tiempo según el gráfico?

b Mirad el mapa y comparadlo con un mapa actual de Mesoamérica. ¿Por qué países se extendían *(ausbreiten)* las diferentes culturas indígenas?

3 El viejo y el nuevo mundo

En Europa llamamos al continente americano el «nuevo mundo». Mirad el gráfico y discutid qué pensáis de esta expresión.

La conquista de Tenochtitlan

Tenochtitlan, Diego Rivera, Palacio Nacional, México D.F.

La ciudad de Tenochtitlan, capital del Imperio Azteca, se fundó en 1325. Al poco tiempo se convirtió en una ciudad con mucho poder y una de las más grandes del mundo, con 500.000 habitantes. La ciudad fue gobernada por emperadores (en náhuatl tlatoanis) hasta el año 1521, cuando el conquistador español Hernán Cortés y sus hombres consiguieron tomarla.

En 1519 Cortés ya había conquistado la región de Tabasco, donde le fueron regaladas algunas mujeres, entre ellas la Malinche (en náhuatl Malintzin).

Ella constituye la figura central de muchas leyendas, que la presentan como a una traidora. Fue una mujer de gran inteligencia que conocía varias lenguas indígenas. Ella y Jerónimo de Aguilar fueron intérpretes y traductores de Cortés. Cortés fundó la ciudad de Veracruz y algunos meses después hizo contacto por vez primera con los mensajeros de Moctezuma, tlatoani azteca, que creía que los españoles habían sido mandados por los dioses. Moctezuma les ofreció regalos para pedirle a Cortés que no continuara con la marcha. Sin embargo Cortés siguió con sus planes. El 8 de noviembre de 1519 los españoles entraron en Tenochtitlan y el tlatoani fue hecho prisionero. Debido a los abusos de los hombres de Cortés, los indígenas se rebelaron.

Moctezuma fue asesinado por los propios aztecas, ya que, por no haber defendido la ciudad, fue considerado un traidor. A pesar de que los aztecas eran más que los españoles, muchos murieron no en la defensa de la ciudad, sino de enfermedades que trajeron los españoles. De este modo la ciudad fue tomada con mayor facilidad.

LA REVOLUCIÓN MEXICANA

En México hubo una guerra civil de 1910 hasta 1917. Es conocida como la «Revolución Mexicana». Este movimiento comenzó a fin de que terminara la dictadura de Porfirio Díaz (llamada Porfiriato). Algunos revolucionarios tenían como objetivo construir un sistema democrático, pero otros querían además una mejor situación en el campo. Uno de ellos fue Emiliano Zapata, líder de los campesinos en el sur de México.

Emiliano Zapata, Diego Rivera, Palacio de Cortés, Cuernavaca

Zapata nació en un pueblo de Morelos en 1883 y fue educado en una familia de campesinos. Desde niño vio las injusticias del gobierno con los campesinos, ya que éste les quitó sus tierras. Por eso, Zapata deseaba que desapareciera la desigualdad en el campo. De modo que tomó las armas para que los campesinos recuperaran sus tierras.

A diferencia de otros revolucionarios Zapata exigía que se respetaran los derechos de los indígenas y se hicieran leyes de igualdad.

Zapata comenzó su lucha desde los 23 años hasta que fue asesinado en Chinameca (1919). Hoy en día es visto como un gran héroe en México y otros países latinoamericanos. La vida de Zapata es además tema de leyendas, pinturas y canciones populares.

Su ideología ha sido rescatada por posteriores movimientos con objetivos parecidos. Particularmente el Ejército Zapatista de Liberación Nacional (EZLN) se basa en ella.

1 Vuestros idiomas os ayudan

Buscad en el texto palabras que ya conocéis de otras lenguas y haced una tabla en vuestros cuadernos como en el ejemplo:

Lerntipp 535780-0009

Otros idiomas os ayudan a descubrir el significado de nuevas palabras.

Ejemplo: Palabras que conozco del…

alemán	inglés	francés	latín
figura – Figur …	prisionero – prison	considerar – considérer	emperador – imperator

2 Rescatar detalles

Después de leer los textos «La conquista de Tenochtitlan» y «La Revolución Mexicana», ¿Qué sabéis sobre las personas y los lugares de la casilla?

- Tenochtitlan
- Tabasco
- Malinche
- Veracruz
- Moctezuma
- Hernán Cortés
- Porfirio Díaz
- Emiliano Zapata
- Jerónimo de Aguilar
- Chinameca

3 Mapas de guerra

a Dibujad un mapa mental en el que aparezcan todas las palabras que conocéis del campo semántico *(Wortfeld)* de *guerra.*

b Tomad el papel de una de estas personas y describid el encuentro entre Cortés y los indígenas.

Cortés y la Malinche

Moctezuma

Indígenas de Tabasco

4 Los acontecimientos históricos (§§ 15, 16)

a Unid los elementos de estas tres columnas y formad frases en pasiva.

Tenochtitlan	fundar	como tema de pinturas y canciones.
Emiliano Zapata	gobernar	en 1325.
La vida de Zapata	asesinar	en 1919.
La región de Tabasco	utilizar	por tlatoanis.
La Malinche	conquistar	como una traidora.
El Imperio Azteca	presentar	por Cortés en 1519.

b ¿Cuáles de las oraciones de los artículos de al lado se pueden poner también en pasiva refleja?

Matemáticas El sistema de números de los mayas era vigesimal, es decir, estaba basado en el número 20 (y no en el 10 como el nuestro). Además el cero fue usado por primera vez por los mayas.

Escritura La escritura maya fue llamada «jeroglífica» entre el siglo XVIII y el siglo XIX. Hoy en día es comparada con la escritura japonesa. La mayoría de los textos mayas ya han sido traducidos.

5 ¿Un mundo de hombres? (§ 15)

a ¿Qué inventos *(Erfindungen)* creéis que fueron hechos por mujeres y cuáles por hombres? Formulad frases en pasiva y justificad vuestra opinión.

Ejemplo: Creo que la minifalda fue inventada por un hombre porque…

A
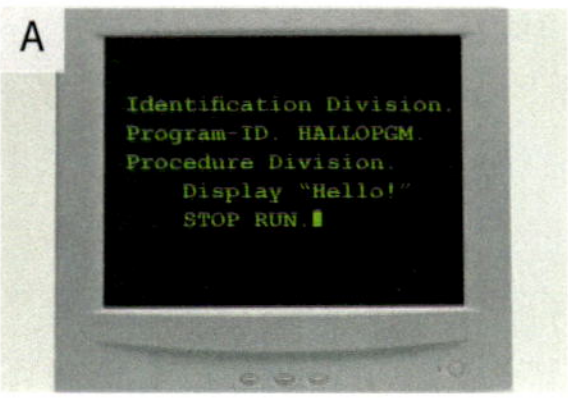

el primer lenguaje de programación (escribir)

B
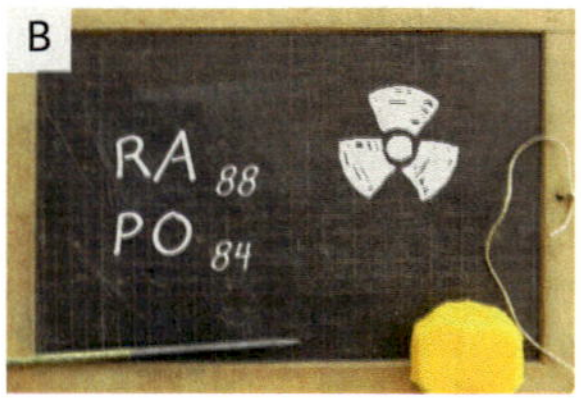

los elementos químicos radio y polonio (descubrir)

C

la minifalda (crear)

D
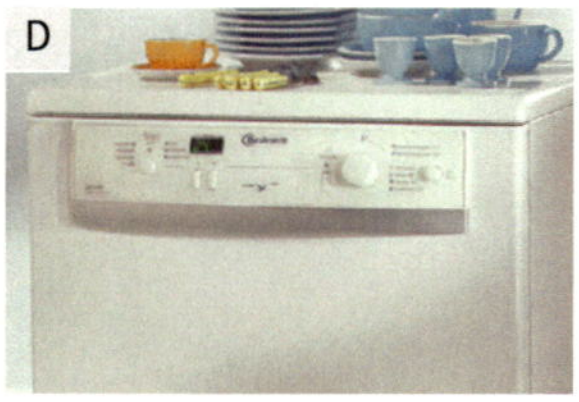
el lavavajillas (inventar)

E

la olla exprés (inventar)

F

el paracaídas (inventar)

G

el queso Camembert (preparar)

H

el primer filtro de café (utilizar)

I

el limpiaparabrisas (utilizar)

J

el juego monopolio (inventar)

K

la guardería (crear)

b Elegid uno de los inventos que os parezca importante y buscad información sobre la persona que lo realizó.

6 La educación de antes (§ 13)

Trabajad en parejas y completad las frases del diálogo con el presente o el imperfecto de subjuntivo.

A

¿Sabías que antes en México los padres no les permitían a sus hijos que los **(tutear)**?

Sí, pero, no creí que **fuera** verdad.

Los abuelos y los padres les pedían a los niños que les **(mostrar)** respeto, por eso, preferían que los **(tratar)** de usted.

A los míos no les gustaría que los **llamara** de usted y les molestaría que no les **dijera** «papá o mamá».

En las escuelas latinoamericanas también era normal que los alumnos **(dirigirse)** a los profesores con «usted».

Yo creo que sigue siendo así en México, aunque en España no **hagamos / hagan** esto.

Sí, pero a veces estaría bien que los alumnos **(decir)** «usted» a los profesores.

B

¿Sabías que antes en México los padres no les permitían a sus hijos que los **tutearan**?

Sí, pero, no creí que **(ser)** verdad.

Los abuelos y los padres les pedían a los niños que les **mostraran** respeto, por eso, preferían que los **trataran** de usted.

A los míos no les gustaría que los **(llamar)** de usted y les molestaría que **(no les decir)** «papá o mamá».

En las escuelas latinoamericanas también era normal que los alumnos **se dirigieran** a los profesores con «usted».

Yo creo que sigue siendo así en México, aunque en España no **(hacer)** esto.

Sí, pero a veces estaría bien que los alumnos **dijéramos / dijeran** «usted» a los profesores.

7 La lámpara mágica (§ 14)

a Estas personas buscan a su pareja *(Partner)* ideal y le piden sus deseos a la lámpara mágica. ¿Qué creéis que le piden? Escribid al menos cuatro frases para cada expresión con el imperfecto de subjuntivo.

Ejemplo: A mí me gustaría una mujer que hiciera deporte, a quien le gustara cocinar, que fuera muy guapa y que tuviera una personalidad atractiva.

b Y ahora vosotros: ¿cómo os gustaría que fuera vuestra pareja ideal? Formad frases con el imperfecto de subjuntivo.

8 La historia de La Malinche

a Mirad los siguientes dibujos que corresponden a diversos episodios de la vida de La Malinche. ¿Qué nos cuentan los dibujos sobre la vida de esta mujer? Intentad ponerlos en orden cronológico.

b Ahora escuchad el cedé y comprobad si habéis ordenado bien los dibujos. Escribid un pequeño texto sobre la vida de La Malinche. ¿Cuál es vuestra opinión sobre este personaje?

Aquí tenéis un fragmento de una entrevista con el Subcomandante Marcos, que es un líder muy controvertido. Algunos lo apoyan, pero otros están en contra de su movimiento. Marcos es entrevistado por el periodista Jesús Quintero, más conocido como «El Loco de la Colina», por ser éste el título del programa de radio con el que se hizo famoso.

Entrevista al Subcomandante Marcos por Jesús Quintero, programa «El Loco de la Colina», TVE

El Loco de la Colina. – *Oculta su identidad bajo un pasamontañas. Hay quien dice que tiene raíces españolas y que fue profesor de filosofía en la Universidad Autónoma Metropolitana, pero quizás no sea más que parte de su leyenda. Ha puesto en pie de guerra al pueblo indígena contra los abusos del poder mexicano. Es un guerrillero de hoy. Un nuevo «Che» Guevara, una reencarnación personalizada de Emiliano Zapata. Es el Subcomandante Marcos, líder del Ejército Zapatista de Liberación Nacional.*

El Loco de la Colina. – Usted Marcos, ¿es indio, mestizo, blanco …?

Subcomandante Marcos. – Yo soy mestizo; durante más de veinte años estuve en comunidades indígenas, estoy todavía viviendo con ellos, y de una u otra forma, me convertí en el traductor, precisamente para la población mestiza, de este pensamiento, de esta cultura, de este modo de ver el mundo que es el de los pueblos indios. En ese sentido, el pasamontañas, encubrir el rostro, significa no reafirmar la identidad propia sino la identidad colectiva de este movimiento que es el zapatista.

El Loco de la Colina. – ¿Qué siente cuando lo comparan con el «Che» Guevara?

Subcomandante Marcos. – Es una comparación injusta, para el «Che», por supuesto. Se trata de otra época de América Latina, de otra época mundial, de otra forma de ver el mundo … de ninguna manera me compararía, pues, con el «Che», como no fuera en desventaja. Pero no es nuestro objetivo compararnos con ninguna de las figuras revolucionarias o rebeldes que hay en el mundo. Lo que nosotros queremos construir es una identidad colectiva en la que quepan todos, quepan todos los que están proponiendo otro mundo.

Jesús Quintero, RTVE, «El Loco de la Colina», 18-06-2006 (abreviado)

3 **ocultar algo** ↔ mostrar algo – 7 **poner en pie de guerra** in Kriegsbereitschaft versetzen – 9 **la reencarnación** die Wiedergeburt – 9 **personalizado, -a** en persona – 17 **encubrir algo** ocultar algo – 17 **el rostro** la cara – 18 **reafirmar algo** etw. bekräftigen – 18 **colectivo, -a** de todos – 25 **caber (subjuntivo: quepa)** tener lugar / espacio

indígenas de Chiapas

El Ejército Zapatista de Liberación Nacional (EZLN)

El EZLN es un grupo revolucionario armado de Chiapas, uno de los estados más pobres de México. Los zapatistas no han utilizado las armas desde que en 1994 fueron derrotados por el ejército mexicano. Desde entonces cuentan con el apoyo de algunas ONGs y grupos solidarios. Su jefe y portavoz es el Subcomandante Marcos y se consideran herederos de Emiliano Zapata, uno de los líderes más importantes de la Revolución Mexicana. Los zapatistas pretenden conseguir un reparto de tierras entre los indígenas y forman parte del movimiento antiglobalización.

1 El «Sub»

a Leed la entrevista y la casilla y contestad las siguientes preguntas:
- ¿Por qué le pregunta el Loco de la Colina a Marcos si es mestizo, blanco o indio?
- ¿Por qué Marcos no muestra su cara?
- ¿A qué se refiere el Subcomandante con «identidad colectiva»?
- ¿Qué quiere lograr *(erreichen)* el movimiento zapatista?

b Informaos sobre el Subcomandante Marcos y Che Guevara en el glosario cultural. ¿Por qué creéis que Marcos ha sido comparado con Che Guevara. ¿Qué diferencias hay entre los dos?

c Imaginaos que vais a preparar una entrevista de periódico con el Subcomandante Marcos. Escribid las preguntas que le haríais en la entrevista.

Che Guevara, 1928 – 1967

Estrategia

Ein *Resumen* schreiben

Ein *Resumen* (Zusammenfassung) soll dazu dienen, einen gelesenen Text zusammenzufassen und die Hauptgedanken in verkürzter Form wiederzugeben. Dabei müsst ihr Folgendes beachten:

Euer *Resumen* beginnt ihr mit einer Einleitung, die den Autor, die Quelle und den Titel des Textes enthalten sollte. Sucht zunächst Schlüsselwörter im Text und notiert sie, wenn möglich. Gebt nun die wichtigsten Informationen mit euren eigenen Worten wieder. Behaltet dabei möglichst die Reihenfolge der Informationen aus dem Text bei. Man kann sie aber auch ändern, wenn der Inhalt so klarer wird. Dabei können euch die Fragen: Wer? Was? Wann? Wo? Warum? helfen. Schreibt euren Text in der 3. Person im Präsens. Vermeidet Zitate, direkte Rede oder das Kopieren einzelner Textstellen. Gebt auch keine Kommentare zum Gelesenen ab. Euer *Resumen* sollte maximal ein Drittel des Originaltextes umfassen.

¡Ahora vosotros!

Haced un resumen del texto «Maná llama a 'globalifóbicos' a evitar violencia en Cancún» (pág. 56). Las expresiones de la casilla os pueden ayudar.

Con estas expresiones puedo …

… introducir el resumen
- Se trata de (una parte de) …
  - un anuncio
  - un artículo sobre
  - un comentario
  - un reportaje
  - un libro
  - una noticia
  - un cuento
  - un e-mail
- El texto / artículo / e-mail …
  - lleva el título
  - está titulado
  - fue escrito en … por
  - trata de …

… empezar a resumir
- En primer lugar
- Al principio, el autor …
  - discute / presenta el tema de
  - da su opinión sobre el tema de
- Continúa dando ejemplos.
- Entonces da ejemplos.
- Luego expone detalles.
- En segundo lugar describe un caso concreto.
- En tercer lugar critica la situación.
- Está a favor de … / en contra de …

… terminar
- Finalmente
- Al final
- Por último explica las consecuencias
- El texto termina con …
  - una pregunta
  - una conclusión

Maná llama a 'globalifóbicos' a evitar violencia en Cancún

Martes, 9 de Septiembre de 2003

La popular banda mexicana Maná, que hace poco se «divorció» del subcomandante zapatista Marcos, llamó el martes a los «globalifóbicos» a evitar las protestas violentas en la ciudad turística de Cancún, sede de una cumbre de la OMC del miércoles al domingo.

«Si esta gente es supuestamente gente culta, deberían de fijarse en quienes supieron hacer movimientos, como Martin Luther King o Gandhi», dijo a Reuters el baterista Alex González.

Un grupo de activistas italianos contrarios a la globalización se desnudaron el lunes en una de las playas de Cancún y con sus cuerpos formaron la frase «No OMC», en rechazo a la cita de la Organización Mundial del Comercio.

«Sobran ejemplos de organizaciones que están protestando y han llevado su mensaje, que a final de cuentas es lo importante: llevar el mensaje, no lastimar gente, propiedades, porque si no, ¿cómo los van a tomar en serio?», dijo el músico.

A principios de agosto, Maná dijo que se desencantó del subcomandante Marcos, venerado durante años por los roqueros, tras el apoyo del líder guerrillero zapatista al grupo separatista vasco ETA.

Maná, agregó González, no acudirá a las protestas contra la OMC en Cancún, pero se reunirá con representantes de la Organización de las Naciones Unidas para la Alimentación (FAO) y de la ONU en octubre para hablar de proyectos altruistas.

El cuarteto, que lidera el vocalista Fher Olvera, ha destinado parte de sus ganancias a su activismo ecológico –particularmente en proyectos de reforestación y protección a la tortuga marina en México– y en contra del hambre.

Reuters, Noticias Latinoamericanas, 09-09-2003 (abreviado)

1 **un globalifóbico** persona que está en contra de la globalización – 6 **la sede** der (Haupt-)sitz – 6 **una cumbre** ein Gipfel(-treffen) – 7 **OMC (Organización Mundial de Comercio)** WTO (Welthandelsorganisation) – 8 **culto, -a** que estudió mucho o con mucha educación – 10 **un baterista** ein Schlagzeuger – 15 **el rechazo** die Ablehnung – 17 **sobran ejemplos** hay muchos ejemplos – 18 **a final de cuentas** letztendlich – 19 **lastimar a alguien** jdn. verletzen – 22 **desencantarse** enttäuscht werden – 23 **venerar a alguien** jdn. verehren – 24 **el apoyo** → apoyar algo – 26 **agregar algo** etw. hinzufügen – 30 **altruista** uneigennützig – 31 **destinar algo a algo** etw. für etw. bestimmen – 32 **la ganancia** el dinero que alguien gana – 33 **la reforestación** acción de plantar árboles en terrenos que antes habían sido bosques

2 La música entra en política

a Leed el texto y presentad a Maná. Decid también qué más sabéis de ellos y cuáles de sus canciones conocéis.

b Recordad la entrevista del Loco de la Colina (pág. 54) y decid cómo se ve el Subcomandante Marcos a sí mismo. ¿Están de acuerdo los músicos del grupo Maná con esta imagen? ¿Qué es lo que no les gusta de Marcos?

3 Lo mismo con otras palabras

a Buscad en el texto sobre Maná sinónimos para las palabras de la casilla.

- un grupo
- separarse
- quitarse la ropa
- cuatro personas
- una persona que canta
- una tortuga que vive en el mar
- una persona que toca música rock
- participar

b Explicad la frase: «Sobran ejemplos de organizaciones que están protestando y han llevado su mensaje, que a final de cuentas es lo importante: llevar el mensaje, no lastimar gente, propiedades, porque si no, ¿cómo los van a tomar en serio?» (l. 17–20).

c ¿Conocéis otros músicos que realicen actividades políticas o sociales? ¿Qué proyectos realizan?

4 Los indígenas en Latinoamérica

Lerntipp 535780-0010

Antes de trabajar con un texto auditivo, leed las preguntas. Así os podéis concentrar mejor en los puntos importantes.

a Escuchad el programa de radio y contestad.
- ¿Quiénes hablan? (hombres, mujeres, blancos, indígenas)
- ¿Cuál es el tema del programa?
- ¿Qué significado tiene la música?

b Escuchad el programa de radio otra vez y contestad con verdadero, falso o no está en el texto.
1. En 1994 Rigoberta Menchú recibió el Premio Nobel de la Paz.
2. Nina Pacari estudió en la universidad de Quito.
3. Rigoberta fue la primera Ministra de Relaciones Exteriores indígena en los 172 años de la historia republicana del Ecuador.
4. Los conquistadores blancos prohibieron[1] hablar las lenguas indígenas.
5. A los niños los convirtieron en esclavos.
6. La madre y un hermano de Rigoberta fueron asesinados en 1980, durante la Guerra Civil de Guatemala.
7. En el Ecuador, hasta los años 60, para poder estudiar tenían que vestirse como mestizos.
8. Ahora la discriminación de mujeres no existe.

c Comparad vuestras respuestas con un compañero / una compañera y corregid las frases falsas.

d Escuchad el programa otra vez, identificad a las personas (→ glosario cultural) que dicen las siguientes frases y explicad con vuestras palabras qué significan.

A

Rigoberta Menchú

B

un hombre blanco

C

Nina Pacari

1. ¿Qué ha hecho esta india comunista para merecer este premio?
2. La hermana Rigoberta ha sufrido duro por nuestro pueblo.
3. Fíjense en la ropa que usa, polleras, collares, ¿pretenderá acudir así a la Casa Blanca? ¡Qué vergüenza para nuestro país!
4. Los conquistadores blancos invadieron nuestras tierras.
5. A las mujeres nos violaron, nos humillaron, nos convirtieron en esclavas. Pero ahora estamos renaciendo, orgullosas de nuestra raza.
6. Mi nombre significa Fuego del Amanecer[2].
7. Soy hija de la miseria, de la Marginación, por ser maya y mujer. Soy sobreviviente del genocidio de los blancos contra mi pueblo.
8. Somos iguales, pues. Tenemos los mismos derechos.

D

un locutor

E F

una mujer indígena y un hombre indígena

G

una dirigente indígena

[1] **prohibir algo** etw. verbieten – [2] **el amanecer** tiempo durante el cual aparece la luz del día

5 La Adelita

a Escuchad la canción y ordenad correctamente las frases. Escribid las letras en vuestro cuaderno. Vais a encontrar el nombre de un dios de los aztecas.

Pancho Villa

Si acaso yo muero en campaña[1] → O
Si Adelita quisiera ser mi esposa, → Q
Le compraría un vestido de seda[2] → E
Y la llevaría a pasear al cuartel[3]. → T
Que por mi muerte tú vayas a llorar. → L
Si Adelita se fuera con otro → Z

Si Adelita fuera mi mujer, → U
Si por mar en un buque de guerra. → L
Si por tierra en un tren militar. → C
Y mi cadaver en la tierra va a quedar, → A
Adelita, por Dios te lo ruego → T
La seguiría por tierra y por mar, → A

b ¿Quién fue Adelita? Leed la información de la casilla.

c Describid las fotografías y relacionadlas con la canción.

La Adelita

La leyenda cuenta que La Adelita fue una soldadera de la Revolución Mexicana, es decir, una mujer que acompañaba a los soldados. Hoy en día es una figura que aparece en canciones, pinturas y películas y que constituye todo un símbolo de valor de las mujeres de México. No se sabe quién era Adelita. Aunque se cree que fue una mujer que acompañó al líder revolucionario Pancho Villa. Éste la llamaba Adelita. El 20 de noviembre, día de la Revolución, muchas chicas se disfrazan de Adelita para celebrar el aniversario y recordar que la Revolución fue hecha tanto por hombres como por mujeres.

6 Si fuera ...

a Escribid otra estrofa y hablad de los sueños y deseos de Adelita.

Si Adelita ...

b Mostrad vuestro amor por Adelita y tomad el papel del cantante.

Si yo ...

c Completad las frases.

Si tuviéramos un hijo ...
Si no hubiéramos encontrado ...
Si fuéramos abuelos ...
Si Adelita me abandonara ...
Si no hubiera guerra ...
Si tuviéramos las notas de esta canción ...

[1] **una campaña** ein Feldzug – [2] **la seda** die Seide – [3] **el cuartel** die Kaserne

Frida Kahlo

a Presentad a Frida con ayuda del cuadro y de las informaciones dadas.

- Diego pintó muchas veces a su mujer.
- Nace el 6 de julio de 1907 en Coyoacán.
- Su nombre completo es Carmen Frida Kahlo Calderón.
- En 1910 se pone enferma de polio[1]. Por esta enfermedad tiene una pierna más delgada que la otra.
- Tiene un accidente de tráfico en un autobús en 1925.
- Empieza a pintar y a estudiar arte.
- Pinta decenas de autorretratos, paisajes y retratos de personajes importantes de su vida.

b Describid el cuadro y la fotografía de abajo y relacionadlos con los acontecimientos de su vida.

c Elegid otro cuadro de la pintora y describidlo.

[1] **la polio** die Kinderlähmung

Con estas expresiones puedo describir personas

- El aspecto (físico) / la apariencia de la persona es …
- La expresión de su cara es …
  - agradable / desagradable
  - seria
  - desesperada
  - feliz / alegre
- Es un hombre/ una mujer …
  - bajo, -a / alto, -a
  - delgado, -a / gordo, -a
  - guapo, -a / feo, -a
  - rubio, -a / moreno, -a
  - de pelo blanco
  - de pelo rizado *(lockig)*, liso *(glatt)*, largo, corto
- Tiene los ojos … azules / verdes / marrones / grises / oscuros / claros
- Lleva …
  - un sombrero
  - un bigote *(Schnurrbart)*
  - gafas

Enlace 535780-0011

Más pinturas de Frida Kahlo: www.fridakahlo.com

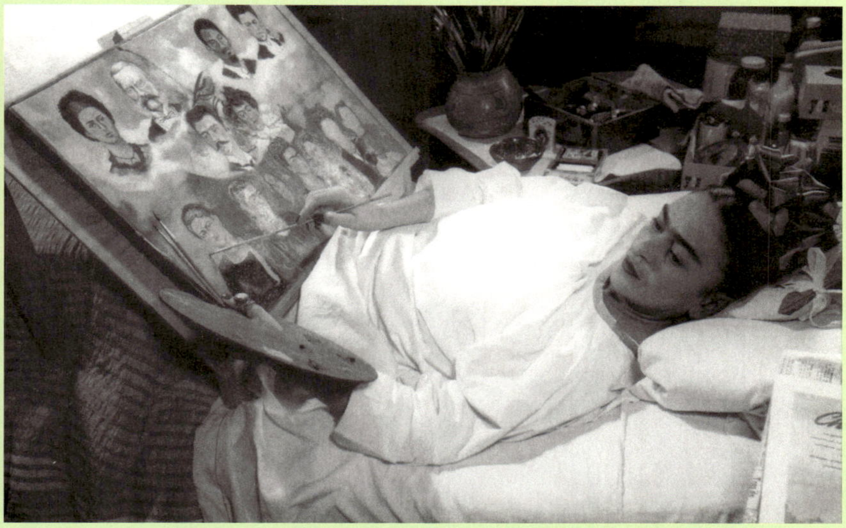

d Elegid una de las siguientes tareas.

1. Tomad como modelo los cuadros de Frida y realizad un *collage* en el que representéis algún acontecimiento de vuestra vida. Cuando esté listo presentadlo y explicadlo al resto del grupo.
2. Escribid un texto con vuestra opinión sobre la relación entre Frida y Diego. Para ello, utilizad la cita *(Zitat)* de al lado.

«He sufrido dos grandes accidentes en mi vida: uno fue en autobús y, el otro, Diego.»
Frida Kahlo

1 Un poco de historia

a Copiad la tabla en vuestros cuadernos y ordenad las formas siguientes.

había hecho • tendría • querría • estuvo • tuvieran • estaba • habían estado • hubierais • habías sido • fuera • ha constituido • fundaba • defenderían • se han negado • puso • ofreceríamos • hemos puesto • creía • hicieron

pretérito pluscuamperfecto	pretérito indefinido	pretérito imperfecto	pretérito perfecto	imperfecto de subjuntivo	condicional
había hecho	...				

b Relacionad los hechos históricos del mismo color de Hispanoamérica y de Europa y formad frases como en el ejemplo.

Ejemplo: Cuando empezó la Primera Guerra Mundial, ya había empezado la Revolución Mexicana.

- El Inca Garcilaso de la Vega publica «Comentarios Reales». (1609)
- Goethe publica el «Fausto». (1808)
- Dalí pinta sus relojes blandos. (1931)
- Diego Rivera termina los murales del Palacio Nacional. (1951)
- Cae el Muro de Berlín. (1989)
- Rigoberta Menchú gana el Premio Nobel de la Paz. (1992)
- Los estadounidenses comienzan a construir un muro entre México y Estados Unidos. (1994)
- Günter Grass gana el Premio Nobel de Literatura. (1999)

c Ahora mirad el eje temporal *(Zeitachse)* de las páginas 48–49 y formad más frases como las de arriba.

2 Protejamos el medio ambiente

a Ordenad estas palabras en los campos: *aire* y *basura*. Algunas pertenecen a ambos campos.

Lerntipp 535780-0012

Una red de vocabulario os ayuda a memorizar palabras. También podeis usar otras técnicas: hacer dibujos, fichas, frases de ejemplo, grabaciones).

una lata • un contaminante • circular • producir • la contaminación • un coche • un gas • el reciclaje • reducir • la emisión • UN CONTENEDOR • reusar • LA CIRCULACIÓN • juntar • el ozono • la atmósfera • separar • reciclar • el vidrio • la basura orgánica • el papel • una botella • *el tráfico* • UN FILTRO

b Para cada campo unid los verbos con los sustantivos y formad frases lógicas.

3 Todo podría ser diferente

Mirad los dibujos y formad oraciones condicionales irreales («Si viviera... »).

vivir lejos de la preparatoria – cambiar de metro dos veces

haber contaminación – tener alergia

los vecinos hacer fiestas – poder dormir

tener un contrato de trabajo en EE.UU. – no tener problemas para vivir allí

mudarse al campo – vivir más tranquilos

haber tráfico – necesitar mucho tiempo para llegar al trabajo

4 Cadenas

a Utilizad los verbos y expresiones siguientes y escribid una cadena *(Kette)* de oraciones condicionales con el imperfecto de subjuntivo y el condicional simple.

Ejemplo: Si el transporte público fuera más barato, la gente lo utilizaría más. Si la gente utilizara ...

1. transporte público ser más barato – la gente utilizarlo más – haber menos tráfico – haber menos contaminación – el aire ser más limpio – la gente tener menos alergias
2. utilizar menos agua en las ciudades – más gente tener acceso[1] al agua – no tener que viajar para conseguirla – tener más tiempo para su trabajo – ganar más dinero – vivir mejor.

b Formad otra cadena como las de arriba sobre el tema «reciclaje de papel».

5 Demasiado tarde

a Ahora imaginad que ya es demasiado tarde para solucionar los problemas. Escribid oraciones con el pluscuamperfecto de subjuntivo y el condicional compuesto.

Ejemplo: Estás en el aeropuerto. Te gustaría haber llegado más tarde, pero no sabías que el avión tiene retraso.
—Si hubiera sabido que el avión tiene retraso, habría llegado más tarde.

1. Estás en un restaurante y es muy caro, pero no habías visto los precios. Te gustaría haber ido a otro.
2. Te has levantado muy tarde porque viste una película por la noche. Te gustaría haberte acostado más temprano.
3. No hemos encontrado el museo porque no hemos llevado el mapa de la ciudad.
4. No hemos podido llegar a tiempo porque el metro estaba llenísimo y no conseguíamos entrar.

b Inventad otras tres frases como las de arriba.

[1] el **acceso** der Zugang

6 Ser ecologista

Clara vio un reportaje sobre una manifestación de ecologistas *(Umweltschützer)* y cuenta a Ángel lo que exigían, pero que no lograron.

Ejemplo: Querían que fumáramos menos.

- la gente fumar menos
- los gobiernos poner contenedores de basura más grandes
- todos comer menos hamburguesas
- los medios informar mejor sobre la contaminación
- nosotros ir en bicicleta, escuchar a los ecologistas
- más ciudadanos unirse a ellos
- cada uno respetar la naturaleza
- los supermercados usar menos bolsas de plástico
- las ciudades ahorrar el agua
- las niños tener más conciencia ecológica
- los medios de comunicación darles más atención

Querían que …
Exigían que …
Pidieron que …
Escribieron que …
Dijeron que …
Les gustaría que …
Querrían que …

7 Personajes del mundo hispánico

a ¿Quiénes son? Completad las frases con los nombres correctos de las personas.

Cristóbal Colón
MOCTEZUMA
la Malinche
PANCHO VILLA
Rigoberta Menchú
el Subcomandante Marcos
Frida Kahlo
Isabel la Católica
DIEGO RIVERA
Hernán Cortés

1. llamaba Adelita a una mujer de la clase alta de la Ciudad de México.
2. Los militares asesinaron algunos miembros de la familia de .
3. pintó a su mujer algunas veces.
4. recibió y le dio el dinero para sus viajes.
5. En 1519 conquistó la región de Tabasco.
6. Le ofrecieron a como regalo algunas mujeres, entre ellas .
7. envió varios mensajeros para hacer contacto con Cortés.
8. Durante su vida realizó otros tres viajes para encontrar un camino hacia las Indias.
9. pintó decenas de autorretratos, paisajes y retratos de personajes importantes.
10. ayudó a como traductora.
11. El Loco de la Colina entrevistó al .

b Transformad estas frases en pasiva.

8 Una exposición sobre la historia de México

a Una profesora ha pedido a sus alumnos que preparen una exposición oral sobre la historia de México. Escuchad este diálogo entre los alumnos y decid sobre qué tema van a hacer la exposición cada uno.

b Escuchad el diálogo otra vez y contestad las preguntas:
1. ¿Por qué uno de los chicos quiere hacer una exposición sobre la cultura maya?
2. ¿Qué llevan las personas en las fotografías de Yolanda?
3. ¿Por qué quieren hacer una exposición sobre la Malinche?

9 La Conquista de México

Transformad las siguientes frases al estilo indirecto como en el ejemplo.

Ejemplo: «Exploraré estas tierras» escribió Cortés a los Reyes. Cortés escribió a los Reyes que exploraría esas tierras.

1. «Vamos a regalar mujeres a los hombres blancos que han llegado», anunciaron los Mayas.
2. «Cortés, toma estos regalos», dijeron los mayas.
3. «Puedo traducir del náhuatl a la lengua maya», explicó Malinche.
4. «¿Han sido enviados por los dioses?», preguntó Moctezuma.
5. «Tenéis que informarme de quién es Cortés», dijo Moctezuma a sus mensajeros.
6. «Seguiremos adelante aunque Moctezuma no quiera», exigió Cortés a sus hombres.
7. «Tengo miedo de que me maten los emperadores», dijo Malinche.
8. «No puedo casarme contigo, porque ya estoy casado», le dijo Cortés a Malinche.
9. «Tendré un hijo tuyo», dijo la Malinche.
10. «Malinche ha tenido mucha importancia en la historia de nuestro pueblo», dijeron los mexicanos.

10 Cómo cuidar el agua

Aquí tenéis un folleto con algunos consejos en alemán para cuidar agua. Imaginad que uno de vuestros padres tiene un nuevo compañero de trabajo español. Tenéis que informarlo de estos consejos. Formad frases como en el ejemplo.

Ejemplo: Los consejos dicen que uséis / En el folleto piden que se utilice…

Wie kann man Wasser sparen und vor Verschmutzung schützen?

1. Duscht nicht länger als 10 Minuten.
2. Schließt den Wasserhahn beim Zähneputzen.
3. Macht die Geschirrspülmaschine ganz voll, bevor ihr sie einschaltet[1].
4. Benutzt wenig Waschmittel[2] für eure Wäsche.
5. Wascht euer Auto mit nur 10 Liter Wasser.
6. Benutzt Regenwasser für den Garten.

[1] einschalten **poner** – [2] das Waschmittel **el detergente**

5 Identidades

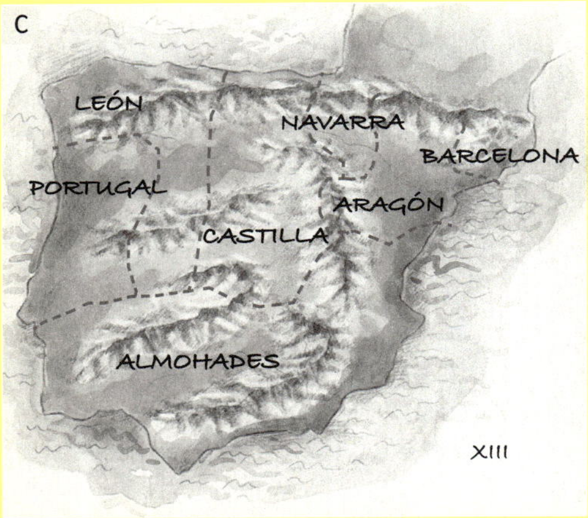

1 Breve Historia de cómo se formó España

a Escuchad el cedé y relacionad los eventos históricos con las fotos y los dibujos. La solución os da una palabra de origen árabe que todavía existe en español. ¿Cuál es?

Z Entrada de los bárbaros
A Matrimonio de los Reyes Católicos
Ú Al-Ándalus – 8 siglos de Reconquista
R Unidad política de España
C Expansión de los reinos cristianos
A Conquista por los romanos

b Contestad ahora las preguntas.

1. De las provincias romanas, ¿qué nombres reconocéis?
2. ¿Cuáles de los nombres en los mapas existen aún en la actualidad?
3. La palabra «azúcar» es un préstamo *(Lehnwort)* del árabe. ¿Sabéis por qué?
4. ¿Cuáles de las siguientes palabras son de origen árabe?

álgebra • cifra • amalgama • amuleto • atlas • cable • cenit • lava • masaje • sofá

1

2

3

4
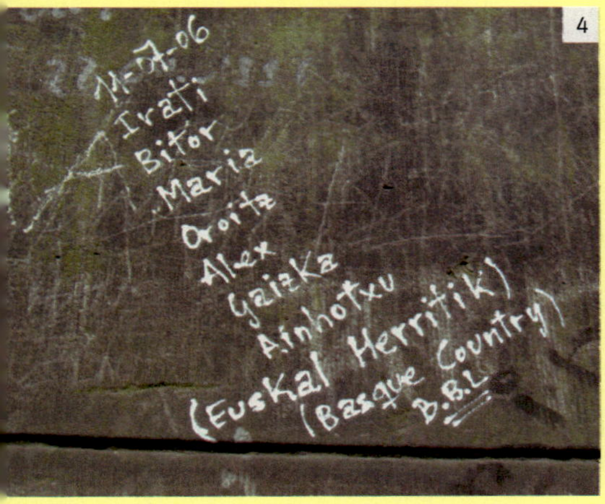

5

2 ¿España?

Con ayuda de la casilla expresad las opiniones e ideas representadas en las fotos de arriba.

3 Dos jóvenes de España

a Escuchad ahora la opinión que tienen Marta y Unai de lo que es España y ser español. Decid qué opinión tienen de España y qué elementos definen su identidad. Podéis escuchar varias veces.

b Trabajad en parejas. Uno toma el papel de Marta y otro, el de Unai. Exponed vuestras opiniones sobre lo que es España e intentad encontrar cosas que, sin embargo, os unen.

Con estas expresiones puedo ...

... expresar la opinión de otras personas

- Unos españoles creen / sienten / consideran que ... *+ indicativo*
- Algunos no creen / sienten / consideran que ... *+ subjuntivo*
- Otros piden / reclaman que ... *+ subjuntivo*
- Quieren ...
- Rechazan ...
- (No) están de acuerdo / contentos con ...

... hablar sobre la identidad

- la autodeterminación
- el derecho a ...
- la independencia
- la bandera
- el reconocimiento
- el referéndum
- la identidad
- el himno

1 La vida de Marisa

Leed la siguiente entrevista a Marisa en su 90 cumpleaños. Tomad apuntes de los datos personales de Marisa y presentadla.

Marisa: Un cumpleaños con memoria

Entrevistador: ¡Buenos días, Marisa y feliz cumpleaños!

Marisa: Gracias y bienvenido a mi casa.

Entrevistador: No todos los días se cumple casi un siglo de vida. Me imagino que son muchos los recuerdos. ¿Cuál es la primera experiencia que recuerda?

Marisa: Antes de responder a eso, tengo que decir que nací en Galicia, en A Coruña, y mi primer recuerdo son las tardes en la playa. Entonces no era algo para divertirse, sino que se hacía para la salud. Mi mamá era gallega y mi papá, vasco. Es decir, crecí con tres lenguas: el gallego, el vasco y el castellano. En la escuela aprendí el castellano, no se podía hablar otra lengua. No es como hoy, donde también se estudian en la escuela.

Entrevistador: Vaya suerte, tener tres lenguas maternas. ¿Cómo fue su juventud? ¿Cómo era la España de aquellos años?

Marisa: Bueno, mi madre era muy intelectual y se rodeaba de artistas. Al salir de la escuela, me llevaba con ella a sus reuniones. A veces también íbamos a Madrid y Barcelona. Mi madre conoció a muchos escritores de la Edad de Plata: Lorca, Juan Ramón Jiménez, Antonio Machado, Valle-Inclán. Y también a pintores como Picasso o Dalí. Después de caer la monarquía de Alfonso XIII, empezó en 1931 la II República y mi madre se pasaba el día en reuniones políticas, en defensa de los derechos de los obreros. Recuerdo que decía que pronto empezaría una nueva época sin clases ni injusticias.

Entrevistador: ¿Y su padre?

Marisa: Uff, no fue una época muy buena. A pesar de quererse tanto, eran muy diferentes, representaban a su modo las dos Españas: la conservadora y la revolucionaria, la centralista y la federalista, la católica y la atea, la burguesa y la obrera; así que decidieron separarse. Mi madre se enamoró de un joven anarquista y se fue con él a Barcelona. Recuerdo que me pidió que me fuese a vivir con ellos, decía que pronto empezaría una guerra y que con ellos estaría más segura. Me quedé en Galicia, pero fue verdad, en 1936 empezó la Guerra Civil.

Entrevistador: Supongo que fue una experiencia horrible.

Marisa: En Galicia no hubo tantas batallas, pero sí mucha represión política, sobre todo de los nacionalistas y la gente de izquierdas. Mi padre se fue al frente de los franquistas y no volvió más. De mi madre no supe nada, pero, terminada la guerra, en 1939, recibí una carta suya desde México, me decía que estaba bien y, una vez más, que dejara España y me fuese a vivir con ella.

Entrevistador: ¿Y usted lo hizo?

Marisa: Sí, me parecía que en España no me quedaba nada y que la atmósfera del franquismo era horrible: represión, recelos, miedos. No quería vivir bajo una dictadura. Allí abrimos un restaurante gallego, cerca del Zócalo. Especialidad: pulpo a la gallega. Tuve un novio, pero no me quise casar nunca. Con mi madre viajamos mucho por América.

Entrevistador: ¿Y cuándo regresó a España?

13 **rodearse de** estar con / pasar mucho tiempo con – 33 **una batalla** eine Schlacht – 41 **el recelo** Misstrauen –

Marisa: Muerto Franco en 1975, regresé a España. Mi madre había muerto el año anterior, la pobre, sin poder ver el final de la dictadura y yo quise volver a España. Fue una época muy bonita por las esperanzas de la gente. Recuerdo muy bien las manifestaciones, las primeras elecciones democráticas de 1977, la Constitución de 1978 … Fue muy importante para mí la aprobación de los estatutos de autonomía y el reconocimiento oficial de mis otras dos lenguas, el gallego y el vasco. Fue una respuesta lógica a los sentimientos de identidad de esas regiones de España.

Entrevistador: ¿Qué diferencias ve usted entre la España de hoy y la España de su juventud?

Marisa: Uy, muchísimas. Comparado con antes, ahora se vive como un rey. España es ahora un país desarrollado y moderno. Para mí, las Olimpiadas de Barcelona del año 92 fueron un perfecto ejemplo de ello. La gente joven de hoy puede viajar y estudiar y el mundo le ofrece tantas posibilidades... Antes la vida de la gente estaba determinada desde el principio. De haber nacido hoy, mi vida hubiese sido muy diferente. Y no es que me queje. He sido y soy muy feliz. He tenido una muy buena vida.

Entrevistador: Gracias, Marisa. Espero volver a entrevistarla dentro de diez años para brindar por un siglo de vida.

M: Y yo también lo espero.

50 **la aprobación** Billigung – 59 **determinar algo** etw. bestimmen – 62 **brindar** anstoßen

2 Tabla cronológica

Completad el cuadro cronológico con los sucesos *(Ereignisse)* de que habla el texto. Buscad más informaciones en el glosario cultural.

1931	1936–1939	1939–1975	1977	1978	1992

3 Palabras, palabras

a Buscad, para las siguientes palabras del texto, otras de la misma familia.

Ejemplo: estudiar → estudiante.

- desarrollado
- nacer
- diferente
- muerto
- decidir
- la esperanza
- separarse
- el reconocimiento
- viajar
- comparado
- recordar
- moderno

b Completad ahora las expresiones con las soluciones del ejercicio 3a.

Ejemplo: Tengo un buen *recuerdo* de las vacaciones pasadas.

1. Mi fecha de ? es el 21 de marzo 1992.
2. Me gustaría hacer un ? alrededor del mundo.
3. Mi madre te envía muchos ? .
4. Los niños suelen sufrir mucho con la ? de los padres.
5. Elegir carrera es siempre una ? muy difícil.
6. El museo todavía no abre. Hay que ? un poco.

4 Infinitas construcciones (§§ 18, 19)

a Observad estas construcciones de participio del texto. ¿Qué opción u opciones os parecen correctas para sustituirlas *(ersetzen)*? ¿Por qué?

1. Al salir de la escuela … (l. 13)
a) Cuando salía de la escuela …
b) Porque salía de la escuela …

2. A pesar de quererse tanto … (l. 22)
a) Aunque se querían tanto …
b) Como se querían tanto …

3. … terminada la guerra, en 1939. …(l. 36)
a) si terminaba la guerra en 1939 …
b) cuando terminó la guerra en 1939 …

4. Muerto Franco …(l. 45)
a) Porque había muerto Franco …
b) Después de que murió Franco …

5. Comparado con antes … (l. 56)
a) Si lo comparamos con antes…
b) Después de compararlo con antes…

6. De haber nacido hoy … (l. 60)
a) Si hubiese nacido hoy …
b) Aunque hubiera nacido hoy …

b Copiad y completad las reglas en vuestros cuadernos según los ejemplos del ejercicio y del texto.

El infinitivo con preposiciones puede formar construcciones de varios significados:

[1] + **infinitivo** ≈ *aunque + verbo*
[2] + **infinitivo** ≈ *si + verbo*
[3] + **infinitivo** ≈ *cuando + verbo*

La construcción **participio** + **sustantivo** / **pronombre** (a veces no explícito), entre comas, equivale a una oración temporal introducida por [4] o [5]. A veces también a una oración condicional introducida por [6].

c Buscad en el texto otros ejemplos de infinitivo con preposición. ¿A qué construcciones que ya conocéis equivalen?

5 Recuerdos (§§ 18, 19)

Elegid variante a o variante b.

a Preguntad a una persona mayor, como Marisa, quizás un abuelo o una vecina, por los hechos más importantes de su vida.

b Imaginad algunos hechos importantes en la vida de las personas de las fotos. Escribid un breve relato. Usad construcciones de infinitivo y de participio.

Ejemplo: Terminada la guerra, empezó a trabajar en una fábrica de motocicletas.

A
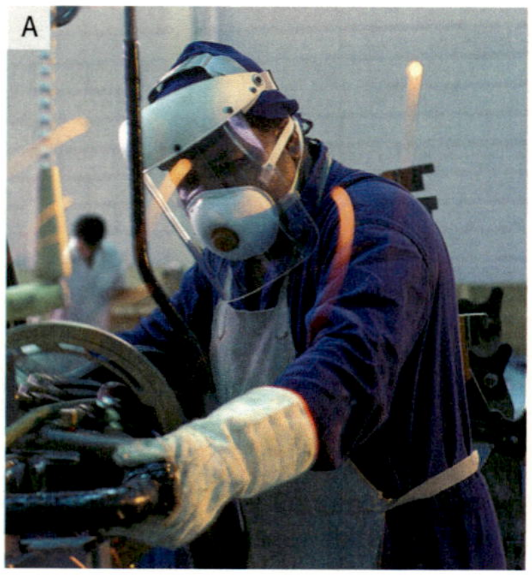

B

C

6 Antes todo era diferente (§ 17)

a Marisa y su amiga Mercedes recuerdan las cosas que les prohibían y ordenaban sus padres cuando ellas eran niñas. En la casilla encontráis algunas de ellas.

Ejemplo: Mis padres me ordenaban que fuese a misa todos los días.

- Ir a misa todos los días
- Quedar a solas con un chico
- Llevar faldas demasiado cortas
- Callarse cuando los hombres hablan
- Aprender costura[1] y otras labores de la casa
- Regresar a casa siempre antes de que se hiciera de noche

Verbos de voluntad en el pasado con imperfecto de subjuntivo

- ordenar / mandar
- decir
- prohibir
- estar prohibido
- querer
- proponer
- exigir

+ que

b A partir de las fotografías, formulad deducciones *(Folgerungen)* sobre otras cosas que estaban prohibidas durante la dictadura franquista.

un bikini

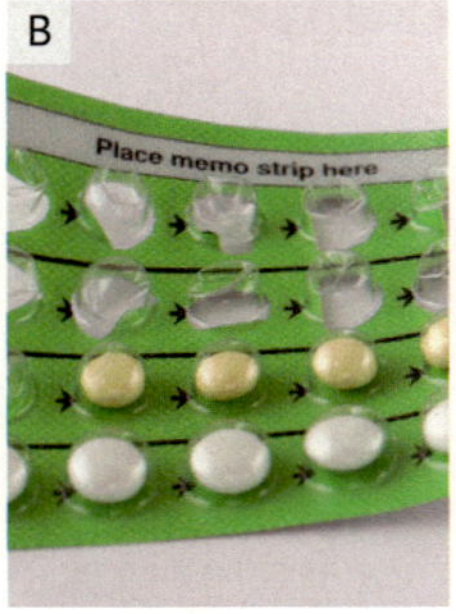

un anticonceptivo

manifestarse

libros comunistas

divorciarse

c En parejas, hablad de qué os prohiben u ordenan ahora vuestros padres y qué les prohibían u ordenaban a ellos sus padres antes.

Ejemplo: Antes mis abuelos le prohibían a mi madre **salir / que saliera** con minifalda.
Ahora mis padres me prohíben **estar / que esté** demasiado tiempo delante del ordenador.

7 Madre e hija (§ 17)

Fijaos en el texto de Marisa: «… decía que pronto empezaría una guerra …» (l. 28 – 29). Con ayuda de los dibujos, decid qué otras cosas le decía a Marisa su madre sobre el futuro.

[1] **la costura** das Nähen

1 Las lenguas de España

Mirad las viñetas y escuchad el cedé. ¿Qué lenguas son? ¿Dónde se hablan?
Usad el mapa de España en la contraportada como ayuda.

2 Estados plurilingües *(mehrsprachig)*

LAS LENGUAS EN ESPAÑA: ¿CUÁNTAS HABLAMOS?

En España hay cinco lenguas oficiales, pero muchas lenguas maternas. La riqueza lingüística y cultural no es solamente una cuestión importante a escala mundial, también lo es en España. Porque nuestra sociedad se caracteriza por la existencia de diferentes lenguas, reconocidas por la Constitución Española de 1978. Desde entonces el castellano, el catalán, el euskera, el gallego y el valenciano son lenguas oficiales.

Bienvenido, ¿tú qué hablas? No podemos olvidar que en España se hablan muchas lenguas distintas de las lenguas oficiales del Estado. Hay lenguas que se han hablado tradicionalmente durante siglos en algunos lugares de España (como el bable o el caló), pero que no se utilizan para dar clase en las escuelas, ni se hablan en el trabajo ni en las administraciones públicas. También hay lenguas que estudiamos en la escuela, pero que no se hablan en la calle, aunque a veces sí en el trabajo (como el inglés y el francés). Por último, muchos inmigrantes han traído sus lenguas, que utilizan para comunicarse con sus compatriotas y que alternan con las lenguas que se hablan en España. Todas ellas son nuestras lenguas, porque son patrimonio de toda la humanidad.

La protección de las lenguas ¿Por qué la UNESCO proclamó el día 21 de febrero como Día Internacional de la Lengua Materna en 1999? ¿Sabíais que la mitad de todas las lenguas existentes en el mundo están en peligro? Este evento ofrece una oportunidad para el debate y la promoción de todas las lenguas que se hablan en el planeta. Las lenguas, además de ser el medio que nos permite comunicarnos, interactuar y entendernos con diferentes personas, son también nuestro patrimonio cultural y muestra de la diversidad existente en el mundo en que vivimos. Las lenguas también definen nuestra cultura, nuestra historia, nuestras tradiciones... Es decir, es una parte fundamental de nuestra identidad personal. Quizás todos y todas deberíamos reflexionar sobre qué entendemos como identidad personal para poder comprender la importancia de las lenguas.

UNICEF España, www.enredate.org, 21-02-2006

1. ¿Por qué la UNESCO proclamó el día 21 de febrero como Día Internacional de la Lengua Materna en 1999?
2. ¿Qué otros estados europeos conocéis que tengan varias lenguas? ¿Hay lenguas minoritarias en vuestro país?
3. ¿Qué ventajas e inconvenientes le veis a vivir en un estado plurilingüe como España?

El aranés

Desde el año 1995 existe una sexta lengua oficial en España, en el Valle de Arán (Pirineo catalán): el aranés.

2 **la riqueza** → rico – 11 **alternar** cambiar – 12 **el patrimonio** das (Kultur)Gut – 15 **la promoción** die Förderung

3 ¿Estamos perdiendo nuestra identidad personal?

El texto reflexiona sobre la relación entre identidad personal y lengua. ¿Cómo ordenaríais los siguientes elementos en la tabla? ¿Podéis añadir otros aspectos? Explicad vuestros resultados.

lengua • religión • bandera • historia • familia • amigos • música • arte • literatura • valores • deporte • educación

Identidad personal	Identidad de una nación

4 Un año en Galicia

a Mirad estas fotos de Galicia y explicad qué cosas veis y cómo os imagináis que son.

A

hórreos y cruceiros

B

una empanada

C

la Catedral de Santiago de Compostela

D

la muiñeira

E

vinos ribeiro y albariño

F

una bruja

G

una gaita

H

un pulpo

b Markus ha pasado un año de intercambio en A Coruña. Al volver, habla por teléfono con su amiga Julia de México y le cuenta cómo ha ido todo. Escuchad el diálogo. Con ayuda de las fotos identificad los aspectos de Galicia mencionados.

c Escuchad otra vez el texto de Markus. Haced una ficha sobre la Comunidad Autónoma de Galicia y completadla con un mapa. Podéis buscar también otras informaciones (economía, fiestas, tradiciones, estereotipos...).

d Presentad ahora vuestra región a un / una hispanohablante.

Galicia

capital:
provincias:
idiomas oficiales:
paisaje:
clima:
turismo:
gastronomía:
etc.

5 Preguntas sobre la propia identidad

a Fijaos en la viñeta. ¿A qué parte de España se refiere? ¿Qué mensaje creéis que quiere transmitir el autor con esa pregunta? ¿Creéis que ocurre algo similar en vuestro país?

b Leed el siguiente texto y contestad las preguntas.

1. ¿A qué muertos creéis que se refieren Irune y Amaia?
2. ¿Por qué Amaia se marchó de España?
3. ¿A qué se refiere la frase: «Si algún día se cumplen sus anhelos, ... con cava "catalana".» (l. 28–30)?

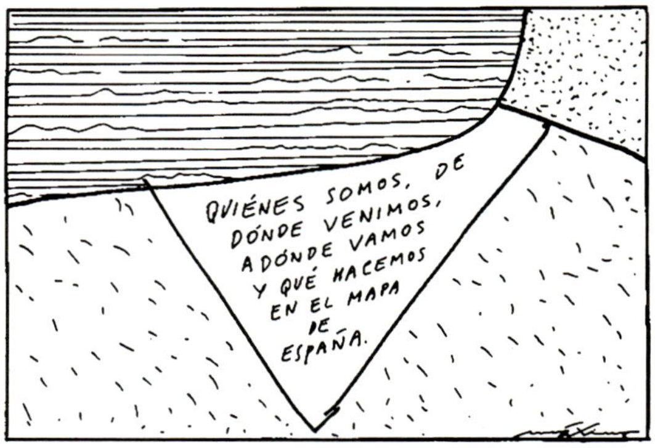

Máximo, El País, www.elpais.com, 19-07-2007

CONVERSACIÓN CON 'DOS NIÑAS DE LA GUERRA'

HERNANI (GUIPÚZCOA) Son dos 'niñas de la guerra' de 75 y 77 años. Ellas se consideran sobre todo víctimas de la Guerra Civil, pero también lo son del otro conflicto que se ha vivido en el País Vasco. Se llaman Irune y Amaia, son nacidas en Goierri y viven en Hernani. Hermanas y solteras. En el comienzo de la conversación, lo de siempre: recelos, sospechas, resquemores. Cuesta abrir sus palabras, y mucho más su corazón. Pero se va entreabriendo.

Charlamos en la plaza de Hernani, entre los carteles de Batasuna. Amaia, la de 77, lleva la voz cantante: "Hay que dejar de mirarse el ombligo. No queremos muertos".

Amaia ha pasado casi toda su vida en París. Más de 40 años. Allí vivió Mayo del 68, al que recuerda como un tiempo de esperanza: "Y eso que a las calles no salieron los obreros, sino los estudiantes, hijos de la burguesía". Pregunto si obtuvo la nacionalidad francesa, y niega con la cabeza: "Quería ser vasca, pero de eso no había".

Irune trabajó durante 41 años en una filial de Philips, cerca de Hernani. "No nos han dejado vivir", continúa Amaia. Empieza por la Guerra Civil, las vivencias de los bombardeos sobre el pueblo cuando tenía siete años. "No se sabía si al día siguiente íbamos a tener a alguien en tu casa, acusándote". Indica con la mano un sótano donde se refugiaban. Luego, la represión, la imposibilidad de hablar vasco en el colegio. Y más tarde lo demás, con lo que ahora se quiere acabar. "Pero siempre hemos seguido luchando".

"¿Por qué no el derecho a la autodeterminación?", pregunta ella. "Nosotros somos 'euskaldunes', tú eres español. Tengo amigos en Quebec. ¿Por qué no ser como ellos?". Si algún día se cumplen sus anhelos, Amaia e Irune dicen que no brindarán con champán francés, sino con cava "catalana".

Hernani Guipúzcoa, «No queremos más muertos», El Mundo, 27-03-2006 (abreviado)

5 **el recelo** das Misstrauen – 5 **la sospecha** der Verdacht – 5 **el resquemor** der Groll – 6 **entreabrir** halb öffnen – 7 **llevar la voz cantante** den Ton angeben – 8 **el ombligo** der Nabel – 19 **acusar a alguien** jdn. beschuldigen – 20 **refugiarse** Zuflucht suchen – 28 **cumplirse** sich erfüllen – 28 **el anhelo** die Sehnsucht – 29 **brindar** anstoßen

Estrategia

Das einsprachige Wörterbuch

Wenn sich bei der Lektüre die Bedeutung unbekannter, aber für das Verständnis wichtige Wörter nicht über den Kontext ableiten lässt, könnt ihr das Wort in einem zwei- oder einsprachigen Wörterbuch nachschlagen.
Einsprachige Wörterbücher haben gegenüber den zweisprachigen einige Vorteile:
a) Sie enthalten umfassendere Informationen.
b) Sie bieten oft Synonyme an, was zur Vermehrung des Wortschatzes beiträgt.
c) Sie können den Gebrauch des Wortes mit Beispielen erklären und geben Redewendungen an, in denen das Wort vorkommt.
4) Sie enthalten mehr Einträge als ein zweisprachiges Wörterbuch.
Im Allgemeinen sind sie sehr nützlich, weil sie Mehrdeutigkeiten vermeiden, die beim Übersetzen einzelner Wörter auftreten.

¡Ahora vosotros!

Leed el siguiente texto. Con ayuda del diccionario monolingüe dad la definición correcta según el contenido del texto para las siguientes palabras:

el credo • la procedencia • el mozárabe • el muladí • netamente • incesantemente.

6 Mosaico de identidades

Después de leer el texto, tratad de hacer un cuadro de los diferentes grupos existentes en el Al-Ándalus.

origen / etnia / cultura	religión

Tres religiones en convivencia. Al-Ándalus: un mosaico de pueblos y credos diferentes que logran coexistir.

A la hora de tratar sobre la población de Al-Ándalus, es esencial diferenciar entre árabe y musulmán. Mientras que este último es un concepto religioso, el primero es netamente cultural, ni siquiera étnico.
De acuerdo con el criterio religioso, en Al-Ándalus podemos encontrar las creencias musulmana, cristiana y judía. Si esta clasificación por religiones la combinamos con otra según el lugar de procedencia, vemos que, en primer lugar, estaban los cristianos – llamados mozárabes – y los judíos, que por origen coincidían en ser hispánicos, ya que se hallaban en suelo peninsular antes de la conquista musulmana del siglo VIII. A continuación aparecen los musulmanes. Entre éstos los había de diversas procedencias: los árabes (venidos en dos oleadas distintas, podían ser sirios, de la península arábiga, iraquíes ...), que en general pertenecían a la clase alta urbana y rural; los beréberes, que desde el principio de la invasión emigraban incesantemente y que se adaptaron a la nueva tierra en todos los sectores de la sociedad, en particular en las zonas rurales más montañosas, los hispánicos (llamados muladíes), que eran los antiguos pobladores peninsulares convertidos al Islam; y, por último, los esclavos, que podían ser eslavos o negros.

Isabel Hervás, Historia y Vida, n. 421, pág. 57

7 La Constitución española

Leed los siguientes artículos de la Constitución Española de 1978 y contestad las preguntas.

> Art. 137
> El Estado se organiza territorialmente en municipios, en provincias y en las Comunidades Autónomas que se constituyan. Todas estas entidades gozan de autonomía para la gestión de sus respectivos intereses.

> Art. 66
> 1. Las Cortes Generales representan al pueblo español y están formadas por el Congreso de los Diputados y el Senado.

Constitución Española (sancionada: 27 de noviembre de 1978)

a ¿Sabéis cuántas comunidades autónomas existen? ¿Y cuántas provincias? Comparad esta organización territorial con la que existe en vuestro país.

b ¿Cuáles son los organismos que representan al pueblo en vuestro país? Comparad los dos sistemas.

Con estas expresiones puedo comparar sistemas políticos

- la elección *(die Wahl)*
- el elector *(der Wähler)*
- el voto *(die Stimme)*
- votar *(wählen)*
- el diputado *(der Abgeordnete)*
- el representante *(der Vertreter)*
- la República Federal *(die Bundesrepublik)*
- el Gobierno Federal *(die Bundesregierung)*
- el Canciller Federal *(Bundeskanzler)*
- el Presidente Federal *(Bundespräsident)*
- la Cámara Alta *(der Bundesrat)*
- la Cámara Baja / el Parlamento *(der Bundestag)*
- el partido político *(die politische Partei)*

8 El Rey de España

Mientras que el Rey de España es una figura que representa al país y garantiza, según la Constitución, su unidad, el Presidente del Gobierno es elegido por el Congreso para dirigir la política interior y exterior.

1. ¿Cuál es el Presidente del Gobierno actual y a qué partido pertenece?
2. ¿Hay en tu país alguien como el Rey y el Presidente del Gobierno de España?

Don Juan Carlos I de España

Los partidos políticos

a Aquí tenéis los logotipos y los nombres de algunos partidos políticos de España. ¿Conocéis alguno de ellos? ¿Cuáles podrían ser sus programas políticos y sus objetivos?

- Partido Socialista Obrero Español
- Convergència i Unió
- Izquierda Unida
- Coalición Canaria
- Partido Popular
- Esquerra Republicana de Catalunya
- Partido Nacionalista Vasco
- Bloque Nacionalista Galego

Enlace 535780-0013
www.congreso.es

b Mirad la página Internet del Congreso de los Diputados y descubrid qué partido o partidos tienen mayor número de representantes y cómo está formado el gobierno actual.

c Vamos a fundar un partido político o una asociación ciudadana *(Bürgerinitiative)* para un mundo o una sociedad mejor. En grupos vais a hacer una lista de los problemas más graves que observáis a vuestro alrededor y que más os preocupan. Lo importante es tener unos objetivos y soluciones para los problemas. Elaborad un documento de presentación de vuestro partido o asociación ciudadana. Podéis seguir el siguiente esquema:

1. Nombre y logo
2. Breve presentación
3. Objetivos / solución a problemas

d Presentad vuestro partido o vuestra asociación a toda la clase y convenced a vuestros compañeros / vuestras compañeras de sus objetivos.

Con estas expresiones puedo presentar un proyecto político

El partido apoya a ...
- obreros / trabajadores
- empresas / empresarios *(Unternehmer)*
- familias
- estudiantes
- aprendices *(Auszubildende)*

Uno de los objetivos centrales del partido es ...
- la protección del medio ambiente
- la justicia social *(soziale Gerechtigkeit)*
- el apoyo de las empresas / de la economía
- la lucha contra el desempleo *(Arbeitslosigkeit)*
- el cambio del sistema educativo
- Este partido quiere solucionar el problema de ...
- Su programa consiste en *(besteht aus)* ...
- El partido quiere lograr ...

Lerntipp 535780-0013

Antes de presentar un trabajo en grupo, estructurad vuestra exposición y poneos de acuerdo sobre quién va a presentar qué parte.

6 Nuevas sociedades

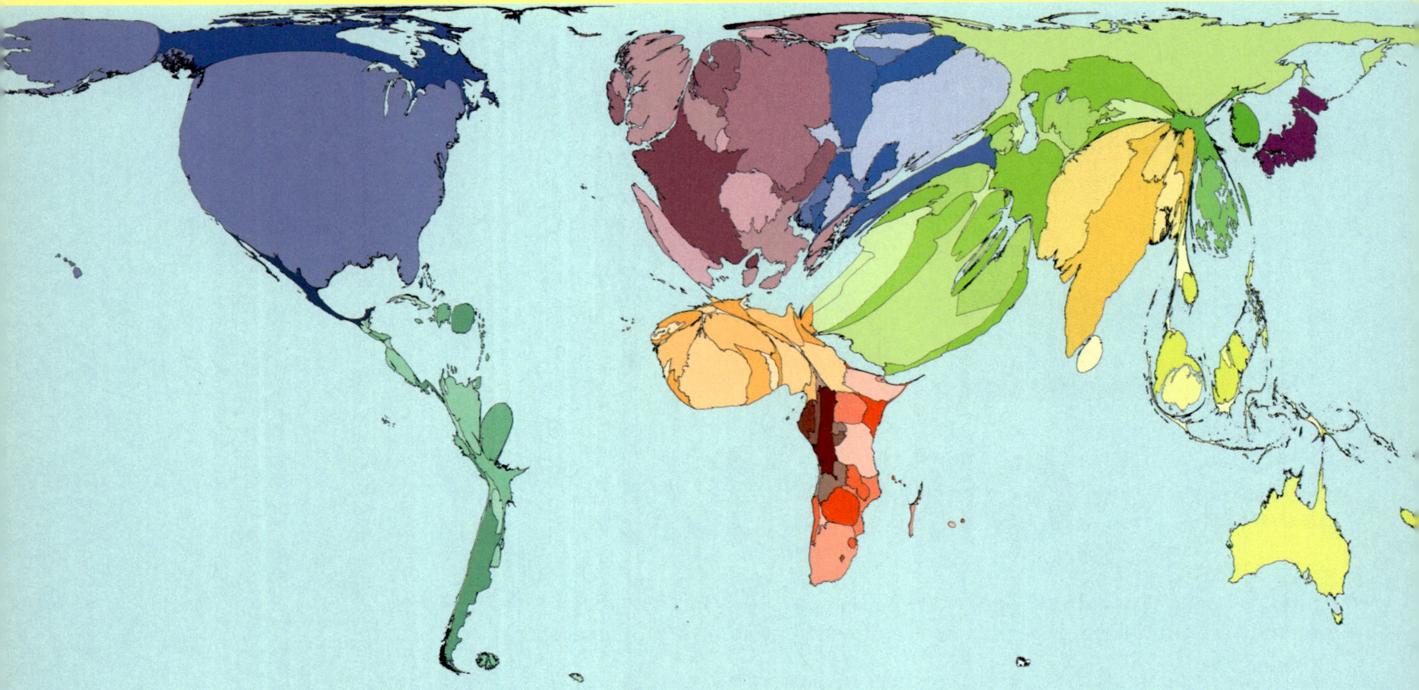

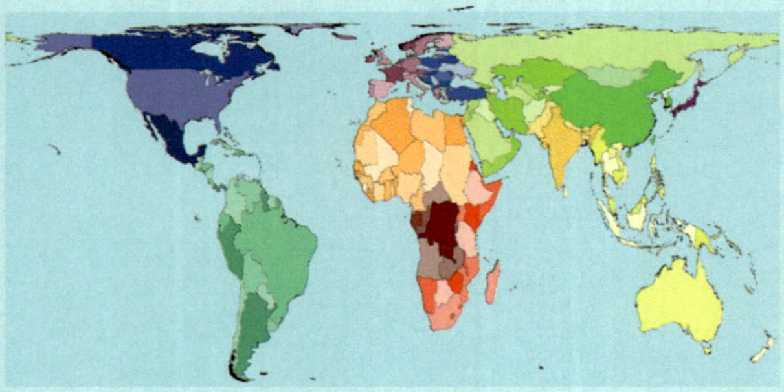

Migración

Desplazamiento de personas o grupos de un país, o de una región, a otro para establecerse en él, bajo influencia de factores económicos o políticos.

A: Migración considerada desde el punto de vista del lugar de destino de los individuos desplazados.

B: Migración consistente en dejar el propio país para establecerse, o trabajar temporalmente, en otro.

1 ¿Adónde emigrar?

El mapa de arriba muestra la inmigración a nivel mundial. Trabajad en grupos. Cada grupo se decide por un continente diferente.

- ¿Dónde se encuentra en el mapa vuestro continente?
- ¿Su forma original está cambiada?
- ¿Cómo interpretáis eso?

2 Fenómenos demográficos

a Leed las definiciones. ¿Qué definición de las dos (A y B) corresponde al término «emigración» y cuál a «inmigración»?

b En la definición se mencionan «factores económicos o políticos». Tomad vuestro continente de 1. Discutid en grupos cuáles pueden ser los factores mencionados que motivan a personas en vuestro continente a dejar su país. Buscad ejemplos concretos.

A

B

C

D

E

3 ¿Sólo con la maleta en mano?

a Trabajad en grupos. Cada grupo elige una caricatura. Discutid las siguientes preguntas:

- ¿Qué hay en la caricatura?
- ¿Qué sentimiento os transmite?
- ¿Es graciosa, triste, sarcástica?
- ¿Cuál es el mensaje del caricaturista?

Exponed vuestras conclusiones a toda la clase.

b Discutid con ayuda de las ilustraciones en qué piensa un migrante antes de tomar una decisión para dejar su país.

4 La otra inmigración

a Observad la caricatura D. ¿En qué condiciones creéis que la gente realiza el viaje?

b ¿De qué país creéis que vienen? ¿Adónde se dirigen? Intercambiad ideas en parejas.

c Escuchad ahora al guía de una exposición en el cedé y justificad vuestras respuestas de 4b.

Todos los caminos llevan a España

EXPERIENCIAS DE ALGUNOS INMIGRANTES

A

Oleksander y Oksana son una joven pareja de Kotowsk, Ucrania. Hace tres años tomaron la decisión de venir a España confiando en tener una vida mejor. En su país, Oleksander trabajaba como chófer, pero los sueldos ahí apenas alcanzaban para comer. Ahora trabaja en la construcción.

Establecerse en España no fue fácil para ellos al principio. Se veían confrontados a una manera de vivir totalmente diferente a la suya. Y claro, echaban de menos a su familia y a sus amigos de siempre... Además, tenían que llenar muchos formularios y contestar muchas preguntas.

Pero no han perdido la esperanza. Aun habiendo conseguido Oleksander un visado de trabajo sólo por un año, no se desanima y piensa que, una vez arreglados los papeles, su situación mejorará: «Paso días enteros pensando que algún día alcanzaré mis sueños: ganar bastante dinero y formar una familia.»

B

Pai Llang, una mujer china, tuvo más suerte. Sus familiares, emigrantes en España desde hace diez años, la llamaron pidiéndole que viniera a ayudarlos en su restaurante. Así que consiguió permiso de trabajo sin ningún problema. Y la vida resulta mucho más fácil teniendo papeles. Ahora su marido, también chino, y ella tienen su propio negocio. «Nos sentimos muy a gusto en España» nos dice con una sonrisa en los labios.

Su hija Pem Pu, 23 años, sin embargo, ve la otra cara de la moneda y nos cuenta: «Tengo que reconocer que, al principio, me resultó muy difícil adaptarme a una cultura tan diferente: el idioma, las costumbres... No tenía amigos, no entendía nada. El instituto fue la experiencia más negativa de mi vida. Repasaba y repasaba las lecciones, pero no pude sacar buenas notas. Tuve que repetir el año. Aunque me siento bien aquí, me gustaría regresar algún día a China.»

C

«Yo nací en México, en una familia relativamente acomodada. Nunca me había gustado depender de mis padres, yo quería hacer algo por mí mismo. Así que un día decidí iniciar mi aventura.

Llegué a Alemania como turista y dos meses después fui a España. Cuando expiró mi visado de turista, me convertí en un «sin papeles». Trabajé cuidando a niños, a personas mayores... Vivía temiendo que me hallaran y que me detuvieran en cualquier momento.

Llevaba cinco años en España cuando, con un contrato en la mano, solicité el permiso de trabajo y residencia. Conseguí pagarme los estudios de marketing trabajando los fines de semana. Fue un tiempo muy duro, pero yo sabía que, graduándome, podría encontrar un buen trabajo. Hoy soy jefe de ventas en una importante tienda de moda en Madrid. Me siento muy orgulloso de ello. Siempre me decía a mí mismo: hay algo que quiero y lo voy a conseguir».

1 Oksana, Oleksander, Pai y Ernesto

1. ¿Cuáles son las razones por las que las personas dejaron su país de origen? Comparad los argumentos de cada uno.
2. Según vuestra opinión: ¿qué fue lo que ayudó a los inmigrantes a integrarse?
3. ¿Quién de los cuatro inmigrantes es, según vuestra opinión, ahora el más feliz?
4. Escribid un pequeño texto explicando por qué esos inmigrantes han elegido España.

2 Reflexionar acerca de la inmigración

Copiad la red de vocabulario de abajo en vuestro cuaderno. Completadla con las palabras que conocéis que se refieren a la «inmigración».

establecerse
encontrar trabajo
inmigración
integrarse
echar de menos

3 ¿Me puede ayudar?

El señor Roth tiene un nuevo puesto de trabajo y se muda con su mujer de Núremberg a España. Acaba de llegar al aeropuerto de Madrid, pero no encuentra su equipaje. Ayudadle a pedir información.

Señor Roth: Entschuldigen Sie, sind Sie für die Gepäckausgabe zuständig? Eine Frage: Ich bin gerade aus Nürnberg angekommen, aber mein Gepäck war nicht auf dem Fließband. Was muss ich tun?
Tú: …
Encargado de aeropuerto: Sí, soy yo el responsable de entrega de equipajes. ¿Me podría mostrar su billete, por favor?
Tú: …
Señor Roth: Hier haben Sie es.
Encargado de aeropuerto: Gracias, déjeme ver… Tal vez su maleta es demasiado grande y la dejaron en el departamento de equipajes. ¡Pregúntele a ese señor de ahí!
Señor Roth: Aber den habe ich schon gefragt und er konnte mir nicht helfen.
Encargado de aeropuerto: Está bien. Pues... un momento, voy a mirar en el ordenador… Parece que su equipaje no ha salido de Núremberg.
Señor Roth: Und was bedeutet das?
Encargado de aeropuerto: Significa que va a llegar con el próximo avión... Ah sí, aquí está... Bueno, el próximo avión ya está a punto de salir, en dos minutos. Ya no es posible. Entonces, va a llegar con el avión de mañana.
Señor Roth: Muss ich dann nochmal herkommen?
Encargado de aeropuerto: No, no hace falta. Si me deja su dirección se lo podemos mandar. ¡Llene este formulario, por favor!
Señor Roth: In Ordnung. Und wie lange dauert es?
Encargado de aeropuerto: Máximo tres días.
Señor Roth: Vielen Dank für die Information.
Encargado de aeropuerto: De nada.

4 Inmigrantes chinos en España

Los inmigrantes chinos en España se enfrentan (*konfrontiert werden mit*) a una cultura muy diferente a la suya. Escuchad el fragmento de la emisión de radio sobre la comunidad china en el cedé y tomad notas para contestar a las siguientes preguntas:

1. ¿De dónde viene la mayor parte de los inmigrantes chinos?
2. ¿Con quién vienen: solos, en familia?
3. ¿En qué trabajan generalmente? ¿Qué sueño tienen respecto a su actividad laboral?
4. ¿Cómo se ven a sí mismos en la sociedad española?
5. ¿Cuál es la imagen más común que tienen los españoles de los inmigrantes chinos? ¿Por qué? Justificad vuestras respuestas.

Lerntipp 535780-0014

Leed primero las preguntas y anotad algunas palabras clave. Después escuchad el texto y concentraos sobre todo en estas palabras.

5 Un joven ruso en España (§ 20)

Leed las frases sobre Grigori, quien vive en España desde hace algunos años. Reescribid las frases utilizando las perífrasis de gerundio de la casilla.

1. Ya vive diez años en España. Todavía echa de menos su país.
2. Habla muy bien el español. Con su familia todavía habla ruso.
3. Le gustan los idiomas. En España estudia francés desde hace tres años.
4. No le gustan las matemáticas. Pero cada vez saca mejores notas.
5. Recibió un paquete de Ucrania. Pensó mucho tiempo en sus abuelos.

- seguir
- continuar
- quedarse
- llevar
- ir

\+ *gerundio*

6 ¡Cuántas acciones a la vez! (§ 20)

a Mirad los dibujos y formad frases con gerundio.

Ejemplo: Elena escribe un e-mail a José hablando por teléfono con Pepa y revisando los deberes para la clase de inglés.

b ¿Cómo traduciríais estas frases que habéis hecho al alemán?

7 Dos ciudades españolas en África (§ 20)

Mirad la información siguiente sobre las ciudades de Ceuta y Melilla. Después leed las seis frases de abajo. Reformulad las frases con gerundio con ayuda de las conjunciones de la derecha. ¿Cuántas posibilidades hay?

Ceuta y **Melilla** son dos ciudades autónomas españolas que se encuentran en territorio africano. Ambas tienen costa en el mar Mediterráneo. Debido a su cercanía a Europa muchos migrantes intentan llegar a España desde estas ciudades. Para evitar la migración de cientos de personas a España, se construyó una valla alrededor de Ceuta y Melilla. Además ambas ciudades son defendidas por la Guardia Civil y el ejército español.

1. Muchos aman su país, pero, habiendo pocas oportunidades de trabajo, deciden emigrar a Europa.
2. Muchos salen de su país sabiendo que no volverán a ver a sus familias.
3. Aun siendo peligroso, muchos intentan entrar en Ceuta y Melilla.
4. Muchos mueren cruzando la valla.
5. Emigran a Europa buscando trabajo.
6. Hay gente que los ayuda poniendo su propia vida en peligro[1].
7. Apoyando proyectos sociales en África se evitaría que algunos decidieran emigrar.

a) … pero …
b) si …
c) aunque …
d) como …
e) … que …
f) mientras …
g) … y …
h) … porque …
i) … cuando …

8 Nuyoricans (§ 20)

Vuestra madre acaba de leer un libro de una escritora puertorriqueña que emigró a Nueva York. Resumiendo el siguiente texto en alemán, explicadle qué relación tiene Puerto Rico con los EE. UU. y por qué viven tantos puertorriqueños allí.

Puerto Rico

Puerto Rico está al noreste del Caribe y al este de la República Dominicana. Antes de ser un Estado Asociado de los Estados Unidos, fue una colonia española. Ahora es un país independiente controlando los EE. UU. la política exterior del país. Al ser ciudadanos estadounidenses, muchos puertorriqueños emigran a los Estados Unidos. Llegados a su destino tienen que aprender inglés para encontrar trabajo.

A pesar de ser una isla tan pequeña, casi el 10% de los inmigrantes latinos en Estados Unidos son de Puerto Rico: después de los mexicanos, son el grupo más numeroso de latinoamericanos en EE. UU y su número sigue creciendo. De seguir así, en los próximos años más de la mitad de los puertorriqueños vivirá fuera de la isla.

Actualmente la mayoría de ellos vive en Nueva York y se llaman a sí mismos nuyoricans, recordando su origen puertorriqueño e identificándose al mismo tiempo con Nueva York. Ahora la palabra, usada al principio como un insulto, se refiere a un movimiento cultural, pues la comunidad puertorriqueña conserva muchas de sus tradiciones, música y gastronomía. Actualmente, al ser tantos, se le llama nuyorican a cualquier puertorriqueño que viva en Estados Unidos.

[1] el **peligro** die Gefahr

1 En la frontera de EE. UU.

a Trabajad en grupos. Mirad el mapa de la página 193 y el mapa de abajo. ¿De qué países latinos emigran mayoritariamente a los EE. UU.? ¿Cuántos hispanohablantes hay en los EE. UU.? ¿Cómo llegan ahí? ¿Cuáles son los peligros del trayecto *(Strecke)*? Intercambiad vuestras ideas.

b Muchas ciudades y países estadounidenses llevan nombres de origen español, p.ej. Los Ángeles. Haced una lista con más lugares que conocéis. ¿Por qué tienen nombre español? Justificad vuestra respuesta. (→ glosario cultural: México)

c Escuchad lo que cuentan las personas del cedé y contestad las preguntas siguientes: ¿con qué medios luchan los EE. UU. contra la inmigración? Por otro lado, ¿cómo se benefician *(profitieren)* los estadounidenses de la inmigración?

d Tened en cuenta los argumentos de 1b y c: ¿qué os parece la idea de cerrar la frontera completamente, p.ej. con un muro? Repartid la clase en dos grupos (a favor y en contra) y discutid el tema.

2 «Where you from»: un poema chicano

(→ glosario cultural)

a Leed el poema autobiográfico de la autora Gina Valdés (*1943). ¿Qué nos cuenta sobre su vida? ¿De dónde viene?

b ¿Qué palabras hacen alusión a *(anspielen auf)* EE. UU.? ¿Cuáles a México?

c Mirad cómo juega la autora con la palabra *frontera*. ¿Qué significado tiene para la autora? ¿Cómo lo expresa estilísticamente?

d ¿Cuáles son los sentimientos de Gina Valdés? ¿Cómo se ve a sí misma? En grupos de 3 interpretad sus emociones tomando la postura (*Haltung*) de esculturas vivas *(Standbilder)* y sacad fotos.

Soy de aquí
y soy de allá
from here
and from there
born in L.A.
del otro lado
y de éste
crecí en L.A.
y en Ensenada
my mouth
still tastes
of naranjas
con chile
soy del sur
y del norte
crecí zurda
y norteada
cruzando fron
teras crossing
San Andreas
tartamuda y mareada
where you from?
soy de aquí
y soy de allá
I didn't build
this border
that halts me
the word fron
tera splits
on my tongue.

John Christie, José González. Latino Boom, Longman, 2006.

9 **Ensenada** ciudad al norte de México – 16 **zurdo, -a** linkshändig, ungeschickt – 17 **norteado, -a** nach Norden gerichtet – 20 **San Andreas** San Andreas Graben: ca. 900 km lange von Mexiko bis San Francisco reichende Verwerfung – 21 **tartamudo** stotternd – 21 **mareado, -a** benommen – **to halt** anhalten

3 Frank Romero: «History of the chicano movimiento»

(→ glosario cultural)

Este mural del pintor chicano Frank Romero (*1941) describe la historia de los chicanos en Los Ángeles.

1. Buscad en el mural elementos que representan a México. ¿Qué elementos representan a los EE. UU.?
2. ¿Cómo opone *(entgegensetzen)* el pintor el mundo mexicano al mundo estadounidense? ¿Cuál es el mensaje de su obra?
3. Sois críticos de arte. ¿Os gusta el mural? ¿Por qué? ¿Por qué no? Escribid un pequeño texto explicando vuestra opinión.

4 Vivir en una jaula de oro *(goldener Käfig)*

Vais a escuchar una canción interpretada por la artista Julieta Venegas titulada *Jaula de Oro*.

a Antes de escuchar la canción: ¿Cómo interpretáis este título? ¿Qué relación podría tener con el tema de la migración?

b Después de escuchar la canción: ¿Qué cuenta el «yo» de la canción sobre su vida y su situación personal? ¿Es hombre o mujer? ¿Por qué su nueva vida le parece una jaula de oro?

c Poneos en la situación del «yo». ¿Qué cambiaríais de vuestras vidas? ¿Cómo lo haríais?

d Y vosotros, ¿qué motivos os llevarían a dejar vuestro país? Discutid en grupos cómo cambiaría vuestra vida cotidiana y qué permanecería igual.

Estrategia

Techniken der Umschreibung

Ein wichtiges Wort fehlt euch in der Diskussion oder fällt euch im Moment nicht ein? Das macht nichts. Ihr könnt euch verständlich machen, indem ihr den Begriff erklärt oder umschreibt:

a) durch ein Wort mit ähnlichem Inhalt („*irse*" für „auswandern")
b) mit Hilfe des Gegenteils (z.B. *no es rico* für „arm").
c) durch Verwendung eines Relativsatzes: *es algo / una cosa / una persona … quien / que / en que / con que …)*

Wenn euch der Begriff selbst bereits auf der Zunge liegt, könnt ihr die Zeit zum Überlegen auch überbrücken, in dem ihr „Füllwörter" verwendet z.B. *bueno, ¿no?, pues, a ver, es que …, lo que quería decir, se me olvidó la palabra, lo tengo en la punta de la lengua, un momento …, no sé cómo explicártelo, no sé si me entiendes …, ¿cómo se dice en español?*

Weitere Möglichkeiten sind Wiederholungen des Gesagten, in denen ihr euch selbst korrigiert: *es decir, digo, o sea, respectivamente.*

5 El primer día de clases

En su novela autobiográfica *Cuando era puertorriqueña* Esmeralda Santiago cuenta de sus experiencias en los EE. UU. (→ glosario cultural).

El primer día de clases, Mami me llevó a un edificio de piedra que dominaba una cuadra de Graham Avenue. Yo llevaba mi tarjeta de la escuela en Puerto Rico llena de *A*s y *B*s, y Mami tenía mi certificado de nacimiento. En la oficina, nos saludó un Mister Grant, un señor desanimado, con lentes bifocales y una sonrisa amable, que no hablaba español. Le dio a Mami un formulario a llenar. Yo entendía casi todas las palabras en los cuadritos que estábamos supuestas a llenar: *Name, Address (City, State)* y *Occupation*. Se la devolvimos a Mister Grant, quien la revisó, miró mi certificado de nacimiento, estudió mis notas y escribió en una esquina: "7–18".

Don Julio me había dicho que si los estudiantes no hablaban inglés, las escuelas de Brooklyn los ponían un grado atrás hasta que lo aprendieran.

—¿Sében gré? —le pregunté a Mister Grant, enseñándole los números que él había escrito. Señaló con la cabeza que sí.

—Ay no guan sében gré. Ay eyt gré. Ay tineyer.

—Tú no hablas inglés —me dijo, pronunciando las palabras inglesas poco a poco para que lo entendiera mejor—. Tienes que volver al séptimo grado hasta que lo aprendas.

—Ay jab *A* in scul Puerto Rico. Ay lern gud. Ay no sében gré gerl.

Mami se me quedó mirando, no entendiendo lo que yo estaba diciendo, pero sabiendo que le estaba faltando el respeto a un adulto.

—¿Qué es lo que está pasando? —me preguntó. Yo le dije que me quería poner en el séptimo grado, y que yo no quería. Este era el primer acto rebelde que había visto fuera de mis malcrianzas en casa.

—Negi, déjalo. Así se hacen las cosas aquí.

—A mí no me importa cómo se hagan las cosas aquí. Yo no voy a repetir el séptimo grado. Yo no soy bruta.

Mami miró al Mister Grant, quien parecía estar esperando que ella hiciera algo conmigo. Ella le sonrió y encogió los hombros.

—Mister Grant —le dije, aprovechando el momento—, ay go eyt gré six mons. Iv ay no lern inglis, ay go sében gré. ¿Okey?

—Así no es como se hacen las cosas aquí —me dijo, vacilante.

—Ay gud studen. Ay lern quik. Yu sí notas —le enseñé las *A*s en mi tarjeta de la escuela—. Ay pas sében gré.

Así regateamos.

—Tienes hasta las Navidades —me dijo—. Yo estaré siguiendo tu progreso.

Tachó "7–18" y escribió "8–23" en el margen del papel. Escribió unas palabras en un papel, lo metió dentro de un sobre y me lo dio.

—Tu maestra es Miss Brown. Llévale esta notita. Tu mamá se puede volver a su casa.

Se despidió y desapareció en su oficina.

—¡Qué bien puedes hablar inglés! —exclamó Mami.

Yo estaba tan orgullosa de mí misma que por poco exploto. En Puerto Rico, si hubiera sido tan atrevida, el equivalente del Mister Grant hubiera dicho que era una mal educada, y me hubiera mandado a casa con una nota para Mami. Pero aquí, era la maestra la que estaba recibiendo la nota, logré lo que yo quería y mandaron a mi mamá a su casa.

Esmeralda Santiago, «Cuando era puertorriqueña», Vintage Books, 1994 (abreviado)

a Después de leer el texto, ¿qué sabéis de Negi, la protagonista de la novela? ¿En qué situación se encuentra?

b Traducid lo que ella dice en inglés al español. ¿Qué sonidos no puede pronunciar fácilmente Negi? ¿Qué quiere expresar, por ejemplo, con la frase: «Ay jab A in scul Puerto Rico» (l. 27)?

c Analizad el comportamiento de Negi con Mister Grant y comparadlo con el de su madre. ¿Qué pensáis: por qué es tan atrevida *(mutig)* Negi?

d ¿Negi os parece una inmigrante «típica»? ¿Créeis que va a tener éxito en esta clase?

3 **una cuadra** ein Häuserblock – 8 **los lentes bifocales** eine Gleitsichtbrille – 12 **estar supuesto a** deber *(spanglish), del inglés «to be supposed to»* – 40 **bruto, -a** tonto, -a – 43 **encoger los hombros** mit den Schultern zucken – 50 **vacilante** zögerlich – 54 **regatear** feilschen – 57 **el margen** der Rand – 65 **atrevido, -a** gewagt, mutig – 65 **el equivalente** die Entsprechung

6 El español en EE. UU.

a Leed atentamente la estadística de la derecha. ¿Cómo la interpretáis?

b ¿De qué factores puede depender si un inmigrante habla bien o mal el nuevo idioma? Discutid en parejas y ordenad vuestras ideas según su importancia.

c ¿Creéis que un inmigrante debe dejar de hablar su lengua materna al inmigrar a otro país? Discutid en clase.

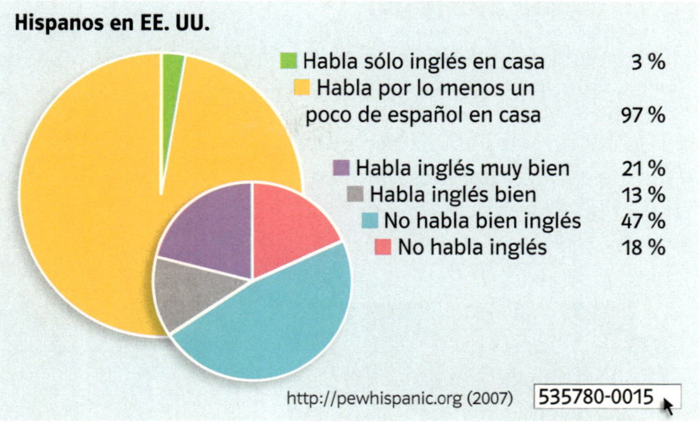

7 Entre dos idiomas: el «spanglish» o «espanglés»

(→ glosario cultural)

a ¿Qué significan las palabras «spanglish» y «espanglés»? ¿De qué palabras se componen *(zusammensetzen)*?

b Hay muchas definiciones para el «spanglish». Informaos sobre esta mezcla de lenguas en el glosario cultural. Escribid una ficha técnica (hablantes, formas, características) en vuestros cuadernos.

c Mirad las páginas 82 y 84 e identificad frases donde ambas lenguas estén mezcladas.

d La siguiente escena pasa a la hora de comer en una ciudad norteamericana. Reflexionad sobre las formas mezcladas e indicad la palabra en inglés o español.

> Tuve que coger un taxi en mi lonch breik. Mi yipeta la tengo en el taller para que la chequeen con la compiuter. Me quedé estoqueado con ella ayer. Yo creo que le van a tener que setear el taimin o darle un buen tunop.
> Cuando llegamos al sitio esta tarde, al draiba del taxi se le quedó la llave adentro con la puerta laqueda. Tuvo que dejar el carro en el parkeadero. El tipo se quejó en todo el camino de que su guerlfrend se la pasaba jangueando y que lo estaba chiteando.
>
> Claudia Williams, El super

e ¿Existe un fenómeno parecido como el de «spanglish» en alemán o en otros idiomas que conocéis? Discutid en clase y buscad ejemplos.

8 En un futuro lejano *(fern)*

En *Recursos* (pág. 78–81)conocisteis a varios inmigrantes. ¿Cómo os imagináis su futuro y su vida dentro de 20 años? ¿Lograrán sus sueños? ¿Volverán a su país de origen? Elegid a una de las personas y escribid una biografía retrospectiva *(rückblickend)* en primera persona.

Ejemplo: Me llamo Oleksander, tengo ahora 46 años y vivo en Madrid. Hace 20 años vinimos a España, mi mujer y yo, porque pensábamos …

9 La cocina mexicana

a Leed el menú de una fiesta mexicana. ¿Qué foto corresponde a qué plato? Con la ayuda de las fotos describid los platos. ¿Cómo os imagináis sus sabores (*Geschmack*)? ¿Cuál os gustaría probar?

b ¿Cuáles de estos platos se comen también en Alemania? ¿Conocéis otros platos mexicanos? Si hay un restaurante mexicano en vuestra ciudad, comparad su carta con los platos de nuestro menú. ¿Qué diferencias hay?

FIESTA MEXICANA
MENÚ

A

B

C

D

E

F

1 TACOS
2 GUACAMOLE
3 TORTILLAS
4 POLLO CON MOLE
5 TAMALES
6 ARROZ CON LECHE

2 aguacates maduros[1]
2 tomates pequeños
1 cebolla[2] pequeña
1 chile rojo
1/2 taza de cilantro[3] fresco
sal, pimienta, unas gotas[4] de jugo[5] de limón

- preparar los aguacates
- partirlos por la mitad
- quitarles el hueso[6].
- en un bol hacer un puré de aguacate
- mezclarlo muy bien con un tenedor.
- pelar los tomates y picar[7] la cebolla y el chile
- añadirlo todo al puré
- añadir el jugo de limón, la sal, el cilantro, la pimienta
- remover cuidadosamente
- servir con nachos[8].

c Aquí tenéis una receta muy popular de uno de los platos de arriba. ¿Cómo se llama y cómo se prepara? Leed la receta y después ordenad las instrucciones utilizando algunos gerundios:

Ejemplo: Se preparan los aguacates **partiéndolos** por la mitad y **quitándoles** el hueso.

Con estas expresiones puedo hablar de los sabores

un plato es ...

• salado	salzig	• dulce	süß
• soso	fad	• sabroso	lecker
• picante	scharf	• amargo	bitter

d ¿Por qué no organizáis una fiesta mexicana? Muchos platos mexicanos son fáciles y se pueden preparar en casa. Buscad recetas en Internet e intercambiadlas en clase.

[1] **maduro, -a** reif – [2] **una cebolla** eine Zwiebel – [3] **el cilantro** der Koriander – [4] **una gota** [5] ein Tropfen – [5] **el jugo** der Saft – [6] **un hueso** *hier:* ein Kern – [7] **picar algo** etw. hacken – [8] **los nachos** getoastete Tortilla Stückchen

Inmigrantes «culinarios»

a Mirad el mapa y situad estos inmigrantes «culinarios» en la época histórica (→ Unidad 5). ¿Cuándo y con quién llegaron a España? ¿Qué importancia tienen para la cocina española? Las palabras de la casilla os ayudarán. Escribid un pequeño texto sobre la historia de esta «inmigración culinaria».

el tomate	el maíz	el azúcar	la cereza	la manzana
la caña de azúcar	la patata	el azafrán	el albaricoque	el aguacate
el cacao	el chocolate	la naranja	la vid	la berenjena
el chile	el arroz	la oliva	la pera	

b Estudiad las palabras de la casilla de arriba y descubrid su origen. ¿Cómo están formadas? Intentad encontrar regularidades. ¿Llegaron también a otros idiomas, por ejemplo al alemán? (Podéis buscarlas en www.rae.es). Copiad el esquema de abajo en vuestros cuadernos y rellenadlo.

nahuatlismos[1]	en otros idiomas	**arabismos**	en otros idiomas	**palabras del latín**	en otros idiomas
el tomate	tomato, Tomate …				

c Con la ayuda de estas reglas ordenad las palabras y cosas siguientes según su origen. ¿De qué campos semánticos provienen? ¿Conocéis más palabras o nombres de origen árabe y náhuatl?

- ajedrez
- coyote
- chicle
- alcalde
- albañil
- almohada
- cacahuete
- alfombra
- alquimia
- algodón

[1] **un nahuatlismo** una palabra de origen náhuatl (lengua de los aztecas)

1 La abuela de Carlos

Martin, un chico alemán, está de visita en casa de Carlos en Madrid. La abuela de Carlos les cuenta algunos recuerdos de la Guerra Civil.

a Completad la historia con la forma correcta del imperfecto, indefinido o pluscuamperfecto.

b Después mirad los dibujos y escribid el final.

Yo (ser) aún muy joven. Todavía no (conocer) a tu abuelo y (trabajar) en la fábrica de tabaco cuando de repente, un día (entrar) un hombre en la fábrica y nos (decir) que (estar) en guerra, que los militares (levantarse) en Marruecos bajo las órdenes de Franco. Los días siguientes nosotros no (notar) ninguna diferencia, lo único es que (escuchar) la radio a todas horas. Sin embargo, lo que más recuerdo es el final de la guerra. No (tener) casi nada que comer. Durante los meses anteriores al final de laguerra (pasar) mucha hambre. De repente …

A

B

C

2 Las lenguas de España

Con un amigo español estáis en la escuela. Durante el curso de historia no lo comprendéis todo. El amigo os explica más fácilmente las expresiones en negrita. ¿Qué dice?

Ejemplo: Era difícil hablar lenguas distintas del castellano, **que / porque** estaban prohibidas …

Durante la dictadura era muy difícil hablar otras lenguas distintas del castellano, **prohibidas** en las escuelas y universidades. **Muerto Franco** en 1975, comenzó un tiempo de comportamiento positivo hacia las lenguas de minorías de España. **Al comenzar la democracia** en 1978, se reconoció el derecho de las Comunidades Autónomas bilingües[1] a usar sus lenguas propias junto con el castellano. **A pesar de ser sólo cinco** las Comunidades Autónomas que tienen este derecho (Galicia, País Vasco, Cataluña, Valencia y las Islas Baleares), otras regiones quieren que sus lenguas propias también sean reconocidas. La cifra de personas bilingües en España aumentaría mucho, **comparada** ésta con la situación actual, **de reconocerse** el bable, el leonés o el aragonés como lenguas y no como dialectos. El reconocimiento de otras lenguas oficiales, **considerado** como un derecho, ha causado también problemas, **al tener** muchas personas que aprenden una lengua que no sienten como suya.

[1] **bilingüe** zweisprachig

3 ¿Qué dijeron que harían?

Los jóvenes tienen ideas diferentes de la vida después del bachillerato. 20 años más tarde se acuerdan de lo que querían hacer y de lo que les decían sus profesores y padres. Transformad sus planes y los consejos de los adultos en estilo indirecto.

Ejemplo: Pablo dijo que construiría edificios modernos en África.

A

B

Construiré edificios modernos en África.

Iremos a Alemania para estudiar.

Trabajaré con niños.

Escribiré novelas históricas.

Ayudaremos a personas mayores. Tendré una gran familia.

Muchas personas me conocerán.

Leerás mis artículos en muchas revistas.

¿Estudiarás en el extranjero?

Nos casaremos en Venecia.

¿Recordaremos nuestro tiempo en la escuela?

Intentad conseguir experiencia en el trabajo.

Haced un viaje para conocer el mundo.

Interesaos por todo.

Seguid aprendiendo toda la vida.

Ahorra dinero para comprarte tu coche.

Aprende al menos dos idiomas extranjeros.

Estudia algo en la universidad.

Quédate a vivir cerca de nosotros.

Ella dijo que …
Él nos dijo que …
Tú dijiste que …
Nuestro profesor decía que …
Mi madre dijo que …
María y Pedro dijeron que …
Las chicas dijeron que …
Preguntó si …
Preguntaron si …

4 Aprender una lengua

¿Cómo se puede aprender la lengua española? Mirad las fotos y formad frases utilizando el gerundio. Encontrad otros ejemplos y escribid cómo aprendéis esta lengua.

Ejemplo: Se puede aprender español viendo películas españolas o latinoamericanas.

A

B

C

DELE 5 Dilo con otras palabras

En cada una de las frases siguientes se ha marcado con letra cursiva un fragmento. Elegid, de entre las tres opciones de respuesta, aquélla que tenga un significado equivalente al del fragmento marcado.

1. Esos inmigrantes no tienen permiso de trabajo, *ni siquiera* hablan inglés.
   a) al menos
   b) además no
   c) incluso

2. Están intentando *encontrar* soluciones para los problemas de la inmigración.
   a) hallar
   b) buscar
   c) decidir

3. Mi hermano *no está casado*.
   a) está suelto
   b) está solo
   c) está soltero

4. La industria de los EE. UU. *está muy desarrollada*.
   a) queda lejos de otros países
   b) es muy conocida
   c) es de alto nivel

5. El trabajo está bien, pero *mi sueldo es muy bajo*.
   a) me pagan muy bien
   b) gano poco dinero
   c) sólo trabajo pocas horas

6. Mirta consiguió trabajo en España y está *muy satisfecha* por eso.
   a) orgullosa
   b) cansada
   c) arreglada

7. *Iniciaré* una nueva vida en México.
   a) Representaré
   b) Llenaré
   c) Comenzaré

8. Para poder *solicitar* trabajo, es necesario llenar un formulario.
   a) ganar
   b) pedir
   c) repetir

6 Problemas al llegar

Aquí tenéis una carta de Elka, una inmigrante búlgara que vive en España desde hace un año. Leed el texto y sustituid los verbos por construcciones de gerundio.

Aunque había estudiado un poco de español, al llegar a España me di cuenta de que no podía comprender bien lo que decían. Realmente yo aprendí español **cuando ya estaba aquí**. Al principio fue todo muy difícil, porque hay un montón de personas **que buscan trabajo** y yo sólo podía hablar **si usaba el diccionario o si hablaba inglés**. Aprendí mucho español **mientras preguntaba cosas en la calle:** la hora, una dirección o cualquier cosa. Después empecé a trabajar **y cuidaba** a una señora mayor, Marta, que ha sido una profesora estupenda. ¿Cómo lo ha hecho? **Pregunta y habla sin parar.** Ahora veo a muchos extranjeros **que aprenden español en escuelas** y me doy cuenta de la suerte que he tenido **al encontrar a Marta**.

7 Opinión

Con frecuencia escuchamos la siguiente frase: «Los inmigrantes sólo nos traen problemas». Escribid una redacción *(Aufsatz)* de 150 a 200 palabras en la que:

1. expreséis vuestra opinión a favor o en contra
2. pongáis ejemplos que justifiquen vuestra opinión;
3. habléis de vuestra experiencia personal
4. escribáis una breve conclusión.

DELE

8 El estilo indirecto

1. Mi novia siempre me dice que me ? ropa más moderna..
   a) compre
   b) comprara
   c) compro
2. Alex me dijo que no le ? a su madre que no ? el examen.
   a) dije / pasé
   b) diría / había pasado
   c) va a decir / pasé
3. El guía nos contó que en México ? muchos productos de maíz.
   a) se comían
   b) se comieran
   c) se han comido
4. Mi hermano me pidió que lo ? a lavar el coche.
   a) ayude
   b) ayudé
   c) ayudara
5. « ? un rato.» → Ana dijo que iba a salir un rato.
   a) Salía
   b) Voy a salir
   c) Salí
6. Javi dice que no ? para el examen de hoy.
   a) estudie
   b) estudiaba
   c) ha estudiado

9 En un restaurante de Tijuana

Estáis de viaje por México con vuestros padres y tenéis que hacer de intérprete. Estáis en un restaurante y el camarero os explica algunos de los platos.

Padres	Camarero
Können Sie uns etwas Typisches empfehlen?	Les recomiendo que prueben los chiles en nogada.
Was sind diese «Chiles»?	Son unos chiles rellenos[1] de carne con frutas y con una salsa hecha de crema con nueces[2] y granada[3].
Ist das Gericht sehr scharf?	No, no es muy picante.
Wir probieren sie gerne. Was für Nachspeisen haben Sie?	De postre pueden tomar capirotada.
Was ist diese «Capirotada»?	Es un dulce hecho con pan blanco, miel, pasas[4], nueces y queso. Es un poco pesada.
Macht nichts. Wir probieren sie auch.	¿Y qué desean para tomar?
Bringen Sie uns bitte eine Kanne «agua de jamaica»[5].	Muy bien, agua de jamaica[5]. Entonces ya saben qué es eso, ¿verdad?

[1] **relleno, -a** gefüllt – [2] **una nuez** eine Walnuss – [3] **una granada** ein Granatapfel – [4] **una pasa** eine Rosine – [5] **el agua de jamaica** eisgekühlter Hibiskustee

7 Jóvenes y medios

1

2

plano medio

5

6

9

10

primerísimo primer plano

1 Una película

a En los fotogramas *(Standbilder)* veis algunas escenas de una película en orden cronológico. Describidlas y justificad vuestra opinión sobre el lugar, la época y las situaciones o emociones representadas.

b Ahora comprobad y completad vuestras suposiciones con el tráiler de la película. Haced una breve descripción de los personajes que se ven en los fotogramas y en el tráiler e imaginaos cómo es su vida.

c Inventad ahora una sinopsis del contenido de la película. En la casilla y en la ficha encontráis algunas expresiones de cine. ¿A qué género creéis que pertenece la película?

plano general

4

8

plano aéreo (vista de pájaro)

Machuca, Chile / España / Francia / Gran Bretaña: Andrés Wood, SUNFILM Entertainment, 2004.

```
Ficha técnica

Título: Machuca
Año: 2004
País: Chile
Género: ......
Director: Andrés Wood
Guión: R. Brodsky, M. Hassan, A. Wood
Director de fotografía: Miguel J. Littín (AEC)
Montaje: Fernando Pardo
Música: José Miguel Miranda, José Miguel Tobar
Reparto: Matías Quer, Ariel Mateluna, Manuela
Martelli, Ernesto Malbrán
```

Con estas expresiones puedo ...

... describir y comentar una película

- el argumento
- el personaje
- el papel
- el actor / la actriz
- el / la intérprete
- la sinopsis
- la reseña
- el tráiler
- el cartel
- la cámara
- los subtítulos
- la versión original
- rodar
- doblar
- largometraje / cortometraje
- La película trata el tema de... / tiene lugar en...
- El marco histórico de la película son los años...
- El mensaje de la película me parece interesante / aburrido / triste / ... porque ...

... y su género:

- la comedia
- el drama
- la ciencia ficción
- los dibujos animados
- la película histórica
  - de terror
  - de fantasía
  - de acción
  - de amor / romántica

2 Nuevos amigos

Vais a escuchar ahora un fragmento de la película. Qué pensáis:

- ¿Quiénes son y dónde están las personas que hablan?
- ¿Qué quiere decir el señor que habla cuando dice: «Ahora son compañeros. Espero que los recibamos correctamente»?
- ¿Qué pasará después de esta escena?

Informaos en el glosario cultural sobre la historia de Chile y después leed el texto:

La película Machuca (sinopsis)

Santiago de Chile, 1973. El director anglosajón de un colegio religioso para la clase alta, el padre McEnroe, inicia un proyecto de integración social, poniendo en las clases a nuevos chicos de familias pobres que viven cerca. Es así como Pedro Machuca y Gonzalo Infante, de once años y provenientes de dos clases sociales muy diferentes, se hacen amigos. El proyecto encaja bien en el gobierno socialista de Allende, pero tendrá que terminar después del golpe de Estado de Pinochet. La historia está basada en acontecimientos reales que vivió el director Andrés Wood y fue un éxito de crítica nada más la hubieron estrenado.

9 **nada más** gleich nachdem

ZINEFRIKIS

INICIO | BLOGGERS | CATEGORÍAS | CONTACTO | AYUDA

BUSCAR

23 de julio

Supernova: Hola, ayer fui a ver la película que nos recomendó Alex Barna hace dos días, «Machuca», porque, casualmente, estaba en uno de los pequeños cines que todavía echan películas que no son comerciales. Supongo que habréis ya escuchado hablar de ella o que, incluso, ya la habréis visto. Lo raro es que aquí haya llegado tan tarde, aunque, por lo que he leído, fue un éxito de crítica nada más la estrenaron. Se trata de una película chilena, un poco agridulce, que cuenta la historia de amistad de dos niños de clases sociales muy distintas, uno acomodada y otro humilde, en los días previos al golpe de Estado de Pinochet. Bueno, no voy a contar más por si la veis. La película sabe combinar la historia particular con el contexto histórico. Lo interesante es que analiza muy bien el rompecabezas histórico del Chile de esos años evitando lo maniqueo. Eso me ha gustado mucho. También me ha gustado la interpretación. Alucinante. No sé si los actores eran tan jóvenes como parecían. En todo caso, interpretan sus papeles a la perfección. Además, el director hace un uso óptimo de los primeros planos, la fotografía es preciosa y las escenas y los diálogos resultan dinámicos y, por eso, la película se pasa muy rápido. Lo peor, el final, pero no os lo cuento. En resumen, que os recomiendo que la veáis si tenéis oportunidad porque es fantástica.

COMENTARIOS

25 de julio

Bogartincasablanca: Hola, Supernova. Te hice caso y me bajé «Machuca» de Internet. La película es una porquería. Es un sinfín de escenas sentimentaloides y manipuladoras, como la mayoría de esas películas. Para nada estoy de acuerdo con tu comentario de que la película refleja muy bien el momento histórico. No es una película objetiva y la escena de despedida del padre McEnroe me parece el mejor ejemplo. Es la típica historia de buenos y malos para gente llorona. La película me pareció un rollo patatero y se me hizo eterna. Por último, la escena de los besos con leche condensada me pareció de lo más asqueroso.

25 de julio

Solferino: Hola, Supernova, como vivo en un pueblo sin cine, he pedido el DVD en una página de alquiler de Internet. En mi caso ha sido difícil porque, como soy sordomudo, necesito DVD con subtítulos para poder ver la película, pero al final he encontrado una versión de «Machuca» que los lleva. Supongo que la semana que viene ya habrá llegado y podré comentar qué me ha parecido. Bogartincasablanca, me parece fatal que bajes películas de Internet porque si todo el mundo hiciera como tú, dentro de poco ya nadie iría al cine o compraría DVD y entonces, quizás, a las productoras ya no les interesaría hacer películas. Supongo que lo mejor que podemos hacer para fomentar el cine es ir a ver películas y comprar o alquilar DVD, aunque suponga pagar un poco de dinero, como cualquier otro pasatiempo.

IMPRIMIR   COMENTARIOS (2)

2 **echar** *hier:* mostrar – 7 **por si** für den Fall, dass – 9 **maniqueo, -a** schwarz-weiß-malersich

1 Una película agridulce

a En el blog, los participantes expresan sus diferentes opiniones. Buscad en los textos todas las expresiones que describen la película «Machuca» y ordenadlas en forma de mapa mental en vuestros cuadernos.

historia **aspectos formales** **actores**

b Para hacer una película la cámara toma la escena y los personajes desde perspectivas diferentes. En el lenguaje de cine se habla de *plano general, plano medio, primer plano* y *plano aéreo*. ¿Qué otros fotogramas de las págs. 92-93 podrían corresponder a estas expresiones?

c Mirad ahora en la casilla las «tomas de cámara» *(Kameraeinstellungen)*. Según vuestra opinión, ¿qué función tienen los diferentes planos y tomas?

Con estas expresiones puedo describir las tomas de cámara en películas

plano general:	presenta a los personajes con su entorno.
plano aéreo:	muestra un plano general desde arriba.
plano medio:	presenta la figura de cuerpo medio, desde la cintura hasta la cabeza.
plano americano:	muestra la figura cortada por las rodillas *(Knie)*.
plano entero:	muestra el personaje desde los pies a la cabeza.
primer plano:	presenta la cabeza desde el cuello o los hombros.
primerísimo primer plano:	muestra el rostro muy de cerca.
plano detalle:	muestra una pequeña parte del cuerpo o un objeto muy de cerca.

2 Diálogos de cine

a Leed el diálogo perteneciente a una de las escenas centrales de «Machuca». ¿Qué opináis? Conversad sobre las posibilidades de Gonzalo y de Pedro para el futuro en educación, trabajo, familia y amistades.

A

Padre de Pedro: ¿Y él quién es?
Pedro: Un amigo.
Padre: ¿Un amigo? *(se ríe)* Unos amiguitos que tenía … ¿Sabí[1] dónde va a estar tu amigo en cinco años más? Pechando[2] en la universidad.
Pedro: *(despacio)* Váyase, papá.
Padre: ¿Y tú? Vai[3] a estar limpiando baños.
Pedro: *(despacio)* ¿Por qué no se va?
Padre: En diez años más tu amigo va a estar trabajando en la empresa del papito. ¿Y tú? Vai[3] a seguir limpiando baños. Y en quince años más tu amigo va a ser dueño de la empresa del papito.
Padre: ¿Y tú? ¡Adivina! Vai a seguir limpiando baños. ¡Tu amigo!

B

C

D

b Imaginaos que Pedro y Gonzalo se vuelven a encontrar después de mucho tiempo. Escribid un diálogo entre ellos.

Machuca, Chile / España / Francia / Gran Bretaña: Andrés Wood, SUNFILM Entertainment, 2004. Tiempo de la película: 1:09

c Preparad ahora en parejas el diálogo y representadlo en clase.

[1] **sabí** sabes *(Chile)* – [2] **pechar** no hacer nada *(Chile)* – [3] **vai** vas *(Chile)*

3 Formación de palabras (§ 21)

a Como en alemán, en español existen palabras compuestas. Buscad ejemplos en el texto, ordenadlos en una tabla en vuestro cuaderno y traducidlos. Comentad las diferencias entre el alemán y el español.

verbo + sustantivo	preposición + sustantivo	adjetivo + adjetivo
		agridulce

b Mirad las fotos y formad palabras compuestas a partir de los elementos de las listas.

A

B

abre-
tela-
mata-
coli-
saca-
espanta-
para-
casca-

+

-araña
-aguas
-pájaros
-nueces
-flor
-latas
-moscas
-corchos

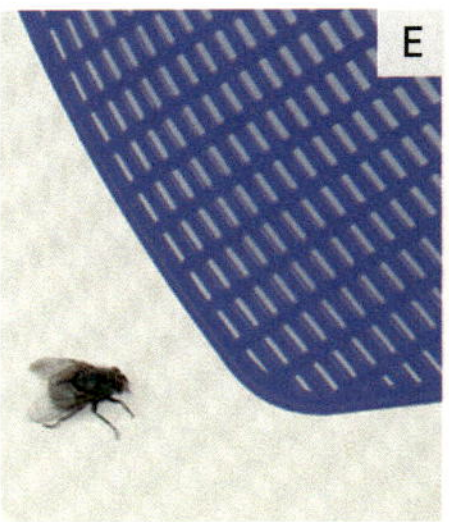
E

F

C

D

G

H

4 Prefijos (§ 22)

a Aquí tenéis una lista de prefijos frecuentes y algunos ejemplos. Buscad más ejemplos para cada prefijo. Podéis usar también un diccionario. Después explicad qué significado tiene cada prefijo.

prefijo	ejemplo
em- / en-	una empanada, envolver
e- / ex-	emigrar, extraer
i- / im- / in-	irregular, imponer, integrar
inter-	internacional
pos- / post-	posponer, posterior
sobre-	el sobrepeso
sub-	subrayar

b Algunos prefijos se usan para formar la negación de algo. Combinadlos con las palabras de la casilla y formad palabras correctas.

Prefijos negativos

a-
de- / des-
i- / in- / im-

+

- motivar
- típico
- usual
- posible
- cargar
- hacer
- olvidable
- político
- animar
- seguro
- tolerancia
- normal
- dependencia
- formal
- justicia
- agradable
- aparecer
- cubrir
- igualdad

c ¿Qué significado tiene el prefijo *re-* en las siguientes palabras?

repetir • rehacer • renovar • reactivar • reanimar • reponer

d En Latinoamérica el prefijo *re-*, *rete-* o *requete-* tiene además otro significado en la lengua hablada. Adivinad qué significa en las siguientes palabras.

rebueno • retecaro • requetegrande • refuerte • requetelejos

5 Lo especial de cada cosa (§ 23)

a En los textos del blog (pág. 94) hay expresiones con *lo* + adjetivo, p. ej.: «Lo interesante es que analiza muy bien …». Haced una lista y transformadlas en frases con diferentes estructuras. Comentad las diferencias.

b Formad frases con *lo* + adjetivo. Utilizad las siguientes palabras y añadid otras.

bueno malo triste fenomenal mejor peor absurdo guay

los amigos el actor/la actriz el último libro la última película mi vida mi casa mi familia

Ejemplo: Lo guay de la escuela es estar con tantos amigos.

6 Un nuevo tiempo (§ 25 – opcional)

a En la sinopsis de la película se emplea el pretérito anterior: «… fue un éxito de crítica nada más la hubieron estrenado» (pág. 94, línea 8 – 9). Busca la misma estructura en el blog. ¿Por qué tiempo se sustituye?

b Sustituye ahora el pretérito anterior en los siguientes ejemplos:

1. Apenas se hubieron conocido, Gonzalo y Machuca sintieron curiosidad el uno hacia el otro.
2. Nada más Pinochet hubo dado el golpe de estado, la situación en el colegio cambió.

7 Futuro perfecto (§ 24 – opcional)

Reformulad en vuestros cuadernos las expresiones en **negrita** con el futuro compuesto:

1. —Oye, ¿cuándo tomó Marco el tren?
   —Pues hace tres horas. **Supongo que ya ha llegado a su casa**.
2. Llevan ya ocho meses rodando la película, pero el mes próximo **el rodaje *(Dreharbeit)* ya estará terminado**.

8 Herramientas *(tools)* de Internet

a Bogartincasablanca se bajó «Machuca» de Internet, por lo cual Solferino lo critica. Discutid en clase sobre la piratería de películas y música o la piratería de productos en general. Tratad los siguientes puntos: posibles soluciones, las plataformas P2P, el futuro de la distribución de cine y música.

b Mirad ahora un blog en español. ¿De qué trata? ¿Qué opiniones hay? Anotad algunas de ellas y dad vuestra opinión personal sobre el tema. Anotad también expresiones nuevas para expresar acuerdo o desacuerdo y comentadlas en clase.

c Muchos jóvenes utilizan un blog para compartir sus opiniones y debatir. ¿Tenéis experiencias en blogs, chats o sitios webs de interacción social? ¿Qué temas se tratan y por qué son interesantes?

d ¿Por qué no abrís un blog propio en español? Con ayuda de cualquiera de las páginas que ofrecen espacios gratuitos para blogs, cread un blog propio en español. Pensad en varios temas de los que vais a hablar. Podríais también colgar *(aufhängen)* en la pared del aula alguna de vuestras tareas.

Enlace 535780-0016
http://joanplanas.com/tengounapregunta/

1 El cine español

Fijaos en la página del periódico sobre la cartelera *(Kinoprogramm)*.

RETROSPECTIVAS: CINE ESPAÑOL

El Bola. Drama. España. 2000. Dir.: Achero Mañas. Reparto: Juan José Ballesta, Pablo Balán, Alberto Jiménez, Manuel Morón.
Sinopsis: El Bola es un niño que vive en un hogar violento y terrible. La llegada de un nuevo compañero a la escuela le hace descubrir la amistad, el cariño y otro modelo de familia. Este descubrimiento lo lleva a enfrentarse a su propia realidad con más fuerza. Película magistral sobre la infancia y el drama de los malos tratos.

El Laberinto del Fauno. Fantasía. España/México. 2006. Dir.: Guillermo del Toro. Reparto: Ivana Vaquero, Ariadna Gil, Sergi López, Maribel Verdú.
Sinopsis: España 1944. La madre de Ofelia se ha casado con un cruel militar franquista. Madre e hija tienen que ir a vivir con él a un pueblo de las montañas donde también actúa la resistencia a la dictadura. En medio de una realidad oscura y angustiosa, Ofelia descubre un día un laberinto donde vive un fauno, un laberinto que conduce a un mundo mágico donde tampoco estará a salvo de peligros. Uno de los éxitos más grandes del cine en lengua española de todos los tiempos.

Alas de mariposa. Drama. España. 1991. Dir.: Juanma Bajo Ulloa. Reparto: Silvia Munt, Fernando Valverde, Laura Vaquero.
Sinopsis: Un matrimonio de clase humilde tiene una hija, aunque su gran deseo era tener un hijo. La relación entre madre e hija se desarrolla de forma armoniosa hasta que llega el hijo varón deseado y la relación familiar se muestra frágil como las alas de una mariposa. Film extraordinariamente estético. Una de las mejores películas españolas de los noventa.

a Las sinopsis tienen que atraer la atención del público sobre una película. Fijaos en el tipo de lenguaje:

- ¿Qué tiempo verbal se utiliza?
- ¿Qué parte(s) de la película se cuentan?
- ¿Cómo se presenta el final?
- ¿Cómo termina la sinopsis?

b Fijaos ahora también en los carteles de las películas. ¿Qué elementos de la publicidad convencional utilizan? Analizadlos según la clásica fórmula AIDA:

A: atención (llamar la atención)
I: interés (ganar el interés)
D: deseo (despertar el deseo)
A: acción (provocar la acción de comprar, ver, etc.)

Tomad como elementos analizables la fotografía, los colores, el tipo de letra *(Schriftart)*, el tamaño *(Schriftgröße)*, los lemas, etc. ¿Cuál de los carteles os motivaría más a la hora de elegir una película? ¿Por qué?

1 **una retrospectiva** eine Rückblende – 5 **el cariño** die Zuneigung – 6 **enfrentarse** sich auseinandersetzen – 7 **magistral** meisterhaft – 7 **la infancia** die Kindheit – 8 **un trato** → tratar bien / mal a alguien – 13 **actuar** agieren, kämpfen – 14 **angustioso, -a** que da miedo

Estrategia

Hör-/Sehverstehen

Beim Hör-/Sehverstehen bekommt ihr Informationen sowohl durch die Bilder als auch durch den Ton (Sprache, Geräusche, Musik).

Filmsequenzen schaut ihr euch am Besten mehrmals an:

- Das erste Mal werdet ihr euch sicher auf Bilder, Geräusche, Gestik und Mimik konzentrieren, um erste Informationen zum Ort, der Zeit und Art des Geschehens zu bekommen.
- Beim zweiten Mal werdet ihr schon einige Wörter und Wendungen verstehen.
- Weiteres Hören und Sehen hilft euch Details herauszubekommen. Diesmal ist es normal, wenn ihr weniger aufs Bild achtet und euch mehr auf die Sprache konzentriert (z.B. indem ihr nur zuhört, ohne das Bild anzuschauen).

Wichtig ist es auch, euch Informationen über den Film wie z.B. Rezensionen in Fachzeitschriften, dem Internet etc. zu beschaffen, was ihr sicher immer macht, bevor ihr ins Kino geht.

¡Ahora vosotros!

Un cortometraje: Diez minutos

a Mirad una parte del cortometraje «Diez Minutos» sin audio. Observad los lugares, las personas, sus movimientos y expresiones. Haced suposiciones sobre estas preguntas:

- ¿Quién es la chica? ¿Dónde y en qué trabaja?
- ¿Quién es el chico? ¿Cómo es el ambiente dónde está? ¿Qué estilo de vida tendrá?
- ¿De qué estarán hablando? ¿Qué emociones expresan sus caras y sus gestos?

b Mirad ahora la secuencia otra vez. Esta vez poned el audio y comprobad vuestras suposiciones. Responded a estas preguntas:

- ¿Cuál es el problema del chico?
- ¿Qué respuesta le da la chica? ¿Por qué?

c Por escrito, continuad ahora la historia del fragmento, como si fuese la continuación del guión.

A

B

C

D

Diez minutos, España: Alberto Ruiz Rojo, cortometraje, 2004.

2 La televisión manipuladora

Imaginaos que queréis invitar al cine a un amigo español y le proponéis ir a ver esta película de la que habéis leído la sinopsis. Contadle de qué trata y por qué os parece interesante.

[...] mit Unterschichtenfernsehen der stumpfsinnigsten Sorte scheffelt TV-Produzent Rainer (Moritz Bleibtreu) Kohle, Quote[1] und Ansehen ohne Ende. Vollgekokst liegt ihm die Welt zu Füßen. Als ihm jedoch eine junge Frau (Elsa Sophie Gambard) mit voller Absicht in die Seite fährt, weil eines seiner Programme ihren Großvater in den Selbstmord getrieben hat, beginnt Rainer umzudenken. Mit dem anspruchsvollen Format „Dinge, die die Menschen wissen sollten" will er sich als besserer Mensch profilieren, doch die intellektuelle Sendung erweist sich als der quotentechnische Supergau. Für Rainer ist diese Pleite nicht zu akzeptieren und so erforscht er die Herkunft der Quoten - lediglich 5.000 ausgewählte Haushalte liegen den Werten zugrunde, die von der Firma IMA ermittelt werden. Zunächst glaubt Rainer an eine große Verschwörung, doch bei seinen Recherchen muss er feststellen, dass die Menschen wirklich nur Müll sehen, die Quoten also stimmen. Doch so leicht gibt Rainer nicht auf: Er mietet sich in einem leerstehenden Dorfhotel ein, besorgt sich einen Haufen Arbeitsloser und beginnt seinerseits, die TV-Quoten zu manipulieren. Fortan werden Rainer-Werner-Fassbinder-Retrospektiven und ambitionierte Dokumentationen - zumindest was die offiziellen Quoten angeht - zu absoluten Erfolgsformaten. Mit ungeahnten Folgen für Deutschland ...

Christoph Petersen. Kritik zu «Free Rainer» (Hans Weingartner, Deutschland, 2007). www.filmstarts.de (abreviado).

3 El consumo de televisión

Fijaos en el siguiente diagrama de consumo de televisión medio entre jóvenes de 13 a 24 años, ¿cómo explicáis la diferencia de consumo durante el año y la semana? ¿Os parece un consumo excesivo? ¿Cuánto tiempo le dedicáis vosotros a la televisión?

Minutos de visionado[2]

Evolución de los minutos de visionado (AÑO MÓVIL)

Minutos de visionado por persona/día

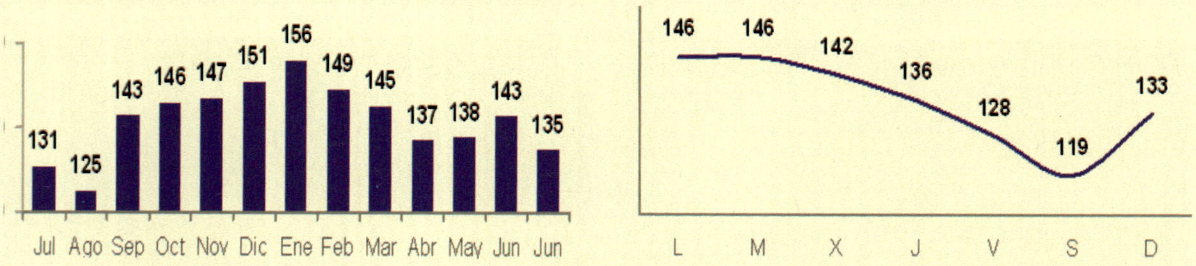

www.marketingdirecto.com (2006) 535780-0017

[1] **TV-Quoten** cuotas de audiencia – [2] **el visionado** die Fernsehzeit / das Fernsehen

4 Programas y canales

a Fijaos ahora en las programaciones de varias cadenas españolas. ¿Son parecidas a las de la tele en vuestro país? ¿Qué tipo de programas creéis que atraen más la atención de la audiencia de vuestra edad?

MIÉRCOLES

TVE 1

7.00: Telediario matinal
9.00: Los desayunos de TVE (debate)
10.30: Saber vivir (magazine)
12.00: Por la mañana (magazine)
14.00: Informativo territorial
14.30: Corazón de invierno (crónica rosa)
15.00: Telediario
16.00: Mundo de Fieras (telenovela)
17.30: Los Lunnis (infantil)
19.00: España directo (magazine)
20.00: Gente (crónica rosa y negra)
21.00: Telediario
22.00: Cine: "Lost Highway"

24.00: En Portada (documental).

LA 2

7.30: Dibujos animados.
9.00: Los Lunnis (infantil)
11.00: Documental: "El Camino de Santiago"

12.30: Deporte: Tenis. Copa Davis.
15.00: Saber y ganar (concurso)
16.00: Grandes Documentales: "Cristóbal Colón"
18.00: Mucho viaje. (reportaje)
19.00: One Tree Hill. (serie)
20.00: Smallville. (serie)
21.00: Hijos de Babel. Casting. (concurso)
22.00: La 2 Noticias.
23.00: Miradas 2 (Magazine cultural)
24.00: Cine de madrugada: "Alas de Mariposa"

ANTENA 3

7.00: Las noticias de la mañana.
9.00: Espejo público (Magazine)
12.30: La rueda de la suerte (concurso)
14.00: Los Simpson

15.00: Noticias
16.00: Hermosa e indomable (telenovela)
17.00: Paraíso Perdido (telenovela)
18.00: A3 Bandas (magazine)
19.30: Diario y Medio (talk-show)
21.00: Noticias
22.00: Al pie de la letra (concurso)
23.00: ¿Dónde estás corazón? (crónica rosa)
00.30: Noticias

TELE 5

7.00: Informativo matinal.
9.00: Cine: "El Bola"
10:45: El Programa de Ana Rosa (magazine)
14.30: Karlos Arguiñano en tu cocina.
15.00: Informativos Tele5
15.45: Aquí hay tomate (crónica rosa)
17.00: Yo soy Bea (telenovela)
18.30: Está pasando (magazine)
20.15: Pasapalabra (concurso)
21.00: Informativos
21.45: Escenas de matrimonio (humor)

22.15: Tú sí que vales (concurso)
00.00: En concierto.

b Si os fijáis en la programación de las diferentes cadenas, ¿cuáles creéis que pretenden ser una televisión de entretenimiento *(Unterhaltung)*? ¿Cuáles tienen una visión más educativa?

c En vuestra opinión, ¿qué función debe tener la televisión? En grupos, preparad un debate.

Con estas expresiones puedo hablar sobre los programas de los canales de televisión

- el programa
- el canal *(das Programm)*
- las noticias / el telediario
- la telenovela
- el concurso
- (el programa de) deportes
- el talk-show
- el documental
- la serie
- el programa rosa / del corazón
- (el programa de) crónica social
- el magazine
- el cortometraje

5 Nuevos lenguajes

«DICNARIO XAT» para verdaderos mensajes cortos ...

Comunícate con todos por xat

Este nuevo «idioma», o bien, forma de escribir, ya se ha vuelto normal entre los jóvenes, quienes lo encuentran rápido de escribir, sencillo, menos cansado y más difícil de «sapear».

Una campaña publicitaria del año pasado apoyó el envío de mensajes cortos «vía celular», eso hizo que la venta de los teléfonos móviles aumentara ¡en un 35 %! Eso sí, padres, profes y «académicos de la lengua» quedaron medio saltones con esta forma de escribir abreviada y, a veces, hasta incomprensible para los adultos.
Pero lo cierto es que para los adolescentes - grupo que más utiliza este novedoso «diccionario» - ha sido el mejor invento de los últimos años. Sobre todo si se piensa en que un mensaje de texto es normalmente más barato que una llamada por móvil. Además, por cada mensaje tienes una cantidad limitada de caracteres, por eso es mucho mejor escribir «ora» que «ahora», o «k cntas» que «qué cuentas». Rápido de escribir, entretenido, súper sencillo, menos cansado y más difícil de «sapear» ... así es el nuevo diccionario chat que a continuación te presentamos... una manera de facilitarte las cosas.

4 **sapear** mirar indiscretamente *(Chile)* – 6 **hasta** incluso – 9 **un invento** eine Erfindung

a ¿Cuáles son las ventajas del «dicnario xat» según el texto?

b Buscad en el texto los sinónimos de las siguientes palabras:

sorprendidos • divertido • reducido • innovador • un móvil • fácil • una letra

c Hablad del uso que hacéis del móvil, si lo dedicáis más para hablar, para enviar sms, para bajar y escuchar música, etc. Imaginaos un día sin móvil: ¿qué alternativas de comunicación se os ocurren?

d El lenguaje xat se usa en el chat, en los sms y los emails. Los emoticonos son típicos de este lenguaje. Decid en español qué significan los siguientes emoticonos:

:-)) :-P :-(:-x

6 Diccionario chat

a El lenguaje chat se basa en simplificar la escritura, suprimir *(auslassen)* vocales y sustituir sonidos (*ch* es *x*; *que* es *q* o *k*). Aquí tenéis un pequeño diccionario de este lenguaje

Con estas abreviaturas puedo escribir chat, SMS, mail

adiós	a2	hora	hr
beso	b	hasta luego	HL
bien	bn	igual	=
casa	ksa	mañana	mñna
cuando	qndo / kndo	más o menos	+ o -
coche	kxe	mejor	mjr
como	kmo	mensaje	msj
cumpleaños	qmple	mucho	mxo
de	d	para / por	x
favor / por favor	fa / xfa	porque	xq
fin de semana	finde / find	que	q / k
gracias	thanx	dinero	$

Pp dce q pdms kmprar dvd 12 mnos xq a A l gsta mxo Brd Pitt :-))

Ola, ktl? Fsta d qmple l find n ksa d Miguel, a k hr kdmos pa kmprar rglo? Yamm! Avsa tb a ls xik@s!

b Intentad ahora descifrar los mensajes de las casillas. No todas las palabras aparecen en el diccionario.

c Escribid ahora un mensaje en lenguaje xat y dádselo a un compañero / una compañera. ¿Quién ha escrito el mensaje más difícil de *sapear*?

Tu película favorita

a Escribid la ficha técnica y un comentario sobre vuestra película favorita o la película que más os ha impresionado. Estructuradla según el siguiente esquema y acompañad la sinopsis con un collage.

anuncios | trailers de estrenos | película cine | ver películas | estrenos cine | películas nuevas

Un chileno en Europa

Ficha técnica

Año:

País:

Género:

Director:

Intérpretes:

Marco histórico:

Sinopsis:

Comentario crítico:

Opinión personal:

Me gusta especialmente por:
- los actores
- el argumento
- la fotografía
- la música
- el mensaje
- etc.

Los personajes son:
- profundos
- evolucionan a lo largo de la película
- estereotipos

OK

b Leed vuestra ficha a la clase empezando por la opinión personal y terminando con el año. Describid la sinopsis con la ayuda de vuestro collage. Los demás tienen que adivinar el título.

8 Chile: literatura y política

3 Centro

1 Chile entre el fuego y el hielo *(Eis)*

a Mirad el mapa de Chile y las fotos. Describid el clima, los paisajes y la naturaleza de Chile.

b Chile se encuentra en el hemisferio sur *(Südhalbkugel)*. ¿En qué región hace más frío? ¿En qué meses del año es invierno y en qué meses es verano?

c Chile mide más de 4000 km de norte a sur y tiene climas muy diferentes. Por eso atrae a muchos turistas. En parejas representad esta escena: una persona es un agente de una oficina de turismo, la otra es un cliente *(Kunde)* que quiere reservar un viaje. El agente quiere convencer al cliente de pasar sus vacaciones en Chile. Por eso habla de las diferencias entre Chile y el país de origen del cliente, propone un «tour», actividades y además informa sobre el clima y el equipaje que el turista tiene que llevar.

1 Norte Grande

2 Norte Chico

4 Sur

5 Patagonia

2 Mi país inventado

a Escuchad la lectura de una parte del libro de Isabel Allende «Mi país inventado» y con la ayuda del mapa contestad las siguientes preguntas:

- ¿Por qué dice Isabel Allende que Chile es el fin de todos los caminos?
- ¿Según vosotros, le gusta a la escritora su país?
- ¿Creéis que vive en Chile? Informaos en el glosario cultural.

b Leed el poema del poeta Pablo Neruda citado por Isabel Allende y decid a qué características de Chile se refieren las palabras en cursiva.

Noche, *nieve* y *arena* hacen la forma
de mi *delgada* patria,
todo el silencio está en su *larga línea*,
toda la *espuma* sale de su *barba marina*,
todo el carbón la llena de sus misteriosos
besos.

Pablo Neruda

XVIII Descubridores de Chile, en: "Canto general", Celesa, 2003 (abreviado)

1 **la arena** der Sand – 2 **la patria** das Vaterland – 4 **la espuma** der Schaum – 4 **la barba** der Bart – 5 **el carbón** die Kohle

1 Chile ayer y hoy

a ¿Quiénes eran Salvador Allende y Augusto Pinochet? Recordad y anotad lo que ya sabéis.

b Escuchad el programa de radio en el cedé. Decid si las informaciones son ciertas, falsas o si no están en el texto.

Salvador Allende

1. En 1970 Salvador Allende fue electo presidente de Chile.
2. Sus ideales políticos eran socialistas.
3. Bajo su gobierno las escuelas públicas eran muy caras.
4. La política de Allende mejoraba la situación de los latifundistas.
5. Su gobierno nacionalizó muchas empresas extranjeras.
6. Había una inflación muy alta.

1. El 11 de septiembre de 1973 el general Augusto Pinochet tomó el poder.
2. Pinochet persiguió a sus enemigos políticos.
3. Muchos de sus enemigos fueron torturados o desaparecieron.
4. Su gobierno recibió apoyo internacional.
5. Cerca de mil personas optaron por el exilio.

Augusto Pinochet

2 En el colegio de Machuca

En la película «Machuca» (págs. 92-93) el director de un colegio católico empieza a admitir a todos los alumnos, sean ricos o pobres, ya que la nueva política de Salvador Allende busca más justicia social. Pero no todos los padres de las familias ricas están de acuerdo con este cambio. Leed lo que dicen la madre de Gonzalo Infante y la madre de Pedro Machuca.

Madre de Gonzalo Infante: ¿Cuál es la idea de mezclar las peras con las manzanas? Bueno, no digo que seamos mejores o peores, pero, pucha, ¡que somos distintos!… ¡compadre! … yo quiero entender …

Madre de Pedro Machuca: Cuando yo era niña, vivía allá en un fundo cerca de San Nicolás, mi padre era uno de los inquilinos que cuidaba el ganado. Cuando le pasaba algo a algún animal lo descontaban de los víveres que nos daban a fin de mes. No importaba la razón de la pérdida, el culpable siempre era mi padre. Yo me vine así a Santiago a los 15, porque no quería que mis hijos fueran los culpables de todo siempre, pero parece que aquí en la ciudad es igual, los culpables siempre son los mismos, así es como tiene que ser y a ustedes nadie los va a culpar por seguir la misma historia …

Machuca, Chile / España / Francia / Gran Bretaña: Andrés Wood, SUNFILM Entertainment, 2004. Tiempo de la película: 1:15

Las dos mujeres son representantes típicas de sus clases. Comparad sus vidas y sus ideas. Si no encontráis las respuestas en el texto, utilizad vuestra imaginación.

	madre de Gonzalo	madre de Pedro
su vida y su pasado	*es blanca, de una familia acomodada …*	…
su clase social		
su opinión sobre los niños pobres en el colegio		
¿Apoya la política de Allende o de Pinochet? ¿Por qué?		

2 **pucha** *expresión para mostrar sorpresa o disgusto* – 2 **un compadre** un amigo o conocido – 3 **un fundo** ein Bauernhof – 4 **un inquilino** persona que vive en un piso alquilado – 4 **el ganado** das Vieh – 4 **descontar algo** etw. abziehen – 4 **los víveres** die Lebensmittel

3 La hora del cambio ...

a En parejas mirad el texto y las fotos. Haced una hipótesis sobre el contenido del texto. Después leedlo y comprobad vuestras hipótesis.

La protesta social

En 1983 tienen lugar las primeras protestas sociales organizadas por la oposición política contra la dictadura militar. A las restricciones a los derechos políticos y sindicales y reiteradas violaciones a los derechos humanos se sumó una aguda crisis económica, con una caída de Producto del 14,5 % y un desempleo real que superó el 30 %.

El rechazo masivo al régimen militar, que incluyó a sectores de clase media y acomodada, alentó a los opositores a formar un bloque unitario, por encima de sus diferencias ideológicas. La acción concertada de los partidos de izquierda y el centro político obliga finalmente a Pinochet a llamar a un plebiscito en octubre de 1988, convencido de que ganaría ampliamente, como ocurrió en dos ocasiones anteriores.

Con una papeleta de voto y un lápiz en la mano como única arma los chilenos dijeron NO al gobierno militar el 5 de octubre de 1988. Fue el principio del fin de un sistema político que se caracterizó por las continuas violaciones a los derechos humanos, la pérdida de los derechos civiles y el aislamiento internacional.

Ya avanzada la madrugada del 6 de octubre, el gobierno reconoció a regañadientes el triunfo del NO. Pinochet se retira de La Moneda cabizbajo mientras miles de chilenos salen a las calles a celebrar.

www.tvn.cl/noticias/especiales/130415/protestas.asp

b Trabajad en grupos y elaborad una definición para las siguientes palabras. Comentadlas con toda la clase y poneos de acuerdo sobre una versión.

- plebiscito
- oposición política
- dictadura militar
- derechos humanos
- crisis económica
- clase media y acomodada
- papeleta de voto
- sistema político

c Contestad las siguientes preguntas.

1. ¿Por qué se iniciaron las primeras protestas sociales en el año de 1983?
2. ¿Quiénes obligaron a Pinochet a llamar a un plebiscito?
3. ¿Qué respondieron los chilenos en el plebiscito del 5 de octubre de 1988?
4. ¿Por qué fue el principio del fin de un sistema político?

d ¿Qué creéis que pasó en Chile después del plebiscito? ¿Qué habrá hecho Pinochet? ¿Qué cambios políticos y sociales habrá habido? Escribid un pequeño texto.

3 **una restricción** eine Einschränkung, eine Restriktion – 3 **sindical** gewerkschaftlich – 3 **reiterar** repetir – 3 **una violación** eine Verletzung – 4 **una aguda crisis** una fuerte crisis – 5 **el desempleo** la situación de quien no tiene trabajo – 6 **alentar** animar – 7 **concertar algo** ponerse de acuerdo sobre algo – 16 **el aislamiento** die Isolation – 18 **a regañadientes** con disgusto – 19 **cabizbajo** sin ánimo

4 Un paso hacia la democracia

a Después del plebiscito, Chile comenzó una nueva etapa política y los chilenos eligieron a un nuevo presidente: Patricio Aylwin. ¿Qué creéis que querrá cambiar el nuevo presidente? ¿Qué dificultades y peligros tendrá que enfrentar? ¿Quiénes se pondrán de su lado y quiénes no?

b Haced grupos de tres. Cada uno de vosotros lee una parte del texto: [1], [2], [3]. Escribid las ideas principales de lo que el presidente quiso expresar y presentadlas dentro de vuestro grupo. Explicad también a qué hechos históricos se refiere Patricio Aylwin.

c Comparad vuestra interpretación con los demás grupos.

Fragmentos del discurso de Patricio Aylwin
(presidente de Chile 1990 – 1994) en el Estadio Nacional

Santiago, 12 de marzo de 1990

[1] Este es Chile, el Chile que anhelamos, el Chile por el cual tantos, a lo largo de la historia, han entregado su vida; el Chile libre, justo, democrático. La nación de hermanos. [...]

Desde este recinto, que en tristes días de ciego odio, de predominio de la fuerza sobre la razón, fue para muchos compatriotas lugar de presidio y de tortura, decimos a todos los chilenos y al mundo que nos mira: ¡Nunca más! ¡Nunca más atropellos a la dignidad humana! ¡Nunca más odio fratricida! ¡Nunca más violencia entre hermanos! [...]

[2] Hoy asumimos el compromiso de reconstruir nuestra democracia con fidelidad a los valores que nos legaron los Padres de la Patria. [...] ¡Estos valores imperarán de nuevo entre nosotros!

Es hermosa y múltiple la tarea que tenemos por delante: restablecer un clima de respeto y de confianza en la convivencia entre los chilenos, cualesquiera que sean sus creencias, ideas, actividades o condición social, sean civiles o militares, sí señores, sí compatriotas, civiles o militares: ¡Chile es uno solo! ¡Las culpas de personas no pueden comprometer a todos! ¡Tenemos que ser capaces de reconstruir la unidad de la familia chilena! Sean trabajadores o empresarios, obreros o intelectuales. [...]

[3] Todo en la vida requiere tiempo. ¿Cuántos años nos costó recuperar la democracia? El hecho de que ahora tengamos un gobierno del pueblo no significa que los problemas se van a solucionar milagrosamente; significa, sí, que de inmediato, desde ahora mismo nos vamos a poner a trabajar para solucionarlos, y contamos para ello con el esfuerzo y participación de todos. Sólo así consolidaremos nuestra democracia y resolveremos los problemas. [...]

Discurso de Patricio Aylwin en el Estadio Nacional, Santiago, 12-03-1990, http://es.wikisource.org (abreviado).

d Patricio Aylwin usa una serie de recursos estilísticos *(Stilmittel)* para caracterizar el Chile de la dictadura y el Chile democrático. Sacad las expresiones que usa y discutid qué efecto tienen.

el Chile de la dictadura	el Chile democrático
un recinto de predominio de la fuerza sobre la razón …	una nación de hermanos …

4 **anhelar algo** etw. ersehen – 8 **un recinto** ein Gehege, abgesperrter Raum – 8 **el odio** der Hass – 10 **un / una compatriota** persona del mismo país – 10 **un presidio** ein Gefängnis – 12 **un atropello** eine Verletzung, Beschimpfung – 12 **la dignidad** die Würde – 13 **fratricida** brudermörderisch – 15 **asumir** übernehmen, auf sich nehmen – 16 **la fidelidad** die Treue – 17 **imperar** herrschen – 25 **comprometer** verpflichten

5 La política de hoy

El 15 de enero de 2006, Michelle Bachelet ganó las elecciones presidenciales y se convirtió en la primera mujer presidente de Chile.

a Leed la siguiente entrevista. En parejas anotad las ideas principales y responded a las siguientes preguntas:
1. ¿Cómo ve el problema de la pobreza?
2. ¿Cómo se ve a sí misma?

ENTREVISTA A MICHELLE BACHELET

La socialista Michelle Bachelet, de 54 años, se convertirá el próximo 11 de marzo en la primera mujer que accede a la presidencia de Chile.

P ¿En sólo cuatro años de gobierno y sin reelección habrá tiempo suficiente para acortar la brecha entre ricos y pobres, uno de los principales problemas de la economía chilena?
R Obviamente, la distribución del ingreso no se resuelve por completo en un Gobierno; es una tarea para varios. Hemos contribuido a disminuir fuertemente la pobreza, que era del 44% en 1990; hoy es del 18%. Sin duda hemos avanzado, pero se mantiene una relación de 14 a uno en los ingresos autónomos de los más ricos y más pobres, que no hemos bajado. [...] Trabajaremos a través del plan de igualdad de oportunidades para generar más empleos y sacar a la gente de la pobreza. Hay tareas con resultados a largo plazo, que vamos a iniciar o consolidar en los cuatro años.

P ¿Cuál es el modelo de izquierda en el que usted cree?
R No me gustan los estereotipos ni me califico con uno determinado. Quisiera más bien ser recordada como una presidenta que trabajó sin descanso por avanzar en la justicia social, por un país más solidario y amable, más integrado y sin exclusiones. Y para eso hay distintos instrumentos. Probablemente por mi historia personal, hablo de un país inclusivo en el sentido de que la diversidad política es una riqueza, sobre todo cuando se puede expresar en democracia. Yo soy una mujer fuertemente pluralista.

Jorge Marirrdriaga / Manuel Délano, EL PAÍS Internacional, Santiago, 22-01-2006 (abreviado)

b Buscad información en el Internet sobre Michelle Bachelet y elaborad su ficha bibliográfica. Escribid una conclusión de lo que ha sido la vida personal y política de esta mujer.

6 Sea como fuere, terminaré el ejercicio (§ 26 – opcional)

a En textos de Derecho se utiliza con mucha frecuencia el futuro de subjuntivo, sobre todo en casos que describen una situación hipotética. Decid de qué verbos provienen las formas de la casilla.

b Leed las siguientes frases tomadas de varias leyes y completadlas con los verbos de la casilla para darles sentido.

- pudiere
- fuere
- detuviere
- hubiere

1. Podrá ser detenido el que ? sorprendido en delito flagrante[1].
2. Si la autoridad ? a alguna persona, deberá dentro de las 48 horas siguientes avisar al juez[2].
3. Un ciudadano podrá dirigirse al Ministerio Público si no ? ninguna fiscalía[3] en el lugar en que vive.
4. Si una persona no ? firmar, podrá dejar sus huellas digitales[4].

c En lengua hablada el futuro de subjuntivo se utiliza en frases hechas para destacar *(hervorheben)* una opinión. Completad las frases con las expresiones de la casilla.

1. ?, no le voy a mostrar mi carnet de identidad[5].
2. Saldré del país ?.
3. ?, no podrán callar a todos los chilenos.
4. ? nuestros problemas, estaremos juntos.
5. ? muchos asesinatos de la dictadura nunca se resolverán.

- sea quien fuere
- digan lo que dijeren
- hagan lo que hicieren
- sea como fuere
- sean cuales fueren

[1] **en delito flagrante** auf frischer Tat / in flagranti – [2] **avisar al juez** den Richter verständigen – [3] **la fiscalía** die Staatsanwaltschaft – [4] **las huellas digitales** die Fingerabdrücke – [5] **el carnet de identidad** der Ausweis

7 Ardiente paciencia *(Brennende Geduld)*

a Informaos en la casilla sobre Pablo Neruda. ¿Cuál es su importancia para Chile?

b Leed el siguiente extracto de la novela *Ardiente paciencia* de Antonio Skármeta (→ glosario cultural), que trata de la vida de Pablo Neruda.

Pablo Neruda (1904–1973)

El poeta y diplomático Pablo Neruda, cuyo nombre verdadero fue Neftalí Reyes, nació en Parral (Chile) el 12 de julio de 1904. Entre sus poemarios más conocidos se encuentra «Veinte poemas de amor y una canción desesperada».
Al comenzar la Guerra Civil Española (1936) tiene que dejar su cargo consular en España.
En 1945 recibe el Premio Nacional de Literatura. Se une al Partido Comunista de Chile y denuncia los abusos del sistema, por eso sufre persecuciones políticas. Huye de Chile y va a Argentina, a otros países latinoamericanos y después a Europa. En 1954 regresa a Chile y publica «Odas elementales» en las que expresa sus inquietudes políticas y sociales.
En 1970 acepta ser candidato presidencial del Partido Comunista, pero renuncia a favor de su amigo Salvador Allende, quien finalmente ganará las elecciones.
En 1971 recibe el Premio Nobel de Literatura. Luego de haber trabajado como embajador en Francia, regresa a Chile en 1972, donde muere un año después.

— ¿Qué te pasa?
— ¿Don Pablo?
— Te quedas ahí parado como un poste.
Mario torció el cuello y buscó los ojos del poeta desde abajo:
— ¿Clavado como una lanza?
— No, quieto como torre de ajedrez.
— ¿Más tranquilo que gato de porcelana?
Neruda soltó la manilla del porton y se acarició la barbilla.
— Mario Jiménez, aparte de *Odas elementales* tengo libros mucho mejores. Es indigno que me sometas a todo tipo de comparaciones y metáforas.
— ¿Don Pablo?
— ¡Metáforas, hombre!
— ¿Qué son esas cosas?
El poeta puso una mano sobre el hombro del muchacho.
— Para aclarártelo más o menos imprecisamente, son modos de decir una cosa comparándola con otra.
— Déme un ejemplo.
Neruda miró su reloj y suspiró.
— Bueno, cuando tú dices que el cielo está llorando. ¿Qué es lo que quieres decir?
— ¡Qué fácil! ¡Que está lloviendo, pu!
— Bueno, eso es una metáfora.
— ¿Y por qué si es una cosa tan fácil, se llama tan complicado?
— Porque los nombres no tienen nada que ver con la simplicidad o complejidad de las cosas. Según tu teoría una cosa chica que vuela no debiera tener un nombre tan largo como mariposa. Piensa que *elefante* tiene la misma cantidad de letras que *mariposa* y es mucho más grande y no vuela — concluyó Neruda exhausto. Con un resto de ánimo le indicó a Mario solícito el rumbo hacia la caleta. Pero el cartero tuvo la prestancia de decir:
— ¡P'tas que me gustaría ser poeta!
— ¡Hombre! En Chile todos son poetas. Es más original que sigas siendo cartero. Por lo menos caminas mucho y no engordas. En Chile todos los poetas somos guatones.
Neruda retomó la manilla de la puerta, y se disponía a entrar cuando Mario mirando el vuelo de un pájaro invisible, dijo:
— Es que si fuera poeta podría decir lo que quiero.
— ¿Y qué es lo que quieres decir?
— Bueno, ese es justamente el problema. Que como no soy poeta, no puedo decirlo.

[...] Neruda apretó los dedos en el codo del cartero y lo fue conduciendo con firmeza hacia el farol donde había estacionado la bicicleta.
— [...] Si quieres ser poeta, comienza por pensar caminando. ¿O eres como John Wayne que no podía caminar y mascar chiclets al mismo tiempo? Ahora te vas a la caleta por la playa y mientras observas el movimiento del mar, puedes ir inventando metáforas.
— ¡Déme un ejemplo!

3 **un poste** ein Pfahl – 4 **torcer algo** etw. drehen – 6 **clavado, -a** festgeschlagen / -gebohrt – 9 **una manilla** eine Klinke – 12 **indigno, -a** unwürdig – 12 **someter a alguien a algo** jdn. etw. aussetzen – 18 **un muchacho** un chico – 23 **suspirar** stöhnen – 36 **exhausto, -a** muy cansado – 37 **solícito, -a** bereitwillig – 38 **una caleta** eine kleine Bucht – 38 **la prestancia** die Vortrefflichkeit – 43 **guatón, -ona** *(Chile)* gordo, -a – 56 **un chiclet (un chicle)** ein Kaugummi

Mira este poema:

Aquí en la isla
el mar
y cuánto mar
se sale de sí mismo
a cada rato,
dice que sí, que no,
que no, que no, que no,
dice que sí, en azul,
en espuma, en galope,
dice que no, que no.
No puede estarse quieto,
me llamo mar, repite
pegando en una piedra
sin lograr convencerla,
entonces
con siete lenguas verdes
de siete perros verdes,
de siete tigres verdes,
de siete mares verdes,
la recorre, la besa,
la humedece
y se golpea el pecho
repitiendo su nombre.

Hizo una pausa satisfecha,
— ¿Qué te parece?
— Raro.
— «Raro» ¡Qué crítico más severo que eres!
— No, don Pablo. Raro no es el poema. Raro es como yo me sentía cuando usted recitaba el poema.
— Querido Mario, a ver si te desenredas un poco porque no puedo pasar toda la mañana disfrutando de tu charla.
¿Cómo se lo explicara? Cuando usted decía el poema las palabras iban de acá pallá.
— ¡Como el mar, pues!
— Sí, pues, se movían igual que el mar.
— Eso es el ritmo.
— Y me sentí raro, porque con tanto movimiento me marié.
— Te mareaste.
— ¡Claro! Yo iba como un barco temblando en sus palabras.
Los párpados del poeta se despegaron lentamente.
— «Como un barco temblando en mis palabras».
— ¡Claro!
— ¿Sabes lo que has hecho, Mario?
— ¿Qué?
— Una metáfora.

Antonio Skármeta, *Ardiente paciencia (El cartero de Neruda)*, Span. Hrsg. Monika Ferraris, cap. III, pág. 110 (extracto)

cartel de la película de Michael Radfort (1994), adaptación cinematográfica de *Ardiente paciencia*

fotos de la película *El Cartero (y Pablo Neruda)*

70 **la espuma** der Schaum – 82 **humedecerse** feucht werden – 83 **golpear algo** etw. schlagen – 92 **desenredarse** *hier:* ordenar los pensamientos – 96 **de acá pallá (> para allá)** de aquí para allá – 105 **un párpado** ein Augenlid – 105 **despegarse** *hier:* abrirse

8 El poeta y el cartero

a Describid la relación entre el poeta y el cartero. Tened en cuenta lo que habéis aprendido sobre la posición social de Neruda.

b ¿Qué imagen de Neruda transmite *(vermittelt)* Antonio Skármeta?

c Mario dice: «... si fuera poeta podría decir lo que quiero» (l. 47). Buscad razones por las que el cartero se pudiera interesar tanto por la poesía.

9 El lenguaje de la poesía

a ¿Qué es una metáfora según el texto (págs. 110-111)? ¿Qué expresan las metáforas que las expresiones normales no pueden decir?

b Mirad los dibujos y relacionadlos con las metáforas. ¿En qué contexto se puede decir qué frase?

- Tiene un nudo en la garganta.
- Decidieron tomar caminos distintos.
- Siente mariposas en la panza.
- Es un rompecorazones.
- Tiene un corazón de oro.

c Haced una lista de las metáforas y comparaciones que aparecen en el extracto de la novela de Skármeta y explicad lo que significan.

d En la casilla de abajo hay otros recursos estilísticos. Buscad ejemplos en el poema sobre el mar (pág. 111). ¿Conocéis más recursos estilísticos? Explicadlos y buscad ejemplos.

Con estas expresiones puedo analizar el estilo de textos literarios

Recursos estilísticos

- **aliteración:** Se repite el mismo sonido inicial en el principio de dos palabras consecutivas *(aufeinanderfolgend)* o ligeramente separadas: «Mi mamá me mima» *(verwöhnen)*.
- **onomatopeya:** Los sonidos de las palabras imitan los ruidos que existen en la naturaleza.
- **anáfora:** Se repiten una o varias palabras al principio de varios versos u oraciones.
- **paralelismo:** Se distribuyen paralelamente palabras y oraciones.
- **elipsis:** Se suprime algún elemento de la oración porque se sobreentiende *(von selbst verstehen)*: «Los niños beben agua, los padres vino».
- **antítesis / contraste:** Se contraponen ideas opuestas: «Es tan corto el amor, y tan largo el olvido», Pablo Neruda.
- **personificación:** Se atribuyen cualidades *(Eigenschaften)* humanas a cosas y seres *(Wesen)* inanimados: «El amor nace y muere».

10 Entre hombres

a Escuchad el diálogo entre Mario y Neruda. ¿Qué se aprende sobre las personas en las fotos? ¿Qué relaciones existen entre ellas? Describid los problemas de Mario y Neruda.

fotogramas de la película *El Cartero y Pablo Neruda de Michael Radfort* (1994)

A Mario

B Pablo Neruda

C Beatriz

D Dante Alighieri
(→ glosario cultural)

b ¿Cómo va a reaccionar el poeta a la última frase de Mario? Continuad el diálogo.

c Imaginaos los sentimientos de Beatriz. ¿Qué habrá pensado después de aquella conversación con Mario? ¿Cuáles habrán sido sus planes y estrategias? Imaginad un diálogo entre Beatriz y una amiga o su madre.

d ¿Cómo podría continuar la historia de Mario y Beatriz? Acordaos que, según Neruda, «las Beatrices producen amores incomensurables» *(unermesslich)*.

e ¿Creéis que es posible enamorarse en 10 minutos o menos? ¿Conocéis ejemplos de amores a primera vista ya sean reales o de película o literatura? ¿Cómo terminan?

11 Cómo ligar *(anbandeln)*

Mirad los dibujos y comparad las ventajas y desventajas de estas y otras formas de buscar pareja.

quien te kiere kmo yo
te kiero!!!!! Xavi nngna
niña te kerrá como yo
ya lo entdste?
conkistast mi corzn.

12 Los poetas y el amor

a Para cada uno de los dos poemas identificad el «yo» y describid la situación en la que se encuentra. Resumid el contenido del poema.

Alfonsina Storni
(→ glosario cultural)

José Martí
(→ glosario cultural)

Dos palabras

Esta noche al oído me has dicho dos palabras
comunes. Dos palabras cansadas
de ser dichas. Palabras
que de viejas son nuevas.

Dos palabras tan dulces que la luna que andaba
filtrando entre las ramas
se detuvo en mi boca. Tan dulces dos palabras
que una hormiga pasea por mi cuello y no intento
moverme para echarla.

Tan dulces dos palabras
que digo sin quererlo –¡oh, qué bella, la vida!–
tan dulces y tan mansas
que aceites olorosos sobre el cuerpo derraman.

Tan dulces y tan bellas
que nerviosos, mis dedos,
se mueven hacia el cielo imitando tijeras.
Oh, mis dedos quisieran
cortar estrellas.

Alfonsina Storni

La niña de Guatemala

Quiero, a la sombra de un ala,
contar este cuento en flor:
la niña de Guatemala,
la que se murió de amor.

[...]

Ella dio al desmemoriado
una almohadilla de olor;
él volvió, volvió casado;
ella se murió de amor.

[...]

Ella, por volverlo a ver,
salió a verlo al mirador;
él volvió con su mujer,
ella se murió de amor.

[...]

Se entró de tarde en el río,
la sacó muerta el doctor;
dicen que murió de frío,
yo sé que murió de amor.

Allí, en la bóveda helada,
la pusieron en dos bancos:
besé su mano afilada,
besé sus zapatos blancos.

Callado, al oscurecer,
me llamó el enterrador;
nunca más he vuelto a ver
a la que murió de amor.

José Martí

b Analizad y comparad la estructura de los dos poemas.

c Buscad algunos recursos estilísticos que ya conocéis en los dos textos.

d ¿Dónde se podrían añadir o quitar unos versos o incluso una estrofa? ¿Qué ideas o aspectos se podrían incluir en los poemas? Cambiad los poemas y presentad las diferentes adaptaciones en clase.

Dos palabras: 7 **una rama** ein Zweig – 9 **una hormiga** eine Ameise – 13 **manso, -a** zahm – 14 **derramar algo** etw. verschütten – 17 **las tijeras** die Schere
La niña de Guatemala: 7 **desmemoriado, -a** sin memoria – 18 **una bóveda** ein Gewölbe – 20 **afilado, -a** scharf – 23 **un enterrador** ein Totengräber

Elegid una de las siguientes dos tareas.

1 Llegó la poesía a buscarme

Con este poema termina la película *El cartero (y Pablo Neruda)* de Michael Radford (1994). Leedlo y escribid un pequeño texto en el que expliçáis cómo y por qué el «yo» del poema empezó a escribir. ¿Qué habrá pasado? ¿Qué significado tiene la poesía para él? Comparad vuestra solución con las de vuestros compañeros.

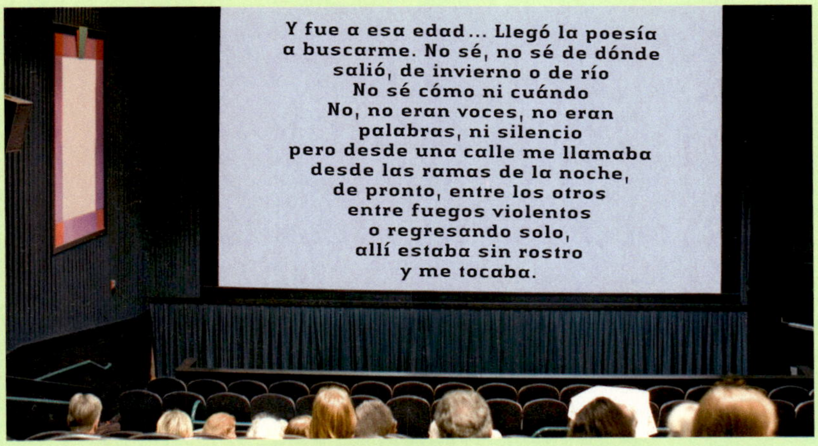

Pablo Neruda, La poesía, en: *Memorial de Isla Negra*, Losada, 1964.

8 **una rama** ein Zweig
9 **de pronto** de repente
12 **el rostro** la cara

2 Un poema para Beatriz

En la novela *Ardiente paciencia* y en la película *El cartero (y Pablo Neruda)* Mario quiere recitarle un poema a Beatriz, pero le faltan las palabras. Ayudadle a expresar sus sentimientos y escribidle un poema con el que pueda conquistar el corazón de Beatriz. Leed los siguientes consejos:

a Utilizad metáforas y otros recursos estilísticos. Para describir la reacción de Mario ante una mujer tan guapa podéis utilizar metáforas y comparaciones del dialogo de Mario con el poeta (pág. 110–111), por ejemplo:

– *Me quedo ahí parado como un poste.*
– *Clavado como una lanza.*
– *Quieto como torre de ajedrez.*

fotograma de la película «El Cartero (y Pablo Neruda)» de Michael Radfort (1994).

b Para hablar de Beatriz o del amor podéis serviros de ideas, palabras o expresiones de los poemas de la página anterior.

c También podéis escribir un poema cuyos versos empiecen con las letras del nombre de Beatriz, es decir el primer verso empieza con B, el segundo con E, el tercero con A, etc.

Diplomas de Español como Lengua Extranjera

Beim Instituto Cervantes könnt ihr eine DELE-Prüfung *(Diploma de Español como Lengua Extranjera)* ablegen. Dafür gibt es drei Niveaustufen: *nivel inicial, nivel intermedio, nivel avanzado.* Nach *Línea verde 3* habt ihr ein Kompetenzniveau erreicht, das zwischen *nivel inicial* und *nivel intermedio* liegt. Wenn ihr eure Spanischkenntnisse bescheinigen lassen möchtet, dann schaut euch im Internet DELE-Modelltests an und entscheidet dann, welches Niveau ihr euch zutraut.
Im Folgenden findet ihr typische Übungen für DELE, nivel intermedio.

Enlaces 535780-0018

http://diplomas.cervantes.es/index.jsp
http://diplomas.cervantes.es/profesores/modelo.jsp

DELE **1 Comprensión lectora**

Se busca jurado para elegir la canción de Eurovisión 2008

CARMEN ANIORTE

[MADRID] Hoy se cumplen 15 días desde que TVE y el portal MySpace abrieron sus dominios para que los posibles candidatos a Eurovisión mandaran sus candidaturas. De esta manera, la cadena pública junto con el conocido portal rompían con la tradicional forma de selección y firmaban una alianza -bajo el lema «Salvemos Eurovisión»- para encontrar la persona o grupo que estará sobre el escenario del Belgrado Arena el próximo 24 de mayo.
Hasta el 10 de febrero, todos los ciudadanos españoles y residentes en el país -tal y como marca la normativa de Eurovisión- pueden enviar un vídeo con su candidatura. Durante este tiempo, el público podrá ver los perfiles, canciones e incluso vídeos de los aspirantes para votar a sus preferidos. Las cinco canciones más votadas por los internautas, así como otras cinco seleccionadas por un comité de expertos se medirán en una gala final. Este programa se emitirá el 1 de marzo en horario de máxima audiencia. En esta ocasión -de nuevo se contará con la audiencia- serán los espectadores quienes con sus llamadas y sms decidirán el ganador y representante.

«Evitar el fenómeno fan»
En palabras de Rosalía Lloret, responsable de Medios Interactivos de TVE, «queremos evitar el fenómeno fan y que no se discrimine a los cantantes que menos apoyo tengan».
En estos momentos, TVE ultima la localización del jurado, que serán «gente de la casa y un experto en música». Durante este proceso de selección, el programa de La 2 «No disparen al pianista» hará un seguimiento especial del mismo. Además, está pendiente ofrecer un espacio -verá la luz en la segunda quincena de febrero- para potenciarlo.
Hasta la fecha son más de 40 los aspirantes que han presentado su candidatura. Sobre los estilos, la variedad es la tónica: pop, rock clásico, flamenco, heavy metal, baladas e incluso hip hop. Aunque la gran mayoría de los que se han presentado son desconocidos, también se encuentran artistas que trabajan con discográficas.

Eurovision
SONG CONTEST
BELGRADE 2008

ABC 29.01.08, www.abc.es

1. Según el texto todas las personas hispanohablantes pueden enviar un vídeo con su candidatura.
   a) verdadero
   b) falso

2. Según el texto los telespectadores decidirán el ganador.
   a) verdadero
   b) falso

3. Según el texto hay una gran variedad de los estilos de música.
   a) verdadero
   b) falso

4. Según el texto, los candidatos pueden enviar sus candidaturas
   a) hasta el 15 de enero.
   b) hasta el 10 de febrero.
   c) hasta el 24 de mayo.

5. Los jurados para elegir la canción serán:
   a) los telespectadores
   b) la gente desde su casa y un pianista
   c) un experto de música y gente que trabaja en TVE

2 Comprensión auditiva

a Escuchad la noticia siguiente y marcad las opciones correctas.

1. Según la noticia a los jóvenes no les importa ver anuncios comerciales.
   a) verdadero
   b) falso

2. Según la audición, los jóvenes de entre 16 y 24 años ven menos la televisión que el resto de españoles.
   a) verdadero
   b) falso

3. El objetivo del estudio ha sido…
   a) conocer las costumbres de los jóvenes en relación con la televisión.
   b) saber si los españoles están satisfechos con la televisión.
   c) mostrar a los jóvenes posibilidades para el tiempo libre.

4. Según el estudio un veinte por ciento de los jóvenes…
   a) escucha la radio y lee el periódico con frecuencia.
   b) tiene su propia página web o un blog.
   c) ve la televisión en el ordenador.

b Volved a escuchar la noticia para comprobar las respuestas.

DELE
3 Expresión escrita

Escribe una carta de 150–200 palabras (15–20 líneas). Este verano vas a hacer un curso de español en Chile. Un amigo chileno te ha ayudado a encontrar la escuela y la familia con la que vas a vivir. Escríbele una carta en la que debes:

- saludarlo
- comunicarle la noticia
- agradecerle su ayuda
- pedirle que se encuentre contigo cuando estés en Chile, indicándole cuándo y dónde os podéis ver.

Lerntipp 535780-0019

Antes de poneros a escribir apuntad brevemente lo que queréis decir y ordenad vuestras ideas. Después escribid el texto: usad conjunciones y adverbios para conectar vuestras ideas y formar oraciones más complejas.

DELE **4** **Gramática y vocabulario**

1. Antonio no ? hablar alemán.
   a) puede
   b) sabe
   c) está

2. En la Constitución ? escrito que todos los españoles ? iguales ante la ley.
   a) está / son
   b) es / están
   c) es / son

3. ? febrero estudio literatura española en la Universidad de Salamanca.
   a) Desde
   b) De

4. Me gusta comprar ropa ? Internet.
   a) por
   b) para

5. ¿ ? dónde sale este autobús? ? Sevilla.
   a) Para / Para
   b) Entre / Entre

6. ¿Cuál es más bonito, el azul o el blanco? ? mí, el azul te queda[1] mejor.
   a) Para
   b) Por

7. Me molestó que tú ? a mi casa sin llamarme.
   a) vengas
   b) hubieras venido

8. ¡ ? usted el favor de dejarme en paz!
   a) Haz
   b) Haga

9. Me gustaría ? alguna ciudad española en las vacaciones.
   a) visito
   b) visitar

10. Se quedó en la cama porque ? enfermo.
    a) estaba
    b) era
    c) fue

11. Si en el norte de España no ? tanto, no ? todo tan verde.
    a) lloviera/ estaría
    b) llovería / estuvo
    c) llueva/ estuviera

12. Si ? más tiempo, ? venir conmigo al cine.
    a) tendrías/ pudieras
    b) tenías / pudiste
    c) tuvieras / podrías

13. «Estoy muy contento con mi colegio, también mis compañeros son muy simpáticos y hemos hecho muchas cosas juntos.» Valentín escribió que ? muy contento con su colegio, también sus compañeros ? muy simpáticos y ? muchas cosas juntos.
    a) está / estaban / han hecho
    b) estaba/ eran/ habíamos hecho
    c) estaba/ eran / habían hecho

14. ¿Vienes conmigo al estadio? Estoy seguro de que mi equipo favorito ? .
    a) gane
    b) ganará
    c) gana

15. No, no tengo tiempo y no estoy seguro de que ? tu equipo favorito.
    a) ganaría
    b) ganará
    c) ganaba

16. ¿Podría hablar con Ana, por favor? – Lo siento, ? .
    a) no es
    b) no podría
    c) no está

[1] **quedar(le) algo a alguien** jdm. etw. stehen

17. ¿El Paseo Marítimo, por favor?

a) No tenemos. Lo vendimos todo.
b) En el tercer piso.
c) Creo que es la primera a la izquierda.

18. La niña tiene que ir a comprar los ingredientes de una paella. Su madre dice « ? al supermercado, por favor.»

a) venga
b) ve
c) vas

19. El profesor les dice a sus alumnos: « ? las frases al español, por favor.»

a) traducid
b) traduce
c) traducen

20. A mí no me gusta ir al teatro.

a) A mí también
b) A mí tampoco
c) A mí no

21. No parece que Julia ? casa.

a) está a
b) esté en
c) es en

22. En mis últimas vacaciones fui ? Stuttgart ? avion ? Madrid.

a) desde / por / a
b) de / con / a
c) desde / en / hasta

23. Toda su vida sueña ? hacer un viaje a México.

a) de
b) con
c) por

24. Ayer alguien vino a buscar a Marta. ¿Sabes quién ? ?

a) era
b) fue
c) estaba

25. ? escribiendo una carta y me ? mi hermano.

a) Estaba / llamó
b) Estuve / llamaba
c) Era / llamó

Sustituye las palabras o expresiones en *cursiva* por las de abajo que signifiquen lo mismo

26. La policía está buscando a *un hombre* de unos 40 años.

a) voluntario
b) individuo
c) negocio

27. No voy a ir de viaje porque *me parece* muy caro.

a) me desagrada
b) lo considero
c) se compra

28. No sé *de quién es* ese coche.

a) quién hay en
b) con quién estás en
c) a quién pertenece

29. Vamos a *iniciar* el examen.

a) empezar
b) terminar
c) seguir con

30. La contaminación *causará* problemas más graves.

a) dará lugar a
b) apoyará
c) solicitará

Glosario cultural

España

Lugares, monumentos, historia

Al-Ándalus → U5
Nombre dado al territorio de la Península Ibérica que estuvo bajo poder árabe durante la Edad Media y que después dio origen a Andalucía.

Aranés → U5
Dialecto de la antigua lengua d'oc la cual es una variante de las lenguas romances que surgieron a principios de la Edad Media al sur del río francés Loira (Loire). Cerca de dos millones de personas en el noroeste de Cataluña y en el sur de Francia hablan esta lengua, aunque casi siete millones en esa zona pueden entenderla y hablarla pero no la usan de forma cotidiana. En el Valle de Arán en España se enseña esta lengua en las escuelas desde 1984.

Asturiano o Bable → U5
Lengua minoritaria de ↑Asturias. Cuenta con 100.000 hablantes nativos y unos 450.000 que usan el bable como segunda lengua. Tiene tres variantes principales: asturiano occidental, asturiano central y asturiano oriental. En la escuela se estudia como asignatura integrante, es decir, el alumno decide libremente si quiere estudiarla o no, pero la escuela tiene que ofrecer siempre la materia.

Asturias → U1

Comunidad Autónoma y provincia en el noroeste de España, entre Galicia, Castilla y León y Cantabria. Su capital es Oviedo, aunque la ciudad más grande es Gijón. Asturias es una zona de turismo, rica en monumentos históricos, parques naturales y playas bonitas en su Costa Verde del Mar Cantábrico. Tiene montañas altísimas, entre ellas, los famosos Picos de Europa. Durante la Guerra Civil (1936–1939) fue parte de la zona republicana. Muchos asturianos hablan una lengua llamada ↑asturiano o bable.

Bable → véase Asturiano → U5

Batasuna → U5
Partido político de la izquierda independentista vasca. Batasuna, una palabra vasca, quiere decir «unidad». Debido a su posible relación con el grupo terrorista ETA, que utiliza métodos no políticos como el uso de la violencia para defender una causa, este partido es ilegal en España. Aunque tiene presencia legal en el País Vasco francés.

Caló o romaní español → U5
Lengua que habla la comunidad gitana en España. El vocabulario es de origen anglo-castellano, además tiene palabras que en español y catalán ya no se dicen. La gramática es muy parecida a la del español. Hoy en día lo hablan sobre todo gitanos que se mueven de un lugar a otro.

Camino de Santiago (o Ruta Jacobea) → U1
Camino que hacen los peregrinos para llegar a la Catedral de Santiago de Compostela (Galicia). Se cree que en la Catedral están los restos del apóstol Santiago el Mayor, hermano del apóstol Juan. En la Edad Media se volvió el camino de peregrinos más visitado de Europa. En 1985 la UNESCO lo declaró «Patrimonio Universal de la Humanidad». Con motivo del Año Santo Jacobeo (o *Xacobeo* en gallego) de 1993, se hizo una gran campaña de publicidad para revivir la tradición de visitar el Camino, la cual tuvo muchísimo éxito. Hoy en día, hacer el Camino a pie o en bicicleta se ha convertido en un evento tanto religioso como deportivo y sociocultural. El año Xacobeo siempre ocurre cuando el 25 de Julio (un día santo) cae en domingo, así el próximo será en el 2010.

Edad de Plata de la literatura española → U5
Período entre 1898 y 1936, de gran cantidad y calidad artística en la literatura y otras artes. Algunos artistas españoles recibieron influencia del modernismo latinoamericano gracias a la poesía de Rubén Darío (poeta de Nicaragua) y desarrollaron obras en las que se defiende

el valor subjetivo del arte, de las sensaciones, de la belleza. Otros escritores, los pertenecientes a la ↑ Generación del 98, tratan temas más existenciales en sus obras usando un lenguaje sencillo y directo y también tienen como tema central a España.

ETA → U5

Grupo separatista vasco que desea obtener la independencia del territorio vasco. Ellos defienden que histórica y étnicamente no pertenecen a España. El territorio vasco comprende siete provincias en el norte de España y sur de Francia. Para presionar al gobierno español llevan a cabo actos terroristas. Este grupo defiende además su lengua, el euskera, es decir la lengua vasca, que no tiene relación alguna con las lenguas romances y que probablemente es una de las más antiguas del continente europeo. Estudiantes que estaban en contra del gobierno de Franco formaron ETA en los sesenta. En 1997 ETA secuestró a Miguel Ángel Blanco (concejal del Partido Popular) y exigió que se liberaran 460 miembros encarcelados de ETA. El gobierno no cumplió esta petición y el grupo separatista asesinó a Blanco. Esta situación hizo que muchos simpatizantes dejaran de apoyar al grupo separatista y que numerosos grupos de personas se manifestaran en las calles, no sólo de las ciudades españolas, sino también de países vecinos, solidarios con los familiares de las víctimas de ETA.

FAD → U2

Fundación de **A**yuda contra la **D**rogadicción es una ↑ ONG que lucha contra el consumo de drogas usando estrategias educativas. Su presidenta de honor es la Reina. Esta fundación existe desde 1986 y su meta principal ha sido prevenir el consumo de drogas.

Generación del 98 → U1

Grupo de escritores amigos, que luchó contra la vuelta a la monarquía después de la Primera República (1873–1874), entre ellos estaban Miguel de Unamuno, Ramón María del Valle Inclán, Pío Baroja, Azorín y Antonio Machado. El nombre viene del año 1898, cuando España perdió sus últimas colonias (Cuba, Puerto Rico y Filipinas) en una guerra contra EE. UU. y dejó de ser un imperio durante el gobierno del rey Alfonso XII. Estos escritores reaccionaron ante la pasividad y descontento del pueblo y se dirigieron al pueblo con un lenguaje sencillo y un vocabulario apropiado.

Guerra Civil Española (1936–1939) → U5

Lucha entre españoles. En 1931 se proclamó la II República en España. En 1936 la izquierda ganó las elecciones y este hecho hizo que el ejército, los empresarios y la Iglesia se levantaran contra el gobierno porque no querían tener reformas republicanas. ↑ Francisco Franco dirigió este movimiento. Debido a que los republicanos no consiguieron organizarse bien y a que Franco recibió apoyo de Alemania e Italia, el movimiento franquista logró avanzar en España. La guerra terminó con la victoria franquista, que impuso una dictadura.

Historia de España (siglo XX) → U5

1902	El Rey Alfonso XIII es declarado mayor de edad. España tiene un periodo de inestabilidad política.
1923–1930	Miguel Primo de Rivera, general de Cataluña, forma parte del nuevo gobierno (dictadura militar).
1931–1936	Segunda República: el Rey Alfonso XIII abandona España. Triunfo de la izquierda. Periodo de mucha tensión política.
1936–1939	↑ Guerra Civil Española.
1939	↑ Francisco Franco toma Madrid el 1 de abril; así acaba la Guerra Civil Española y comienza la dictadura franquista.
1939–1975	Franco impone una dictadura en España.
1975	España inicia gracias a reformas del Rey Juan Carlos I su camino hacia la democracia.

Mayo del 68 → U5

Movimiento estudiantil francés que estaba en contra del imperialismo. Años antes de 1968 hubo cambios en el mundo que motivaron a universitarios franceses: la Revolución Cubana, la guerra por la independencia de Argelia, la Revolución Cultural en China. El tres de mayo, al protestar contra el imperialismo, universitarios de Nanterre sufrieron la represión del Estado. Debido a ello estudiantes de otras universidades y trabajadores obreros se unieron y protestaron masivamente. Fue un movimiento repentino, de gran fuerza, pero de poco tiempo, que consiguió el aumento salarial en algunos sindicatos. El Mayo del 68 fue imitado a su vez por otros países, entre ellos México.

Organizaciones no gubernamentales (ONG) → U1

Organizaciones privadas que agrupan a voluntarios para ayudar a otras personas o para proteger los derechos humanos. Muchas de ellas ayudan a nivel internacional, por ejemplo: la Cruz Roja, WWF, Intermón-Oxfam.

Reconquista (722–1492) → U5

Período en el que los reinos cristianos del norte de España trataron de recuperar los territorios que los árabes habían conquistado desde su entrada en la península en el año 711. El proceso terminó en 1492 con la conquista de Granada por parte de los ↑ Reyes Católicos.

Santiago de Compostela → U1

Capital de Galicia y destino final del ↑ Camino de Santiago. La ciudad de más de 90.000 habitantes forma parte del Patrimonio Cultural de la Humanidad y tiene una gran tradición universitaria, pues su universidad fue fundada en el siglo XVI. Actualmente en la ciudad hay cerca de 30.000 estudiantes. En 1940 la ciudad se volvió Conjunto Histórico Artístico y Monumento Nacional.

Personajes

Carlos I de España, V de Alemania (1500–1558) → U5

Hijo de Felipe de Habsburgo y Juana de Castilla. Fue rey de España (1516–1556), y además emperador del Sacro Imperio Romano Germánico (1519–1558). Por parte de su abuelo paterno recibió los territorios de Austria, por parte de su abuela paterna los Países Bajos, de Fernando V, su abuelo materno, Aragón, Sicilia y Nápoles y de Isabel I, su abuela materna, obtuvo Castilla, Canarias y el Nuevo Mundo.

Franco, Francisco (1892–1975) → U5

Dictador que gobernó España durante casi 40 años. Intervino en la lucha militar contra el gobierno republicano que dio origen a la ↑ Guerra Civil Española. En 1936 recibió plenos poderes sobre el ejército y el gobierno, que mantuvo hasta su muerte. Cuando terminó la Guerra Civil, el 1 de abril de 1939, muchos españoles se exiliaron. Aquellos que se quedaron sufrieron una amplia política de represión, pues hubo grandes injusticias, como fusilamientos, encarcelamientos y condenas a trabajos forzados.

Haze → U2

Cantante de música rap y hip-hop de origen sevillano. Su verdadero nombre es Sergio López Sanz. Cuando pintaba grafiti firmaba con «Haze» (neblina en inglés), sobrenombre que se volvió después su nombre artístico. En el 2004 ganó el premio de la música al mejor álbum hip-hop con *Crónicas del barrio*. En sus canciones Haze habla de problemas sociales y de la juventud española. Pero no sólo canta, también ayuda a familias con pocos recursos a través de una ↑ ONG y visita escuelas y centros de ayuda para hablar con jóvenes sobre drogas y alcoholismo. Ganó en el 2006 el premio Sevilla Joven, por ser una figura positiva para la juventud andaluza.

Reyes Católicos (Reinado de 1474–1516) → U5

Nombre que se usa para hablar de Isabel I de Castilla y Fernando V de Aragón, quienes reinaron durante treinta años. Durante su reinado ocurrieron los siguientes acontecimientos:
- La Reconquista cristiana contra los árabes de España.
- El descubrimiento de América por Cristóbal Colón.
- La creación de la Inquisición.
- La expulsión de los judíos.
- La publicación de la primera gramática de la lengua española por Antonio de Nebrija.

Romero Hernández, Juan José (–1999) → U2

Escritor costumbrista de las Islas Canarias. El costumbrismo usa los temas y el habla típicos de una región para no perder la identidad cultural de sus habitantes. Romero Hernández escribió anécdotas en torno a su personaje Juan Canario.

América Latina

Lugares, monumentos, historia

Aztecas → U4

Civilización precolombina que se situó en el Valle de México (hoy ↑ Ciudad de México). Se cree que los aztecas eran una de las siete tribus nahuatlacas, que venían del norte de México. En 1325 fundaron Tenochtitlan (↑ U4, pág. 50). Desde ese momento, dominaron a los pueblos vecinos y construyeron un gran imperio que fue

derrotado por los españoles. Hoy en día los arqueólogos siguen encontrando vestigios de los aztecas en la ciudad de México, entre los últimos (diciembre de 2007) está una pirámide de 11 metros de altura en Tlatelolco probablemente construida antes de la fundación de Tenochtitlan. Entre su herencia cultural se encuentran la Piedra del Sol (calendario de piedra), pirámides del Templo Mayor y Tlatelolco y numerosos préstamos léxicos al español.

Chicano → U6

Ciudadano de los Estados Unidos de América de origen mexicano. «Chicano» es una forma corta de «mexicano». En algunas partes de México y los Estados Unidos la palabra puede usarse de forma negativa. Los que se llaman chicanos a sí mismos están orgullosos de su identidad cultural particular, pues no son ni estadounidenses típicos, ni mexicanos de nacimiento, sino una mezcla con identidad propia.

Chicano Movement → U6

Movimiento político, social y cultural de los sesenta y setenta. Defendía a los estadounidenses↑ chicanos. En los medios los chicanos eran mostrados de forma negativa; este movimiento quería deshacer los prejuicios que los estadounidenses tenían sobre los chicanos.

Chile → U7, U8

País latinoamericano que está entre los Andes y el Océano Pacífico (suroeste de Sudamérica). De norte a sur mide unos 4.000 km y tiene varios climas: desértico en el norte, templado en el centro y ártico en el sur. Le pertenece además la Isla de Pascua («Rapa Nui» en lengua indígena) que se encuentra en medio del Océano Pacífico. La capital, Santiago, es la ciudad más grande de Chile (aprox. 5.000.000 de habitantes). El parlamento está en Valparaíso, la tercera ciudad más grande (aprox. 900.000 habitantes). Junto con Argentina y Uruguay forma una zona cultural llamada Cono Sur. Chile es el mayor productor de cobre del mundo y es un país asociado del Mercosur (Mercado Común del Sur). Los mapuches son el grupo indígena más numeroso de Chile (4% de la población total), pero no pertenecen a la alta sociedad. El idioma oficial es el español, aunque hay regiones con otros idiomas. La conjugación de la segunda persona singular en Chile es un poco diferente a la española: *tú* o *(vos) contái/viví(s)/comí(s)* en vez de *tú cuentas/vives/comes*.

Ciudad de México / México D.F. → U3, U4

Capital de México, conocida como Distrito Federal (D.F.) o Ciudad de México. La ciudad se construyó encima de los restos de la capital azteca Tenochtitlan (↑ U4, pág. 50). El D.F. es el centro político, cultural y económico del país. Se divide en 16 delegaciones. En una de ellas, Xochimilco, el turista puede tener una idea de cómo era Tenochtitlan antes de la llegada de los españoles: una

ciudad rodeada por un lago. Su centro histórico, llamado «Zócalo», y el campus central de su universidad (la ↑ UNAM) han sido declarados Patrimonio de la Humanidad por la UNESCO. La ciudad tiene varios estadios de fútbol, uno de ellos, el Estadio Azteca, cuenta con más de 100.000 asientos y por tanto es el tercer estadio más grande del mundo. Ciudad de México y 41 ciudades cercanas forman la Zona Metropolitana del Valle de México (ZMVM), la cual tiene aproximadamente 20 millones de habitantes, siendo una de las regiones urbanas más grandes del mundo. Todavía sigue creciendo. Hoy en día, debido a su gran población, la falta de agua para el consumo se ha convertido en uno de sus grandes problemas. Para satisfacer la sed de la gran ciudad, se toma agua de los ríos Lerma y Cutzamala y se les quita así gran parte del agua a las comunidades indígenas de la región, como a los ↑ mazahuas.

Golpe de Estado en Chile → U7

Golpe militar que ocurrió el 11 de septiembre de 1973 contra el Gobierno de Allende, que tenía problemas con otros grupos políticos que estaban en contra del socialismo. En 1973 varios dirigentes militares organizaron un golpe de Estado. El Ejército comenzó a pelear el 11 de septiembre muy de mañana. A las 8:00 Allende comunicó a la población que una parte del Ejército se había rebelado, pidió calma. A las 8:42 el Ejército informó a Allende de su petición: Allende debía dejar su cargo a los jefes supremos, que eran Pinochet, Merino, Leigh y Mendoza. Los militares argumentaron que (1) la crisis económica estaba destruyendo al país, (2) el Gobierno actual no podía reaccionar y que (3) había cada vez más grupos paramilitares en todo el país. Además se le dio un ultimatum a Allende: si el Palacio de Gobierno no quedaba libre antes de las 11:00, sería atacado. Poco antes de las 10:00 comenzó el ataque militar a medios de comunicación y grupos que apoyaban al presidente. Allende se dirigió por radio nuevamente al pueblo diciendo que no renunciaría y que lamentaba que el Ejército rompiera la promesa de apoyo al Gobierno. A las 10:30 el palacio de Gobierno (La Moneda) fue atacado. Según uno de los doctores de Allende, Patricio Gijón, Allende se quitó la vida antes de que entraran los militares.

Historia de Chile →U7, U8

1541 Fundación de Santiago por parte de los españoles. Conquista del territorio de los Mapuches, aunque el mestizaje con los mapuches no existe totalmente. Muchos de ellos viven en «reservas».
1810 Independencia. Período de guerras civiles (1829, 1851), varias repúblicas y dictaduras.
1848 Colonización alemana especialmente en el sur de Chile.
1945 Una gran cantidad de ex-nazis alemanes llega a Chile.
1970 El gobierno de Salvador Allende es boicoteado por los EE. UU. Chile tiene serios problemas económicos.
1973 Golpe de Estado por fuerzas militares. Allende muere. Pinochet gobierna con una política económica neoliberal.
1988 Plebiscito, comienzo del cambio en Chile. Período de Transición.
1993 Exilio de Erich Honecker, ex-presidente de la RDA, en Chile.
1998 Arresto de Pinochet en Inglaterra, liberación por razones de salud.
2006 Michelle Bachelet, socialista, primera mujer elegida presidente de Chile. Muerte de Pinochet.

Historia de México →U4

1810–1821 Independencia de España.
1846–1848 El presidente Antonio López de Santa Anna reconoce la independencia de Texas, Nuevo México y Alta California.
1864–1867 Segundo Imperio bajo Maximiliano de Habsburgo.
1876–1911 Dictadura de Porfirio Diaz (Porfiriato): pobreza en el campo.
1910–1920 Revolución Mexicana: levantamientos en el Norte (Francisco Villa) y en el estado de Morelos (Emiliano Zapata).
1929 Fundación del Partido Revolucionario Institucional (PRI), que gobernará hasta 2000.
1968 Protestas estudiantiles en Ciudad de México.
1991–1993 Firma del Tratado de Libre Comercio (TLC, conocido como NAFTA por su siglas en inglés), que es un convenio comercial entre México, Canadá y Estados Unidos.
1994 Levantamiento del Ejército Zapatista de Liberación Nacional (EZLN), que pide mayor atención del Estado a Chiapas y sobre todo a los grupos indígenas.
2000 Vicente Fox del PAN toma la presidencia. Es el primer candidato presidencial que no pertenece al PRI en ganar las elecciones presidenciales.
2008 México es reconocido por la Unión Europea como un país estratégico.

Mafalda → U3

Personaje de la historieta del dibujante argentino Joaquín Salvador Lavado, mejor conocido como Quino, publicada de 1964 a 1973. Ha sido traducida a más de treinta idiomas. Mafalda es su personaje principal, una niña de la clase media de Buenos Aires que se preocupa especialmente por la paz y la justicia en el mundo, le gustan los Beatles y no le gusta nada la sopa. Todavía es una de las historietas más populares del mundo hispanohablante.

Maná → U4

Grupo de rock y pop mexicano mundialmente famoso. Sus canciones más conocidas son *En el muelle de San Blas* y, en colaboración con Carlos Santana, *Corazón espinado*. Maná usa su influencia para apoyar el movimiento ecologista, la protección de los derechos humanos, la educación sexual, la lucha por una reforma del campo en México y otros asuntos sociales. Estos temas también se encuentran en muchas de sus canciones, como en *Cuando los ángeles lloran*, que habla del asesinato de Chico Mendes, un ecologista brasileño que defendía la selva amazónica.

Mayas → U4

Civilización precolombina que se situó en el sureste de México, Guatemala y Honduras entre los siglos III y XV. Los mayas hablaban diferentes lenguas y se organizaban en ciudades-estado independientes unas de otras. Las construcciones mayas eran de madera y piedra básicamente y se conservan hasta ahora importantes pirámides con escaleras de piedra. Una de ellas, la pirámide

de Kukulkán en Chichén Itzá, fue reconocida en 2007 como una de las nuevas siete maravillas del mundo moderno. Los mayas desarrollaron el sistema de escritura más completo de todos los pueblos indígenas americanos. Con éste escribieron todo tipo de textos: de medicina, de botánica, de historia, de matemáticas, de astronomía. Como otras culturas mesoamericanas, los mayas también tenían un juego de pelota, que llamaban «pok-ta-pok» y que tenía fines religiosos y políticos. Actualmente existen poblaciones indígenas de origen maya. Después de los nahuatlacas, los mayas son el grupo de indígenas más numeroso en México (más de un millón según cifras del INEGI 09.08.2006).

Mazahuas → U3

Grupo indígena mayormente campesino que vive en el noroeste del Estado de México y en una pequeña zona del estado de Michoacán. Viven de maíz, frijoles, trigo y otros productos. La agricultura en esa zona es difícil porque es territorio montañoso. Algunas montañas tienen bosques que se usan para la producción de madera. Ahí se encuentra una parte del ↑ Santuario de la Mariposa Monarca. Algunos pueblos mazahuas se dedican a producir artesanías de barro o a tejer. Debido a que algunas familias no consiguen sobrevivir por medio de la agricultura, algunos de ellos migran a ↑ Ciudad de México o a Toluca.

México (invasión norteamericana) → U6

Después de conseguir su independencia, México, como muchos países latinoamericanos, tuvo guerras y sufrió invasiones de EE. UU. o de países europeos. Uno de los cambios más importantes en México se debe a la invasión norteamericana de 1846, en la que México perdió más de dos millones de kilómetros cuadrados de territorio en el norte, es decir, los actuales estados de California, Nuevo México, Arizona, Nevada y Utah. Después de varias derrotas, México firmó en 1848 un acuerdo en el que cedió los estados Alta California y Nuevo México. En el caso de Texas, la situación fue un poco diferente: a principios del siglo XIX el estado recibió migrantes estadounidenses y para 1830 la población de Texas era de 20.000, de los cuales sólo 3.000 eran de origen mexicano. En 1836 Texas declaró su independencia de México debido a los problemas políticos, pues el presidente, López de Santa Anna prefirió un gobierno dictatorial. En 1845 EE. UU. aceptó que Texas fuera parte del territorio norteamericano. Hasta el siglo XIX los estados mencionados arriba eran parte de México, muchos de sus pobladores son de origen latinoamericano, y muchos de los lugares siguen conservando su nombre original, como Los Ángeles, San Diego, San Antonio, El Paso entre otros. De hecho, en los actuales estados del sur de EE. UU. muchos ciudadanos estadounidenses conservan las tradiciones mexicanas.

Santuario de la Mariposa Monarca, El Rosario → U3

Reserva natural situada en el estado de Michoacán en México, cuenta con 16.110 hectáreas, y está cerca de la ciudad de Angangueo, que protege las zonas donde

descansan millones de mariposas monarca en invierno. Es considerada una de las maravillas naturales del mundo.

Spanglish → U5

Palabra inglesa mezcla de «English» y «Spanish» que se refiere principalmente a dos cosas:

1. Al inglés de los latinos que usan palabras, expresiones y pronunciaciones españolas al hablar inglés.

2. Al español influenciado por el inglés ya sea en el léxico o en la gramática. Esta influencia se encuentra en las comunidades hispanas de EE. UU. y en los países hispanohablantes; aunque en España la influencia no es tan

fuerte como en los EE. UU. Con este significado, el spanglish es comparable a la palabra alemana «Denglisch».

Universidad Nacional Autónoma de México (UNAM) → U2
La universidad pública más grande de Latinoamérica. Es una de las primeras universidades en América, tiene quinientos años de antigüedad. La UNAM es un centro de estudios con gran prestigio en todo el mundo. Está al sur de la ↑ Ciudad de México y tiene un campus muy grande conocido como Ciudad Universitaria además de otros campus menores, un estadio deportivo (construido para los Juegos Olímpicos de 1968), varios museos de ciencia y arte, un programa de televisión, varias bibliotecas así como institutos de investigación en la Ciudad de México y otros estados del país.

Personajes

Allende, Isabel (*1942) → U8

Escritora chilena de enorme éxito mundial perteneciente al movimiento literario «Realismo mágico», cuyo máximo representante es García Márquez. Hija de Tomás Allende, diplomático chileno en Perú y primo de ↑ Salvador Allende. De 1959 a 1965 trabajó en la Organización de las Naciones Unidas para la Agricultura y la Alimentación (FAO) en Santiago de Chile y después como periodista y autora en varios medios de comunicación. En 1975 se fue con su familia por motivos políticos de Chile a Venezuela, donde trabajó como maestra y periodista. Su primera novela *La casa de los espíritus* (1982) le dio fama mundial y se adaptó al cine. Hoy vive en Estados Unidos.

Allende, Salvador (1908–1973) → U8
Médico y político chileno. Fue diputado, ministro, senador, presidente del Senado y cuatro veces candidato a la presidencia del país. Llegó a ser elegido presidente en 1969 como candidato de varios partidos de izquierda. Nacionalizó el cobre y otras partes de la economía para empezar una reforma fundamental del país hacia una sociedad igualitaria. El boicot por parte de EE. UU. y otros factores llevaron a Chile a una guerra civil. El 11 de septiembre de 1973 el general Augusto Pinochet tomó el poder en un violento golpe militar. Debido a las circunstancias de la muerte de Salvador Allende no se sabe si realmente se suicidó o fue asesinado.

Aub, Max (1903–1972) → U3
Escritor nacido en Francia, de padres alemanes, que fue naturalizado español y que posteriormente tomó la nacionalidad mexicana. A pesar de su origen solamente escribió en español. Fue además director de teatro, político de izquierdas en España y, en tiempos de la República (1931–39), trabajó en París. Después de la Guerra Civil fue a Francia, pero allí fue arrestado por ser comunista y mandado a un campo de concentración en Argel. Sobrevivió y pudo exiliarse finalmente a México en 1942 donde murió.

Guevara de la Serna, Ernesto Rafael (1928–1967?) → U4
Ernesto Guevara de la Serna nació en 1928 en Argentina. Estudió medicina en Buenos Aires. En 1955, mientras viajaba por diferentes países de América Latina, conoció a Fidel Castro y comenzó a trabajar como médico de la futura expedición del Granma, en la Revolución Cubana. El Granma era una embarcación muy pequeña que transportó 82 revolucionarios cubanos, entre ellos Fidel Castro. Ellos organizaron un frente contra el entonces dictador Fulgencio Batista. En 1957 participó en el primer combate que ganó este grupo de rebeldes en La Plata. El 1° de enero de 1959 derrotaron al gobierno de Batista. Posteriormente participó en movimientos revolucionarios de África y Bolivia, país en el que fue asesinado. Su cuerpo fue enterrado en secreto. En 1997 fueron encontrados sus restos y llevados a Cuba, donde fueron enterrados con honores por el régimen de Fidel Castro.

Kahlo, Frida (1907 – 1954) → U4

Pintora mexicana. En su adolescencia tuvo un accidente de autobús, que le dejó consecuencias para toda su vida. Por esto, el dolor es un tema central en su pintura. Las pinturas de Frida Kahlo reflejan su vida, se basan en el arte folclórico mexicano y son en su mayoría autorretratos y naturalezas muertas *(Stillleben)*. Se casó con el muralista mexicano ↑ Diego Rivera. Frida expuso sus obras una vez en México y dos veces en el extranjero (París y Nueva York). Su pintura *Raíces* es –al menos hasta 2006– la obra latinoamericana más cara del mundo (fue subastada por 5,6 millones de dólares). En el cuadro aparece Frida con muchas raíces, está acostada y con su sangre representa la vida. En la Casa Azul, donde vivió con Diego Rivera, se abrió oficialmente el Museo Frida Kahlo en 1958. Aunque sus obras no se exhiben allí, sino en otros museos de Ciudad de México o de los Estados Unidos.

Malinche (1500 – 1527) → U4

Mujer indígena cuyo nombre en náhuatl era Malintzin, pero conocida como la Malinche o Doña Marina entre los españoles. Como sabía maya, se convirtió en intérprete de Cortés, con quien tuvo un hijo. Muchos mexicanos la consideran una traidora. Su nombre dio origen a la palabra «malinchismo», con la cual los mexicanos se refieren negativamente a la actitud de simpatía o gusto por lo extranjero y rechazo o menosprecio por la propia cultura mexicana.

Martí, José (1853-1895) → U8

Poeta, periodista y político cubano nacido en la Habana. Creó el Partido Revolucionario Cubano (PRC). Por motivos políticos estuvo en la cárcel a los 16 años. Su padre logró sacarlo, pero Martí no pudo quedarse en Cuba y se fue a España. En Zaragoza estudió Derecho y Filosofía. Después regresó a Latinoamérica y trabajó como profesor en una universidad de Guatemala. Allí conoce a María García Granados, hija de un expresidente guatemalteco. Para ella escribe el famosísimo poema «La niña de Guatemala». Después de varios años, consiguió regresar a Cuba. Trabajó ahí como abogado, pero nuevamente tuvo que salir de su país. Esta vez fue a Estados Unidos, desde allí apoyó el movimiento de independencia en Cuba. Durante estos años escribió algunos poemas y novelas y participó como periodista en muchos diarios americanos. Al comenzar la guerra de independencia, Martí se unió al combate. El 19 de mayo de 1895 murió en la guerra. Entre sus obras más importantes están «Ismaelillo» (1882), colección de versos que escribió a su hijo; y «Versos sencillos» (1891).

Menchú Tum, Rigoberta (*1959) → U4

Primera persona indígena y la más joven en ganar un Premio Nobel de la Paz. Nació en Chimel, un lugar en las montañas de Guatemala, en 1959. La miseria que viven los indígenas en esa zona debido a la explotación que sufren, la llevó a buscar otras alternativas para sobrevivir, así fue como a los 19 años comenzó a participar en el Comité de Unidad Campesina (CUC), una organización de campesinos, indígenas y trabajadores que lucha por el respeto a los derechos de los indígenas y lucha para que se acabe la pobreza y la militarización en esa zona. Después de los asesinatos de su padre y un hermano y de la desaparición de su madre y otro hermano por el «Escuadrón de la Muerte» (militares encargados de acabar con los rebeldes), Menchú salió del país y se refugió en México a los 21 años, en Chiapas. Para que se conocieran sus denuncias viajó a Ginebra y expuso sus ideas en la ONU. Posteriormente realizó otros viajes y participó en grupos de trabajo para poblaciones indígenas. Se le han dado más de diez doctorados honoris causa. En 1992 recibió el Premio Nobel de la Paz. Actualmente se dedica a actividades en favor de los derechos humanos.

Pacari, Nina (*1960) → U4

Política ecuatoriana. Nació en Cotacachi-Imbabura en 1960, es licenciada en Ciencias Políticas y Sociales y doctora en Derecho. Participa en la dirección del movimiento indigenista y es miembro del Foro de Pueblos Indígenas de la ONU. Pacari ha sido ministra de Asuntos Exteriores de Ecuador, además de diputada nacional, vicepresidente segunda del Congreso, dirigente de tierras y territorios de la Confederación de Nacionalidades Indígenas y secretaria nacional ejecutiva del Consejo Nacional de Planificación de los pueblos indígenas y negros. Ha publicado diferentes obras que hablan sobre los derechos de los indígenas y las mujeres. Entre sus escritos más importantes se puede mencionar el ensayo *Derechos colectivos y de indígenas en la nueva Constitución Política,* donde hace reflexiones acerca de la actual constitución ecuatoriana.

Pinochet, Augusto (1915 – 2006) → U7

Dictador chileno. Participó en el Golpe de Estado contra ↑ Allende en 1973. Defendió una política de derechas y neoliberal. Subió al poder como Jefe Supremo de la Nación y fue parte del Senado. Tiempo después, en 1990, tomó el poder Patricio Aylwin gracias a un plebiscito. Aunque Pinochet siguió como jefe del Ejército hasta 1998, cuando se volvió senador para toda la vida. Desde que dejó la Presidencia tuvo que enfrentar una serie de casos por abusar de los derechos humanos. El informe Rettig es uno de los casos más importantes que lo acusa.

En él se afirma que durante su gobierno hubo 3.197 víctimas mortales, de éstas 164 personas perdieron la vida por violencia política y 2.115 por violación de los derechos humanos. En 1998 Pinochet viajó a Londres para ser operado, España aprovechó la ocasión a través del juez Garzón para pedir su detención y juzgar a Pinochet. Sin embargo, Pinochet regresó a Chile. En 2001 fue juzgado nuevamente por su relación con la «Caravana de la muerte», la que asesinó a 74 presos políticos. Fue liberado debido a que Pinochet tenía «demencia vascular irreversible». En 2005 fue juzgado otra vez porque se descubrió que tenía cuentas bancarias millonarias en Estados Unidos. Murió en diciembre de 2006 en el Hospital Militar de Santiago. La presidente Michelle Bachelet se negó a rendir honores al dictador por parte del Estado. Se cree que 3.200 personas murieron por la represión del gobierno de Pinochet, cerca de 28.000 fueron torturadas y 300.000 tuvieron que salir del país durante su gobierno por motivos políticos.

Rivera, Diego (1886 – 1957) → U3
Pintor mexicano mundialmente famoso por sus murales y por su relación con la pintora mexicana ↑ Frida Kahlo. Sus trabajos más importantes se encuentran en EE. UU. y México (en el Palacio de Bellas Artes, en el Palacio Nacional y en la Secretaría de Eduación Pública). En la mayoría de sus obras Rivera muestra sus ideas políticas sobre el comunismo y el patriotismo mexicano y además su respeto por el folclore indígena, pasión que lo llevó a abrir un museo en 1963 con una colección de 57 mil piezas de arte indígena, el Anahuacalli («casa en la orilla del agua»).

Romero, Frank (* 1941) → U6
Pintor chicano que nació y creció en los Ángeles. Se hizo famoso como miembro del grupo de artistas chicanos «Los Four». Pinta en murales y otras formas de arte visual la vida urbana de EE. UU. desde el punto de vista de los chicanos. En 1981 organizó la exhibición *The murals of Aztlan*, una de las exhibiciones más importantes del arte chicano.

Santiago, Esmeralda (*1948) → U6
Escritora estadounidense de origen puertorriqueño. Casi todos sus artículos y libros están en inglés. En su autobiografía *When I was Puerto Rican*, traducida por ella misma al español como *Cuando era puertorriqueña* (1994), describe cómo llegó a Nueva York. Estudió drama y danza. Recibió una beca para estudiar en la Universidad de Harvard, donde se graduó con honores (1976). Junto con su marido fundó una compañía dedicada a hacer documentales. Actualmente escribe para periódicos estadounidenses y prepara una novela.

Skármeta, Antonio (*1940) → U7
Escritor de prosa y teatro, guionista cinematográfico. Durante un viaje de estudios por Perú visitó las ruinas de Macchu-Picchu, lo que lo llevó a leer sobre América Latina, en particular se interesó por la obra de ↑ Pablo Neruda. Una vez terminados sus estudios en Chile, realizó un posgrado en Nueva York. Se exilió a Europa durante la dictadura de ↑ Pinochet. A partir de 1975 vivió con su familia en Alemania gracias a becas del DAAD y de la Fundación Friedrich Naumann. Además trabajó desde los años setenta con el director cinematográfico alemán Peter Lilienthal en varios proyectos. Su novela *Ardiente paciencia* se adaptó para el radio, el cine y el teatro. La película *El cartero y (Pablo Neruda)*, basada en la novela, del director americano Michael Radford, lo hicieron mundialmente famoso. Regresó a Alemania como embajador chileno de 2000 a 2003.

Storni, Alfonsina (~1892-1938) → U8
Poeta y escritora argentina. Nació en Suiza. Cuando era niña fue con su familia a Argentina. De joven trabajó como actriz de teatro. A los veinte años se fue a Buenos Aires, y trabajó de cajera. Por esos años conoció a muchos poetas famosos de Latinoamérica como Amado Nervo (México) y Horacio Quiroga (Uruguay). Además fue amiga de las poetas más importantes de la época: Gabriel Mistral (Chile) y Juana de Ibarbourou (Uruguay). Entre sus libros más conocidos está «Languidez» (1920). Posteriormente hace varios viajes a Europa, donde conoce a otras mujeres escritoras. Pocos años después de cumplir cuarenta, le da cáncer y se vuelve muy depresiva. En 1936 su amigo Horacio Quiroga se suicida. En 1938 envia una carta de despedida a su hijo y se suicida en el mar. Esta poeta, una de las más queridas por el público popular hasta ahora, ha inspirado una canción muy conocida en España y Latinoamérica: «Alfonsina y el mar».

Subcomandante Marcos → U4
Líder del Ejército Zapatista de Liberación Nacional en el estado de Chiapas, México. Marcos se nombró representante de los grupos más discriminados de la sociedad mexicana, campesinos e indígenas, para evitar que siguiera habiendo tantas injusticias y para protestar contra la política neoliberal del entonces presidente Carlos Salinas. El 2 de noviembre de 2007 dio una de sus pocas entrevistas y afirmó que el movimiento zapatista había pasado de moda y que su figura había perdido influencia en la izquierda mexicana al haber criticado públicamente en 2006 al candidato presidencial de izquierda Manuel López Obrador. Además comunicó que en los «caracoles», zonas gobernadas por zapatistas, ya no había hambre y se había reducido la mortandad

infantil. Además de dirigir al EZLN ha publicado cuentos y una novela junto con el famoso escritor mexicano de novela policial Paco Ignacio Taibo II, *Muertos incómodos*.

Valdés, Gina (*1973) → U6

Escritora y poeta de origen chicano. Nació en Los Ángeles, California. Es una de las representantes de la cultura chicana más importantes hoy en día. Ha publicado un libro bilingüe, *Comiendo lumbre, Eating Fire*. También tiene un libro de poemas, *Puentes y Fronteras*, escrito en español. En esta obra la autora usa formas poéticas de tradición oral. En *Puentes y Fronteras* la autora habla de temas como las fronteras físicas, las personales, las culturales entre personas de diferentes orígenes.

Venegas, Julieta (*1970) → U6

Cantautora mexicana actual nacida en Tijuana, ganadora de varios premios internacionales como el Premio MTV y el Grammy Latino. Comenzó a cantar en una banda. Después salió del grupo y presentó su primer disco como solista, *Aquí*. Actualmente trabaja como solista y en ocasiones aparece en proyectos con otros músicos tanto nacionales como internacionales. Ha tenido también participaciones en televisión.

Otros

Alighieri, Dante (1265–1321) → U8

Poeta italiano nacido en Florencia. En su obra *Vida nueva* escribió por primera vez sobre su musa Beatriz, por quien sentía un amor platónico, pero ella nunca respondió a su amor. Posteriormente se dedicó a escribir la *Divina Comedia*. Probablemente durante este tiempo murió Beatriz. Dante le hizo un homenaje a Beatriz en esta obra. La *Divina Comedia* es un poema que combina elementos reales con no reales y que representa la lucha de tres mundos: Infierno, Purgatorio y Paraíso. Los personajes de esta obra están tomados de la mitología pagana y de la Biblia. Entre los principales están Dante, Virgilio y Beatriz. En el Paraíso se encuentra Beatriz, quien tiene que guiar a Dante en su viaje. Su personaje representa la virtud, es decir, ella posee los valores que un hombre bueno debería tener.

Sistema escolar español → U2

	Bachillerato título del Bachiller	2º 1º
obligatorio	**ESO** (Enseñanza Secundaria Obligatoria)	4º 3º 2º 1º
obligatorio	**Educación Primaria**	6º 5º 4º 3º 2º 1º
	Educación Infantil	de 3 a 6 años de edad

Se dice: *Estudio cuarto* de E.S.O.

Sistema escolar mexicano → U2

	Preparatoria título de Bachiller	6º 5º 4º
obligatorio y gratuito	**Secundaria**	3º 2º 1º
obligatorio y gratuito	**Primaria**	6º 5º 4º 3º 2º 1º
	Preescolar	de 3 a 5 años de edad

Se dice: *Estudio cuarto* de prepa.

Calificaciones en España y México → U2

	España y México	**Alemania**
sobresaliente	9–10	sehr gut
notable	7–8	gut
bien	6	befriedigend
suficiente	5	ausreichend
insuficiente / suspenso	menos de cinco	mangelhaft ungenügend

Se dice:
He sacado un sobresaliente en mates. (España)
He suspendido inglés. (España)
Saqué diez en mate. (México)
Reprobé inglés. (México)

Vocabulario

Lektionsbegleitendes Vokabular und Signalgrammatik
Das lektionsbegleitende Vokabular enthält den obligatorischen Wortschatz aus allen Lektionen. Fakultativer Wortschatz wird hier nicht aufgeführt, ist aber im Diccionario enthalten. Seine Beherrschung wird für spätere Lektionen nicht vorausgesetzt.
In den gelben Übersichtskästchen wird die neue Grammatik jeder Lektion anhand von Beispielen verdeutlicht. Neben den Überschriften findet sich ein Verweis auf den entsprechenden Paragraphen im Grammatischen Beiheft.

Abkürzungen

adj.	*adjetivo* (= Adjektiv)
adv.	*adverbio* (= Adverb)
col.	*coloquial* (= umgangssprachlich)
etw.	etwas
f.	*femenino* (= feminin)
jdn.	jemanden
jdm.	jemandem
lat.am.	*latinoamericano* (= lateinamerikanisch)
m.	*masculino* (= maskulin)
pl.	*plural* (= Plural)
pron.	*pronombre* (= Pronomen)
sg.	*singular* (= Singular)

≡ Synonym ⇔ Antonym ⇨ Wortfamilie

D Deutsch E Englisch
F Französisch LAT Latein

1 Jóvenes en camino

Primer paso

una expre**s**ión	ein Ausdruck E expre**ss**ion
Tengo que aprenderme estas expresiones.	Ich muss diese Ausdrücke lernen.
la mitad (de)	die Hälfte (von) F la moitié
un tercio / una tercera parte (de)	ein Drittel
Una tercera parte de los entrevistados contestaron que no.	Ein Drittel der Befragten antwortete mit nein.
un cuarto / una cuarta parte (de)	ein Viertel
un quinto / una quinta parte (de)	ein Fünftel
un décimo / una décima parte (de)	ein Zehntel
en general	im Allgemeinen E in general F en général
En general los jóvenes hacen bastante deporte.	Im Allgemeinen treiben Jugendliche ziemlich viel Sport.
aproximadamente	ungefähr E approximately
Aproximadamente la mitad de mis amigos estudia español.	Ungefähr die Hälfte meiner Freunde lernt Spanisch.
más o menos	mehr oder weniger, ungefähr
Más o menos un tercio de la clase estudia francés.	Ungefähr ein Drittel der Klasse lernt Französisch.
menor *(comparativo de pequeño)* ⇔ mayor *(comparativo de grande)*	geringere, -r, -s ⇔ größere, -r, -s
superior *(comparativo de alto)*	höchst, obenliegend, ausgezeichnet
inferior *(comparativo de bajo)*	niedrigst, untenliegend, minderwertig
la cantidad	die Anzahl, die Quantität
La cantidad de jóvenes que no tiene móvil es cada vez menor.	Die Anzahl der Jugendlichen, die kein Handy haben, wird immer geringer.
una cifra	eine Ziffer
Las cifras de la estadística son de este año.	Die Ziffern der Statistik sind von diesem Jahr.
la frecuencia	die Häufigkeit E frequency
Mi hermano practica deporte con mucha frecuencia.	Mein Bruder treibt sehr häufig Sport.
la mayoría ⇨ mayor	die Mehrheit ⇨ größer, -e, -r E majority F la majorité
A la mayoría de mis amigos les gusta escuchar música.	Die meisten meiner Freunde hört gern Musik.
la minoría	die Minderheit E minority F la minorité
Los alumnos extranjeros son una minoría.	Die ausländischen Schüler sind eine Minderheit.

Fracciones §1

- **La mitad** de los entrevistados lee el periódico.
- **Un tercio / la tercera parte** escucha música.
- **Un cuarto / la cuarta parte** de los estudiantes va a clase en autobús.
- Sólo **un décimo / la décima parte** va al teatro con frecuencia.

Recursos

en medio de	mitten in E in the middle of
El pueblo está en medio de las montañas.	Das Dorf liegt mitten in den Bergen.
espectacular El paisaje era espectacular.	spektakulär, großartig Die Landschaft war großartig.
la duración	die Dauer F une durée
La duración del proyecto es de dos semanas.	Die Dauer des Projekts beträgt zwei Wochen.
tratarse de algo	gehen um etw., handeln von etw.
¿De qué se trata?	Worum geht es?
restaurar algo Hemos restaurado la casa de mi abuela.	etw. restaurieren Wir haben das Haus meiner Großmutter restauriert.
abandonado, -a Hemos encontrado un perro abandonado.	verlassen, verwahrlost Wir haben einen verwahrlosten Hund gefunden.
un refugio	eine Berghütte
a fin de que Tenéis que trabajar rápido a fin de que terminemos a tiempo.	damit, so dass Ihr müsst schnell arbeiten, damit wir rechtzeitig fertig werden.

Oraciones subordinadas finales § 2

- Te he llamado **a fin de que** me ayudes.
- Te llevo en coche **para que** llegues a tiempo.

turístico, -a ⇨ el turismo No me gusta ese refugio porque es demasiado turístico.	touristisch ⇨ der Tourismus Diese Berghütte gefällt mir nicht, weil sie sehr touristisch ist.
a pesar de (que) A pesar de que me gusta el deporte, no quiero ir a nadar.	trotz, obwohl Obwohl ich Sport mag, möchte ich nicht schwimmen gehen.
(estar) motivado, -a Carlos está muy motivado por el curso de español.	motiviert (sein) Carlos ist wegen des Spanischkurses sehr motiviert.
máximo, -a (superlativo de grande) El número máximo de horas que podéis trabajar es de ocho.	größte, -r, -s LAT maximus Die höchste Zahl an Stunden, die ihr arbeiten dürft, beträgt acht.
al máximo En ese proyecto hay que trabajar al máximo.	so viel wie möglich In diesem Projekt muss man so viel wie möglich arbeiten.
alojarse Nos hemos alojado en un hotel.	sich einquartieren Wir sind in einem Hotel untergebracht.
un camping ⇨ acampar	ein Campingplatz ⇨ campen
un kilómetro El camping estaba a dos kilómetros de la playa.	ein Kilometer Der Campingplatz lag zwei Kilometer vom Strand entfernt.

Oraciones subordinadas temporales § 2

• <u>Cuando</u> **llego** a casa, me ducho. • Esperé <u>hasta que</u> **llegó** el autobús. • <u>Mientras</u> **preparo** la comida, escucho música. • <u>Siempre que</u> **puede**, va al cine.	• <u>Cuando</u> **llegue** a casa, me ducharé. • Esperaré <u>hasta que</u> **llegue** el autobús. • <u>Mientras</u> no **trabajes**, no tendrás dinero. • Compra las entradas <u>antes de que</u> **se acaben**.

una subida ⇨ subir La subida a la montaña ha sido muy dura.	eine Steigung ⇨ hinaufsteigen Der Aufstieg auf den Berg war sehr anstrengend.
tener en cuenta (que) Tienes que tener en cuenta que puede llover.	beachten, bedenken, (dass) Du musst daran denken, dass es regnen könnte.
una mochila	ein Rucksack
el material	das Material E material
¿De qué material es la mochila?	Aus welchem Material ist der Rucksack?
al día Trabajamos ocho horas al día.	täglich, pro/am Tag Wir arbeiten acht Stunden am Tag.
de modo que ≡ de manera que Tenemos que levantarnos pronto, de modo que podamos llegar a tiempo.	so dass, sodass ≡ so dass, sodass Wir müssen früh aufstehen, sodass wir rechtzeitig ankommen können.
una jornada	ein Tageswerk, eine Tagesreise
La jornada de trabajo empieza a las ocho.	Der Arbeitstag beginnt um acht Uhr.
disponer (-g-) de algo El refugio dispone de agua caliente.	über etw. verfügen Die Berghütte verfügt über warmes Wasser.
no obstante Juan no está muy enfermo, no obstante, se quedará hoy en el hospital.	jedoch, allerdings Juan ist nicht sehr krank, jedoch wird er heute im Krankenhaus bleiben.
una organización ⇨ organizado, -a	eine Organisation ⇨ (gut) organisiert
ofrecer(le) (-zco) algo a alguien Esa organización me ha ofrecido un trabajo.	jdm. etw. anbieten E offer F offrir Diese Organisation hat mir eine Arbeitstelle angeboten.
una actividad	eine Aktivität, eine Betätigung E activity F une activité

deportivo, -a ⇨ el deporte En verano la ciudad organiza actividades deportivas.	sportlich ⇨ der Sport Im Sommer organisiert die Stadt sportliche Aktivitäten.
un carácter	ein Charakter F un caractère
cultural ⇨ una cultura Hay diferencias culturales entre Europa y Latinoamérica.	kulturell ⇨ eine Kultur Zwischen Europa und Lateinamerika gibt es kulturelle Unterschiede.
reco**m**endar(le) (-ie-) algo a alguien Juan me ha recomendado esa película.	jdm. etw. empfehlen E reco**mm**end Juan hat mir diesen Film empfohlen.

Oraciones subordinadas causales § 2

- Ya que **tienes** tiempo, ven conmigo al cine.
- Como **le gusta** la música, le he comprado un cedé.

querido, -a ⇨ querer Querida Carmen: …	liebe, -r ⇨ mögen, lieben Liebe Carmen, …
dar(le) la gana a alguien ≡ tener ganas ¡No me da la gana de trabajar!	Lust haben / bekommen ≡ Lust haben Ich habe keine Lust zu arbeiten!
mínimo, -a *(superlativo de pequeño)* ⇔ máximo Los cambios son mínimos.	minimale, -r, -s, geringste, -r, -s ⇔ größte, -r, -s Die Änderungen sind minimal.
lo más mínimo No me gusta lo más mínimo.	das Geringste Das mag ich überhaupt nicht.
No veas qué … ¡No veas qué problema tengo!	Du kannst dir nicht vorstellen, wie / was für… Du kannst dir nicht vorstellen, was für ein Problem ich habe!
pesado, -a Juan es pesado.	schwer, hier: lästig Juan ist lästig.
una guerra ⇔ la paz	ein Krieg ⇔ der Frieden F la guerre
el estrés Mi padre tiene mucho estrés en su nuevo trabajo.	der Stress Mein Vater hat viel Stress in seiner neuen Arbeit.
el volumen	die Lautstärke
un televisor ⇨ la televisión ¿Puedes bajar el volumen del televisor?	ein Fernseher ⇨ das Fernsehen F un téléviseur Kannst du den Fernseher leiser stellen?
tener(le) a alguien de los nervios ⇨ (estar) nervioso, -a Mi hermano me tiene de los nervios.	jdm. auf die Nerven gehen ⇨ nervös (sein) Mein Bruder geht mir auf die Nerven.
resistir algo No resisto el estrés del trabajo.	etw. aushalten E resist F résister Ich halte den Stress in der Arbeit nicht aus.
aunque *(+ subjuntivo)* Aunque llueva, iremos al parque.	auch wenn Auch wenn es regnet, gehen wir in den Park.

Oraciones subordinadas concesivas § 2

- Aunque / a pesar de que **me gusta** la música, no voy a conciertos.
- Aunque **quiera** ir de viaje, sus padres no lo van a dejar.

un valor ⇨ valer algo	ein Wert ⇨ etw. wert sein LAT valor F **une** valeur
familiar ⇨ una familia Los valores familiares son muy importantes.	familiär, Familien- ⇨ eine Familie Die Familie ist ein sehr wichtiger Wert.
a**s**egurar(le) algo a alguien ⇨ seguro, -a Te aseguro que no iré.	jdm. etw. versichern ⇨ sicher E a**ss**ure F a**ss**urer Ich versichere dir, dass ich nicht gehen werde.
un remedio ¿Conoces algún remedio contra el dolor de cabeza?	eine Abhilfe, ein Heilmittel E remedy LAT remedium F remède Kennst du ein Mittel gegen Kopfschmerzen?
No me queda más remedio. No me queda más remedio que comprar un regalo.	Mir bleibt nichts anderes übrig. Mir bleibt nichts anderes übrig, als ein Geschenk zu kaufen.
menudo, -a *(+ subst.)* ¡Menudo regalo!	was für *(+ Subst.)* Was für ein Geschenk!
así que	so dass, sodass

Oraciones subordinadas consecutivas § 2

- No tengo dinero, **así que** no puedo ayudarte.
- Llegamos tarde, **de modo que** perdimos el tren.

óptimo, -a *(superlativo de bueno)* Los resultados han sido óptimos.	ausgezeichnet, optimal LAT optimus Die Ergebnisse waren ausgezeichnet.
pésimo, -a *(superlativo de malo)* El servicio ha sido pésimo.	miserabel, sehr schlecht LAT pessimus Der Service war miserabel.
un voluntariado Alex quiere hacer un voluntariado en Ecuador.	ein Freiwilligendienst Alex möchte einen Freiwilligendienst in Ecuador absolvieren.
un voluntario, una voluntaria	ein Freiwilliger, eine Freiwillige

Comparativos y superlativos irregulares	§ 3
• Soy el **mejor** en matemáticas. • Mi hermano es **mayor** que yo. • Vive en el piso **inferior**.	• Hemos elegido la **peor** solución. • La cifra de entrevistados es **menor** este año. • Su calidad es **superior**.

Panorama

Mochileros hacia Santiago

un funcionario, una funcionaria	ein Beamter, eine Beamtin
un representante, una representante	ein Vertreter, eine Vertreterin E representative F un répresentant, une répresentante
Un representante de los funcionarios ha hablado en televisión.	Ein Vertreter der Beamten hat im Fernsehen gesprochen.
la naturaleza	die Natur
histórico, -a ⇨ la historia	geschichtlich, historisch ⇨ die Geschichte
Es un lugar con significado histórico.	Das ist ein Ort von historischer Bedeutung.
artístico, -a ⇨ el arte *(f.)*	künstlerisch ⇨ die Kunst E artistic F artistique
Hay cuadros de muchos movimientos artísticos.	Es gibt Gemälde aus vielen künstlerischen Strömungen.
subrayar algo	etw. unterstreichen
Han subrayado que es un proyecto importante.	Sie haben hervorgehoben, dass es ein wichtiges Projekt ist.
un director, una directora ⇨ dirigirse a alguien	ein Direktor, eine Direktorin ⇨ sich an jdn. wenden

El IES Séneca en su segunda etapa

arrancar	losgehen, losfahren
La idea arrancó del director del instituto.	Die Idee ging vom Schuldirektor aus.
fuerte	stark LAT fortis F fort, -e
El calor es hoy muy fuerte.	Die Hitze ist heute sehr stark. / Heute ist es sehr heiß.
un bosque	ein Wald
una iglesia	eine Kirche LAT ecclesia F une église
En mi pueblo hay una iglesia del siglo XVII.	Im meinem Dorf gibt es eine Kirche aus dem 17. Jahrhundert.
reinar (sobre) ⇨ un rey, una reina	regieren, herrschen (über) ⇨ ein König, eine Königin LAT regnare F régner
La paz reina en el grupo.	In der Gruppe herrscht Frieden.
temer algo / a alguien	vor etw. / jdm. fürchten LAT timere
No le tememos al frío.	Wir fürchten uns nicht vor der Kälte.
un saco de dormir	ein Schlafsack
andar	gehen
cansarse	müde werden
Los chicos han andado mucho y se han cansado.	Die Jugendlichen sind weit gelaufen und sind müde geworden.
añadir algo ⇔ quitar algo	etw. hinzufügen ⇔ etw. wegnehmen
esto	dies, das LAT istud
¿Qué es esto?	Was ist das?
ocurrir ≡ pasar	passieren ≡ passieren
¿Qué ha occurrido?	Was ist passiert?
ambos, -as	beide LAT ambo
Ambos libros son interesantes.	Beide Bücher sind interessant.
pelear (con algo / alguien)	(mit etw. / jdm.) kämpfen, streiten
Se ha peleado con Carlos por el saco de dormir.	Er/sie hat mit Carlos um den Schlafsack gestritten.
mantener (-g-) algo	etw. behalten, beibehalten
He mantenido mi opinión.	Ich bin bei meiner Meinung geblieben.
(estar) limpio, -a ⇨ limpiar algo ⇔ sucio, -a	sauber (sein) ⇨ etw. putzen ⇔ schmutzig
El refugio estaba muy limpio.	Die Berghütte war sehr sauber.
(estar) satisfecho, -a ≡ contento, -a	zufrieden (sein) ≡ fröhlich, zufrieden E satisfied LAT satisfactus F satisfait
Estamos muy satisfechos con el viaje.	Wir sind sehr zufrieden mit der Reise.
un comportamiento	ein Verhalten F un comportement
El comportamiento de los chicos ha sido estupendo.	Das Verhalten der Jugendlichen war großartig.

Taller

reservar algo	etw. reservieren
Me gustaría reservar una habitación.	Ich würde gern ein Zimmer reservieren.
individual	Einzel- D individuell
Tenemos habitaciones individuales libres.	Wir haben noch Einzelzimmer frei.
una ducha ⇨ ducharse	eine Dusche ⇨ (sich) duschen
Todas las habitaciones tienen ducha.	Alle Zimmer haben eine Dusche.

una fecha	ein Datum
un servicio	eine Dienstleistung D ein Service
El hotel es caro, pero el servicio es muy bueno.	Das Hotel ist teuer, aber der Service ist sehr gut.
un ascensor	ein Aufzug F un ascenseur
¿Subes por la escalera o en el ascensor?	Fährst du mit dem Aufzug oder nimmst du die Treppe?
la calefacción ⇨ caliente	die Heizung ⇨ heiß
La calefacción no funciona.	Die Heizung funktioniert nicht.
una tarjeta de crédito	eine Kreditkarte
en efectivo	mit Bargeld
¿Paga en efectivo o con tarjeta de crédito?	Bezahlen Sie bar oder mit der Kreditkarte?
indicar algo	etw. angeben E indicate F indiquer
Por favor, indique las fechas de su viaje.	Geben Sie bitte Ihre Reisedaten an.
un dato	eine Angabe
deletrear algo	etw. buchstabieren
¿Puede deletrear su apellido?	Könnten Sie Ihren Nachnamen buchstabieren?
confirmar	bestätigen E confirm LAT confirmare F confirmer
Por favor, confirme los datos.	Bitte bestätigen Sie die Angaben.

2 Ser joven: ¡qué difícil es!

Primer paso

la realidad ⇨ realmente ⇨ realizar algo	die Wirklichkeit ⇨ wirklich *(adv.)* ⇨ etw. durchführen, etw. verwirklichen D die Realität
en realidad	tatsächlich, eigentlich
En realidad, no tengo mucha hambre.	Ich habe eigentlich nicht viel Hunger.
ridículo, -a ⇨ reírse	lächerlich ⇨ lachen F ridicule E ridiculous
Su problema me parece ridículo.	Sein Problem erscheint mir lächerlich.
hacer el ridículo	sich lächerlich machen
Tiene miedo de hacer el ridículo.	Er/sie hat Angst, sich lächerlich zu machen.
el alcoholismo	der Alkoholismus
la drogadicción	die Drogenabhängigkeit
Es una organización contra el alcoholismo y la drogadicción.	Das ist eine Organisation gegen Alkohol- und Drogenabhängigkeit.
una droga	eine Droge
el alcohol	der Alkohol
causar	verursachen, anrichten, bewirken E to cause F causer
el daño	der Schaden, die Schädigung LAT damnum
El accidente ha causado muchos daños.	Der Unfall hat viele Schäden verursacht.
irreparable	irreparabel
Las drogas pueden causar daños irreparables.	Drogen können irreparable Schäden verursachen.
suspender	durchfallen
Ha suspendido matemáticas.	Er/sie ist in Mathematik durchgefallen.
ir(le) a uno algo *(col.)*	jdm. etw. gefallen
No me va estudiar.	Lernen macht mir keinen Spass.
flipante *(col.)*	cool
Su nuevo cedé me parece flipante.	Seine/ihre neue CD finde ich total cool.
hace la tira de tiempo *(col.)*	vor ewig langer Zeit
Nos conocimos hace la tira de tiempo.	Wir haben uns vor ewig langer Zeit kennengelernt.
pasarse de la raya *(col.)*	über die Stränge schlagen
Pedro se ha pasado de la raya.	Pedro hat ganz schön über die Stränge geschlagen.
el consumo	der Konsum, der Verbrauch
Las cifras del consumo de tabaco son altas.	Die Ziffern des Tabakkonsums sind hoch.
conducir (-zco)	fahren F conduire
Conduce un coche rojo.	Er/sie fährt ein rotes Auto.
la responsabilidad	die Verantwortung E responsibility F la responsabilité
La responsabilidad es del que conduce.	Die Verantwortung liegt bei dem, der fährt.
sexo seguro	Safer Sex
Es una campaña a favor del sexo seguro.	Das ist eine Kampagne für Safer Sex.
la comida basura ⇨ comer (algo)	Junk Food ⇨ (etw.) essen
En ese restaurante es todo comida basura.	In diesem Restaurant gibt es nur Junk Food.

Recursos

asustar a alguien	jdn. erschrecken
Me asustan los animales grandes.	Große Tiere erschrecken mich.
lo justo / lo justito	genau richtig viel
Tengo lo justito para estudiar.	Die Zeit reicht mir genau / gerade zum Lernen.

si yo fuera tú	ich an deiner Stelle
Si yo fuera tú, no iría.	Wenn ich du wäre, würde ich nicht gehen.
fuera	wäre
Si fuera posible …	Wenn es möglich wäre …
relajarse	sich entspannen
⇔ ponerse nervioso, -a	⇔ nervös werden
	E to relax
He venido a la playa para relajarme.	Ich bin an den Strand gegangen, um mich zu entspannen.
la grasa	das Fett
	F la graisse
La comida basura tiene muchísima grasa.	Junk Food hat sehr viel Fett.

Condicional simple § 5

- **Me gustaría** que probaras la tortilla.
- **Deberías** estudiar un poco más.
- A Paco le **encantaría** visitar Chile.
- **Podríamos** ir al cine esta tarde.
- ¿**Seríais** tan amables de abrir la puerta?
- A la fiesta ellos **vendrían** seguro.

el colegio	die Schule
la (escuela) primaria	die Grundschule
⇨ primero, -a	⇨ erste, -r, -s
	E primary school
	F école primaire
Mi hermano tiene siete años y estudia primaria.	Mein Bruder ist sieben und geht in die Grundschule.
la (escuela) secundaria	die Sekundarschule (entspricht der Sekundarstufe I / Mittelstufe)
⇨ segundo, -a	⇨ zweite, -r, -s
	E secondary school
Mi madre es profesora de secundaria.	Meine Mutter ist Lehrerin an einer Sekundarschule.
la (escuela) preparatoria	das Gymnasium *(mex., entspricht der Sekundarstufe II / Oberstufe)*
⇨ preparar algo	⇨ etw. vorbereiten
Jaime estudia 5° de preparatoria en México.	Jaime geht in die fünfte Klasse der *preparatoria* in Mexiko.
un puesto (de trabajo)	eine Stelle, ein Arbeitsplatz
⇨ poner	⇨ stellen, legen
	F un poste de travail
Alex tiene un puesto en esa empresa.	Alex hat eine Stelle in dieser Firma.
desubicado, -a	desorientiert
Después del viaje estoy desubicado.	Nach der Reise fühle ich mich desorientiert.
emborracharse	sich betrinken
Bebió tanto alcohol que se emborrachó.	Er/sie trank so viel Alkohol, dass er/sie betrunken wurde.
tener buena pinta	gut aussehen
La comida tiene muy buena pinta.	Das Essen sieht sehr gut aus.
reconocer a alguien	jdn. wiedererkennen
Hace mucho que no te veía, casi no te reconocí.	Ich habe dich schon lange nicht mehr gesehen und dich kaum wiedererkannt.

Condicional compuesto § 6

- **Habría comido** ya, pero no he tenido tiempo.
- En autobús **habrías llegado** a tiempo.
- Ella en mi lugar **habría ido** al cine.
- Ayer, en su casa **habríamos conocido** a su novio.
- ¿Os **habríais tomado** otro refresco?
- Ellos no **habrían comprado** ese regalo.

el sobrepeso	das Übergewicht
⇨ pesado, -a	⇨ schwer
El sobrepeso en los niños es un problema grave.	Das Übergewicht bei Kindern ist ein schwerwiegendes Problem.
la probabilidad	die Wahrscheinlichkeit
	E probability
	F la probabilité
Con este tiempo, hay probabilidad que nieva.	Bei diesem Wetter besteht die Wahrscheinlichkeit, dass es schneit.
la tendencia	die Tendenz, der Trend
dañar	beschädigen, schaden
⇨ un daño	⇨ ein Schaden
oficial	amtlich, offiziell
	E official
	F officiel
Ya es oficial que el Rey visitará la ciudad.	Es ist schon offiziell, dass der König die Stadt besuchen wird.
un empollón, una empollona *(col.)*	ein Streber, eine Streberin
Carlos es el empollón de la clase.	Carlos ist der Streber der Klasse.
pegar a algo / alguien	etw. / jdn. schlagen
¡No pegues a tu hermano!	Du sollst deinen Bruder nicht schlagen!
costar(le) algo a alguien	jdm. etw. schwerfallen
	E to cost
Le ha costado mucho vender el coche.	Es ist ihm sehr schwergefallen, das Auto zu verkaufen.
justificarse	sich rechtfertigen, eine Ausrede geben
	E to justify
	F se justifier
Se tuvo que justificar por llegar tarde.	Er musste sich dafür rechtfertigen, dass er zu spät gekommen war.
calzar	Schuhe anziehen / tragen
Calzo un 38.	Ich habe Schuhgröße 38.
un adolescente, una adolescente	ein Jugendlicher, eine Jugendliche, ein Teenager
	LAT adulescens
	F un adolescent

atractivo, -a	hübsch, attraktiv E attractive
El nuevo vecino es un adolescente atractivo.	Der neue Nachbar ist ein hübscher Teenager.
(estar) embarazada	schwanger (sein)
La vecina está embarazada.	Die Nachbarin ist schwanger.
un banquero	ein Bankier
Su padre conoce a banqueros importantes.	Sein Vater kennt wichtige Bankiers.
resolver (-ue-) algo	etw. lösen (*hier:* entscheiden) E to solve
Tenemos que resolver el problema.	Wir müssen das Problem lösen.

Pronombres de relativo § 7

- Es la asignatura **que** más me gusta.
- Es el autobús **en el que** voy a clase.
- Tu amiga, **la que** se sentó a tu lado, es muy simpática.
- **Los que** comieron tortilla están enfermos.
- Este problema, **el cual** ha causado ya muchos daños, hay que solucionarlo.
- Había dormido mucho, **lo cual** era necesario.
- Conozco a una chica **cuyos** primos viven en México.

Panorama

Verano en suspenso

empollar *(col.)* ⇨ un empollón, una empollona	büffeln ⇨ ein Streber, eine Streberin
Tengo un examen mañana y tengo que empollar.	Morgen habe ich eine Prüfung und muss büffeln.
la prioridad	die Priorität, der Vorrang
Ahora mi prioridad son los exámenes.	Meine Prioritäten liegen jetzt auf den Prüfungen.
el tutor, la tutora	der Grundschullehrer, die Grundschullehrerin
Mi tutor dice que tengo problemas en matemáticas.	Mein Lehrer sagt, dass ich Probleme in Mathematik habe.
admitir algo	etw. zugeben E to admit F admettre LAT admittere
Alfredo admitió que no había estudiado.	Alfredo gab zu, dass er nicht gelernt hatte.
una obligación ⇨ obligar a alguien a hacer algo	eine Pflicht ⇨ jdn. verpflichten, etw. zu tun E obligation F une obligation LAT obligatio
Tienes la obligación de estudiar.	Es ist deine Pflicht zu lernen.
organizar algo ⇨ una organización	etw. organisieren ⇨ eine Organisation E to organise / organize F organiser
Estamos organizando una fiesta.	Wir organisieren gerade eine Party.
controlar algo	etw. nachprüfen, etw. kontrollieren
Tengo que controlar si los deberes están bien.	Ich muss nachprüfen, ob die Hausaufgaben in Ordnung sind.
un sótano	ein Keller
Martha estudia siempre en el sótano.	Martha lernt immer im Keller.
entrenar algo	etw. trainieren
Entrena fútbol todos los miércoles.	Er/sie trainiert jeden Mittwoch Fußball.
una técnica	eine Technik
Estudiar todos los días un poco es una buena técnica.	Jeden Tag ein bisschen zu lernen, ist eine gute Technik.
comentar algo	etw. erwähnen, etw. erzählen E to comment F commenter
El profesor nos comentó que nos íbamos de excursión.	Der Lehrer hat erwähnt, dass wir einen Ausflug machen werden.
convertirse (-ie-) en	etw. werden, sich in etw. verwandeln
Lucas se ha convertido en un joven muy atractivo.	Lucas ist ein sehr attraktiver junger Mann geworden.
al menos	zumindest, wenigstens, mindestens
Tiene al menos catorce años.	Er/sie ist mindestens 14 Jahre alt.
redondo, -a	rund
La tierra es redonda.	Die Erde ist rund.
alcanzar algo	etw. erreichen
Hemos alcanzado la meta.	Wir haben das Ziel erreicht.
una vista ⇨ ver algo	ein Blick ⇨ etw. sehen E view F une vue
Desde la terraza hay una vista estupenda.	Von der Terasse aus hat man einen wunderschönen Blick.
repasar algo	etw. wiederholen
Tengo que repasar el vocabulario.	Ich muss die Vokablen wiederholen.
reconocer (-zco) algo ⇨ conocer algo / a alguien	etw. zugeben, etw. anerkennen ⇨ etw. / jdn. kennen E to recognise F reconnaître
Reconoció sus problemas con el alcohol.	Er/sie gab seine Alkoholprobleme zu.

El fracaso escolar

adquirir (-ie) algo	etw. erwerben E to acquire
Tienes que adquirir nuevos hábitos para estudiar.	Du musst neue Lerngewohnheiten erwerben.
un hábito ≡ una costumbre	eine Gewohnheit ≡ eine Gewohnheit, ein Brauch, E habit LAT habitudo F une habitude

dedicar(le) algo a alguien — jdm. etw. widmen
E to dedicate LAT dedicare
Le ha dedicado el libro a sus padres. — Er hat das Buch seinen Eltern gewidmet.

obtener (-g-) algo — etw. bekommen
⇨ tener algo — ⇨ etw. haben
E to obtain F obtenir
LAT obtinere
Hemos obtenido buenos resultados. — Wir haben gute Ergebnisse erhalten / erzielt.

una meta — ein Ziel

un consejo — ein Ratschlag
LAT consilium F un conseil
¿Puedes darme un consejo? — Kannst du mir einen Rat geben?

El botellón

un reino — ein Königreich
⇨ un rey, una reina — ⇨ ein König, eine Königin
⇨ reinar — ⇨ regieren

la juventud — die Jugend
⇨ joven — ⇨ jung
LAT iuventus

recorrer algo — etw. durchlaufen
⇨ correr — ⇨ rennen, laufen
Hemos recorrido un largo camino. — Wir haben einen langen Weg durchlaufen.

curioso, -a — erstaunlich, merkwürdig
E curious
El libro cuenta una historia muy curiosa. — Das Buch erzählt eine sehr merkwürdige Geschichte.

un motivo — ein Anlass, ein Grund
⇨ motivado, -a — ⇨ motiviert
F un motif
No tienes motivo para quejarte. — Du hast keinen Grund, dich zu beschweren.

con motivo de — wegen
Andrés hizo una fiesta con motivo de su cumpleaños. — Andrés hat eine Party wegen seinem Geburtstag veranstaltet.

celebrar algo — etw. feiern
E to celebrate
LAT celebrare
F célébrer
Hemos celebrado mi cumpleaños. — Wir haben meinen Geburtstag gefeiert.

una mezcla — eine Mischung
En el colegio hay una mezcla muy internacional. — In der Schule gibt es eine sehr internationale Mischung (von Schülern).

una sociedad — eine Gesellschaft
⇨ social — ⇨ gesellschaftlich
E society LAT societas
F une société

la conciencia — die Bewusstheit, das Gewissen
E conscience
LAT conscientia
F conscience
Tengo la conciencia tranquila. — Ich habe ein ruhiges Gewissen.

Taller

una formación — eine Ausbildung
F une formation
¿Qué formación tienes? — Welche Ausbildung hast du?

una empresa — ein Unternehmen, eine Firma
Trabaja en una empresa. — Er/sie arbeitet in einem Unternehmen.

comprobar (-ue-) algo — etw. überprüfen, beweisen
En la empresa comprueban si hablas bien inglés. — In der Firma überprüfen sie, ob du gut Englisch sprichst.
Tienes que comprobar que sabes inglés. — Du musst nachweisen, dass du Englisch kannst.

un candidato, una candidata — ein Bewerber, eine Bewerberin
D ein Kandidat, eine Kandidatin
Hay tres candidatos para el puesto de trabajo. — Es gibt drei Bewerber für die Arbeitsstelle.

útil — nützlich
⇨ utilizar algo — ⇨ etw. benutzen
LAT utilis F utile
Es un programa muy útil. — Das ist ein nützliches Programm.

una firma — eine Unterschrift
En la carta falta sólo tu firma. — In dem Brief fehlt nur noch deine Unterschrift.

3 Los muros de la gran ciudad

Primer paso

un muro — eine Mauer

un mural — das Wandgemälde
E mural
Me encantan los murales de Rivera. — Die Wandgemälde von Rivera faszinieren mich.

un marido — ein Ehemann
F un mari
Diego era el marido de Frida. — Diego war Fridas Mann.

reflejar algo — etw. widerspiegeln
E to reflect F refléter
El cuadro refleja los problemas del pintor. — Das Gemälde spiegelt die Probleme des Malers wider.

el gobierno — die Regierung
E government
F le gouvernement
Acaban de elegir un nuevo gobierno. — Sie haben gerade eine neue Regierung gewählt.

un espíritu — ein Geist
E spirit LAT spiritus
F un esprit
Tiene espíritu de aventura. — Er/sie hat Abenteuergeist.

la democracia	die Demokratie
la justicia	die Gerechtigkeit

Recursos

gratuito, -a El concierto es gratuito.	kostenlos, gratis Das Konzert ist kostenlos.
un estadio Han construido un nuevo estadio de fútbol.	ein Stadion Sie haben ein neues Fußballstadion gebaut.
un centenar ⇨ cien	ein Hundert ⇨ hundert F une centaine
aprovechar algo Hay que aprovechar la ocasión.	etw. nutzen Man muss die Gelegenheit nutzen.
una ocasión	eine Gelegenheit E occasion LAT occasio F une occasion
entrevistar a alguien ⇨ una entrevista Un periodista ha entrevistado a nuestro profesor.	jdn. interviewen ⇨ ein Interview Ein Journalist hat unseren Lehrer interviewt.
cotidiano, -a Aprendo palabras de la vida cotidiana.	alltäglich LAT quotidie F quotidien Ich lerne Wörter aus dem Alltag.
un entrevistador, una entrevistadora	ein Interviewer, eine Interviewerin
una ventaja	ein Vorteil E advantage F **un** avantage
una desventaja Es un coche con muchas ventajas y ninguna desventaja.	ein Nachteil E disadvantage F **un** désavantage Das ist ein Auto mit vielen Vorteilen und keinem Nachteil.
un acontecimiento	ein Ereignis
sin embargo ≡ no obstante Yo tampoco tengo ganas, sin embargo, voy a ir.	aber, dennoch ≡ jedoch, allerdings Ich habe auch keine Lust, aber ich werde dennoch hingehen.

El pretérito imperfecto de subjuntivo (1): tras el condicional §§ 8, 9

- Él querría que yo **viajara / viajase** en tren.
- Me gustaría que **vinieras / vinieses** a la fiesta.
- Le importaría que su hermano **viviera / viviese** con ellos.
- Me gustaría que **fuéramos / fuésemos** al cine.
- Desearía que **pudierais / pudieseis** ayudarme.
- Desearía que no **llegaran / llegasen** siempre tarde.

urbano, -a	städtisch E urban LAT urbanus F urbain
el tráfico El tráfico urbano es el mayor problema.	der Verkehr E traffic Der Stadtverkehr ist das größte Problem.
referirse (-ie-) a algo ¿A qué te refieres?	sich auf etw. beziehen E to refer F se référer Worauf beziehst du dich? / Was meinst du eigentlich?
la contaminación La contaminación ha aumentado mucho.	die Umweltverschmutzung Die Umweltverschmutzung hat sehr zugenommen.
la emisión	die Emission (von Abgasen)
circular En Inglaterra los coches circulan por la izquierda.	sich bewegen, zirkulieren E to circulate F circuler In England fahren die Autos links.
un gas Tenemos que reducir la emisión de gases.	ein Gas Wir müssen die Gasemissionen reduzieren.
tener gracia ⇨ gracioso, -a El chiste no tiene gracia.	lustig sein ⇨ lustig Der Witz ist nicht lustig.
arriba Es el vecino de arriba.	oben Das ist der Nachbar von oben.
un factor Es un factor de riesgo.	ein Faktor Das ist ein Risikofaktor.
juntarse ⇨ junto, -a Se juntaron muchos factores. Nos hemos juntado con los amigos.	zusammentreffen ⇨ zusammen Viele Faktoren trafen zusammen. Wir haben uns mit unseren Freunden getroffen.
una consecuencia ¿Qué consecuencias va a tener?	eine Folge E consequence F une conséquence Welche Folgen wird das haben?
una vivienda ⇨ vivir En algunas ciudades no hay suficientes viviendas.	eine Wohnstätte ⇨ leben, wohnen In manchen Städten gibt es nicht genug Wohnungen.
la renta *(méx.)*	die Miete
realista ⇨ la realidad ⇨ realizar algo Hay que buscar soluciones realistas.	realistisch ⇨ die Wirklichkeit ⇨ etw. verwirklichen Man muss realistische Lösungen suchen.

Subordinadas condicionales irreales §§ 10, 11

- Si **viviéramos** cerca del instituto, no **tendría** que levantarme tan pronto.
- Si no **tomaras** tanto café, **dormirías** mejor.
- Si **hubieras desayunado** más, ahora no **tendrías** hambre.
- Si te **hubieras levantado** a tiempo, no **habrías llegado** tarde.

apenas	kaum [F] à peine
Sonia apenas sale los fines de semana.	Sonia geht am Wochenende kaum raus.
establecerse (-zco)	sich niederlassen [E] to establish [F] s'établir
Sergio se ha establecido en México.	Sergio hat sich in Mexiko niedergelassen.
un papeleo ⇨ el papel	ein Papierkram ⇨ das Papier
Necesito hacer mucho papeleo.	Ich muss viel Papierkram erledigen.
un contrato	ein Vertrag [E] contract [F] un contrat
Trabaja sin contrato.	Er/sie arbeitet ohne Vertrag.
una docena (de) ⇨ doce	ein Dutzend ⇨ zwölf
una decena (de) ⇨ diez ⇨ décimo, -a	zehn ⇨ zehn ⇨ zehntens [LAT] decimus
un millar ⇨ mil	ein Tausend ⇨ tausend [LAT] mille

Números colectivos § 12

- **Una decena de** amigos.
- **Una docena de** huevos.
- **Un centenar de** cartas.
- Más de **un millar de** participantes.
- Varios **millones de** habitantes.

reducir (-zco) algo ⇔ aumentar algo	etw. verringern [D] reduzieren [E] to reduce [F] réduire ⇔ etw. erhöhen
Hay que reducir la basura.	Man muss Abfall vermeiden.
reusar algo ⇨ usar algo	etw. wiederverwenden ⇨ etw. benutzen [E] reuse
Siempre que puedo reúso las bolsas del supermercado.	Immer wenn ich kann, verwende ich die Supermarkttüten wieder..
reciclar algo	etw. wiederverwerten [E] to recycle
Es importante reciclar el vidrio.	Es ist wichtig, Glas zu recyclen.
juntar algo ⇨ juntarse	etw. sammeln, etw. zusammentragen ⇨ zusammentreffen
el reciclaje	die Wiederverwertung
el vidrio	das Glas [F] le verre
un contenedor	ein Container
Ese contenedor es sólo para vidrio verde.	Dieser Container ist nur für Grünglas.
una lata	eine Dose
¿Has juntado las latas?	Hast du die Dosen gesammelt?
ahorrar algo	etw. sparen
Ahorré dos mil euros.	Ich habe zweitausend Euro gespart.
separar algo ⇔ juntar algo	etw. trennen ⇔ etw. zusammentragen [E] separate [LAT] separare [F] séparer
Es muy importante separar la basura.	Es ist wichtig, den Müll zu trennen.
orgánico, -a	organisch
la basura orgánica	der Biomüll
un centímetro	ein Centimeter
un metro	ein Meter
un metro cuadrado	ein Quadratmeter
Vive en una casa de 200 metros cuadrados.	Er/sie lebt in einem 200 m² großen Haus.
una tonelada	eine Tonne
Producen muchas toneladas de basura al año.	Sie produzieren viele Tonnen Abfall im Jahr.
un litro	ein Liter
Compra una botella de dos litros.	Er/sie kauft eine Zweiliterflasche.
una ficha	eine Karte
técnico, -a ⇨ la técnica	technisch ⇨ die Technik
El tren llegó tarde por problemas técnicos.	Der Zug kam zu spät wegen technischer Probleme.
una oficina	ein Büro [E] office
Trabajo en esa oficina.	Ich arbeite in diesem Büro.
una altura ⇨ alto, -a	eine Höhe ⇨ hoch [LAT] altitudo
El refugio está a 2000 metros de altura.	Die Berghütte befindet sich auf 2000 Meter Höhe.
total	insgesamt
Son 150 Euros en total.	Das macht insgesamt 150 Euro.
un peso ⇨ pesado, -a ⇨ el sobrepeso	ein Gewicht ⇨ schwer ⇨ das Übergewicht
una lámpara	eine Lampe

Panorama

La Ciudad de México única en su tipo

una circulación ⇨ circular	ein Kreislauf, eine Zirkulation ⇨ sich bewegen, zirkulieren
natural ⇨ la naturaleza	natürlich ⇨ die Natur
producir (-zco) algo ⇨ un producto	etw. herstellen, etw. produzieren ⇨ ein Produkt
Esa fábrica produce papel.	Diese Fabrik stellt Papier her.
contaminante ⇨ la contaminación	umweltschädlich ⇨ die Umweltverschmutzung

proveniente de Es una familia proveniente de México.	stammend aus Das ist eine aus Mexiko stammende Familie.
una atmósfera La atmósfera está llena de gases contaminantes.	eine Atmosphäre Die Atmosphäre ist voller umweltschädlicher Abgase.
un filtro ¿Has comprado filtros de café?	ein Filter Hast du Kaffeefilter gekauft?
dar lugar a algo La contaminación dará lugar a otros problemas.	etw. auslösen Die Umweltverschmutzung wird weitere Probleme auslösen.
el ozono	das Ozon
responsable ⇨ la responsabilidad ¿Quién es responsable de este tema?	verantwortlich ⇨ die Verantwortung [E] responsible [F] responsable Wer ist für dieses Thema verantwortlich?

¿Y qué piensan los mexicanos?

un **por**centaje ⇨ por ciento	ein **Pro**zentsatz ⇨ Prozent [E] **per**centage [F] un **pour**centage
acusar a alguien de algo Lo han acusado de robo.	jdn. anklagen, jdn. beschuldigen [E] to accuse [LAT] accusare [F] accuser Sie haben ihn des Raubes angeklagt.
una fuente	eine Quelle [E] fountain [LAT] fons [F] une fontaine

Rebelión mazahua

una comunidad	eine Gemeinschaft [D] eine Kommune [E] community [F] una communauté [LAT] communitas
contar (-ue-) con La comunidad cuenta con una fuente de agua limpia.	über etw. verfügen Die Gemeinde verfügt über eine Quelle mit sauberem Wasser.
una autoridad ⇨ un autor, una autora	eine Autorität ⇨ ein Autor, eine Autorin
engañar a alguien	jdn. betrügen
un arma *(f.)*	eine Waffe [E] arms [F] une arme [LAT] arma
principal	Haupt-
lograr algo Hemos logrado encontrar la solución.	etw. erreichen, etw. schaffen Wir haben es geschafft, die Lösung zu finden.
una negociación La negociación ha sido dura.	eine Verhandlung Die Verhandlung war hart.

El Santuario de la Mariposa Monarca

levantar algo El libro se ha caído. Levántalo, por favor.	etw. aufheben [LAT] levare Das Buch ist hinuntergefallen. Heb es bitte auf.
un monte ⇨ una montaña Vamos de excursión al monte.	ein Berg ⇨ ein Gebirge [LAT] mons [F] un mont Wir machen einen Ausflug auf den Berg.
el oeste ⇔ el este	der Westen ⇔ der Osten [F] l'ouest
un conductor, una conductora ⇨ conducir (algo) Soy una buena conductora.	ein Fahrer, eine Fahrerin ⇨ (etw.) fahren Ich bin eine gute Fahrerin.
el silencio ⇔ el ruido	die Stille, das Schweigen ⇔ der Lärm [E] le silence [LAT] silentium
un pino Los pinos son mis árboles favoritos.	eine Kiefer, eine Pinie Pinien sind meine Lieblingsbäume.
un sentimiento ⇨ sentir algo	ein Gefühl ⇨ etw. fühlen [F] un sentiment
moverse (-ue-) El pájaro parece muerto. No se mueve.	sich bewegen [E] to move [LAT] movere Der Vogel scheint tot zu sein. Er bewegt sich nicht.
lento, -a ⇔ rápido ⇔ veloz	langsam ⇔ schnell ⇔ schnell, flink [F] lent, -e [LAT] lentus
una corriente ⇨ correr	ein Strom ⇨ rennen, laufen
pesar ⇨ el peso ⇨ pesado, -a ¿Cuánto pesas?	wiegen, schwer sein ⇨ das Gewicht ⇨ schwer Wie viel wiegst du?
cubrir algo ⇔ descubrir algo	etw. abdecken ⇔ etw. entdecken, etw. aufdecken [E] to **cov**er [F] **couv**rir

Taller

en primer plano En la foto ves en primer plano a su madre.	im Vordergrund Auf dem Foto siehst du im Vordergrund seine/ihre Mutter.
al fondo Al fondo ves un paisaje precioso.	im Hintergrund Im Hintergrund siehst du eine schöne Landschaft.
una opinión Queremos conocer su opinión.	eine Meinung [E] opinion [LAT] opinio [F] une opinion Wir wollen Ihre Meinung erfahren.

una queja ⇨ quejarse de algo Ha habido muchas quejas contra …	eine Klage, eine Beschwerde ⇨ sich über etw. beschweren Es gab viele Beschwerden gegen …
apoyar algo Mucha gente apoya al nuevo gobierno.	etw. unterstützen F appuyer Viele Leute unterstützen die neue Regierung.
siguiente ⇨ seguir Llegó al día siguiente.	nächste, -r, -s ⇨ folgen Er/sie kam am nächsten Tag.
internacional Es un pintor de fama internacional.	international Er ist ein Maler von internationalem Ruf.
un estilo ¿Qué estilo de pintura prefieres?	ein Stil Welchen Malstil bevorzugst du?
la letra	die Schrift (Handschrift)
un chiste No es un buen chiste.	ein Witz Das ist kein guter Witz.

4 Culturas antiguas y sus herederos

Primer paso

la fundación La fundación de Roma fue en el 753 a. C.	die Gründung E foundation F fondation Die Gründung Roms fand 753 v. Chr. statt.
una invasión La invasión de los árabes fue en el 711 d. C.	eine Invasion Die Invasion der Araber fand 711 n. Chr. statt.
un nacimiento ⇨ nacer El 25 de diciembre celebramos el nacimiento de Cristo.	eine Geburt ⇨ geboren werden F une naissance Am 25. Dezember feiern wir Christi Geburt.
a. C. (antes de Cristo)	v. Chr. (vor Christus)
d. C. (después de Cristo)	n. Chr. (nach Christus)
la independencia ⇨ independiente Cuba consiguió la independencia en 1898.	die Unabhängigkeit ⇨ unabhängig E independence F l'indépendence *(f.)* LAT independentia Kuba erlangte 1898 seine Unabhängigkeit.
una revolución Che Guevara participó en la Revolución Cubana.	eine Revolution Che Guevara war an der Kubanischen Revolution beteiligt.
la I Guerra Mundial La I (primera) Guerra Mundial terminó en 1918.	der Erste Weltkrieg Der Erste Weltkrieg endete 1918.
azteca Hemos estudiado el calendario azteca.	aztekisch Wir haben den aztekischen Kalender durchgenommen.

Recursos

fundar algo ⇨ la fundación Los aztecas fundaron Tenochtitlan en 1325.	etw. gründen ⇨ die Gründung E to found F fonder Die Azteken gründeten Tenochtitlan 1325.
el poder Los aztecas tenían mucho poder en la región.	die Macht E power Die Azteken besaßen viel Macht in der Region.
gobernar (-ie-) algo ⇨ el gobierno	etw. regieren ⇨ die Regierung E to govern F gouverner
un emperador, una emperatriz Julio César fue un gran emperador.	ein Kaiser, eine Kaiserin E emperor / imperator LAT imperator F un empereur, une impératrice Julies Cäsar war ein großer Kaiser.
el náhuatl	das Náhuatl *(Sprache)*
un conquistador, una conquistadora ⇨ una conquista Cortés es uno de los conquistadores más famosos.	ein Eroberer, eine Erobererin D Konquistador ⇨ eine Eroberung Cortés ist einer der berühmtesten Eroberer.
conquistar algo Cortés conquistó Tabasco en 1519.	etw. erobern E conquer F conquérir Cortés eroberte Tabasco 1519.
constituir algo El cambio de gobierno constituyó un problema.	etw. bilden E constitute LAT constituere F constituer Der Regierungswechsel stellte ein Problem dar.

El pretérito imperfecto de subjuntivo (2): tras verbos que rigen subjuntivo **§ 13**

- Quería que **fuera** con él.
- No le parecía bien que **saliéramos** juntos.
- Me gustaba mucho que **comiéramos** todos juntos los domingos.
- No sabía que te **gustaran** tanto los animales.
- Yo no dije que el viaje **fuera** corto.

una figura	eine Figur
una leyenda	eine Legende
presentar algo / a alguien como algo Muchas pinturas presentan a Zapata como a un héroe.	etw. / jdn. als etw. darstellen Viele Gemälde stellen Zapata als Helden dar.
un traidor, una traidora	ein Verräter, eine Verräterin E traitor F un traître

la inteligencia ⇨ inteligente	die Intelligenz ⇨ intelligent
un intérprete, una intérprete	ein Dolmetscher, eine Dolmetscherin
un traductor, una traductora ⇨ traducir algo	ein Übersetzer, eine Übersetzerin ⇨ etw. übersetzen F traducteur
un mensajero, una mensajera ⇨ un mensaje	ein Bote, eine Botin ⇨ eine Botschaft E messenger
Rigoberta Menchú es mensajera de la Paz.	Rigoberta Menchú ist eine Botschafterin des Friedens.
un dios, una diosa	ein Gott, eine Göttin
una marcha	ein Marsch
un prisionero, una prisionera	ein Gefangener, eine Gefangene E prisoner F prisonnier
debido a	wegen
Murió debido a la enfermedad.	Er starb wegen der Krankheit.
un abuso ⇨ usar algo	ein Missbrauch ⇨ etw. benutzen E abuse F un abus
rebelarse (contra algo)	(gegen etw.) rebellieren
Los aztecas se rebelaron contra los abusos.	Die Azteken rebellierten gegen den Missbrauch.
asesinar a alguien.	jdn. ermordern E assassinate F assassiner
Los aztecas asesinaron a Moctezuma.	Die Azteken brachten Moctezuma um.
propio, -a	*hier:* selbst
Los propios trabajadores defendieron la empresa.	Die Arbeiter haben die Firma selbst verteidigt.
defender (-ie-) algo	etw. verteidigen E To defend LAT defendere F défendre
Los revolucionarios defienden los derechos civiles.	Die Revolutionäre verteidigen die Bürgerrechte.
considerar algo / a alguien	etw. / jdn. halten für E to consider LAT considerare F considérer
No voy al viaje; lo considero muy caro.	Ich gehe nicht auf die Reise; ich halte sie für zu teuer.
una defensa ⇨ defender algo	eine Verteidigung ⇨ etw. verteidigen E defence F une défense
Está hablando en defensa de los derechos de los niños.	Er/sie verteidigt die Rechte der Kinder in seiner Rede.
civil	bürgerlich, zivil
un movimiento ⇨ moverse	eine Bewegung ⇨ sich bewegen E movement F un mouvement

El pretérito imperfecto de subjuntivo (3): tras conjunciones, adverbios y en frases de relativo **§ 14**

- Los revolucionarios luchaban para que los indígenas **recuperaran** sus tierras.
- Nos fuimos antes de que él **llegara**.
- Salimos de casa sin que él lo **supiera**.
- Compramos su regalo nosotros a fin de que él no se **diera** cuenta.
- Buscaba a alguien que **conociera** a su hermano.
- Querían un líder que no **fuera** violento.
- Les gustaría ir a un lugar en donde **estuvieran** solos.
- Él no estaba de acuerdo, pero quizá **fuera** la mejor solución.

una dictadura	eine Diktatur
El movimiento quiere acabar con la dictadura.	Die Bewegung möchte der Diktatur ein Ende bereiten.
un revolucionario, una revolucionaria ⇨ una revolución	ein Revolutionär, eine Revolutionärin ⇨ eine Revolution
un objetivo ≡ una meta	ein Ziel ≡ ein Ziel E objective F un objectif
construir algo	etw. aufbauen E to construct F construire
Su objetivo es construir un sistema democrático.	Sein Ziel ist es, eine demokratische Regierung aufzubauen.
un sistema	ein System
democrático, -a ⇨ la democracia	demokratisch ⇨ die Demokratie
Este sistema de gobierno es democrático.	Dieses Regierungssystem ist demokratisch.
un líder, una líder	ein Anführer, eine Anführerin E leader
Marcos es el líder del EZLN.	Marcos ist der Anführer des EZLN.
educar a alguien ⇨ la educación ⇨ educativo, -a	jdn. erziehen ⇨ die Erziehung ⇨ Bildungs- E educate LAT educare F éduquer
En esa escuela educan muy bien a los niños.	In dieser Schule werden die Kinder sehr gut erzogen.
una injusticia ⇨ justificarse	eine Ungerechtigkeit ⇨ sich rechtfertigen E injustice F une injustice
la desigualdad	die Ungleichheit
recuperar algo ⇔ perder algo	etw. zurückbekommen ⇔ etw. verlieren LAT recuperare F récuperer
Los indígenas quieren recuperar sus tierras.	Die Indios wollen ihre Ländereinen zurückbekommen.

a diferencia de ⇨ diferente A diferencia de otras culturas, los aztecas tenían una escritura.	im Unterschied zu ⇨ unterschiedlich Im Unterschied zu anderen Kulturen hatten die Azteken eine Schrift.
exigir algo Los indígenas exigen sus derechos.	etw. fordern F exiger Die Indios fordern ihre Rechte.
respetar algo / a alguien Por favor, respeten las reglas del Parque Nacional.	etw. einhalten, etw. respektieren Bitte halten sie sich an die Regeln des Nationalparks.
un derecho	ein Recht F droit
una ley	ein Gesetz
la igualdad ⇔ la desigualdad	die Gleichheit, die Gleichberechtigung ⇔ die Ungleichheit LAT aequalitas F l'égalité *(f.)*
una lucha la lucha por la igualdad	ein Kampf F une lutte der Kampf für Gleichberechtigung
un héroe, una heroína	ein Held, eine Heldin
una pintura ⇨ un pintor, una pintora Me encantan las pinturas de Frida Kahlo.	ein Gemälde ⇨ ein Maler, eine Malerin F une peinture Frida Kahlos Gemälde gefallen mir wirklich sehr.
popular ⇨ un pueblo ⇨ una población	Volks- ⇨ ein Dorf ⇨ eine Bevölkerung E popular
una ideología	eine Ideologie

La pasiva	**§ 15**
• El imperio azteca **era gobernado** por los emperadores. • Zapata **fue elegido** jefe de los revolucionarios. • La Malinche **fue considerada** una traidora.	• El período de 1910 hasta 1917 **es conocido** generalmente como „Revolución Mexicana". • Frida Kahlo **es considerada** como una de las mejores pintoras de su época.

rescatar algo Han rescatado a los prisioneros.	etw. retten Die Gefangenen wurden gerettet.
posterior	spätere, -r, -s LAT posterus
particularmente Este libro me gusta particularmente.	insbesondere E particularly F particulièrement Dieses Buch gefällt mir insbesondere.
basarse en algo El libro se basa en una historia real.	sich auf etw. stützen Das Buch stützt sich auf eine wahre Begebenheit.
una escritura ⇨ escribir No entiendo esa escritura.	eine Schrift ⇨ schreiben F une écriture Ich verstehe diese Schrift nicht.
comparar algo con algo Hemos comparado la historia de México con la de Europa.	etw. mit etw. vergleichen E compare LAT comparare F comparer Wir haben die Geschichte Mexikos und Europas verglichen.
traducir (-zco) algo Hemos traducido el texto.	etw. übersetzen LAT traducere F traduire Wir haben den Text übersetzt.

La pasiva refleja	**§ 16**
• En las leyendas **se dice** que la Malinche y Cortés tuvieron un hijo.	• Los emperadores **se consideraban** dioses.

Panorama

Entrevista al Subcomandante Marcos

una raíz (*pl.* raíces) Los indígenas defienden sus raíces culturales.	eine Wurzel LAT radix F une racine Die Indios verteidigen ihre kulturellen Wurzeln.
un guerrillero, una guerrillera ⇨ una guerra El Che es una leyenda para los guerrilleros.	ein Guerrillakämpfer, eine Guerrillakämpferin ⇨ ein Krieg Der Che ist eine Legende für die Guerillakämpfer.
un pensamiento ⇨ pensar en algo	ein Gedanke ⇨ an etw. denken
una comparación ⇨ comparar algo	ein Vergleich ⇨ etw. vergleichen E comparison F comparaison
injusto, -a ⇨ una injusticia	ungerecht, unrecht ⇨ eine Ungerechtigkeit
por supuesto ⇨ suponer algo –¿Quieres venir? –Por supuesto.	selbstverständlich ⇨ etw. vermuten „Möchtest du kommen?" „Selbstverständlich."
de ninguna manera –¿Quieres venir? –De ninguna manera.	auf keinen Fall „Möchtest du kommen?" „Auf keinen Fall."
revolucionario, -a ⇨ una revolución Es un movimiento revolucionario.	revolutionär ⇨ eine Revolution Das ist eine revolutionäre Bewegung.
un **an**uncio He visto ese anuncio en la televisión.	eine Anzeige E **an**nouncement F une **an**nonce Ich habe diese Anzeige im Fernsehen gesehen.

un co**m**entario ⇨ comentar algo	ein Ko**mm**entar ⇨ etw. erwähnen, etw. erzählen
un cuento ⇨ contar algo Quiero que me cuentes un cuento.	eine Erzählung ⇨ etw. erzählen Ich möchte, dass du mir eine Geschichte erzählst.
resumir algo ⇨ un resumen Hay que resumir el artículo.	etw. zusammenfassen ⇨ eine Zusammenfassung [F] résumer Der Artikel muss zusammengefasst werden.
criticar algo /a alguien Maná criticó al Subcomandante.	etw. / jdn. kritisieren, Kritik üben Maná kritisierte den Subcomandante.

Maná llama a 'globalifóbicos' a evitar violencia en Cancún

banda (de música) ≡ un grupo	eine Band ≡ eine Gruppe
violento, -a Esta película es muy violenta.	gewalttätig [E] violent [LAT] violentus [F] violent Dieser Film ist sehr gewalttätig.
desnudarse ⇔ vestirse Entró al baño y se desnudó.	sich ausziehen ⇔ sich anziehen Er/sie ging ins Bad und zog sich aus.
un cuerpo	ein Körper [LAT] corpus [F] un corps
formar algo ⇨ una formación Hemos formado un grupo de ayuda.	etw. bilden ⇨ eine Ausbildung [E] to form [LAT] formare [F] former Wir haben eine Hilfsgruppe gebildet.

Los indígenas en Latinoamérica

su**fr**ir (algo) Mi tía ha sufrido mucho por su enfermedad.	leiden, etw. erleiden [E] su**ff**er [F] sou**ff**rir Meine Tante hat sehr an ihrer Krankheit gelitten.
un collar	eine Halskette [F] un collier
la vergüenza Me da vergüenza salir así de casa.	die Scham Ich schäme mich, so außer Haus zu gehen.
una raza Rigoberta Menchú está orgullosa de su raza.	eine Rasse Rigoberta Menchú ist stolz auf ihre Rasse.
igual ⇨ la igualdad Todos somos iguales, tenemos los mismos derechos.	gleich ⇨ die Gleichheit [E] equal [F] égal Wir sind alle gleich, wir haben dieselben Rechte.

Taller

pintar algo ⇨ una pintura ⇨ un pintor, una pintora Frida Kahlo pintó muchos cuadros.	etw. malen ⇨ ein Gemälde ⇨ ein Maler, eine Malerin [E] to paint [F] peindre Frida Kahlo hat viele Bilder gemalt.
un accidente	ein Unfall [E] accident [F] un accident
feliz ⇨ contento, -a ⇔ triste No sabemos si Frida y Diego fueron felices.	glücklich ⇨ fröhlich, zufrieden ⇔ traurig [LAT] felix Wir wissen nicht, ob Frida und Diego glücklich waren.
un sombrero	ein Hut

5 Identidades

Primer paso

un bárbaro, una bárbara	ein Barbar, eine Barbarin
un matrimonio Es un matrimonio amigo de mis padres.	eine Ehe, ein Ehepaar Das ist ein mit meinen Eltern befreundetes Ehepaar.
una unidad ⇨ reunirse	eine Einheit ⇨ sich versammeln [E] unity [F] une unité
una expansión La expansión de los romanos por Europa fue muy rápida.	eine Expansion, eine Ausdehnung Die Ausdehnung der Römer in Europa erfolgte sehr schnell.
cristiano, -a	christlich
romano, -a	römisch
el azúcar	der Zucker
la actualidad Estas son las noticias de actualidad.	das Zeitgeschehen Das sind die Nachrichten über das Zeitgeschehen.
reclamar algo En la manifestación están reclamando sus derechos.	etw. anmahnen, etw. fordern [F] réclamer Auf der Demonstration fordern sie ihre Rechte.
rechazar algo Han rechazado todas sus ideas.	etw. ablehnen, etw. zurückweisen Alle ihre Ideen wurden abgelehnt.
estar de a**cu**erdo con ¿Estás de acuerdo con sus ideas?	einverstanden sein [F] être d'a**cc**ord avec Bist du mit seinen / ihren Ideen einverstanden?
una identidad	eine Identität [E] identity [F] une identité
la autodeterminación	die Selbstbestimmung

el reconocimiento ⇨ reconocer algo Es una lucha por el reconocimiento de sus derechos.	die Anerkennung ⇨ etw. zugeben, anerkennen [F] la reconnaissance Das ist ein Kampf um die Anerkennung ihrer Rechte.
un referéndum	eine Volksabstimmung [D] ein Referendum
una bandera La bandera española es roja y amarilla.	eine Fahne Die spanische Flagge ist rot und gelb.
un himno Hemos cantado el himno nacional.	eine Hymne Wir haben die Nationalhymne gesungen.

Recursos

un recuerdo Esta playa está llena de recuerdos.	eine Erinnerung Dieser Strand steckt voller Erinnerungen.
recordar (-ue-) algo / a alguien ≡ acordarse (-ue-) de algo/alguien ¿Recuerdas esa canción?	sich an jdn. / etw. erinnern ≡ sich an jdn. / etw. erinnern Erinnerst du dich an dieses Lied?
un gallego, una gallega	ein Galicier, eine Galicierin
un vasco, una vasca	ein Baske, eine Baskin
crecer (-zco) Yo crecí en Galicia.	wachsen [LAT] crescere Ich bin in Galicien aufgewachsen.
el gallego	das Galicische
el vasco	das Baskische
una lengua materna Mi lengua materna es el gallego.	eine Muttersprache Meine Muttersprache ist Galicisch.

El estilo indirecto con condicional y el imperfecto de subjuntivo **§ 17**

• «También **iré** al restaurante.»	• Dijo que **iría** él también al restaurante.
• «¿Me **acompañarás** a comprar libros?»	• Le preguntó si lo **acompañaría** a comprar libros.
• «Por favor, **habla** con el profesor.»	• Le pidió a su padre que **hablara** con el profesor.
• «¡No **comas** tanto chocolate!»	• Le decía que no **comiera** tanto chocolate.

intelectual	intellektuell, geistig
un artista, una artista ⇨ el arte *(f.)* ⇨ artístico Es un barrio donde viven muchos artistas.	ein Künstler, eine Künstlerin ⇨ die Kunst ⇨ künstlerisch [E] artist [F] un / une artiste Das ist ein Viertel, in dem viele Künstler wohnen.
caer (caigo) ⇔ levantarse En España la dictadura cayó en 1975.	fallen ⇔ aufstehen [LAT] cadere In Spanien fiel die Diktatur 1975.
una monar**quí**a España es una monarquía porque tiene un rey.	eine Monar**ch**ie Spanien ist eine Monarchie, weil es einen König hat.
una república	eine Republik [LAT] res publica
un obrero, una obrera ≡ un trabajador, una trabajadora	ein Arbeiter, eine Arbeiterin ≡ ein Arbeiter, eine Arbeiterin [F] un ouvrier, une ouvrière
representar algo ⇨ un representante, una representante ¿Qué representa esa pintura?	etw. repräsentieren, etw. darstellen ⇨ ein Vertreter, eine Vertreterin [E] to represent [LAT] representare [F] représenter Was stellt dieses Gemälde dar?
católico, -a En España la mayoría de la población es católica.	katholisch In Spanien ist der größte Teil der Bevölkerung katholisch.
ateo, -a	atheistisch
burgués, burguesa	bürgerlich

Oraciones subordinadas de infinitivo **§ 18**

- **Al salir** de casa se encontró con su padre.
- **Antes de comer** fueron a comprar pan.
- **Después de dormir** la siesta, tomaron un café.
- **A pesar de ser** tan caro, lo va a comprar.
- Se fue a clase **sin desayunar**.
- ¡Levántate temprano **para llegar** a tiempo!
- Ha tenido muchos problemas **por conducir** tan rápido.
- **De ser** verdad eso, tendremos que hablar con el profesor.

obrero, -a	Arbeiter-
un anar**qu**ista, una anar**qu**ista	ein Anar**ch**ist, eine Anar**ch**istin
un nacionalista, una nacionalista ⇨ internacional	ein Nationalist, eine Nationalistin ⇨ international
un frente Muchos hombre no volvieron del frente.	eine (Kriegs)front Viele Männer kehrten nicht von der Front zurück.
horrible	fürchterlich, schrecklich [E] horrible [LAT] horribilis [F] horrible
la represión Después de la Guerra Civil hubo una represión horrible.	die Unterdrückung Nach dem Bürgerkrieg herrschte eine schreckliche Zeit der Unterdrückung.
un franquista, una franquista	ein Frankist, eine Frankistin (Anhänger Francos)

el franquismo	der Frankismus *(Regierung Francos)*
El franquismo terminó en 1975.	Der Frankismus war 1975 zu Ende.
una especialidad ⇨ especial	eine Spezialität ⇨ spezial [E] speciality [F] une specialité
¿Cuáles son las especialidades de la región?	Was sind die Spezialitäten der Region?
un pulpo	ein Oktopus, ein Krake
Me encanta el pulpo a la gallega.	Ich liebe „pulpo a la gallega" / Oktopus.
casarse (con alguien)	(jdn.) heiraten
—¿Tu hermano ya se casó? —Sí, ya tiene incluso dos hijos.	„Hat dein Bruder schon geheiratet?" „Ja, er hat sogar zwei Kinder."
anterior ⇔ posterior	frühere, -r, -s, vorige, -r, -s ⇔ spätere, -r, -s
Las anteriores elecciones las ganaron los socialistas.	Die vorigen Wahlen gewannen die Sozialisten.

Oraciones subordinadas con participio § 19

- **Terminados sus estudios**, empezó a trabajar en esa fábrica.
- Una vez **visitado su abuelo** enfermo, decidió tomar un poco el aire.

la esperanza ⇨ esperar	die Hoffnung ⇨ hoffen, erwarten [LAT] spes [F] l'espoir *(m.)*
Tienen la esperanza de ganar el referéndum.	Sie haben die Hoffnung, die Volksabstimmung zu gewinnen.
las ele**cc**iones ⇨ elegir algo / a alguien	die Wahlen ⇨ etw. / jdn. wählen [E] ele**ct**ions [F] les éle**ct**ions *(f.)*
No sé por quién votar en las próximas elecciones.	Ich weiß nicht, wen ich in den nächsten Wahlen wählen soll.
la autonomía	die Autonomie
lógico, -a	logisch
Es lógico que quieran más autonomía.	Es ist logisch, dass sie mehr Autonomie wollen.
desarrollado, -a ⇨ un desarrollo	entwickelt ⇨ eine Entwicklung
Es una reunión de países desarrollados.	Das ist eine Versammlung von Ländern der ersten Welt / Industrieländer.
dentro de	in, innerhalb von
Dentro de siete días empiezan las vacaciones.	In sieben Tagen beginnen die Ferien.
ordenar algo a alguien	jdm. etw. befehlen [E] to order [F] ordonner
El emperador les ordenó que entraran.	Der Kaiser befahl ihnen, dass sie einfallen sollten.
prohibirle (prohíbo) algo a alguien	jdm. etw. verbieten [LAT] prohibere
Nos han prohibido fumar en la oficina.	Uns wurde verboten, im Büro zu rauchen.
prohibido, -a	verboten
Aquí está prohibido fumar.	Hier ist Rauchen verboten.
un bikini	ein Bikini
un anticonceptivo	ein Verhütungsmittel
manifestarse (contra algo)	(gegen etw.) demostrieren
Los obreros se manifestaron contra las nuevas tarifas.	Die Arbeiter haben gegen die neuen Tarife demonstriert.
comunista	kommunistisch
divorciarse (de alguien)	sich (von jdm.) scheiden lassen

Panorama

Las lenguas de España

el catalán	das Katalanische
el euskera	die baskische Sprache
el valenciano	das Valenzianische
distinto, -a ≡ diferente	verschieden, anders ≡ unterschiedlich
El vasco y el castellano son muy distintos.	Das Baskische und das Spanische sind sehr unterschiedlich.
una administración	eine Verwaltung [D] Administration
el francés	das Französische
El francés es mi asignatura favorita.	Französisch ist mein Lieblingsfach.
la humanidad	die Menschheit [E] humanity [F] l'humanité *(f.)*
un peligro ⇨ peligroso, -a	eine Gefahr ⇨ gefährlich [LAT] periculum
La película trata de una ciudad llena de peligros.	Der Film handelt von einer Stadt voller Gefahren.
un evento ≡ un acontecimiento	ein Ereignis ≡ ein Ereignis [E] event
un planeta	ein Planet
Parece que han descubierto un nuevo planeta.	Es wurde anscheinend ein neuer Planet entdeckt.
una tradición ⇨ tradicional	eine Tradition ⇨ traditionell
Se están perdiendo tradiciones antiguas.	Alte Traditionen gehen verloren.
la importancia ⇨ importante ⇨ importar(le) algo a alguien	die Wichtigkeit ⇨ wichtig ⇨ jdm. etw. wichtig sein

Conversación con 'dos niñas de la guerra'

una conversación	eine Unterhaltung, ein Gespräch E conversation LAT conversatio F une conversation
Alex tuvo una conversación con el profesor de mates.	Alex hatte ein Gespräch mit dem Mathelehrer.
una víctima	ein Opfer E victim F une victime
Ellos son víctimas de la dictadura.	Sie sind Opfer der Diktatur.
soltero, -a ⇨ solo, -a	ledig ⇨ allein
Estuvo muchos años soltero, hasta que conoció a mi abuela.	Er war viele Jahre ledig, bis er meine Oma kennengelernt hat.
una sospecha	ein Verdacht
Tengo la sospecha de que no dice la verdad.	Ich habe den Verdacht, dass er/sie nicht die Wahrheit sagt.
un corazón	ein Herz
cumplir algo ⇨ un cumpleaños	etw. erfüllen ⇨ ein Geburtstag
Han cumplido todas las condiciones que pedían.	Sie haben alle Bedingungen, die verlangt waren, erfüllt.
un cartel	ein Plakat

Tres religiones en convivencia

esencial	wesentlich, wichtig E essential F essentiel
Para tener un buen sitio es esencial llegar temprano.	Um einen guten Platz zu bekommen, ist es wichtig, früh zu kommen.
un musulmán, una musulmana	ein Muslim, eine Muslime
un concepto	eine Auffassung E concept
religioso, -a ⇔ ateo, -a	religiös ⇔ atheistisch
ni siquiera	nicht einmal
Ni siquiera he tenido tiempo para comer.	Ich hatte nicht einmal Zeit zu essen.
el criterio	die Meinung
judío, -a	jüdisch
un origen	eine Herkunft, ein Ursprung E origin LAT origo F une origine
Sus abuelos eran de origen árabe.	Seine Großeltern waren arabischen Ursprungs.
hallar algo ≡ encontrar algo ⇔ perder algo	etw. finden ≡ etw. finden ⇔ etw. verlieren
Han hallado una persona muerta en la oficina.	Ein Toter / eine Tote wurde im Büro gefunden.
peninsular ⇨ una península	Halbinsel- ⇨ eine Halbinsel
pertenecer (-zco) algo a alguien	jdm. gehören
¿A quién le pertenece esa casa?	Wem gehört dieses Haus?

6 Nuevas sociedades

Primer paso

un individuo ⇨ individual	eine Einzelperson ⇨ Einzel- *(adj.)* D ein Individuum
La policía busca a un individuo alto y delgado.	Die Polizei sucht eine große, schlanke Person.
consistente en	bestehend aus
Se trata de un examen consistente en dos partes.	Es handelt sich um eine Prüfung, die aus zwei Teilen besteht.
la emigración ⇨ la migración	die Auswanderung ⇨ die Migration
Entre otros temas, los políticos van a tratar la emigración.	Unter anderem werden die Politiker über Auswanderung sprechen.
migrar (a)	migrieren (nach)
sarcástico, -a	sarkastisch
No me ha gustado el chiste porque es demasiado sarcástico.	Der Witz hat mir nicht gefallen, weil er sehr sarkastisch ist.
una decisión ⇨ decidir algo	eine Entscheidung ⇨ etw. entscheiden E decission F une décision
tomar una decisión	eine Entscheidung treffen
Sobre ese tema es necesario tomar una decisión.	Bei diesem Thema müssen wir eine Entscheidung treffen.

Recursos

una pareja ≡ un matrimonio	ein Ehepaar, ein Paar ≡ ein Ehepaar
confiar en algo / en alguien	etw. / jdm. vertrauen LAT confidere F confier
No confío en los políticos.	Ich vertraue den Politikern nicht.
un chófer, una chófer ⇨ un conductor, una conductora	ein Fahrer, eine Fahrerin ⇨ ein Fahrer, eine Fahrerin F un chauffeur
Es tan rico que tiene un chófer.	Er ist so reich, dass er einen Chauffeur hat.
un sueldo	ein Lohn, ein Gehalt
El trabajo está bien, pero el sueldo es bajo.	Die Arbeit ist gut, aber der Lohn ist niedrig.
alcanzar	ausreichen
El dinero no le alcanza para comprar este coche.	Sein Geld reicht nicht, um dieses Auto zu kaufen.

la construcción ⇨ construir algo Muchos inmigrantes trabajan en la construcción.	der Bau ⇨ etw. bauen E construction Viele Immigranten arbeiteten auf dem Bau.
confrontado, -a con Se ha visto confrontada con muchos problemas.	konfrontiert (mit) Sie sah sich mit vielen Problemen konfrontiert.
llenar algo ⇨ lleno, -a	etw. ausfüllen ⇨ voll
un formulario Para solicitar un visado hay que llenar varios formularios.	ein Formular Um ein Visum zu beantragen, muss man viele Formulare ausfüllen.
un visado	ein Visum
desanimarse ⇨ animarse ¡No te desanimes!	sich entmutigen lassen ⇨ sich ermutigen Lass dich nicht entmutigen!
arreglar algo Tienes que arreglar el tema del visado.	etw. regeln Du musst das mit dem Visum regeln.
entero, -a El mundo entero espera la noticia.	ganz LAT integer F entier Die ganze Welt wartet auf die Nachricht.
chino, -a Hay un grupo grande de inmigrantes chinos en este barrio.	chinesisch In diesem Viertel gibt es viele chinesische Einwanderer.
un familiar, una familiar ⇨ una familia	ein Familienmitglied ⇨ eine Familie
un emigrante, una emigrante ⇨ un inmigrante, una inmigrante	ein Auswanderer, eine Auswanderin ⇨ ein Einwanderer, eine Einwanderin
resultar fácil / difícil ⇨ un resultado Me resulta muy difícil olvidar a mi ex-novia.	leicht / schwer fallen ⇨ ein Ergebnis F résulter Es fällt mir sehr schwer, meine Exfreundin zu vergessen.
un negocio ≙ una tienda Ángel piensa abrir su propio negocio.	ein Geschäft ≙ ein Laden F un négoce LAT negotium Ángel hat vor, ein eigenes Geschäft zu eröffnen.
estar / sentirse a gusto Me siento muy a gusto en mi nuevo trabajo.	sich wohlfühlen Ich fühle mich in meiner neuen Arbeit sehr wohl.
una sonrisa El maestro los recibió con una sonrisa.	ein Lächeln F un sourire Der Lehrer hat sie mit einem Lächeln empfangen.
un labio ¿Te has pintado los labios?	eine Lippe Hast du Lippenstift benutzt?
una moneda	eine Münze F une monnaie
adaptarse a algo Hay que adaptarse a los nuevos tiempos.	sich an etw. anpassen E to adapt oneself F s'adapter Man muss sich an die neuen Zeiten anpassen.
negativo, -a ¡No seas tan negativo!	negativ Sei doch nicht so negativ!
una lección ⇨ leer algo	eine Vorlesung, eine Lektion ⇨ etw. lesen
una nota Horacio es un buen estudiante; tiene muy buenas notas.	eine Note Horacio ist ein guter Schüler; er hat sehr gute Noten.
repetir (-i-) algo Si no estudias más, vas a repetir el curso.	etw. wiederholen E to repeat F répéter LAT repetere Wenn du nicht mehr lernst, wirst du das Jahr wiederholen.
relativamente El piso ha sido relativamente barato.	relativ, verhältnismäßig Die Wohnung war verhältnismäßig billig.
acomodado, -a ≙ rico, -a Viene de una familia acomodada.	wohlhabend ≙ reich Er/sie kommt aus einer wohlhabenden Familie.
depender de algo / alguien ⇨ la independencia A los treinta años, todavía depende de sus padres.	von etw. / jdm. abhängen ⇨ die Unabhängigkeit E to depend of F dépendre Mit dreißig ist er/sie immer noch von seinen/ihren Eltern abhängig.
iniciar algo ≙ empezar, comenzar algo ⇔ terminar algo	etw. anfangen ≙ etw. anfangen, beginnen ⇔ etw. beenden
expirar Su visado expiró la semana pasada.	ablaufen E expire Sein/ihr Visum ist letzte Woche abgelaufen.
cualquier, cualquiera —¿Qué quieres comer? —Cualquier cosa.	irgendein, -e, -r „Was willst du essen?" „Irgendwas."
solicitar algo He solicitado una ayuda económica para estudiar en la universidad.	etw. beantragen F solliciter Ich habe für mein Unistudium finanzielle Unterstützung beantragt.

los estudios (de) ⇨ estudiar algo	das Studium ⇨ etw. lernen, etw. studieren
⇨ un estudiante, una estudiante	⇨ ein Student, eine Studentin F les études *(f.)*
Comenzó los estudios de medicina el año pasado.	Er/sie hat mit dem Medizinstudium letztes Jahr begonnen.
el marketing	das Marketing
graduarse	einen Abschluss machen (an der Universität)
Mi hermana se graduó el año pasado.	Meine Schwester hat letztes Jahr ihren Abschluss gemacht.
un jefe / una jefa de ventas	ein Marketingleiter, eine Marketingleiterin
la moda Helma trabaja en una empresa de moda.	die Mode Helma arbeitet in einem Modeunternehmen.
(estar) orgulloso, -a de	stolz auf etw. (sein) F orgueilleux
Estoy orgulloso de mi familia.	Ich bin stolz auf meine Familie.
ello *(pron.)* No tengo papeles ni hablo el idioma. Todo ello me causa problemas.	das, dies Ich habe keine Papiere und spreche die Sprache nicht. All dies macht mir Probleme.
un territorio ¿Qué territorio es más grande, el de España o el de Alemania?	ein Territorium, ein Gebiet Welches Staatsgebiet ist größer, das von Deutschland oder Spanien?
una valla Con el viento se ha roto la valla del jardín.	ein Zaun Wegen dem Wind ist der Gartenzaun gebrochen.
alrededor de Hay muchas plantas alrededor de la piscina.	um … herum Um das Schwimmbecken herum gibt es viele Pflanzen.
un estado	ein Staat
la política	die Politik
exterior	außen, äußerlich D extern
la política exterior Han anunciado cambios en política exterior.	die Außenpolitik Es wurden Änderungen in der Außenpolitik angekündigt.
un ciudadano, una ciudadana ⇨ una ciudad	ein Bürger, eine Bürgerin ⇨ eine Stadt E citizen F citoyen
Puede quedarse aquí porque es ciudadano de la UE.	Er kann hier bleiben, weil er Bürger der EU ist.
una isla ⇨ una península	eine Insel ⇨ eine Halbinsel E island F une île
numeroso, -a ⇨ un número	zahlreich ⇨ eine Zahl E numerous F nombreux
Me ha ayudado en numerosas ocasiones.	Er/sie hat mir schon oft geholfen.
identificarse con algo / alguien ¿Consigues identificarte con los personajes de la película?	sich mit etw. / jdn. identifizieren Kannst du dich mit den Personen des Films identifizieren?
un insulto	eine Beleidigung, eine Beschimpfung E insult F une insulte
conservar algo ⇨ conservador Hemos conservado algunas tradiciones antiguas.	etw. beibehalten ⇨ konservativ Wir haben einige alte Traditionen beibehalten.
actualmente ⇨ la actualidad Actualmente vive en Ecuador.	derzeit, zurzeit ⇨ das Zeitgeschehen Er/sie lebt derzeit in Ecuador.

Oraciones subordinadas con gerundio § 20

- Se hizo rico **comprando y vendiendo** casas.
- Conoció a su novio **haciendo** un curso de inglés en Oxford.
- Entró a casa **cantando**.
- Consiguió trabajo **enviando** muchísimos currículos.
- Aun **enviando** currículos a muchísimas empresas, no encontró trabajo.

Panorama

«Where you from»

allá ¿Qué tal allá en México?	dort Wie geht es (da drüben) in Mexiko?
mareado, -a ⇨ el mar No me encuentro bien. Estoy mareada.	benommen, schwindlig ⇨ das Meer Mir geht es nicht gut. Mir ist schwindlig.

Cuando era puertorriqueña

un edificio	ein Gebäude F un édifice LAT aedificium
En este edificio antes había un banco.	In diesem Gebäude gab es früher eine Bank.
una piedra	ein Stein F une pierre
un certificado	ein Schein, ein Zeugnis E certificate F un certificat
Después de ese curso te dan un certificado.	Nach diesem Kurs bekommst du ein Zeugnis.

saludar a alguien ⇨ un saludo	jdn. begrüßen ⇨ ein Gruß [LAT] salutare [F] saluer
Hemos saludado a los nuevos vecinos.	Wir haben die neuen Nachbarn begrüßt.
revisar algo	etw. durchgehen, überprüfen [F] réviser
Tengo que revisar los ejercicios de inglés.	Ich muss die Englischübungen noch mal durchgehen.
un grado *(lat. am.)*	eine Klasse, eine Jahrgangsstufe
Javier acaba de empezar el tercer grado.	Javier hat gerade mit der dritten Klasse angefangen.
señalar algo	etw. andeuten, auf etw. hinweisen
Todos han señalado la importancia de la decisión.	Alle haben auf die Wichtigkeit der Entscheidung hingewiesen.
sonreír ⇨ una sonrisa	lächeln ⇨ ein Lächeln [F] sourire
Rita sonrió al pensar en las vacaciones.	Rita lächelte, als sie an die Ferien dachte.
la Navidad	(das) Weihnachten
el progreso	der Fortschritt, der Progress
¿Crees que el progreso es siempre positivo?	Glaubst du, dass der Fortschritt immer positiv ist?
explotar ⇨ una explosión	explodieren ⇨ eine Explosion
un maestro, una maestra ≡ un profesor, una profesora	ein Lehrer, eine Lehrerin [F] un maître

Taller

el cacao	der Kakao
un chocolate	eine Schokolade
una cereza	eine Kirsche [F] une cerise
un pimiento	eine Paprika
un albaricoque	eine Aprikose
una pera	eine Birne [E] pear [F] une poire
el ajedrez	das Schach(spiel)
un alcalde, una alcaldesa	ein Bürgermeister, eine Bürgermeisterin
¿Quién es el alcalde de Berlín?	Wer ist der Bürgermeister von Berlin?
un albañil, una albañil	ein Maurer, eine Maurerin
una almohada	ein Kopfkissen
una tiza	eine Kreide
el algodón	die Baumwolle
Esta camiseta es de algodón.	Dieses T-Shirt ist aus Baumwolle.
una jarra	eine Kanne, ein Krug
Nos dieron una jarra de agua gratis.	Wir haben einen Krug Wasser gratis bekommen.

7 Medios

Primer paso

un director, una directora	ein Regisseur, eine Regisseurin
describir algo ⇨ escribir algo	etw. beschreiben ⇨ etw. schreiben [E] describe [F] décrire
¿Me puede describir al hombre que le robó?	Können Sie den Mann, der sie ausgeraubt hat, beschreiben?
un actor, una actriz	ein Schauspieler, eine Schauspielerin [E] actor, actress [F] un acteur, une actrice
un intérprete, una intérprete	ein Darsteller, eine Darstellerin [D] ein Interpret
una sinopsis	eine Inhaltsangabe
He leído la sinopsis de la película y me parece muy buena.	Ich habe die Inhaltsangabe des Films gelesen und sie hat mir sehr gefallen.
una reseña	eine Rezension
Me han pedido que escriba una reseña sobre ese libro.	Ich soll eine Rezension zu diesem Buch schreiben.
un tráiler	ein Trailer, eine Vorschau
original	original
rodar (-ue-) una película	einen Film drehen
En mi barrio están rodando una película.	In meinem Viertel wird gerade ein Film gedreht.
doblar una película	einen Film synchronisieren
En España se doblan siempre las películas al español.	In Spanien werden die Filme immer spanisch synchronisiert.
un cortometraje	ein Kurzfilm
un largometraje	ein Spielfilm
un marco	ein Rahmen
El marco histórico es Italia en el siglo XV.	Den geschichtlichen Rahmen bildet Italien im 15. Jahrhundert.
un género	eine Gattung [D] ein Genre
¿Qué género de películas prefieres?	Welche Gattung / Art von Filmen bevorzugst du?
una comedia	eine Komödie
La última película de Almodóvar es una comedia.	Der letzte Film von Almodóvar ist eine Komödie.
un drama	ein Drama
la ciencia ficción	die Science-Fiction
los dibujos animados	ein Zeichentrickfilm
una película de fantasía	ein Fantasyfilm
una película de acción	ein Actionfilm
romántico, -a	romantisch, Liebes-

Recursos

anglosajón, -a	angelsächsisch
En los países anglosajones la gente va mucho al cine.	In den angelsächsischen Ländern geht man viel ins Kino.
la integración	die Integration, die Eingliederung
Esa organización se dedica a la integración social.	Diese Organisation widmet sich der gesellschaftlichen Eingliederung.
encajar algo en algo	etw. zu etw. passen
La historia encaja muy bien en el contexto histórico.	Die Geschichte passt sehr gut in den historischen Kontext.
un golpe de Estado	ein Putsch
estrenar algo	etw. einweihen, etw. zum ersten Mal aufführen
No han estrenado la película aún.	Der Film läuft noch nicht.
casualmente	zufälligerweise
una crítica	eine Filmkritik
⇨ criticar algo	⇨ etw. kritisieren
Los actores han recibido buenas críticas.	Die Schauspieler haben gute Kritiken erhalten.
agridulce	bittersüß
La historia tiene un final agridulce: no sabes si reír o llorar.	Die Geschichte hat ein bittersüßes Ende: Man weiß nicht, ob man lachen oder weinen soll.

La composición de palabras § 21

- **agridulce** (adjetivo + adjetivo)
- un **abrelatas** (verbo + sustantivo)
- una **coliflor** (sustantivo + sustantivo)
- un **sinfín** (preposición + sustantivo)

la amistad	die Freundschaft
⇨ un amigo, una amiga	⇨ ein Freund, eine Freundin
humilde	ärmlich, bescheiden
≡ pobre	≡ arm
Tomás nació en una familia humilde.	Tomás wurde in einer armen Familie geboren.
previo, -a	bisheriger, -r, -s, vorhergehende, -r, -s
⇔ siguiente	⇔ nächste, -r, -s
	Ⓔ previous
Los días previos al examen estuvo muy nerviosa.	Die Tage vor der Prüfung war sie sehr nervös.

La formación de sustantivos con *lo* § 23

- **Lo bueno** de la nueva piscina es que está muy cerca de casa.
- **Lo difícil** del examen es que tenemos poco tiempo para estudiar.
- **Lo peor** de la situación es tener que pagar el alquiler hoy.
- **Lo asqueroso** de la comida es que era de hace tres días.

combinar algo con algo	etw. mit etw. mischen, kombinieren
La historia combina la risa con el dolor.	In der Geschichte werden Lachen und Schmerz miteinander kombiniert.
un contexto	ein Kontext, ein Zusammenhang
anali**z**ar algo	etw. untersuchen, etw. anal**y**sieren
un rompecabezas	ein Puzzle
⇨ romper algo	⇨ etw. zerbrechen
⇨ la cabeza	⇨ der Kopf
una interpretación	eine Deutung, eine Interpretation
interpretar un papel	eine Rolle spielen
⇨ un intérprete, una intérprete	⇨ ein Darsteller, eine Darstellerin
Ese actor interpreta el papel de médico.	Dieser Schauspieler spielt die Rolle des Arztes.

El futuro compuesto § 24

- Cuando llegues, nosotros ya **habremos comido**.
- ¿**Habrán llegado** a tiempo?
- Si no se ha comido el bocadillo es porque no le **habrá gustado**.
- El año que viene, en este mes, **habré terminado** los estudios.
- ¿Qué le **habrá pasado** a tu hermano?
- Cuando volvamos del cine te **habrás ido** ya a la cama.

la fotografía	die Fotografie
⇨ una foto	⇨ ein Foto
una escena	eine Szene
Mi escena favorita es cuando él llega a casa después del viaje.	Meine Lieblingsszene ist die, in der er nach der Reise nach Hause kommt.
un diálogo	ein Dialog
La película tiene diálogos muy aburridos.	Der Film hat sehr langweilige Dialoge.
dinámico, -a	dynamisch
hacer(le) caso a alguien	auf jdn. hören
¡No le hagas caso!	Hör nicht auf ihn/sie!
bajar algo (de Internet)	etw. herunterladen
Alex se pasa horas bajando música y películas.	Alex verbringt Stunden damit, Musik und Filme herunterzuladen.
una porquería	eine Schweinerei
ser una porquería *(col.)*	der letzte Dreck sein
En ese restaurante la comida es una porquería.	In diesem Restaurant ist das Essen das Letzte.
un sinfín	eine Unmenge
Tengo un sinfín de trabajo.	Ich habe eine Unmege Arbeit.
sentimentaloide	schnulzig, allzu gefühlsbetont
manipulador, -a	manipulierend
objetivo, -a	objektiv

llorón, llorona ⇨ llorar Mi hermana es muy llorona.	wehleidig ⇨ weinen Meine Schwester ist sehr wehleidig.
ser un rollo patatero *(col.)*	total langweilig sein
eterno, -a	ewig E eternal F éternel
La película es un rollo patatero. Me pareció eterna.	Der Film ist total langweilig. Er kam mir ewig lang vor.
la leche	die Milch F le lait
la leche condensada	dicke Kondensmilch mit Zucker
asqueroso, -a	ekelhaft, ekelig
el alquiler A fin de mes tenemos que pagar el alquiler.	die Leihgebühr, die Miete Am Monatsende müssen wir die Miete bezahlen.
sordomudo, -a	taubstumm F sourd-muet
una productora ⇨ producir algo ⇨ un producto Almodóvar tiene su propia productora.	eine Produktionsfirma ⇨ etw. herstellen ⇨ ein Produkt Almodóvar hat seine eigene Produktionsfirma.
fomentar algo Hay que fomentar que los jóvenes lean más.	etw. fördern Man muss fördern, dass die jungen Leute mehr lesen.
alquilar algo ⇨ un alquiler El sábado vamos a alquilar unos DVDs.	etw. ausleihen, mieten ⇨ eine Gebühr, eine Miete Am Samstag werden wir ein paar DVDs ausleihen.

El pretérito anterior [Opcional] § 25

- Una vez **hubo terminado** de comer, pidió un café.
- Cuando **hubo llegado** al hotel, se dio cuenta de que ya no tenía ni el dinero ni el pasaporte.

Panorama

Retrospectivas: cine español

una bola	eine Kugel
terrible ≡ horrible	schrecklich ≡ furchtbar E terrible F terrible LAT terribilis
Tengo un dolor de cabeza terrible.	Ich habe schreckliche Kopfschmerzen.
cruel	grausam E cruel F cruel LAT crudelis
militar	militärisch
un ala *(f.)*	ein Flügel F une aile
frágil	zerbrechlich E fragile F fragile LAT fragilis
Cuidado con ese paquete: es muy frágil.	Vorsicht mit diesem Paket, es ist sehr zerbrechlich.

Programas y canales

un canal (de televisión)	ein (Fernseh)Programm, ein Sender
las noticias Quiero ver las noticias de las ocho.	die Nachrichten(sendung) Ich möchte die Acht-Uhr-Nachrichten sehen.
el telediario	die Nachrichten
un concurso	ein Wettbewerb
un documental	ein Dokumentarfilm
una serie (de televisión)	eine (Fernseh)Serie

8 Chile: literatura y política

[Panorama político]

Chile ayer y hoy

nacionalizar algo ⇨ internacional Acaban de nacionalizar muchas empresas.	etw. verstaatlichen ⇨ international Gerade wurden viele Firmen verstaatlicht.
perseguir (-i-) a alguien ⇨ seguir(le) a alguien Su padre fue perseguido por motivos políticos.	jdn. verfolgen ⇨ jdm. folgen Sein/ihr Vater wurde aus politischen Gründen verfolgt.
torturar a alguien	jdn. foltern E to torture
optar por Optaron por volver antes de las vacaciones.	sich für etw. entscheiden Sie entschieden sich dafür, vor den Ferien zurück zu kommen.
el exilio Su familia vivió en el exilio desde que empezó la guerra.	das Exil Seine/ihre Familie lebte seit Kriegsbeginn im Exil.

En el colegio de Machuca

el ganado Se dedica a cuidar el ganado.	das Vieh Er/sie kümmert sich um das Vieh.
un culpable, una culpable Están buscando a los culpables de su muerte.	ein Schuldiger, eine Schuldige Die Schuldigen an seinem/ihrem Tod werden gesucht.
culpar a alguien Lo han culpado de todos los problemas.	jdn. beschuldigen Sie haben ihm/ihr die Schuld für alle Probleme gegeben.

La protesta social

la oposición	die Opposition
una violación	eine Verletzung, eine Vergewaltigung E violation

incluir (-y-) algo	etw. einschließen E to include LAT includere
Han incluido un tema más en el libro.	Ein weiteres Thema wurde in das Buch aufgenommen.
el voto	die Stimme E vote
Todavía no sé a quién daré mi voto.	Ich weiß noch nicht, wem ich meine Stimme geben werde.
un lápiz	ein Bleistift
la madrugada	der Tagesanbruch
El vuelo llegó de madrugada.	Der Flug kam bei Tagesanbruch an.

Fragmentos del discurso de Patricio Aylwin

justo, -a ⇔ injusto, -a ⇨ una injusticia ⇨ justificarse	gerecht ⇔ ungerecht ⇨ eine Ungerechtigkeit ⇨ sich rechtfertigen LAT iustus
No me parece justo que lo culpen de todo.	Ich finde es nicht gerecht, dass sie ihm die Schuld für alles geben.
ciego, -a	blind
el odio	der Hass
una patria ⇨ un padre	ein Vaterland ⇨ ein Vater

Entrevista a Michelle Bachelet

un empleo ⇨ un empleado, una empleada	ein Arbeitsplatz, eine Stelle ⇨ ein Angestellter, eine Angestellte E employment
Ahora hay más de dos millones de personas que buscan un empleo.	Jetzt gibt es mehr als zwei Millionen Personen, die einen Arbeitsplatz suchen.
un plazo	eine Frist
El plazo para solicitar el puesto termina hoy.	Die Bewerbungsfrist für die Stelle läuft heute ab.
el descanso	die Erholung, die Pause
avanzar (-c-) (con algo)	vorwärts gehen, vorankommen
No he avanzado nada con los deberes.	Ich bin mit den Hausaufgaben überhaupt nicht voran gekommen.
la exclusión ⇨ incluir algo	die Ausgrenzung ⇨ etw. einschließen E exclusion
expresar algo ⇨ una expresión	etw. ausdrücken, äußern ⇨ ein Ausdruck E express
El periodista expresó su opinión sobre las elecciones.	Der Journalist äußerte seine Meinung über die Wahlen.
sea como fuere	wie es auch sein mag

El futuro de subjuntivo en expresiones fijas [Opcional] § 26

- No sé si se levantó tarde, **sea como fuere** perdió el autobús.
- No sabemos si son ricos; **sea como fuere** gastan mucho dinero.

Panorama literario

Ardiente paciencia

una torre	ein Turm, ein Wolkenkratzer
Han construido una torre con oficinas.	Sie haben einen Wolkenkratzer mit Büros gebaut.
acariciar algo / a alguien	etw. / jdn. streicheln
la barbilla	das Kinn
quieto, -a	ruhig
El perro estaba quieto mientras lo acariciaba.	Der Hund war ruhig, während er/sie/ich ihn streichelte.
el hombro	die Schulter
aclarar algo ⇨ claro, -a	etw. erklären, deutlich machen ⇨ klar
Tenemos que aclarar lo que sucedió.	Wir müssen klar stellen, was passiert ist.
un codo	ein Ellbogen
un farol	eine Straßenlaterne
estacionar algo *(lat.am.)*	etw. parken
Aquí está prohibido estacionar.	Hier ist Parken verboten.
severo, -a	streng
Su padre ha sido muy severo con ellos.	Sein Vater war sehr streng mit ihnen.
un barco	ein Schiff
temblar (-ie-)	zittern, beben
Temblaba de frío.	Er/sie zitterte vor Kälte.

Diccionario

Alphabetisches Wörterverzeichnis

Das alphabetische Wörterverzeichnis enthält alle in *Línea verde 1* bis *Línea verde 3* verwendeten Wörter und Ausdrücke. Hier findet ihr auch den fakultativen Wortschatz aus den Übungen und dem *Glosario cultural*, der nicht im lektionsbegleitenden *Vocabulario* steht. Fakultativer Wortschatz ist durch < > gekennzeichnet und wird in den folgenden Lektionen nicht vorausgesetzt. Ihr solltet diese Wörter später aber wiedererkennen und im Kontext verstehen. Wörter, die direkt auf der entsprechenden Seite in einer Fußnote erklärt werden, sind hier jedoch nicht noch einmal aufgeführt und brauchen auch nicht gelernt zu werden. Die Ziffern und Buchstaben hinter den Vokablen geben den Ort an, an dem das Wort zu ersten Mal vorkommt:

I 5B, PP	Band 1, Unidad 5B, Primer paso
I 2B	Band 1, Unidad 2B, Text
II 3, 6	Band 2, Unidad 3, Übung 6
II 3, MA	Band 2, Unidad 3, Mirada afuera
III 2, R	Band 3, Unidad 2, Recursos
III 2, PA	Band 3, Unidad 2, Panorama
<II 4, TA>	Band 2, Unidad 4, Taller, fakultativ
<II 6, 13>	Band 2, Unidad 6, Übung 13, fakultativ
<III GC>	Band 3, Glosario cultural, fakultativ

español – alemán

A

a I 2B *Präp. bei Personen (auch beim direkten Objekt)* I 3A nach, (hin) zu
llevar **a** cabo <III GC> etw. durchführen
a fin de que III 1, R damit, so dass
a finales de <II 8, MA> am Ende, Ende *(+ subst.)*
a la derecha de I 5B, PP rechts von
a la izquierda de I 5B, PP links von
a lo mejor I 2B vielleicht
a mí también I 2A, PP mir auch
a partir de II 9, PP ab *(+ Zeitangabe)*
a pesar de (que) III 1, R trotz, obwohl
a principios de <II GC> Anfang *(+ Monat / Jahr)*
¿**A** qué hora…? I 4, PP Um wie viel Uhr…?
a ti también I 5B dir auch
a veces I 3B manchmal
a ver I 2A mal sehen
al contrario II 6 im Gegenteil
al día III 1, R täglich, pro / am Tag
al final I 8A schließlich
al lado de I 5B, PP neben
al máximo III 1, R so viel wie möglich
al menos III 2, PA zumindest, wenigstens, mindestens
al principio I 8B am Anfang
a. C. *(antes de Cristo)* III 4, PP v. Chr. *(vor Christus)*
abandonado, -a III 1, R verlassen, verwahrlost
el **abecedario** <I 1, 4> das Abc
abierto, -a (estar) I 7A geöffnet, offen
abierto, -a (ser) II 7, 6 aufgeschlossen
un **abrelatas** <III 7, R> ein Dosenöffner
un **abrazo** I 3B eine Umarmung
un **abrigo** I 5B, 6 ein (leichter) Mantel
abril *(m.)* I 3B, 4 April
abrir I 2B öffnen
el **abuelo**, la **abuela** I 2B der Großvater, die Großmutter / der Opa, die Oma
los **abuelos** I 2B die Großeltern
(estar) **aburrido, -a** I 5A, PP gelangweilt, langweilig (sein)
aburrirse II 1 sich langweilen
abusar de alguien / algo <III GC> etw. / jdn. missbrauchen
un **abuso** III 4, R ein Missbrauch
acabar de hacer algo I 5A gerade etw. getan haben, tun
una **academia** de informática I 3A eine (private) Informatikschule
académico, -a II 5 Studien-
acampar II 6, PP campen
acariciar algo / a alguien III 8, PA etw. / jdn. streicheln
por si **acaso** II 6 für alle Fälle
un **accidente** III 4, TA ein Unfall
una película de **acción** III 7, PP ein Actionfilm
el **aceite** de oliva <II GC> das Olivenöl
aceptar algo II 6 etw. annehmen, etw. akzeptieren
acercarse a algo / alguien II 5 sich nähern, herankommen
aclarar algo III 8, PA etw. erklären, deutlich machen
acomodado, -a III 6, R wohlhabend
acompañar(le) a alguien II 5 jdn. begleiten
un **acontecimiento** III 3, R ein Ereignis
acordarse (-ue-) de algo / alguien I 4 sich an etw. / jdn. erinnern
un **acordeón** <I 8A, PP> ein Akkordeon
acostarse (-ue-) I 4, PP ins Bett gehen, sich hinlegen
(estar) **acostumbrado, -a** II 6 gewöhnt (sein)
una **actividad** <II GC>; III 1, R eine Tätigkeit, eine Aktivität, eine Betätigung
un **actor**, una **actriz** III 7, PP ein Schauspieler, eine Schauspielerin
actual <II GC> momentan, jetzig
la **actualidad** III 5, PP das Zeitgeschehen
actualmente III 6, R derzeit, zurzeit
Acuario <II 5, PP> Wassermann *(Sternzeichen)*
acudir a algo / alguien <III 4, PA> sich an jdn. wenden, hingehen zu
De **acuerdo**. <II 4, TA> Einverstanden.
estar de **acuerdo** con algo / alguien <II 7, TA>; III 5, PP mit etw. / jdm. einverstanden sein
acusar a alguien III 3, PA jdn. anklagen
adaptarse a algo III 6, R sich an etw. anpassen
además I 3B, PP außerdem
Adiós. I 2B Auf Wiedersehen.
una **administración** <II GC>; III 5, PA eine Verwaltung
admitir algo III 2, PA etw. zugeben
el **adobe** <II GC> ein Lehmziegel *(in Perú)*
un **adolescente**, una **adolescente** III 2, R ein Jugendlicher, eine Jugendliche, ein Teenager
adonde II 3, 3 wohin *(Rel.pron.)*
¿adónde? I 3A wohin?
adquirir (-ie-) algo III 2, PA etw. erwerben
un **adulto**, una **adulta** II 7 ein Erwachsener, eine Erwachsene
un **aeropuerto** I 6 ein Flughafen
una **afición** <III GC> eine Vorliebe
un **aficionado**, una **aficionada** <II GC> ein Fan
afirmar algo <III GC> etw. bestätigen
un **africano**, una **africana** II 3 ein Afrikaner, eine Afrikanerin
agosto *(m.)* I 3B, 4 August
agradable <I CS>; II 7, 6 angenehm
agradecer(le) algo a alguien II 7 jdm. für etw. danken
agrario, -a <III GC> landwirtschaftlich
agresivo, -a <I 8A, PP> aggressiv
la **agricultura** <II GC> die Landwirtschaft
agridulce III 7, R bittersüß
el **agua** *(f.)* I 7B, 8 das Wasser
el **agua** mineral I 7B, 8 das Mineralwasser
un **aguacate** I 2A, PP eine Avokado
agudo, -a <I 8A, PP> hoch *(Stimme, Ton)*
un **águila** *(f.)* <III 4, PP> ein Adler
ahí I 5B da, dort
ahora I 3A jetzt
ahorrar algo III 3, R etw. sparen
al **aire** libre II 1 Freiluft…, open air
el **ajedrez** III 6, TA das Schach(spiel)
el **ají** *(en Perú)* <II 6, 13> der Chili
el **ajo** <II GC> der Knoblauch
un **ala** *(f.)* III 7, PA ein Flügel
un **albañil**, una **albañil** III 6, TA ein Maurer, eine Maurerin
un **albaricoque** III 6, TA eine Aprikose
un **álbum** II 2 ein Album
un **alcalde**, una **alcaldesa** III 6, TA ein Bürgermeister, eine Bürgermeisterin
alcanzar algo III 2, PA etw. erreichen
III 6, R ausreichen
el **alcohol** III 2, PP der Alkohol
el **alcoholismo** III 2, PP der Alkoholismus

alegrarse I 8A sich freuen
alegre <I 8A, PP>; II 2 fröhlich
la **alegría** II 2 die Freude
un **alemán**, una **alemana** I 2A ein Deutscher, eine Deutsche
alemán, -a I 5A deutsch
Alemania I 2B Deutschland
una **alergia** II 9 eine Allergie
la **alfabetización** II 3 die Alphabetisierung
algo I 3A etwas
algo *(+ adj.)* II 5 ein bisschen
el **algodón** III 6, TA die Baumwolle
alguien I 7A (irgend)jemand
algún / alguno, alguna I 4 irgendein, -e, -r
algún día I 8B irgendwann
de **alguna** manera <I CS> auf irgendeine Weise
algunos, -as I 4 einige, manche, mehrere
un **alimento** II 5 eine Nahrung, ein Nahrungsmittel
(estar) **aliviado, -a** II 8 erleichtert (sein)
allá III 6, PA dort
allí I 5B dort
una **almohada** III 6, TA ein Kopfkissen
¡**Aló**! *(lat.am.)* I 4 Hallo!
alojarse III 1, R sich einquartieren
los **Alonso** I 5B die Alonsos, die Familie Alonso
los **Alpes** II 5, PP die Alpen
alquilar algo III 7, R etw. ausleihen, etw. mieten
un **alquiler** III 7, R eine Leihgebühr, eine Miete
alrededor de III 6, R um … herum
(estar) **alterado, -a** II 4 verstört (sein)
un **altiplano** II 5, PP eine Hochebene
la **altitud** II 6 die Höhe
alto, -a I 3A, PP groß
superior *(superlativo de* **alto***)* III 1, R höchst, obenliegend, ausgezeichnet
una **altura** III 3, R eine Höhe
alucinante II 9 toll, großartig
un **alumno**, una **alumna** I 7A ein Schüler, eine Schülerin
amable I 4 nett, freundlich
el **amanecer** <III 4, PA> der Tagesanbruch
amargo, -a <III 6, PA> bitter
amarillo, -a I 7B, PP gelb
amazónico, -a II 5, PP amazonisch
ambiental <II GC> Umwelt-
el **ambiente** I 3A die Atmosphäre, die Stimmung
ambos, -as III 1, PA beide
americano, -a I 8B amerikanisch
un **amigo**, una **amiga** I 2A ein Freund, eine Freundin
la **amistad** III 7, R die Freundschaft
el **amor** <I CS>; II 4 die Liebe
amplio, -a II 7, PP weit, ausgedehnt, breit
añadir algo III 1, PA etw. hinzufügen
el **análisis** sintáctico <I CS> Syntaxanalyse
analizar algo III 7, R etw. untersuchen, etw. analysieren
un **anarquista**, una **anarquista** III 5, R ein Anarchist, eine Anarchistin
ancho, -a <II GC> breit
Anda. II 4 Los. Mach schon.
Andalucía II 3, PP Andalusien
un **andaluz**, una **andaluza** *(pl.* andaluces*)* II 2 ein Andalusier, eine Andalusierin
andaluz, -a II 2 andalusisch
el **andaluz** II 2 das Andalusische *(Sprache)*
andar III 1, PA gehen
los **Andes** II 5, PP die Anden
andino, -a II 5 Anden-
anglosajón, -a III 7, R angelsächsisch
(estar) **animado, -a** I 5A, PP fröhlich, lebhaft (sein)
un **animal** II 4, PP ein Tier
animar a alguien II 5 jdn. ermuntern, jdn. aufheitern
animarse a hacer algo II 1 in Schwung kommen, sich ermuntern, sich animieren, etw. zu tun
un **año** I 5A ein Jahr
tener…**años** I 5A …Jahre alt sein
¿Cuántos **años** tiene? I 5A Wie alt ist er / sie?
la **Antártida** II 5 die Antarktis
anterior III 5, R frühere, -r, -s, vorige, -r, -s
antes de I 6 vor, bevor
antes de que II 8 bevor
un **anticonceptivo** III 5, R ein Verhütungsmittel
anticuado, -a <I 8A, PP> altmodisch
antiguo, -a II 5, PP alt
antipático, -a II 7, 6 unsympathisch
un **anuncio** III 4, PA eine Anzeige
aparecer <II 4, PP> erscheinen
un **apellido** <I 2B, 3> ein Familienname
apenas III 3, R kaum
apetecer(le) algo a alguien <II 4, TA> auf etw. Lust haben
un **apóstol** <III 1, PA> ein Apostel
apoyar algo <II 1, 9>; III 3, TA etw. unterstützen
aprender I 2B lernen
apretarse (-ie-) (contra alguien) II 8 sich (an jdn.) drücken
apropiado, -a <III GC> angemessen
aprovechar algo III 3, R etw. nutzen
aproximadamente <II GC>; III 1, PP ungefähr
apuntar algo I 4 etw. notieren, aufschreiben
apuntarse a algo II 1 sich zu etw. anmelden
un **apunte** <I 5A, 9> eine Notiz
aquel, aquella, aquellos, -as *(adj.)* I 7B jene, -r, -s
aquél, aquélla, aquéllos, -as *(pron.)* I 7B jene, -r, -s
aquí I 2B hier
árabe II 3 arabisch
un **árabe**, una **árabe** II 3 ein Araber, eine Araberin
una **araña** II 9 eine Spinne
un **árbol** II 4, PP ein Baum
un **archipiélago** <II GC> eine Inselgruppe, ein Archipel
un **argumento** II 8, 11 ein Argument
Aries <II 5, PP> Widder *(Sternzeichen)*
un **arma** *(f.)* <II GC>; III 3, PA eine Waffe
un **armario** I 5B, PP ein (Kleider)Schrank
arqueológico, -a II 5, PP archäologisch
un **arquitecto**, una **arquitecta** <II GC> ein Architekt, eine Architektin
la **arquitectura** <II GC> die Architektur
arrancar III 1, PA losgehen, losfahren
arreglar *algo* III 6, R etw. regeln
un **arresto** <III GC> eine Festnahme, ein Arrest
arriba III 3, R oben
una **arroba** <I 2B, 10> ein at-Zeichen (@)
arrogante II 7, 6 arrogant
el **arroz** I 8B der Reis
el **arte** *(pl. las artes)* II 4, PP die Kunst
artesano, -a <II GC> Kunsthandwerks-
ártico, -a <III GC> arktisch
un **artículo** I 3B ein Artikel
un **artista**, una **artista** <II GC>; III 5, R ein Künstler, eine Künstlerin
artístico, -a <II 4, PP>; III 1, PA künstlerisch, Künstler-
un **ascensor** III 1, TA ein Aufzug
asegurar(le) algo a alguien III 1, R jdm. etw. versichern
asentir (-ie-/-i-) II 4 nicken
asesinar a alguien III 4, R jdn. ermordern
así I 3B so, auf diese Weise
así que III 1, R so dass, sodass
un **asiento** <III GC> ein Sitz
una **asignatura** I 7A, PP ein (Schul)Fach
el **aspecto** <II 1, 8> das Aussehen
pasar la **aspiradora** I 5A, 5 staubsaugen
asqueroso, -a III 7, R ekelhaft, ekelig
asumir el poder <III GC> Amt übernehmen
asustar algo a alguien III 2, R jdn. erschrecken
un **ataque** II 9 ein Anfall, ein Angriff
la **atención** II 3 die Aufmerksamkeit
atender (-ie-) a alguien II 5, 4 jdn. behandeln, jdn. versorgen
Atentamente <II 5, TA> Mit freundlichen Grüßen *(in Briefen)*
ateo, -a III 5, R atheistisch
el Océano **Atlántico** II 3 der Atlantische Ozean
una **atmósfera** III 3, PA eine Atmosphäre
atractivo, -a III 2, R hübsch, attraktiv
aumentar II 9 zunehmen
aunque II 6 obwohl, selbst wenn
aunque *(+ subjuntivo)* III 1, R auch wenn
un **autobús** I 4, PP ein Bus
ir en **autobús** I 4, PP mit dem Bus fahren
la **autodeterminación** III 5, PP die Selbstbestimmung
la (industria) **automovilística** <II 2, PP> die Automobilindustrie
una comunidad **autónoma** II 3 eine autonome Region
la **autonomía** III 5, R die Autonomie
un **autor**, una **autora** II 8, 11 ein Autor, eine Autorin
una **autoridad** III 3, PA eine Autorität
un <III GC> ein Selbstbildnis
avanzar (-c-) (con algo) III 8, PA vorwärts gehen, vorankommen
una **avenida** I 2B, PP eine Allee, ein Boulevard
una **aventura** II 6 ein Abenteuer
un **avión** I 8B, 6 ein Flugzeug
ayer I 8B gestern
la **ayuda** I 2B die Hilfe
ayudar a alguien *(Akk.!)* (a hacer algo) I 5A jdm. helfen (etw. zu tun)
el **azafrán** <III 6, T> der Safran
azteca III 4, PP aztekisch
un **azteca**, una **azteca** III 4, PP ein Azteke, eine Aztekin
el **azúcar** III 5, PP der Zucker
azul I 7B, PP blau

B

bailar <I 2B, TA>; I 8A tanzen
un **baile** <II GC> ein Tanz
bajar algo *(de Internet)* III 7, R etw. herunterladen
bajar(se) de algo II 8 aus etw. aussteigen
bajo, -a I 5A, PP klein
bajo *(adv.)* <I CS> unter
inferior *(superlativo de* **bajo***)* III 1, R niedrigst, untenliegend, minderwertig
el **ballet** <I 2B, TA> das Ballett
bañarse (en algo) II 5 baden (in etw.)
un **banco** II 6 eine Bank *(Geldinstitut)*
una **banda** <I 8A, 6> eine Band
banda (de música) III 4, PA eine Band
una **bandera** III 5, PP eine Fahne
un cuarto de **baño** I 5B, 9 ein Bad(ezimmer)
un **banquero** III 2, R ein Bankier
un **bar** I 2A, PP eine Bar, eine Kneipe
barato, -a I 7B billig, preiswert
un **bárbaro**, una **bárbara** III 5, PP ein Barbar, eine Barbarin
la **barbilla** III 8, PA das Kinn
un **barco** III 8, PA ein Schiff
la **barriga** II 6, 14 der Bauch
un **barrio** I 3A, PP ein Stadtviertel
el **barro** <III GC> der Ton
barroco, -a <II GC> barock
basarse en algo III 4, R; <II GC> sich auf etw. stützen, basieren auf

una **base** <II GC> ein Grundstock, eine Basis
¡**Basta**! I 2B Es reicht! / Schluss!
bastante I 3A, PP ziemlich
bastante, -s I 7B ziemlich viel, -e
tirar la **basura** I 5A, 5 den Abfall wegwerfen
la **basura** orgánica III 3, R der Biomüll
una **batería** <I 8A, PP> ein Schlagzeug
un **bebé** II 9 ein Baby
beber algo II 6 etw. trinken
un **becario**, una **becaria** II 5 ein Stipendiat, eine Stipendiatin
la **belleza** <III GC> die Schönheit
bello, -a II 3 schön
la **berenjena** <III 6, T> die Aubergine
besar a alguien II 9 jdn. küssen
un **beso** I 3A ein Kuss *(auch Grußformel)*
la **biblia** <II 8, MA> die Bibel
una **biblioteca** I 3A, 6 eine Bücherei, eine Bibliothek
una **bicicleta** I 8B, 6 ein Fahrrad
bien I 2A gut
¡Qué **bien**! I 3B Wie toll!
va **bien** I 4 es ist ok, es ist in Ordnung
sentirse **bien** I 4 sich wohlfühlen
la **bienvenida** II 5 das Willkommen
bienvenido, -a II 3 willkommen
un **bikini** III 5, R ein Bikini
un **billete** II 6 ein Geldschein
(la) **biología** I 7A, PP Biologie *(Schulfach)*
blanco, -a I 7B, PP weiß
la **boca** I 7A der Mund
un **bocadillo** I 7A ein belegtes Brötchen
una **bola** <I 2A, 5>; III 7, PA eine Kugel
un **bolígrafo** I 7A ein Kugelschreiber
una **bolsa** I 5B eine Tüte, ein Beutel
una **bomba** II 8 eine Bombe
bonito, -a I 7B, 8 hübsch, schön
un **boquerón** II 2 eine Sardelle
un **bosque** <II GC>; III 1, PA ein Wald
una **botella** I 8B eine Flasche
un **brazo** II 5, 4 ein Arm
brevemente II 7 kurz
echar una **bronca** a alguien I 7A jdn. zurechtweisen
bruto, -a II 7, 6 grob
bueno, -a I 3A, PP gut
Hace **buen** tiempo. I 3B Das Wetter ist schön.
Hace **mal** tiempo. I 3B Das Wetter ist schlecht.
Buenas noches. I 2B, 2 Guten Abend. Gute Nacht.
Buenas tardes. I 2B, 2 Guten Tag. *(nachmittags)*
Bueno. I 2A Na gut. / Na ja.
óptimo, -a *(superlativo de **bueno**)* III 1, R ausgezeichnet, optimal
Buenos días. I 2B Guten Tag. *(vormittags)*
una **bufanda** I 5B, 6 ein Schal
burgués, burguesa III 5, R bürgerlich
una **burla** <III GC> eine Verspottung
burlarse de algo / alguien II 2 sich über etw./jdn. lustig machen
buscar I 2A suchen

C

una **cabeza** II 4 ein Kopf
el **cacao** III 6, TA der Kakao
cada II 3 jede, -r, -s
cada vez más <I CS> immer mehr
caer (caigo) III 5, R fallen
un **café** II 2 ein Kaffee
una **cafetería** I 7A eine Cafeteria
un **caimán** II 9 ein Kaiman
un **cajero automático** II 6 ein Bankautomat
los **calcetines** *(sg. calcetín)* I 5B, 6 die Socken
calcular algo <I 8B, 8> etw. berechnen
la **calefacción** III 1, TA die Heizung
la **calidad** <II GC> die Qualität, die Beschaffenheit
caliente I 7B warm, heiß
un **califa** <II GC> ein Kalif
el **Califato** de Córdoba II 3 das Kalifat von Córdoba
una **calle** I 2B, PP eine Straße
callejero, -a <II GC> Straßen-
la **calma** <III GC> die Ruhe
el **calor** I 3B die Hitze
calzar III 2, R Schuhe anziehen / tragen
una **cama** I 5A, 5 ein Bett
una **cámara** digital II 5 eine Digitalkamera
un **camarero** I 8B ein Kellner
cambiar algo I 5A etw. (ver)ändern
un **cambio** I 8A eine (Ver)Änderung
un **camino** I 8B ein Weg
una **camioneta** II 8 ein Lieferwagen
una **camisa** I 5B ein Hemd, eine Bluse
una **camiseta** I 5B ein T-Shirt
una **campaña** III 7, PA ein Feldzug
una **campanada** <II GC> ein Glockenschlag
un **campesino**, una **campesina** II 8 ein Bauer, eine Bäuerin
un **cámping** III 1, R ein Campingplatz
el **campo** II 2 das Land
la **caña** de azúcar <III 6, T> das Zuckerrohr
un **canal** (de televisión) III 7, PA ein Programm, ein Sender
Cáncer <II 5, PP> Krebs *(Sternzeichen)*
una **canción** I 8A ein Lied
un **candidato**, una **candidata** III 2, TA ein Bewerber, eine Bewerberin
una **canoa** II 9 ein Kanu
(estar) **cansado, -a** I 5A, PP müde (sein)
cansarse III 1, PA müde werden
un **cantante**, una **cantante** <II GC> ein Sänger, eine Sängerin
cantar <I 2B, TA> singen
el **cante** <II GC> der Flamencogesang
la **cantidad** III 1, PP die Anzahl, die Quantität, die Zahl
una **capa** <III GC> eine Schicht
la renta per **cápita** II 3 das Pro-Kopf-Einkommen
una **capital** II 3 eine Hauptstadt
un **capitán**, una **capitana** <II GC> ein Feldherr, eine Feldherrin
Capricornio <II 5, PP> Steinbock *(Sternzeichen)*
una **cara** II 1 ein Gesicht
un **carácter** <II 1, 8>; III 1, R ein Charakter
(estar) **cargado, -a** II 8 beladen (sein)
un **cargo** <III 8, PA> die Stelle
cariñoso, -a II 7, 6 warmherzig
caro, -a I 7B teuer
la **carrera** escolar <I 7A, PP> die Schullaufbahn
una **carretera** II 8 eine Landstraße
un juego de **cartas** <I 2B, TA> ein Kartenspiel
una **carta** I 8B ein Brief
un **cartel** III 5, PA ein Plakat
un **cartón** <I CS> Pappkarton
una **casa** I 3A, PP ein Haus
en **casa** I 3A zu Hause
casarse con alguien III 4, R jdn. heiraten
un **cascanueces** <III 7, R> ein Nussknacker
casi I 5A fast, beinahe
una **castañuela** <II 3, MA> eine Kastagnette
castellano, -a I 8B kastilisch *(in der heutigen Bedeutung: spanisch)*
casualmente III 7, R zufälligerweise
el **catalán** <II 1, 1>; III 5, PA das Katalanische
Cataluña *(f.)* II 2 Katalonien
una **catarata** II 9 ein Wasserfall
una **catedral** <II GC> eine Kathedrale
católico, -a III 5, R katholisch
los Reyes **Católicos** II 3 die Katholischen Könige
catorce I 2B, PP vierzehn
una **causa** <III GC> ein Ideal
causar III 2, PP verursachen, anrichten, bewirken
el **cava** <II 2, PP> der Sekt
la **caza** (de) II 9 die Jagd (von)
una **cazadora** I 5B, 6 eine Jacke
un **cedé** I 5B eine CD
celebrar algo <II 1, 1>; III 2, PA etw. feiern
una **cena** I 8A ein Abendessen
cenar I 4, 5 zu Abend essen
un **centenar** III 3, R ein Hundert
un **centímetro** III 3, R ein Centimeter
un **céntimo** I 7B ein Cent
una **central** nuclear <II 2, PP> ein Atomkraftwerk
el **centro** <I 1, 6>; I 3A, PP das Zentrum, das Stadtzentrum
en el **centro** <II 4, PP> in der Mitte
un **ceramista**, una **ceramista** <II GC> der Töpfer, die Töpferin
cerca (de) I 3A in der Nähe (von), bei
la **cercanía** a algo <III 6, R> die Nähe an etw.
Cerdeña *(f.)* <II 4, 9> Sardinien
el **cereal** <II GC> das Getreide
una **cereza** III 6, TA eine Kirsche
cero I 2B, PP null
cerrado, -a II 7, 6 verschlossen
cerrar (-ie-) I 8A schließen
un **certificado** III 6, PA ein Schein, ein Zeugnis
el **ceviche** <II 6, 13> Ceviche *(rohe Fischstücke mit Limettensaft und Zwiebeln)*
una **chaqueta** <II 3, MA> eine Jacke
una **charcutería** I 3A, 6 eine Metzgerei
charlar I 8A sich unterhalten
chatear con alguien II 6 mit jdm. chatten
un **chaval** *(col.)* II 1 ein Junge, ein Kerl
un **chicle** I 7A ein Kaugummi
un **chico**, una **chica** I 1 ein Junge, ein Mädchen
el **chico** del helado I 1 der Junge mit dem Eis
chileno, -a II 7 chilenisch
chino, -a III 6, R chinesisch
una **chispa** II 4 ein Funke
un **chiste** III 3, TA ein Witz
un **chocolate** III 6, TA eine Schokolade
un **chófer**, una **chófer** III 6, R ein Fahrer, eine Fahrerin
el **chorizo** I 7B luftgetrocknete Paprikawurst
un **cíber** I 3A ein Internet-Café
ciego, -a III 8, PA blind
el **cielo** II 4, PP der Himmel
cien, ciento I 7B hundert
la **ciencia** ficción III 7, PP die Science-Fiction
un **científico**, una **científica** <II GC> ein Wissenschaftler, eine Wissenschaftlerin
en **cierta** forma <I CS> in gewisser Weise
por **cierto** I 3A apropos, übrigens
cierto, -a II 6 bestimmte, -r, -s
una **cifra** III 1, PP eine Ziffer
un **cigarrillo** I 8A eine Zigarette
cinco I 2B, PP fünf
cincuenta I 2B, PP fünfzig
un **cine** <I 2B, TA>; I 3A ein Kino
un festival de **cine** I 3A ein Filmfestival
un **circo** <I CS> Zirkus
una **circulación** III 3, PA ein Kreislauf
circular III 3, R sich bewegen, zirkulieren
una **circunstancia** <II 4, PP> ein Umstand
una **cita** II 1 eine Verabredung, ein Termin
una **ciudad** <I 1, 6>; I 3A, PP eine Stadt
un **ciudadano**, una **ciudadana** III 6, R ein Bürger, eine Bürgerin
civil III 4, R bürgerlich, zivil
una **civilización** <II GC> eine Zivilisation, eine Kultur
un **clarinete** <I 8A, PP> eine Klarinette
Claro. I 2B Klar. / Natürlich.

claro, -a <II 4, PP> hell
una **clase** I 3A eine Unterrichtsstunde, der Unterricht
I 7A eine Klasse
una **clase** de ... <I CS> eine Art von ...
el **clima** <II GC> das Klima
el **cobre** <III GC> das Kupfer
un **coche** I 6 ein Auto
ir en **coche** I 6 mit dem Auto fahren
una **cocina** I 5B, 9 eine Küche
cocinar algo I 3B etw. kochen
un **codo** III 8, PA ein Ellbogen
coger (cojo) algo *(nur in Spanien gebrauchen! In Lat.am. vulgär!)* II 4 etw. nehmen, etw. ergreifen
una **colección** <II GC> eine Sammlung
coleccionar <I 2B, TA> sammeln
un **colega**, una **colega** *(col.)* II 1, PP ein Kumpel, ein Freund, eine Freundin
el **colegio** III 2, R die Schule
la **coliflor** <III 7, R> der Blumenkohl
un **collar** III 4, PA eine Halskette
Colombia *(f.)* I 4 Kolumbien
un **colombiano**, una **colombiana** I 4 ein Kolumbianer, eine Kolumbianerin
un **compañero**, una **compañera** (de clase) I 7A ein Klassenkamerad, eine Klassenkameradin
Cristóbal Colón II 3 Christoph Kolumbus
una **colonia** II 3 eine Kolonie
colonial II 5 kolonial
el **colonialismo** <II GC> der Kolonialismus,
un **color** I 7B, PP eine Farbe
combinar algo con algo III 7, R etw. mit etw. mischen, kombinieren
una **comedia** III 7, PP eine Komödie
un **comedor** I 5B, 9 ein Esszimmer
comentar algo III 2, PA etw. erwähnen, etw. erzählen
un **comentario** <II 9>; III 4, PA ein Kommentar
comenzar (-ie-) algo II 3 etw. anfangen, etw. beginnen
comer I 2B essen
comercial <II GC> gewerblich, geschäftlich
el **comercio** II 3 der Handel
comerse algo II 4 etw. essen
la **comida** <I 1, 6>; I 5A, 5 das Gericht, das Essen
la **comida** basura III 2, PP Junk Food
el **comienzo** I 7A der Beginn, der Anfang
una **comisaría** central I 6 ein Hauptkommissariat
como I 3B wie
I 6 als
II 2 da, weil
¿cómo? I 1, PP wie?
¿Cómo te llamas? I 1, PP Wie heißt du?
un **compañero**, una **compañera** (de clase) I 7A ein Klassenkamerad, eine Klassenkameradin
una **comparación** III 4, PA ein Vergleich
comparar algo con algo III 4, R etw. mit etw. vergleichen
compartir algo I 5A etw. teilen
completamente II 8 völlig
complicado, -a <I 8A, PP> schwierig
componerse de algo <III GC> aus etw. bestehen
un **comportamiento** III 1, PA ein Verhalten
hacer la **compra** I 5A, 5 zum Einkaufen *(Lebensmittel kaufen)*
comprar I 2A, PP kaufen
las **compras** I 7B die Einkäufe
ir de **compras** I 7B einkaufen, bummeln, shoppen
comprender I 2B verstehen
comprobar (-ue-) algo III 2, TA etw. überprüfen, beweisen
comprometerse a algo <III GC> sich auf etw. verpflichten
común <II 4, PP> gewöhnlich
comunicativo, -a II 6 gesprächig
una **comunidad** III 3, PA eine Gemeinschaft
una **comunidad** autónoma II 2, PP eine autonome Region
comunista III 5, R kommunistisch
con I 2A mit
con motivo de III 2, PA wegen
con respecto a II 6 hinsichtlich, bezüglich
concebir algo <II GC> etw. entwerfen
concentrarse en algo <II GC> sich auf etw. konzentrieren
un **concepto** III 5, PA eine Auffassung
la **conciencia** III 2, PA die Bewusstheit, das Gewissen
un **concierto** I 3B, PP ein Konzert
una **conclusión** II 8, 11 eine Schlussfolgerung
concretamente II 7 genau, konkret
un **concurso** III 7, PA ein Wettbewerb
una **condena** <III GC> die Verurteilung
las **condiciones** de vida II 9 die Lebensbedingungen
un **condimento** II 6 ein Gewürz
conducir (-zco) III 2, PP fahren
un **conductor**, una **conductora** III 3, PA ein Fahrer, eine Fahrerin
un **conejillo** de indias II 6 ein Meerschweinchen
un **conejo**, una **coneja** <III 4, PP> ein Kaninchen
confiar en algo / en alguien III 6, R etw. / jdm. vertrauen
confirmar III 1, TA bestätigen
conformar algo <III GC> etw. umfassen
confrontado, -a con III 6, R konfrontiert (mit)
conmigo I 7B mit mir
conocer (-zco) I 4 kennen
conocerse (-zco) I 4 sich kennen lernen
conocido, -a I 3A, PP bekannt
una **conquista** II 3 eine Eroberung
un **conquistador**, una **conquistadora** <II GC>; III 4, R ein Eroberer, eine Eroberin
conquistar algo <II GC>; III 4, R etw. erobern
una **consecuencia** III 3, R eine Folge
conseguir (-i-) (hacer) algo I 6 etw. erreichen, besorgen
un **consejo** III 2, PA ein Ratschlag
conservador, -a II 7, 6 konservativ
conservar algo <II GC> etw. erhalten, etw. konservieren
III 6, R etw. beibehalten
considerar algo / a alguien III 4, R etw. / jdn. für etw. halten
considerarse <III 4, PA> sich für etw. halten
consistente en III 6, PP bestehend aus
una **consonante** <II 8, 10> ein Konsonant
constituir algo III 4, R etw. bilden
la **construcción** <II GC>; III 6, R das Errichten, der Aufbau
construir algo <II GC>; III 4, R etw. bauen, etw. aufbauen
el **consumo** III 2, PP der Konsum, der Verbrauch
el **contacto** II 6 der Kontakt
la **contaminación** III 3, R die Umweltveschmutzung
contaminante III 3, PA umweltschädlich
contar (-ue-) I 8A erzählen
contar (-ue-) **con** III 3, PA über etw. verfügen
un **contenedor** III 3, R ein Container
(estar) **contento, -a** I 5A, PP froh, fröhlich, zufrieden (sein)
contestar (algo) I 2A antworten / etw. beantworten
un **contexto** III 7, R ein Kontext, ein Zusammenhang
contigo I 7B mit dir
un **continente** <II GC> ein Kontinent
una **continuación** <I 5A, PP> eine Fortsetzung
a **continuación** III 7, PA im Folgenden
continuar con algo I 7A fortfahren, weitermachen
continuar *(+ gerundio)* II 4 fortfahren, weiterhin etw. tun
(estar) en **contra** (de algo) II 8, 11 dagegen (sein), gegen etw. (sein)
lo **contrario** de algo II 3, 3 das Gegenteil von etw.
un **contraste** II 3 ein Kontrast, ein Gegensatz
un **contrato** III 3, R ein Vertrag
controlar algo <I 3B, 8>; III 2, PA etw. überprüfen, etw. nachprüfen, etw. kontrollieren
(estar) **convencido, -a** I 5A überzeugt (sein)
una **conversación** <I 5A, 11>; III 5, PA ein Gespräch, eine Unterhaltung
convertir (-ie-) algo (en algo) <II GC> etw. (in etw.) verwandeln / umwandeln
convertirse (-ie-) en III 2, PA etw. werden, sich in etw. verwandeln
convivir (con alguien) II 7, PP (mit jdm.) zusammenleben
una lengua **cooficial** <II 1, 3> eine Amtssprache einer Region
coquetear con alguien II 8 mit jdm. flirten, jdn. anmachen
el **corazón** <II 6, 15>; III 5, PA das Herz
cordial II 5 herzlich
una **cordillera** <II GC> eine Gebirgskette
un **correo** electrónico I 2B eine E-Mail
una dirección de **correo** electrónico I 2B eine E-Mail-Adresse
correr II 5, 4 rennen, laufen
correr riesgos II 5, 4 Gefahr laufen, ein Risiko eingehen
corresponder a algo II 9, PP etw. entsprechen
una **corriente** <II GC>; III 3, PA eine Strömung, ein Strom
la **corriente** de Humboldt II 5, PP der Humboldtstrom
la **corte** <II GC> der (königliche) Hof
una **corte** <III 5, PA> ein Hofstaat
corto, -a I 5A, PP kurz
un **cortometraje** III 7, PP ein Kurzfilm
una **cosa** I 3B eine Sache, ein Ding
la **cosecha** II 2 die Ernte
la **costa** I 1 die Küste
la **Costa** Brava I 1 die Costa Brava
costar (-ue-) algo I 7B etw. kosten
costar(le) algo a alguien III 2, R jdm. etw. schwerfallen
una **costumbre** II 3, PP ein Brauch
cotidiano, -a III 3, R alltäglich
crear algo <II GC> etw. erschaffen, etw. erstellen
crecer (-zco) III 5, R wachsen
creer algo I 6 etw. glauben
una **crema** antimosquitos II 9 eine Mückenschutzcreme
una **crema** solar II 9 eine Sonnencreme
la **cría** II 9 die Zucht
un **criado**, una **criada** <II 2, 11> ein Diener, eine Dienerin
el **cristal** II 8 das Glas, die Fensterscheibe
un **cristiano**, una **cristiana** <II GC> ein Christ, eine Christin
cristiano, -a III 5, PP christlich
Cristóbal Colón II 3 Christoph Kolumbus
un **criterio** III 5, PA ein Kriterium, ein Unterscheidungsmerkmal

una **crítica** (de cine) III 7, R eine Filmkritik
criticar algo / a alguien III 4, PA etw. / jdn. kritisieren, Kritik üben
una **crónica** II 9 ein (persönlicher) Bericht
cruel III 7, PA grausam
cruzar algo I 8B, PP etw. überqueren
un **cuaderno** I 7A ein Heft
un **cuadro** II 4, PP ein Gemälde
¿cuál?, ¿cuáles? II 7 welche, -r, -s?
cualquier, cualquiera III 6, R irgendein, -e, -r
cuando I 7A; I 8A (dann) wenn, als
¿cuándo? I 3B wann?
de **cuando** en **cuando** <I CS> ab und zu
¿cuánto, -a? I 8A wie viel, -e?
¿**Cuántas** bolas? <I 2A, 5> Wie viele Kugeln?
¿**Cuántos** años tiene? I 5A Wie alt ist er / sie?
cuarenta I 2B, PP vierzig
cuarto (4°) I 7A die vierte Klasse der Sekundarstufe (*entspricht der 10. Klasse in Deutschland*)
un **cuarto** I 8A ein Zimmer
un **cuarto** de baño I 5B, 9 ein Bad(ezimmer)
un **cuarto** / una **cuarta** parte (de) III 1, PP ein Viertel
cuarto, -a I 7A vierte, -r, -s
cuatro I 2B, PP vier
cuatrocientos, -as I 7B vierhundert
los **cubiertos** I 8B das Besteck
cubrir algo III 3, PA etw. abdecken
cubrir los gastos II 5, 4 die Kosten decken
un **cuchillo** <III 4, PP> ein Messer
por su **cuenta** II 7 auf eigene Faust
tener en **cuenta** (que) III 1, R beachten, bedenken, (dass)
un **cuento** III 4, PA eine Erzählung
un **cuerpo** <II GC>; III 4, PA ein Körper
el **cuidado** I 5B die Vorsicht
cuidar algo / a alguien II 9 etw. / jdn. pflegen, behüten, aufpassen auf
un **culpable**, una **culpable** III 8, PA ein Schuldiger, eine Schuldige
culpar a alguien III 8, PA jdn. beschuldigen
cultivar algo <III GC> etw. anbauen
el **cultivo** <II 8, 7> der Anbau
culto, -a <II GC> gebildet
una **cultura** II 3 eine Kultur
cultural <II GC>; III 1, R kulturell
el **cumpleaños** I 3B der Geburtstag
cumplir algo III 5, PA etw. erfüllen
curioso, -a III 2, PA erstaunlich, merkwürdig
cursi <I 8A, PP> kitschig
un **curso** II 1 ein Kurs
un **cuy** *(pl. cuyes) (Perú)* II 6 ein Meerschweinchen

D

d. C. *(después de Cristo)* III 4, PP n. Chr. *(nach Christus)*
dañar III 2, R beschädigen, schaden
el **daño** III 2, PP der Schaden, die Schädigung
dar(le) (doy) algo a alguien I 5A jdm. etw. geben
dar(le) de comer a alguien II 6, PP jdn. füttern
dar las gracias I 8A sich bedanken
dar lugar a algo III 3, PA etw. auslösen
dar trabajo I 5A Arbeit machen
dar la vuelta II 8 umkehren
dar(le) la gana a alguien III 1, R Lust haben / bekommen
darse cuenta de algo II 5 etw. bemerken
un **dato** III 1, TA eine Angabe
de I 1, PP von
De acuerdo. <II 4, TA> Einverstanden.
¿**de** dónde? I 1, PP woher?
de la Costa Brava I 1 an der Costa Brava
de modo que II 7 so dass, sodass
de repente II 8 plötzlich
de verdad I 7A wirklich
debajo de I 5B, PP unter
deber(le) algo a alguien II 6 jdm. etw. schulden
deber de *(+ inf.)* II 9 wohl *(+ inf.)* müssen *(Vermutung)*
los **deberes** I 3B, PP die Hausaufgaben
debido a III 4, R wegen
una **década** II 3 ein Jahrzehnt
una **decena** (de) III 3, R zehn
decidir (hacer) algo II 1 etw. entscheiden, sich entschließen (etw. zu tun)
un **décimo** / una **décima** parte (de) III 1, PP ein Zehntel
décimo, -a I 7A zehnte, -r, -s
decir(le) (digo) algo a alguien I 4 jdm. etw. sagen
es **decir** <II 3, TA> das heißt
una **decisión** III 6, PP eine Entscheidung
declarar algo <II GC> etw. ernennen
la **decoración** <II GC> die Dekoration, der Schmuck
dedicar(le) algo a alguien III 2, PA jdm. etw. widmen
defender (-ie-) algo III 4, R etw. verteidigen
una **defensa** III 5, R eine Verteidigung
dejar (hacer) algo (a alguien) I 5B (jdn.) etw. (tun) lassen
delante de I 5B, PP vor
deletrear algo III 1, TA etw. buchstabieren
delgado, -a I 5A, PP schlank
los / las **demás** II 5 die anderen, die übrigen
demasiado I 6 zu (sehr / viel)
la **democracia** III 3, PP die Demokratie
democrático, -a III 4, R demokratisch
dentro de III 5, R in, innerhalb von
un **departamento** <II GC> Verwaltungseinheit in Perú *(ähnlich wie Bundesland)*
depender de algo / alguien III 6, R von etw. / jdm. abhängen
un **dependiente**, una **dependienta** I 7B ein Angestellter, eine Angestellte / ein Verkäufer, eine Verkäuferin
el **deporte** I 1 der Sport
practicar **deporte** <I 2B, TA> Sport treiben
deportivo, -a III 1, R sportlich
(estar) **deprimido, -a** I 8B bedrückt, deprimiert (sein)
deprimirse <I CS> traurig werden
a la **derecha** de I 5B, PP rechts von
un **derecho** III 4, R ein Recht
derrotar a alguien <III 4, PA> jdn. schlagen / niederwerfen
desagradable <II 4, PP>; II 7, 6 unangenehm, unfreundlich
desanimarse III 6, R sich entmutigen lassen
desaparecer II 7 verschwinden
desarrollado, -a III 5, R entwickelt
desarrollarse <II GC> sich entwickeln
el **desarrollo** humano II 3 die menschliche Entwicklung
un **desastre** I 1 eine Katastrophe
desayunar algo I 4, PP etw. frühstücken
el **desayuno** I 7A das Frühstück
el **descanso** III 8, PA die Erholung, die Pause
el **descontento** <III GC> der Missmut
describir algo III 7, PP etw. beschreiben
un **descubrimiento** II 3 eine Entdeckung
descubrir algo <II GC>; II 9, PP etw. entdecken
desde II 1 seit
desear (hacer) algo I 6 etw. (zu tun) wünschen
un **deseo** II 7 ein Wunsch
desértico, -a <III GC> wüstenartig
desesperado, -a <II 4, P> verzweifelt
por **desgracia** II 3 leider
el **deshonor** <I CS> Unehre
un **desierto** II 5, PP eine Wüste
la **desigualdad** III 4, R die Ungleichheit
desnudarse III 4, PA sich ausziehen
(estar) **desordenado, -a** I 5A unordentlich, unaufgeräumt (sein)
desorganizado, -a II 7, 6 schlecht organisiert
una **despedida** <I 2B, 2>; II 9 ein Abschied
despedirse (-i-) I 4 sich verabschieden
despertarse (-ie-) I 4 aufwachen
desplazado <III 6, PP> deplatziert
un **desplazamiento** <III 6, PP> ein Umzug
un **desprendimiento** de tierra II 8 ein Erdrutsch
después I 2A danach
después de I 6 nach, nachdem
destacar algo <III GC> etw. hervorheben
un **destino** II 5 ein Reiseziel
la **destrucción** II 9 die Zerstörung
destruir algo <II GC> etw. zerstören
desubicado, -a III 2, R desorientiert
una **desventaja** III 3, R ein Nachteil
un **detalle** II 5 eine Einzelheit, ein Detail
una **detención** <III GC> eine Festnahme
detener (-g-) a alguien I 6 jdn. festnehmen, jnd. verhaften
detrás de I 5B, PP hinter
devolver(le) (-ue-) algo a alguien I 8B jdm. etw. zurückgeben
un **día** I 2B ein Tag
un **dialecto** II 2 ein Dialekt
un **diálogo** III 7, R ein Dialog
la **diarrea** II 6 der Durchfall
Buenos **días**. I 2B Guten Tag.
dibujar <I 2B, TA> zeichnen
un **dibujo** <I CS> Zeichnung
un **dibujo** animado III 7, PP ein Zeichentrickfilm
un **diccionario** I 5B ein Wörterbuch
diciembre *(m.)* I 3B, 4 Dezember
una **dictadura** III 4, R eine Diktatur
dieci... I 2B, PP ...zehn *(bei den Zahlen 16–19)*
un **diente** I 4, 5 ein Zahn
lavarse los **dientes** I 4, 5 sich die Zähne putzen
diez I 2B, PP zehn
a **diferencia** de III 4, R im Unterschied zu
diferenciarse en algo <II 2, 8> sich in etw. unterscheiden
diferente (a) II 3 unterschiedlich, anders (als)
difícil I 4 schwierig
dificultar algo <II GC> etw. erschweren
dinámico, -a III 7, R dynamisch
el **dinero** I 6, PP das Geld
un **dios**, una **diosa** III 4, R ein Gott, eine Göttin
diplomático, -a <II GC> diplomatisch
un **diplomático**, una **diplomática** <III 8, PA> ein Diplomat, eine Diplomatin
un **diputado**, una **diputada** <III 5, PA> ein Abgeordneter, eine Abgeordnete
una **dirección** I 2B eine Adresse
II 5 eine Leitstelle, eine Direktion
una **dirección** de correo electrónico I 2B eine E-Mail-Adresse
directamente II 4 direkt
un **director**, una **directora** III 1, PA ein Direktor, eine Direktorin
III 7, PP ein Regisseur, eine Regisseurin
dirigirse a alguien II 6 sich an jdn. wenden, jdn. ansprechen
un **disco** I 8A eine (Schall)Platte, eine CD
una **discoteca** I 2A, PP eine Disko(thek)
discutir con alguien II 6 mit jdm. streiten, mit jdm. diskutieren
disfrazarse de algo <III 4, PA> sich verkleiden
disfrutar de algo II 7, PP etw. genießen
disponer (-g-) de algo III 1, R über etw. verfügen
disponible <III 1, PP> verfügbar
distinto, -a III 5, PA verschieden, anders
la **diversidad** <II GC> die Vielfalt
diverso, -a II 5, PP verschiedene, -r, -s

divertido, -a I 3A lustig
divertirse (-ie-/-i-) I 8A sich vergnügen, amüsieren
divorciarse (de alguien) III 5, R sich (von jdm.) scheiden lassen
doblar una película III 7, PP einen Film synchronisieren
doce I 2B, PP zwölf
una **docena** (de) III 3, R ein Dutzend
un **documental** <I CS>; III 7, PA ein Dokumentarfilm
un **dólar** II 6 ein Dollar
doler(le) (-ue-) algo a alguien II 6, 14 jdm. etw. weh tun, schmerzen
el **dolor** II 6 der Schmerz
la **dominación** <II 3, PP> die Herrschaft, die Beherrschung
dominar algo / a alguien <II GC> etw. / jdn. beherrschen
domingo *(m.)* I 3B Sonntag
donde II 3 wo, in der / dem *(Rel.pron.)*
¿dónde? I 2B, PP wo?
¿de **dónde**? I 1, PP woher? von wo?
dormir (-ue-/-u-) I 3B, PP schlafen
dormirse (-ue-/-u-) I 4, 5 einschlafen
un **dormitorio** I 5B, 9 ein Schlafzimmer
dos I 2B, PP zwei
doscientos, -as I 7B zweihundert
un **drama** III 7, PP ein Drama
una **droga** III 2, PP eine Droge
la **drogadicción** III 2, PP die Drogenabhängigkeit
una **ducha** III 1, TA eine Dusche
ducharse I 4, PP duschen
una **duda** I 8B ein Zweifel
un **dueño**, una **dueña** II 6 ein Besitzer, eine Besitzerin
dulce <III 6, PA> süß
un **dúo** <II GC> ein Duo
un **duque**, una **duquesa** II 2 ein Herzog, eine Herzogin
la **duración** III 1, R die Dauer
durante I 6 während
duro, -a I 6, PP hart, beschwerlich

E

e I 5A und *(vor i- oder hi-)*
echar de menos I 8B vermissen
echar una bronca a alguien I 7A jmd. zurechtweisen
echarse II 2 sich hinlegen
echarse la siesta II 2 Siesta machen
la **ecología** <II GC> die Ökologie, die Umweltforschung
ecológico, -a II 9 ökologisch
la **economía** II 3, PP die Wirtschaft
económico, -a II 3, PP wirtschaftlich
un **ecosistema** <II GC> ein Ökosystem
la **edad** <III 1, PP> das Alter
un **edificio** <II GC>; III 6, PA ein Gebäude
la **educación** II 7, PP die Erziehung, die Bildung
(la) **educación** plástica y visual I 7A, PP (die) Kunsterziehung
educar a alguien III 4, R jdn. erziehen
educativo, -a II 7, PP Bildungs-
(los) **EE. UU.** (Estados Unidos) II 8 die USA
en **efectivo** III 1, TA mit Bargeld
por **ejemplo** I 5A zum Beispiel
ejercer una profesión <III GC> amtieren
un **ejército** <III 4, PA> eine Armee, eine Bundeswehr
el I 1 der *(bestimmter Artikel, sg.)*
él I 2A er
las **elecciones** III 5, R die Wahlen
electrónico, -a I 8A elektronisch
un correo **electrónico** I 2B eine E-Mail
elegir (-i-/-i-) algo / a alguien II 4 etw. / jdn. wählen
un **elemento** <II GC> ein Element
un **elemento** químico <III 4, R> ein chemisches Element
ella I 2A sie *(sg.)*
ello III 6, R *das, dies*
ellos, ellas I 2A sie *(pl.)*
un **e-mail** I 2B eine E-Mail
una **embajada** <II GC> eine Botschaft *(Vertretung eines Landes)*
un **embajador**, una **embajadora** <III 8, PA> der Botschafter, die Botschafterin
(estar) **embarazada** III 2, R schwanger (sein)
una **embarcación** <III GC> ein Wasserfahrzeug
emborracharse III 2, R sich betrinken
la **emigración** III 6, PP die Auswanderung
un/una **emigrante** <I CS>; III 6, R ein Auswanderer, eine Auswanderin
emigrar (de) II 7 auswandern (aus)
la **emisión** III 3, R die Emission *(von Abgasen)*
emocionante II 9 spannend
un **emperador**, **emperatriz** <II GC>; III 4, R ein Herrscher, eine Herrscherin / ein Kaiser, eine Kaiserin
empezar (-ie-) algo I 4, PP etw. beginnen
un **empleado**, una **empleada** II 7 ein Angestellter, eine Angestellte
una **empleada** de hogar II 7 eine Hausangestellte
un **empleo** <I 8A, 6>; III 8, PA ein Arbeitsplatz, eine Stelle
empollar *(col.)* III 2, PA büffeln *(col.)*
un **empollón**, una **empollona** III 2, R ein Streber, eine Streberin
una **empresa** III 2, TA ein Unternehmen, eine Firma
un **empresario**, una **empresaria** <III GC> ein Firmeninhaber, eine Firmeninhaberin
en I 1 in, an, auf
en casa I 3A zu Hause
en efectivo III 1, TA mit Bargeld
en la playa I 1 am Strand
en medio de III 1, R mitten in
en realidad III 2, PP tatsächlich, eigentlich
en serio I 3B ernsthaft, wirklich
¿Hablas **en** serio? I 3B Meinst du das ernst?
en todas partes II 6 überall
(estar) **enamorado, -a** I 5A, PP verliebt (sein)
enamorarse de alguien II 3 sich in jdn. verlieben
encajar algo en algo III 7, R etw. zu etw. passen
me **encanta** I 3B es gefällt mir sehr gut
encantar(le) algo a alguien I 5A jmd. etw. sehr gut gefallen
un **encarcelamiento** <III GC> ein Haftbefehl
encargado, -a <III GC> beauftragt
un **encargado**, una **encargada** <III 6, R> ein Beauftragter, eine Beauftragte
encargarse de algo <II GC> sich um etw. kümmern
encima de I 5B, PP auf
encontrar (-ue-) algo <I 4, 8>; I 8A etw. finden
encontrarse (-ue-) I 6 sich befinden
encontrarse (con alguien) II 3 sich (mit jdm.) treffen
enero *(m.)* I 3B, 4 Januar
(estar) **enfadado, -a** I 5A, PP verärgert (sein)
enfermarse *(lat.am)*, ponerse **enfermo, -a** II 6, 14 krank werden, erkranken
una **enfermedad** II 5, 4 eine Krankheit
una **enfermera** I 5A eine Krankenschwester
enfrentar algo <III GC> sich einer Sache stellen
engañar a alguien III 3, PA jdn. betrügen
enigmático, -a <II GC> rätselhaft
enorme I 7A riesig, groß
una **ensalada** II 2 ein Salat
enseñar(le) algo a alguien I 5A jmd. etw. zeigen, beibringen
entender (-ie-) algo / a alguien I 3B etw. / jdn. verstehen
enterar(se) de algo II 9 etw. erfahren, etw. kapieren *(col.)*
Te vas a **enterar.** II 5 Du wirst schon sehen.
entero, -a III 6, R ganz
enterrar algo / a alguien <III GC> etw. / jdn. beerdigen / begraben
la **entonación** <II 2, 8> die Betonung
entonces I 2A dann
I 8A damals
una **entrada** I 7B eine Eintrittskarte
<III 1, PA> ein Eingang
entrar (en) I 2B eintreten, hineingehen
entre I 6 zwischen, (mitten) unter
entrenar algo III 2, PA etw. trainieren
una **entrevista** I 8A ein Interview
un **entrevistador**, una **entrevistadora** III 3, R ein Interviewer, eine Interviewerin
entrevistar a alguien III 3, R jdn. interviewen
enviar algo III 7, PA etw. senden
la **envidia** II 5 der Neid
una **época** <I CS>; II 3 eine Epoche
en aquella **época** II 2, 7 damals, in / zu jener Zeit
el **equipaje** II 5, 4 das Gepäck
facturar el **equipaje** II 5, 4 das Gepäck abfertigen
un **equipo** I 8B eine Mannschaft
un **equipo** de música I 5B, PP eine Stereoanlage
un **error** <I 6, 1> ein Fehler
una **erupción** volcánica <II GC> ein Vulkanausbruch
es decir <II 3, TA> das heißt
es que I 3B es ist (nämlich) so, dass… / das kommt daher, dass…
una **escalera** <III GC> eine Treppe
una **escena** III 7, R eine Szene
Escorpión <II 5, PP> Skorpion *(Sternzeichen)*
escribir I 2B schreiben
un **escritor**, una **escritora** II 3 ein Schriftsteller, eine Schriftstellerin
un **escritorio** I 5B, PP ein Schreibtisch
una **escritura** III 4, R eine Schrift
escuchar I 2A, PP (zu)hören
una **escuela** II 2 eine Schule
una **escuela** primaria <I 8A, 6> eine Grundschule
una **escuela** privada <I 8A, 6> eine Privatschule
un **escultor** <II GC> ein Bildhauer
ese, esa, esos, esas *(adj.)* I 7B diese, -r, -s dort
ése, ésa, ésos, ésas *(pron.)* I 7B diese, -r, -s dort
esencial III 5, PA wesentlich, wichtig
un **esfuerzo** II 7 eine Anstrengung, eine Bemühung
eso I 3B dies, das
la **espalda** II 6, 14 der Rücken
España I 3B Spanien
un **español**, una **española** I 2A ein Spanier, eine Spanierin
el **español** I 2A das Spanische, die spanische Sprache
un(a) profesor(a) de **español** I 2A ein(e) Spanischlehrer(in)
español, -a I 3B spanisch
un **espantapájaros** <III 7, R> eine Vogelscheuche
especial II 4 besonders, speziell
una **especialidad** III 5, R eine Spezialität
espectacular III 1, R spektakulär, großartig
un **espectáculo** <II GC> eine Aufführung
la **esperanza** III 5, R die Hoffnung

la **esperanza** de vida II 3 die Lebenserwartung
esperar I 2A (er)warten
un **espíritu** III 3, PP ein Geist
espiritual <III GC> geistlich, spirituell
el **esplendor** <II GC> die Pracht
un **esquema** <I CS> ein Schema
el **esquí** <II GC> der Skisport
una **esquina** I 5B, PP eine Ecke
está bien *(lat.am.)* I 6 okay, in Ordnung
esta mañana I 6 heute Morgen
estabilizar algo <II GC> etw. stabilisieren
establecerse (-zco) III 3, R sich niederlassen
una **estación** de esquí <II GC> eine Skistation
estacionar algo *(lat. am.)* III 8, PA etw. parken
un **estadio** III 3, R ein Stadion
una **estadística** <III 1, PP> eine Statistik
un **estado** <II 1, 8> ein Zustand
III 6, R ein Staat
(los) **EE. UU.** (Estados Unidos) II 8 die USA
una **estantería** I 5B, PP ein Regal
estar I 3A sich befinden
estar *(+ adj.)* I 5A sein
estar de acuerdo con III 5, PP einverstanden sein
estar malo II 6 krank sein
estar sentado, -a II 8 sitzen
estar a gusto III 6, R sich wohlfühlen
el **este** <I 1, 6>; II 3 der Osten
este, esta, estos, estas *(adj.)* I 7B diese, -r, -s hier
éste, ésta, éstos, éstas *(pron.)* I 7B diese, -r, -s hier
éste es . . . , ésta es . . . I 1 dies ist . . .
una **estepa** <II GC> eine Steppe
un **estilo** <II GC>; III 3, TA ein Stil
una **estimación** <III GC> eine Schätzung
Estimado . . . , Estimada . . . II 5 Sehr geehrter . . . / Sehr geehrte . . .
esto III 1, PA dies, das
el **estómago** II 6 der Magen
estratégico, -a <II GC> strategisch
un **estrecho** <II GC> eine Meerenge
el **Estrecho** de Gibraltar II 3 die Straße von Gibraltar *(Meerenge)*
estrecho, -a <II GC> eng
una **estrella** II 4, PP ein Stern
estrenar algo III 7, R etw. einweihen, etw. zum ersten Mal aufführen
el **estrés** III 1, R der Stress
un **estudiante**, una **estudiante** I 4 ein Student, eine Studentin
estudiar I 2A, PP studieren, lernen
los **estudios de** <I 8A, 6>; III 6, R das Studium
estupendo, -a II 7, PP großartig
eterno, -a III 7, R ewig
la **ética** <I CS> Ethik *(Schulfach)*
un **euro** <I 2A, 5>; I 7B ein Euro
Europa *(f.)* I 8A Europa
europeo, -a <II 4, PP> europäisch
el **euskera** III 5, PA die baskische Sprache
un **evento** III 5, PA ein Ereignis
evitar (hacer) algo II 6 etw. (zu tun) vermeiden
un **examen** *(pl. exámenes)* I 4 eine Prüfung
(estar) **excitado, -a** II 6 aufgeregt (sein)
la **exclusión** III 8, PA die Ausgrenzung
una **excursión** <I CS>; II 6 ein Ausflug, eine Exkursion
una **exigencia** <III GC> eine Anforderung
exigir algo III 4, R etw. fordern
el **exilio** III 8, PA das Exil
existir II 3 existieren
el **éxito** I 8A der Erfolg
una **expansión** III 5, PP eine Expansion, eine Ausdehnung
una **expectativa** II 7 eine Erwartung
una **expedición** <III GC> eine Expedition, ein Versand
una **experiencia** II 5 eine Erfahrung
expirar III 6, R ablaufen
una **explicación** II 9 eine Erklärung
explicar algo I 8B etw. erklären
una **explosión** II 8 eine Explosion
la **explotación** <II GC> die Ausnutzung
explotar III 6, PA explodieren
exportar algo <II GC>; II 9 etw. exportieren
una **exposición** <II GC> eine Ausstellung
II 2 ein Referat
expresar algo III 8, PA etw. ausdrücken, äußern
una **expresión** III 1, PP ein Ausdruck
expresivo, -a <II GC> ausdrucksstark
la **expulsión** <II GC> die Vertreibung, die Ausweisung
extenderse <II GC> sich erstrecken
exterior III 6, R außen, äußerlich
la **extinción** II 9 das Aussterben
un **extranjero**, una **extranjera** I 6, PP ein Ausländer, eine Ausländerin
extraño, -a <II 4, PP> seltsam, fremd

F

una **fábrica** II 3 eine Fabrik
una **fachada** <III 1, PA> eine Fassade
fácil I 3B leicht, einfach
un **factor** III 3, R ein Faktor
facturar el equipaje II 5, 4 das Gepäck abfertigen
una **falda** I 5B, 5 ein Rock
la **falta** II 9 das Fehlen, der Mangel
faltar(le) a alguien I 5A jdm. fehlen
una **fama** II 7 der Ruf
una **familia** I 5A eine Familie
familiar III 1, R familiär, Familien-
un **familiar**, una **familiar** III 6, R ein Familienmitglied
famoso, -a I 8A berühmt
un **fanático** I 3A ein Fan
un **fanático** de los ordenadores I 3A ein Computerfan
una película de **fantasía** III 7, PP ein Fantasyfilm
fantástico, -a II 5 fantastisch, toll
farmacéutico, -a <II GC> pharmazeutisch
una **farmacia** I 3A, 6 eine Apotheke
un **farol** III 8, PA eine Straßenlaterne
(estar) **fascinado, -a** (por algo) II 7 fasziniert
fatal II 6 sehr schlecht
la **fauna** II 5, PP die Fauna
por favor <I 2A, 5> bitte
(estar) **a favor** (de algo) II 8, 11 dafür (sein), für etw. (sein)
favorito, -a II 3 Lieblings-
febrero *(m.)* I 3B, 4 Februar
una **fecha** III 1, TA ein Datum
la **fecha** de nacimiento <I 8A, 6> das Geburtsdatum
feliz <II 4, PP>; III 4, TA glücklich
fenomenal I 3A toll, großartig
feo, -a I 5A, PP hässlich
un **festival** I 3A ein Festival
un **festival** de cine I 3A ein Filmfestival
la **ficción** II 3 die Fiktion
una **ficha** III 3, R eine Karte
una **fiesta** <I 1, 6>; I 3A, PP ein Fest, eine Feier
una **figura** III 4, R eine Figur
fijarse en algo <III 4, PA> auf etw. achten
un **filtro** III 3, PA ein Filter
en **fin** II 1 also, schließlich
un **fin** de semana I 3A ein Wochenende
el **final** <I CS>; II 1 das Ende
a **finales** de <II GC> am Ende, Ende *(+ subst.)*
financiero, -a <II GC> finanziell
una **finca** <II GC> ein Landgut
una **firma** III 2, TA hier: eine Unterschrift
(la) **física** I 7A, PP Physik *(Schulfach)*
el **flamenco** II 3 der Flamenco
una **flauta** <I 8A, PP> eine (Quer)Flöte
flipante *(col.)* III 2, PP cool *(col.)*
una **flor** II 2 eine Blume
la **flora** II 5, PP die Flora
un **folleto** II 3, PP ein Prospekt
fomentar algo III 7, R etw. fördern
al **fondo** <II 4, PP>; III 3, TA im Hintergrund
una **forma** II 7, PP; II 7 eine Form, eine Art
una **formación** III 2, TA eine Ausbildung
formal II 7, 6 seriös, zuverlässig
formar algo <II GC>; III 4, PA etw. bilden
un **formulario** III 6, R ein Formular
una **foto** <I 2B, TA>; I 3A ein Foto
la **fotografía** <II 4, PP>; III 7, R die Fotografie
frágil III 7, PA zerbrechlich
el **francés** <II 4, 9>; III 5, PA das Französische
Francia *(f.)* I 8A Frankreich
el **franquismo** III 5, R der Frankismus *(Regierung Francos)*
un **franquista**, una **franquista** III 5, R ein Frankist, eine Frankistin *(Anhänger Francos)*
una **frase** II 8 ein Satz
la **frecuencia** III 1, PP die Häufigkeit
un **frente** III 5, R eine (Kriegs)front
un **fríjol** *(Colombia)* I 8B eine Bohne
un **frijol** *(lat.am.)* <III GC> eine Bohne
el **frío** I 3B die Kälte
frío, -a II 7, 6 (gefühls)kalt
una **frontera** II 3 eine Grenze
la **fruta** <II GC> das Obst
el **fuego** II 6, PP das Feuer
una **fuente** <II GC> ein Brunnen
III 3, PA eine Quelle
fuera III 2, R wäre
fuerte <I 8A, PP>; III 1, PA kräftig, stark
la **fuerza** <II 8, MA> die Stärke
un **funcionario**, una **funcionaria** III 1, PA ein Beamter, eine Beamtin
una **fundación** <II GC> eine Stiftung
III 4, PP die Gründung
un **fundador**, una **fundadora** <II GC> ein Gründer, eine Gründerin
fundamental II 7, PP grundlegend
fundar algo <II GC>; III 4, R etw. gründen
un **fusilamiento** <III GC> eine Erschießung
el **fútbol** I 2A, PP (der) Fußball
un / una **futbolista** <I CS> ein(e) Fußballspieler(in)
el **futuro** II 1 die Zukunft

G

las gafas *(pl.)* I 5A, PP die Brille
una **gaita** <I 8A, PP> ein Dudelsack
el **gallego** <II 1, 3>; III 5, R das Galicische
un **gallego**, una **gallega** III 5, R ein Galicier, eine Galicierin
la **ganadería** <II GC> die Viehzucht
el **ganado** III 8, PA das Vieh
ganar algo I 6, PP etw. verdienen
la **gana** *(meist im pl.* las ganas*)* II 6 die Lust
tener **ganas** de hacer algo <II 4, TA>; II 6 Lust haben, etw. zu tun
la **garganta** <II 6, 15> der Hals, die Kehle
un **gas** III 3, R ein Gas
los **gastos** II 5, 4 die Ausgaben
cubrir los **gastos** II 5, 4 die Kosten decken
un **gato** II 2 eine Katze
el **gazpacho** II 2 der Gazpacho *(kalte Gemüsesuppe)*
Géminis <II 5, PP> Zwilling *(Sternzeichen)*
en **general** III 1, PP im Allgemeinen
generalmente <II 2, TA> generell, im Allgemeinen
un **género** <II GC> eine Art, eine Sorte

III 7, PP eine Gattung, ein Genre
generoso, -a II 7, 6 großzügig
genial I 3A genial, toll
¡**Genial**! I 1 Genial! Toll!
el **genocidio** <III 4, PA> der Völkermord
la **gente** I 3B die Leute
(la) **geografía** I 7A, PP Erdkunde *(Schulfach)*
una **gestión** <III 5, PA> eine Bearbeitung
el Estrecho de **Gibraltar** II 3 die Meeresenge von Gibraltar
gigantesco, -a II 9 riesig
un **gimnasio** II 1 ein Fitnessstudio
girar I 8B, PP abbiegen
un **gitano**, una **gitana** II 3 ein Zigeuner, eine Zigeunerin
un **glaciar** <II GC> ein Gletscher
gobernar (-ie-) algo III 4, R etw. regieren
el **gobierno** III 3, PP die Regierung
un **golpe** de Estado III 7, R ein Putsch
gordo, -a I 5A, PP dick
gótico, -a <II GC> gotisch
gozar de algo <III 5, PA> sich erfreuen über etw.
grabar I 8A aufnehmen
tener **gracia** III 3, R lustig sein
gracias <I 2A, 5> danke
gracias a I 7B dank
gracias (por) I 3A danke (für)
gracioso, -a I 4 lustig, witzig
un **grado** *(lat. am.)* III 6, PA eine Klasse, eine Jahrgangsstufe
graduarse <III GC>, III 6, R einen Abschluss machen *(an der Universität)*
un **gramo** I 7B ein Gramm
grande I 3A, PP groß
gran *(+ subst.) (apócope de grande)* II 8 groß, großartig
mayor *(superlativo de* **grande***)* III 1, R größer
la **grasa** III 2, R das Fett
gratuito, -a III 3, R kostenlos, gratis
grave <I 8A, PP> tief *(Stimme, Ton)* II 8 schwerwiegend, schlimm
un **grifo** II 6 ein Wasserhahn
la **gripe** II 6, 14 die Grippe
gris I 7B, PP grau
gritar (algo) II 4 (etw.) schreien
un **grito** II 8 ein Schrei
un **grupo** I 7A eine Gruppe
una **guanabana** <II 6, 13> eine Stachelannone *(tropische Frucht)*
guapo, -a I 5A, PP hübsch
guardar algo I 5B etw. aufbewahren, behalten
una **guardería** <III 4, R> ein Kindertagesheim
guay *(col.)* I 3B klasse
una **guerra** III 1, R ein Krieg
la I **Guerra** Mundial III 4, PP der Erste Weltkrieg
la **Guerra** Civil <II GC> der Spanische Bürgerkrieg
un **guerrillero**, una **guerrillera** III 4, PA ein Guerrillakämpfer, eine Guerrillakämpferin
un **guía**, una **guía** II 5 ein Reiseführer, eine Reiseführerin
guiado, -a II 5 geführt
guiar a alguien <III GC> jdn. führen
un **guión** <I 2B, 10> ein Bindestrich <III 7, PP> ein Drehbuch
un **guionista**, una **guionista** <III GC> der Drehbuchautor, die Drehbuchautorin
una **guitarra** <I 8A, PP>; II 2 eine Gitarre
te **gusta** / te **gustan** I 2A, PP du magst, dir gefällt / dir gefallen
me **gusta** / me **gustan** I 2A, PP ich mag, mir gefällt/ mir gefallen
me / te **gustaría** II 8 ich würde gerne / du würdest gerne; ich möchte / du möchtest
gustar(le) algo a alguien I 5A jdm. etw. gefallen
el **gusto** II 9, PP der Geschmack
estar / sentirse a **gusto** III 6, R sich wohlfühlen

H

haber I 6 haben / sein *(als Hilfsverb)*
una **habitación** I 1 ein Zimmer
un **habitante**, una **habitante** II 2, PP ein Einwohner, eine Einwohnerin
un **hábito** III 2, PA eine Gewohnheit
hablar I 2A sprechen, reden
¿**Hablas** en serio? I 3B Meinst du das ernst?
hablar por el móvil I 7A mit dem Handy telefonieren
hace *(+ Zeitangabe)* que I 8A vor
hace calor I 3B es ist heiß
hace frío I 3B es ist kalt
hace la tira de tiempo *(col.)* III 2, PP vor ewig langer Zeit
hacer (hago) I 2B machen, tun
hacer el ridículo III 2, PP sich lächerlich machen
hacer la compra I 5A, 5 einkaufen gehen *(Lebensmittel)*
hacer(le) caso a alguien III 7, R auf jdn. hören
hacerse (-g-) I 8A werden
hacia I 6 zu (…hin), nach
hallar algo III 5, PA etw. finden
el **hambre** *(f.)* I 6, PP der Hunger
una **hamburguesería** <I CS> ein Hamburgerrestaurant
hasta I 2B bis
hasta luego I 2B bis später
hasta pronto I 3B bis bald
hasta que II 8 bis
hay I 3A, PP es gibt, da ist / sind
hay marcha I 3A es ist etwas los
hay que I 5A man muss
un **hecho** <II GC> eine Tatsache
una **hectárea** <III GC> ein Hektar
un **helado** I 1 ein Eis
heredar algo <III GC> etw. erben
un **heredero**, una **heredera** <III 4, PA> der Erbe, die Erbin
la **herencia** <III GC> das Erbe
(estar) **herido, -a** II 8 verletzt (sein)
el **hermano**, la **hermana** I 1 der Bruder / die Schwester
los **hermanos** I 2B die Geschwister
un **héroe**, una **heroína** III 4, R ein Held, eine Heldin
la **hierba** <III 4, PP> das Gras
el **hígado** <II 6, 15> die Leber
el **hijo**, la **hija** I 2B, 3 der Sohn, die Tochter
un **himno** III 5, PP eine Hymne
(la) **historia** I 7A, PP Geschichte *(Schulfach)*
la **historia** II 9 die Geschichte
un **historiador**, una **historiadora** <II GC> ein Historiker, eine Historikerin
histórico, -a <II GC>; III 1, PA geschichtlich, historisch
el **hogar** II 7 der Haushalt, das Heim
¡**Hola**! I 1, PP Hallo!
un **hombre**, ¡**hombre**! II 1 ein Mann, Mensch! *(Ausruf)*
el **hombro** III 8, PA die Schulter
el **honor** <I CS> Ehre
en **honor** a alguien <II 1, 1> zu Ehren von jdm.
una **hora** I 4, PP eine Stunde
¿A qué **hora**…? I 4, PP Um wie viel Uhr…?
¿Qué **hora** es? I 4 Wie viel Uhr ist es?
un **horario** I 7A, PP ein Stundenplan
un **horóscopo** II 5, PP ein Horoskop
horrible III 5, R fürchterlich, grässlich, schrecklich
¡Qué **horror**! II 9 Wie schrecklich!
un **hospital** II 6 ein Krankenhaus
un **hotel** I 8B ein Hotel
hoy I 2B heute
hoy en día II 2, 7 heutzutage
una **huelga** <II GC> ein Streik
un **huevo** II 9 ein Ei
la **humanidad** III 5, PA die Menschheit
el desarrollo **humano** II 3 die menschliche Entwicklung
humilde III 7, R ärmlich, bescheiden
humillar a alguien <III 4, PA> jdn. demütigen

I

la Península **Ibérica** II 3 die Iberische Halbinsel
ibérico, -a I 7B iberisch
una **idea** I 2A eine Idee
Ni **idea**. I 2A Keine Ahnung.
una **identidad** III 5, PP eine Identität
identificarse con algo / alguien III 6, R sich mit etw. / jdn. identifizieren
una **ideología** III 4, R eine Ideologie
un **idioma** I 4 eine Sprache
una **iglesia** <I 1, 6>; III 1, PA eine Kirche
igual <II 8, 10>; III 4, PA gleich
la **igualdad** III 4, R die Gleichheit, die Gleichberechtigung
una **iguana** <II GC> ein Leguan
un **ilegal**, una **ilegal** I 6 ein Illegaler, eine Illegale
ilegal I 6 illegal
una imagen **virtual** <I CS> ein virtuelles Bild *(Digitalbild auf dem Computer)*
imaginarse I 5A sich vorstellen
imagínate I 5A stell dir (nur) vor
el **Imperio** inca II 5, PP das Incareich
imponer algo (a alguien) <III GC> etw. durchsetzen
la **importancia** <II GC>; III 5, PA die Wichtigkeit
importante I 3A, PP wichtig
importar(le) algo a alguien I 5A jdm. etw. wichtig sein / ausmachen
No **importa**. I 5A Das macht nichts.
(estar) **impresionado, -a** I 5A, PP beeindruckt (sein)
impresionante <II 4, PP> beeindruckend
imprimir algo <II 9> etw. drucken
la **Inca** Kola <II 6, 13> die Inca Kola *(peruanisches Erfrischungsgetränk)*
incapaz <III GC> unfähig
los **incas** II 4 die Incas
inclinado, -a <II 8, 7> steil
incluir algo <II 8, MA>; III 8, PA etw. einschließen
incluso II 5 sogar
el **inconsciente** <II 4, PP> das Unbewusste
una **independencia** III 4, PP die Unabhängigkeit
independiente II 7 unabhängig
una **indicación** <I 7A, 4> ein Hinweis
indicar algo III 1, TA etw. angeben
la **indiferencia** <III GC> die Gleichgültigkeit
indígena II 5 einheimisch, indigen
un **indígena**, una **indígena** II 7 ein Einheimischer, eine Einheimische / ein Ureinwohner, eine Ureinwohnerin
un **indio** I 8B ein Indio *(Ureinwohner Amerikas und deren Nachfahren)*
individual III 1, TA Einzel-
un **individuo** III 6, PP eine Einzelperson
la **industria** II 2, PP die Industrie
industrial <II GC> industriell, Industrie-
industrializado, -a <II GC> industrialisiert
inferior *(comparativo de bajo)* III 1, PP niedrigst, untenliegend, minderwertig
el **infierno** <III GC> die Hölle
la **influencia** I 8A der Einfluss
influir en alguien <III GC> jdn. beeinflussen
la **información** I 3A die Information

informal II 7, 6 unzuverlässig
informar a alguien (de algo) II 5 jdn. (über etw.) informieren
informarse (de algo) II 8 sich über etw. informieren
(la) **informática** I 3A (die) Informatik
un **informe** <III GC> ein Bericht
la **infraestructura** <II 1, 9>; II 8, PP die Infrastruktur
(el) **inglés** I 7A, PP Englisch *(Schulfach)*
un **ingrediente** <II GC> eine Zutat
iniciar algo III 6, R etw. anfangen
injusto, -a III 4, PA ungerecht, unrecht
una **injusticia** III 4, R eine Ungerechtigkeit
un **inmigrante**, una **inmigrante** I 6 ein Einwanderer, eine Einwanderin
un **insecto** II 9 ein Insekt
insoportable II 4 unerträglich, unausstehlich
un **instituto** I 3A ein Gymnasium
tocar un **instrumento** <I 2B, TA> ein Instrument spielen
un **insulto** III 6, R eine Beleidigung, eine Beschimpfung
intacto, -a <II GC> unversehrt
la **integración** III 7, R die Integration, die Eingliederung
intelectual III 5, R intellektuell, geistig
la **inteligencia** III 4, R die Intelligenz
inteligente <I CS> intelligent
intentar algo I 6 etw. versuchen
un **intercambio** I 5A ein Austausch
el **interés** <II GC> das Interesse
interesante I 3A, PP interessant
interesar(le) algo a alguien II 5 jdn. etw. interessieren
interesarse por algo / alguien II 7 sich für etw. / jdn. interessieren
internacional <II GC>; III 3, TA international
navegar por **internet** <I 2B, TA> im Internet surfen
una **interpretación** III 7, R eine Deutung, eine Interpretation
interpretar un papel III 7, R eine Rolle spielen
un **intérprete**, una **intérprete** III 4, R ein Dolmetscher, eine Dolmetscherin; III 7, PP ein Darsteller, eine Darstellerin
intolerante <I CS> intolerant
invadir algo <III 4, PA> etw. invadieren, überfallen
una **invasión** III 4, PP eine Invasion
inventar algo <III 4, R> etw. erfinden
un **invernadero** II 3 ein Gewächshaus
el **invierno** I 7B der Winter
invitar <I 8B, 8> einladen
invitar a alguien II 5 jdn. einladen
ir I 3A gehen
va bien I 4 es ist ok, es ist in Ordnung
¡**Vas** a verlo! I 7A Du wirst schon sehen!
¡Ya **voy**! I 3A Ich komme schon!
ir *(+ gerundio)* II 8 langsam etwas tun / anfangen etw. zu tun
ir a hacer algo I 3B etw. tun werden
ir a pie I 8B zu Fuß gehen
ir bien I 4 ok sein, in Ordnung sein
ir de compras I 7B einkaufen (gehen), bummeln, shoppen
ir en autobús I 4, PP mit dem Bus fahren
ir en coche I 6 mit dem Auto fahren
ir(le) a uno algo *(col.)* III 2, PP jdm. etw. gefallen
irregular <I 8A, PP> unregelmäßig
irreparable III 2, PP irreparabel
irse I 4 weggehen
una **isla** <I 1, 6>; III 6, R eine Insel
el **italiano** <II 4, 9> das Italienische
un **itinerario** II 5 eine Reiseroute
a la **izquierda** de I 5B, PP links von

J

el **jamón** I 7B der Schinken
el **jamón** ibérico I 7B *besonderer luftgetrockneter Schinken aus Spanien*
un **jardín** <II GC> ein Garten
una **jarra** III 6, TA eine Kanne, ein Krug
un **jefe** / una **jefa** de ventas III 6, R ein Marketingleiter, eine Marketingleiterin
un **jersey** *(pl. jerséis)* I 5B, 6 ein Sweatshirt, ein Pullover
una **jornada** III 1, R ein Tageswerk, eine Tagesreise
un **jornalero**, una **jornalera** <II GC> ein Tagelöhner, eine Tagelöhnerin
un **joven**, una **joven** <I 7B, 11>, II 7, PP ein Jugendlicher, eine Jugendliche
joven II 5 jung
jubilado, -a <II 1, 9> ein Rentner, eine Rentnerin
un **judío**, una **judía** <II GC> ein Jude, eine Jüdin
judío, -a III 5, PA jüdisch
un **juego** I 1 ein Spiel
No es un **juego.** I 1 Das ist kein Kinderspiel.
un **videojuego** <I 2B, TA> ein Videospiel
un **juego** de cartas <I 2B, TA> ein Kartenspiel
jueves *(m.)* I 3B Donnerstag
jugar (-ue-) I 3B, PP spielen
juguetón, juguetona II 2 verspielt
julio *(m.)* I 3B, 4 Juli
junio *(m.)* I 3B, 4 Juni
juntar algo III 3, R etw. sammeln, etw. zusammentragen
juntarse III 3, R zusammentreffen
junto, -a I 3B zusammen, gemeinsam
junto a <II 4, PP>; II 8 neben
jurar(le) algo a alguien II 9 etw. jdm. schwören
la **justicia** III 3, PP die Gerechtigkeit
justificarse III 2, R sich rechtfertigen, eine Ausrede geben
justo, -a III 8, PA gerecht
lo **justo** / lo **justito** III 2, R genau richtig viel
la **juventud** III 2, PA die Jugend

K

un **kilo** I 7B ein Kilo
un **kilómetro** III 1, R ein Kilometer
un **kiosco** <II GC> ein Kiosk

L

la I 1 die *(bestimmter Artikel, sg.)*
un **labio** III 6, R eine Lippe
un **lado** I 5B, PP eine Seite
por un **lado ...** por otro **lado** II 8, 11 auf der einen Seite, ... auf der anderen Seite
una **lagartija** <III 4, PP> eine Eidechse
un **lagarto** <III 4, PP> eine Echse
un **lago** II 5 ein See
lamentar algo <III GC> etw. beklagen
una **lámpara** III 3, R eine Lampe
un **lápiz** III 8, PA ein Bleistift
largo, -a I 5A, PP lang
un **largometraje** III 7, PP ein Spielfilm
la **lástima** II 7 das Bedauern
una **lata** III 3, R eine Dose
un **latifundio** II 3 ein Großgrundbesitz
un **latifundista**, una **latifundista** II 2 ein Großgrundbesitzer, eine Großgrundbesitzerin
el **latín** <II 4, 9> das Lateinische
latino, -a I 8A lateinamerikanisch
Latinoamérica *(f.)* I 8B Lateinamerika
lavar algo I 5A, 5 etw. waschen
lavar los platos I 5A, 5 spülen, abwaschen
lavarse I 4, 5 sich waschen
lavarse los dientes I 4, 5 sich die Zähne putzen
un **lavavajillas** <III 4, R> eine Geschirrspülmaschine

le I 5A ihr / ihm *(Dativpron.)*
una **lección** III 6, R eine Vorlesung, eine Lektion
la **leche** III 7, R die Milch
la **leche** condensada III 7, R *dicke Kondensmilch mit Zucker*
leer I 2B lesen
legal I 6 legal
lejos (de) I 3A weit weg (von), entfernt
una **lengua** I 7A, PP eine Sprache
una **lengua** cooficial <II 1, 3> eine Amtssprache einer Region
una **lengua** materna III 5, R eine Muttersprache
una **lengua** oficial <II 1, 3> eine Amtssprache
una **lengua** romance <III GC> eine romanische Sprache
una **lengua** románica <II 4, 9> eine romanische Sprache
lengua y literatura I 7A, PP Spanisch als Schulfach *(wie das Fach Deutsch in Deutschland)*
el **lenguaje** <II GC> die Sprache, die Ausdrucksweise
un **lenguaje** de programación <III 4, R> eine Programmiersprache
lento, -a <I 8A, PP>; III 3, PA langsam
Leo <II 5, PP> Löwe *(Sternzeichen)*
les I 5A ihnen / Ihnen *(Dativpron.)*
una **letra** <II 8, 10> ein Buchstabe
la **letra** III 3, TA die Schrift (Handschrift)
un **levantamiento** <III GC> ein Aufstand
levantar algo III 3, PA etw. aufheben
levantarse I 4, PP aufstehen
una **ley** III 4, R ein Gesetz
una **leyenda** III 4, R eine Legende
liberal II 7, 6 liberal, freiheitlich
la **libertad** II 9 die Freiheit
Libra <II 5, PP> Waage *(Sternzeichen)*
el tiempo **libre** I 3B die Freizeit
al aire **libre** II 1 Freiluft..., open air
una **librería** I 3A, 6 eine Buchhandlung
un **libro** I 3B, PP ein Buch
un **libro** de estudio <I CS> Schulbuch
un **líder**, una **líder** III 4, R ein Anführer, eine Anführerin
un **limeño**, una **limeña** II 7 ein Limeño, eine Limeña *(Person aus Lima)*
limitar con algo II 3 grenzen an etw.
un **limpiaparabrisas** <III 4, R> ein Scheibenwischer
limpiar algo I 5A, 5 etw. putzen
(estar) **limpio, -a** III 1, PA sauber (sein)
lindo, -a II 8 hübsch, nett
una **línea** II 5 eine Linie
una **lista** <I 2B, 6> eine Liste
(estar) **listo, -a** I 8B fertig, bereit (sein)
(ser) **listo, -a** II 7, 6 klug
la **literatura** I 7A, PP die Literatur
un **litro** III 3, R ein Liter
llaman I 5B es läutet
llamar I 2B anrufen; rufen
llamarse I 4 heißen
te **llamas** I 1, PP du heißt
una **llegada** <II GC> eine Ankunft
llegar I 2A ankommen
llenar algo III 6, R etw. ausfüllen
(estar) **lleno, -a** (de) II 2 voll (sein mit)
llevar algo I 4 etw. tragen
II 2 etw. mitnehmen, -bringen
llevar *(+ gerundio + tiempo)* II 8 seit *(+ Zeitangabe)* etw. tun
llorar II 9 weinen
llorón, llorona III 7, R wehleidig
llover (-ue-) I 7B regnen
la **lluvia** II 1, 9 der Regen
lo I 8A es *(neutrales Objektpron. für einen Sachverhalt)*

lo / la I 5B sie / ihn / es *(Akkusativpron.)*
lo más mínimo III 1, R das Geringste
Vas a **verlo.** I 7A Du wirst schon sehen.
lo que <I CS>; II 2 was *(Relativpronomen)*
Lo siento. I 4 Es tut mir leid.
local I 6 örtlich, lokal
loco, -a I 7B verrückt
lógico, -a III 5, R logisch
lograr algo III 3, PA etw. erreichen, etw. schaffen
Londres *(f.)* II 1, PP London
los / las I 5B sie *(Akkusativpron.)*
los, las I 2A, PP die *(bestimmter Artikel, pl.)*
una **lucha** <II GC>; III 4, R ein Kampf
luchar contra algo / alguien <III GC> gegen jdn. kämpfen
Hasta **luego.** I 2B Bis später.
un **lugar** II 1 ein Platz, ein Ort
el **lugar** de nacimiento <I 8A, 6> der Geburtsort
la **luna** II 4, PP der Mond
lunes *(m.)* I 3B Montag
la **luz** I 5B das Licht
la **luz** de neón II 9 ein Neonlicht

M

un **machete** II 8 eine Machete *(Buschmesser)*
la **madera** <III GC> das Holz
la **madre** I 2B die Mutter
la **madrugada** III 8, PA der Tagesanbruch
un **maestro**, una **maestra** III 6, PA ein Lehrer, eine Lehrerin
el **maíz** I 8B der Mais
majo, -a II 7, 6 nett
mal I 2B schlecht *(adv.)*
Hace **mal** tiempo. I 3B Das Wetter ist schlecht.
malo, -a I 5A schlecht
pésimo, -a *(superlativo de* **malo***)* III 1, R miserabel, sehr schlecht
el **papá**, la **mamá** I 5A der Papa, die Mama *(auch als Anrede)*
mañana I 2B morgen
una **mañana** I 3A ein Morgen, ein Vormittag
por la **mañana** I 3A morgens
esta **mañana** I 6 heute Morgen
mandar(le) algo a alguien I 5A jdm. etw. schicken
de ninguna **manera** III 4, PA auf keinen Fall
una **manifestación** II 4 eine Demonstration
manifestarse (contra algo) III 5, R (gegen etw.) demostrieren
manipulador, -a III 7, R manipulierend
una **mano** II 8 eine Hand
mantener (-g-) algo III 1, PA etw. behalten, beibehalten
una **manzana** I 3B ein Apfel
un **mapa** II 3, PP eine Landkarte
una **máquina** (de bebidas) I 7A ein (Getränke) Automat
el **mar** I 2A, PP das Meer
el **Mar** Mediterráneo II 3 das Mittelmeer
las **maracas** <I 8A, PP> die Maracas
una **maravilla** <III GC> ein Wunder
maravilloso, -a II 7, PP wunderbar
marcar algo <II GC> etw. prägen, etw. markieren
una **marcha** III 4, R ein Marsch
hay **marcha** I 3A es ist etwas los
un **marco** III 7, PP ein Rahmen
mareado, -a III 6, PA benommen, schwindlig
la **marginación** <III 4, PA> die Diskriminierung
un **marido** III 3, PP ein Ehemann
una **mariposa** II 9 ein Schmetterling
el **marketing** III 6, R das Marketing
marrón I 5A braun
Marruecos *(m.)* II 3 Marokko
martes *(m.)* I 3B, 4 Dienstag
marzo *(m.)* I 3B, 4 März
más I 5A mehr
más o menos III 1, PP mehr oder weniger, ungefähr
más… que I 7A, PP mehr… als
una **mascota** II 6, PP ein Haustier
un **matamoscas** <III 7, R> eine Fliegenklatsche
(las) **matemáticas** I 7A, PP Mathematik *(Schulfach)*
el **material** III 1, R das Material
materno, -a <III GC> mütterlich
un **matrimonio** <II GC>; III 5, PP eine Ehe, ein Ehepaar
el **máximo** <I CS> Maximum
máximo, -a *(superlativo de grande)* III 1, R größte, -r, -s
al **máximo** III 1, R so viel wie möglich
mayo *(m.)* I 3B, 4 Mai
mayor II 1 älter, -e, -s
II 3 größer, größte, -r, -s *(Komparativ u. Superlativ von grande)*
la **mayoría** III 1, PP die Mehrheit
me I 4 mich *(Reflexivpron.)*
I 5A mir *(Dativpron.)*
I 5B mich *(Akkusativpron.)*
me encanta I 3B es gefällt mir sehr gut
me gusta, **me** gustan I 2A, PP ich mag, mir gefällt/mir gefallen
me llamo I 1, PP ich heiße
una **medicina** II 6, 14 eine Medizin
un **médico**, una **médico** II 6, 14 ein Arzt, eine Ärztin
medieval <II GC> mittelalterlich
en **medio** de III 1, R mitten in
medio, -a I 7A halbe, -r, -s
medir (-i-) algo <II GC> messen, sich bemessen auf
el Mar **Mediterráneo** II 3 das Mittelmeer
a lo **mejor** I 2B vielleicht
mejor I 5B besser
mejorar algo II 9 etw. verbessern
melancólico, -a <I 8A, PP> melancholisch
melodioso, -a <I 8A, PP> melodiös
mencionar algo <III 1, PA> etw. erwähnen
menor *(comparativo de pequeño)* III 1, PP geringere, -r, -s
menor *(superlativo de pequeño)* III 1, R mindeste, -r, s
al **menos** III 2, PA zumindest
menos … que I 7A, PP weniger … als
el **menosprecio** <III GC> die Unterschätzung
un **mensaje** I 2A eine Nachricht
un **mensajero**, una **mensajera** III 4, R ein Bote, eine Botin
menudo, -a *(+ subst.)* III 1, R was für *(+ subst.)*
merecer(se) algo II 9 (sich) etw. verdienen
un **mes** I 3B ein Monat
una **mesa** I 5A, 5 ein Tisch
poner (-g-) la **mesa** I 5A, 5 den Tisch decken
una **meta** III 2, PA ein Ziel
meter algo en algo I 5B, PP etw. in etw. (hinein)stecken, etw. in etw. (hinein)legen
el **metro** I 8B, 6 die U-Bahn
un **metro** III 3, R ein Meter
un **metro** cuadrado III 3, R ein Quadratmeter
mexicano, -a <II 8, MA> mexikanisch
una **mezcla** <II GC>; III 2, PA eine Mischung
mezclar algo <II GC> etw. mischen
una **mezquita** II 3 eine Moschee
a **mí** también I 2A, PP mir auch
un **micrófono** II 8 ein Mikrofon
el **miedo** (a/de) II 6 die Angst (vor)
por **miedo** a que III 1, R aus Angst davor, dass …
un **miembro** <III GC> ein Mitglied
mientras I 7A während
mientras *(+ subjuntivo)* II 8 solange
miércoles *(m.)* I 3B Mittwoch
una **migración** II 2, PP eine Migration, eine Wanderbewegung
migrar (a) III 6, PP migrieren (nach)
mil I 7B tausend
militar <II GC>; III 7, PA militärisch
un **millar** III 3, R ein Tausend
un **millón** II 3 eine Million
la **minería** <II GC> der Bergbau
una **minifalda** <III 4, R> ein Minirock
mínimo, -a *(superlativo de pequeño)* III 1, R minimale, -r, -s, geringste, -r, -s
el **Ministerio** de Asuntos Sociales <II 1, 9> entspricht etwa: Ministerium für Soziale Sicherung
la **minoría** III 1, PP die Minderheit
minoritario, -a <III GC> minoritär
un **minuto** I 7B eine Minute
mío, -a II 4 meine, -r, -s *(betontes Possessivpron.)*
mirar (algo) I 4 schauen / etw. anschauen
¡**mira**! I 4 Schau (mal)!
mi, mis I 2B mein, -e
la **miseria** I 6, PP die Armut, das Elend
mismo, -a I 4 der-, die-, dasselbe; selbst
la **mitad** (de) III 1, PP die Hälfte (von)
la **mitología** II 4 die Mythologie
una **mochila** III 1, R ein Rucksack
la **moda** <II GC>; III 6, R die Mode
el **modernismo** II 4 der Modernismus
moderno, -a I 3A, PP modern
el **modo** I 7A die Art, die Weise; die Art und Weise
de **modo** que II 7 so dass, sodass
molestar(le) algo a alguien II 7 jdn. etw. ärgern, jdn. stören
un **momento** I 6 ein Moment, ein Augenblick
una **monarquía** III 5, R eine Monarchie
una **moneda** <I 2B, TA>; III 6, R eine Münze
un **monitor**, una **monitora** II 7, PP ein Betreuer, eine Betreuerin
un **mono**, una **mona** <III 4, PP> ein Affe, eine Äffin
un **monopolio** <II GC> ein Monopol
monótono, -a <I 8A, PP> monoton
el **montaje** <III 7, PP> die Inszenierung
una **montaña** <I 1, 6>; II 1, PP ein Berg, ein Gebirge
un **monte** III 3, PA ein Berg
un **montón** (de) II 9 ein Haufen, eine große Menge (von)
un **monumento** <I 1, 6>; I 3A, PP eine Sehenswürdigkeit, ein Denkmal
(ser) **moreno, -a** I 5A, PP dunkelhaarig
(estar) **moreno, -a** II 2 braungebrannt (sein)
morirse (-ue-) II 9 sterben
¡qué **morro**! I 2A Ganz schön frech!
un **mosquito** II 9 eine Mücke, eine Stechmücke
mostrar(le) (-ue-) algo a alguien II 3, PP jdm. etw. zeigen
(estar) **motivado, -a** III 1, R motiviert (sein)
un **motivo** III 2, PA ein Anlass, ein Grund
un **motor** II 3 ein Motor, eine Antriebskraft
mover (-ue-) algo <II GC> etw. bewegen
moverse (-ue-) III 3, PA sich bewegen
un **móvil** I 2A, PP ein Handy, ein Mobiltelefon
hablar por el **móvil** I 7A mit dem Handy telefonieren
un **movimiento** <II 4, PP>; III 4, R eine Bewegung
muchísimo, -a I 6 sehr viel
mucho *(adv.)* I 2A viel, sehr
mucho, -a *(adj.)* I 3B viel, -e
mudarse II 2 umziehen
la **muerte** <III 4, PP> der Tod
(estar) **muerto, -a** II 1 tot (sein)
una **mujer** II 4, PP eine Frau

mundial <II GC> Welt-
el **mundo** I 8B die Welt
todo el **mundo** I 8B alle, jeder
una **muñeca** <I 2B, TA>; I 5B eine Puppe
un **municipio** <III 5, PA> eine Gemeinde
un **mural** III 3, PP das Wandgemälde
un **muro** III 3, PP eine Mauer
una **musa** <III GC> eine Dichtkunst, eine Muse
un **museo** I 1 ein Museum
la **música** I 2A, PP die Musik
un equipo de **música** I 5B eine Stereoanlage
musical II 4 Musik-
un **músico** I 8A ein Musiker
un **musulmán**, una **musulmana** <I CS>; III 5, PA ein Moslem; ein Muslim, eine Muslime
muy I 2A sehr

N

nacer (-zco) I 8A geboren werden
un **nacimiento** III 4, PP eine Geburt
un **nacionalista**, una **nacionalista** III 5, R ein Nationalist, eine Nationalistin
nacionalizar algo III 8, PA etw. verstaatlichen
nada I 6 nichts, das macht nichts
nadar I 2A, PP schwimmen
nadie I 7B niemand
el **náhuatl** III 4, R das Nahuatl *(Sprache)*
naranja I 7B, PP orange
la **nariz** *(las narices, col.)* II 9 die Nase
natural III 3, PA natürlich
la **naturaleza** <II GC>; III 1, PA die Natur
navegable <II GC> schiffbar
un **navegante**, una **navegante** <II GC> ein Seefahrer, eine Seefahrerin
navegar por internet <I 2B, TA> im Internet surfen
la **Navidad** III 6, PA (das) Weihnachten
necesario, -a II 7 notwendig
necesitar I 2B brauchen, benötigen
negativo, -a III 6, R negativ
una **negociación** III 3, PA eine Verhandlung
un **negocio** III 6, R ein Geschäft
negro, -a I 7B, PP schwarz
un **negro**, una **negra** <I CS> Schwarzer
(estar) **nervioso, -a** I 5A, PP nervös (sein)
no… **ni** I 7B weder… noch
Ni idea. I 2A Keine Ahnung.
ni siquiera III 5, PA nicht einmal
la **niebla** I 7B der Nebel
el **nieto**, la **nieta** I 2B, 3 der Enkel, die Enkelin
la **nieve** II 1, 9 der Schnee
ningún/ninguno, ninguna I 7B keine, -r, -s
un **niño**, una **niña** I 4 ein Kind
una **niña** I 4 ein Mädchen *(lat.am. auch: junge Frau)*
un **nivel** II 3 ein Niveau
el **nivel** del mar <II GC> der Meeresspiegel
no I 1 nein, nicht *(Verneinung)*
No es un juego. I 1 Das ist kein Kinderspiel.
No es verdad. I 2A Das ist nicht wahr. / Das stimmt nicht.
No importa. I 5A Das macht nichts.
No me queda más remedio. III 1, R Mir bleibt nichts anderes übrig.
no obstante III 1, R jedoch, allerdings
¿**No** te / os parece? I 5A Meinst du / meint ihr nicht?
No te preocupes. I 6 Mach dir keine Sorgen.
No veas qué ... III 1, R Du kannst dir nicht vorstellen, wie / was für …
no… ni I 7B weder… noch
una **noche** I 3A eine Nacht
Buenas **noches.** I 2B, 2 Guten Abend. Gute Nacht.
por la **noche** I 3A nachts
un **nombre** I 2B, PP ein Name
el **noreste** <II GC> der Nordosten
normal I 3A, PP normal
el **noroeste** <II GC> der Nordwesten
el **norte** <I 1, 6>; I 3A, PP der Norden
nos I 4 uns *(Reflexivpron.)*
I 5A uns *(Dativpron.)*
I 5B uns *(Akkusativpron.)*
nosotros I 2A wir
una **nota** III 6, R eine Note
notar algo II 6 etw. bemerken
una **noticia** I 2B eine Nachricht
las **noticias** III 7, PA die Nachrichten(sendung)
novecientos, -as I 7B neunhundert
una **novela** II 3 ein Roman
noveno, -a I 7A neunte, -r, -s
noventa I 2B, PP neunzig
noviembre *(m.)* I 3B November
un **novio**, una **novia** I 7A ein (fester) Freund, eine (feste) Freundin
una **nube** II 1, 9 eine Wolke
una central **nuclear** <II 2, PP> ein Atomkraftwerk
nuestro I 2B unser, unsere *(sg.)*
nuestros I 2B unsere *(pl.)*
nueve I 2B, PP neun
nuevo, -a I 3A neu
un **número** I 2B, PP eine Zahl, eine Nummer
numeroso, -a III 6, R zahlreich
nunca I 7B niemals

O

o I 2B oder
o sea <II 3, TA> das heißt
un **objetivo** III 4, R ein Ziel
objetivo, -a III 7, R objektiv
una **obligación** III 2, PA eine Pflicht
obligar a alguien a hacer algo II 2 jdn. zwingen, etw. zu tun
una **obra** <II GC> ein Werk
un **obrero**, una **obrera** III 5, R ein Arbeiter, eine Arbeiterin
obrero, -a III 5, R Arbeiter-
no **obstante** III 1, R jedoch, allerdings
obtener (-g-) algo <II GC>; III 2, PA etw. erhalten, etw. bekommen
una **ocasión** III 3, R eine Gelegenheit
occidental <II GC> westlich
el **océano** Atlántico II 3 der Atlantische Ozean
un **ocelote** <III 4, PP> ein Ozelot *(Raubkatzenart)*
ochenta I 2B, PP achtzig
ocho I 2B, PP acht
ochocientos, -as I 7B achthundert
el **ocio** <III 1, PP> die Freizeit
octavo, -a I 7A achte, -r, -s
octubre *(m.)* I 3B Oktober
una **ocupación** <II GC> eine Besetzung
ocuparse de algo / alguien I 4 sich um etw. / jdn. kümmern
ocurrir III 1, PA passieren
odiar algo / a alguien <III GC> etw. / jdn. hassen
el **odio** III 8, PA der Hass
el **oeste** <I 1, 6>; <II 5, TA>; III 3, PA der Westen
una **oferta** <II GC> ein Angebot
oficial III 2, R amtlich, offiziell
una lengua **oficial** <II 1, 3> eine Amtssprache
una **oficina** III 3, R ein Büro
ofrecer(le) (-zco) algo a alguien <II 1, 9>; III 1, R jdm. etw. anbieten
oír (-g-) algo I 5B etw. hören
un **ojo** I 5A ein Auge
oler (huele, olemos) II 9 riechen
la **oliva** <III 6, T> die Olive
un **olivo** II 2 ein Olivenbaum
una **olla** <III 4, R> ein Topf
una **olla** exprés <III 4, R> ein Schnellkochtopf
un **olluco** <II 6, 13> Olluco *(Knollenfrucht)*
olvidarse de algo / alguien; **olvidar** algo / alguien II 1 etw. / jdn. vergessen
once I 2B, PP elf
una **ópera** II 3 eine Oper
una **opinión** III 3, TA eine Meinung
una **oportunidad** II 5 eine Gelegenheit
la **oposición** III 8, PA die Opposition
optar por III 8, PA sich für etw. entscheiden
una **optativa** I 7A, PP ein Wahlpflichtfach
óptimo, -a *(superlativo de bueno)* III 1, R ausgezeichnet, optimal
una **orden** <II GC> ein Befehl
un **ordenador** I 2A, PP ein Computer
un fanático de los **ordenadores** I 3A ein Computerfan
ordenar algo I 5A, 5 etw. aufräumen
ordenar algo a alguien III 5, R jdm. etw. befehlen
orgánico, -a III 3, R organisch
una **organización** III 1, R eine Organisation
organizado, -a II 7, 6 (gut) organisiert
organizar algo <II GC>; III 2, PA etw. organisieren
(estar) **orgulloso, -a** de III 6, R stolz auf etw. (sein)
el **origen** <II GC>; III 5, PA der Ursprung, die Herkunft
original <II GC> neuartig, originell
III 7, PP original
una **orilla** <II GC> ein Ufer
una **orquesta** <I 8A, 6> ein Orchester
os I 4 euch *(Reflexivpron.)* I 5A euch *(Dativpron.)* I 5B euch *(Akkusativpron.)*
oscuro, -a I 8B dunkel
el **otoño** II 1 der Herbst
otro, -a I 4 (ein, e) andere, -r, -s; noch ein, -e
el **oxígeno** II 9 der Sauerstoff
¡**Oye**! I 2B Hör mal!
el **ozono** III 3, PA das Ozon

P

la **paciencia** II 9, PP die Geduld
un **paciente**, una **paciente** II 6, 14 ein Patient, eine Patientin
el **Pacífico** <II GC> der Pazifik
el **padre** I 2B der Vater
los **padres** I 2B die Eltern
una **paella** I 1 eine Paella *(span. Reisgericht)*
pagano, -a <III GC> heidnisch
pagar algo I 7B etw. (be)zahlen
una **página** I 3A eine Seite
una **página** Web I 3A eine Web-Seite
un **país** I 4 ein Land
un **paisaje** II 2 eine Landschaft
un **pájaro** II 4, PP ein Vogel
una **palabra** I 4 ein Wort
un **palacio** II 3 ein Palast
pálido, -a II 8 blass
el **pan** I 7B, 8 das Brot
una **panadería** I 3A, 6 eine Bäckerei
Panamá I 8B Panama *(Land in Mittelamerika)*
panameño, -a I 8B panamaisch, aus Panama
un **panel** de timbres <I 7A, 7> ein Klingelschild
un **pantalón** I 5B, 6 eine Hose
una **papa** I 8B eine Kartoffel *(lat.am.)*
papá I 5A Papa *(Anrede)*
los **papás** II 8 die Eltern
una **papaya** <II 6, 13> eine Papaya *(tropische Frucht)*
un **papel** I 2B ein Papier
un **papeleo** III 3, R ein Papierkram
para I 3A für
para hacer algo I 6 um etw. zu tun
para que II 8 damit
¿**para** qué? II 1 wozu?

para terminar I 6 zum Schluss
un **paracaídas** <III 4, R> ein Fallschirm
un **paraguas** <III 7, R> ein Regenschirm
parar II 9 aufhören
pararse II 8 anhalten, stehen bleiben
una **parcela** <I CS> eine Parzelle *(kleines Stück Land)*
parecer(le) (-zco) a alguien I 5A jdm. (er)scheinen
¿No te **parece**? I 5A Meinst du nicht?
ser **parecido, -a** (a algo) II 3, 3 ähnlich sein (wie etw.)
una **pareja** <II GC>; III 6, R ein Paar
un **parque** I 3A, 6 ein Park
un **parque** nacional <II GC> ein Nationalpark
un **parque** zoológico <I CS> ein Zoo
un **párrafo** II 8, 11 ein Absatz
una **parte** I 5B ein Teil
un tercio / una tercera **parte** (de) III 1, PP ein Drittel
un cuarto / una cuarta **parte** (de) III 1, PP ein Viertel
un quinto / una quinta **parte** (de) III 1, PP ein Fünftel
un décimo / una décima **parte** (de) III 1, PP ein Zehntel
parte de I 5B ein Teil von
en todas **partes** II 6 überall
un **participante**, una **participante** II 5 ein Teilnehmer, eine Teilnehmerin
participar en algo <I 5A, 11>; II 4 an etw. teilnehmen
particularmente III 4, R insbesondere
partir II 5 abreisen, aufbrechen
a **partir** de <II GC> ab *(+ Zeitangabe)*
pasado, -a I 8A vergangene, -r, -s
pasar I 2A verbringen
pasárselo bien/mal II 1, PP (keinen) Spass haben, sich gut/nicht gut amüsieren
pasar II 5 vergehen, vorbei gehen
pasar(le) algo a alguien I 6 etw. jdn. passieren
¿Qué **pasa**? I 2A Was ist los? Was passiert?
pasar(le) algo a alguien I 8B jdm. etw. (hinüber)reichen
pasar la aspiradora I 5A, 5 staubsaugen
pasar por I 8B, PP durchgehen, -fahren
pasarse de la raya *(col.)* III 2, PP über die Stränge schlagen, zu weit gehen
pasear (por) II 3 spazieren gehen
un **pasillo** I 5B ein Flur, ein Korridor
una **pasión** <III GC> eine Leidenschaft
un **paso** <II GC> ein Schritt
la **Patagonia** II 7 Patagonien
una **patata** I 7B, 8 eine Kartoffel
paterno, -a <III GC> väterlich
un **patio** II 2 ein Innenhof
una **patria** III 8, PA ein Vaterland
el **patrimonio** <III GC> das Erbgut
la **paz** II 3 der Frieden
PD *(posdata)* I 3B PS *(Postskript)*
el **pecho** II 6, 14 die Brust
pedir (-i-/-i-) algo a alguien I 7B jdn. um etw. bitten
pedir (-i-/-i-) algo II 4 etw. bestellen
pegar a algo / alguien III 2, R etw. / jdn. schlagen
pelear (con algo / alguien) III 1, PA (mit etw. / jdm.) kämpfen, streiten
una **película** I 3A ein Film
una **película** de fantasía III 7, PP ein Fantasyfilm
una **película** de acción III 7, PP ein Actionfilm
una **película** de terror II 9 ein Horrorfilm
un **peligro** III 5, PA eine Gefahr
peligroso, -a II 6 gefährlich
el **pelo** I 5A, PP die Haare
¡Qué **pena**! II 2 Wie schade!
una **peña** *(col.)* I 3A eine Clique
una **pendiente** <II 8, 7> ein Hang
la **Península** Ibérica II 3 die Iberische Halbinsel
peninsular III 5, PA Halbinsel-
un **pensamiento** III 4, PA ein Gedanke
pensar (-ie-) hacer algo I 3B, PP etw. vorhaben
pensar (-ie-) en algo I 3B an etw. denken
peor I 7B schlechter; schlimmer
un **pepino** <II GC> eine Gurke
pequeño, -a I 3A, PP klein
una **pera** III 6, TA eine Birne
perder (-ie-) algo II 5, 4 etw. verlieren
el **perdón** <I CS> die Vergebung
Perdón. I 4 Entschuldigung.
perdonar(le) algo a alguien II 6 jdm. etw. verzeihen
un **peregrinaje** <III 1, PA> eine Pilgerreise
un **peregrino**, una **peregrina** <III GC> ein Pilger, eine Pilgerin
perfeccionar algo I 3B etw. verbessern, perfektionieren
perfecto, -a I 5B perfekt
un **periódico** II 3, PP eine Zeitung
un **periodista**, una **periodista** II 4 ein Journalist, eine Journalistin
un **período** / un **periodo** <II GC> eine Periode, ein Zeitabschnitt
permanecer en II 6 bleiben in
el **permiso** de residencia I 6 die Aufenthaltsgenehmigung
pero I 2A, PP aber
un **perro**, una **perra** <III 4, PP> ein Hund, eine Hündin
perseguir (-i-) a alguien III 8, PA jdn. verfolgen
una **persona** I 5A eine Person
un **personaje** II 3 eine Figur *(in einem Roman/ Film)*
personalmente II 7 persönlich
una **perspectiva** II 7, PP eine Aussicht, eine Perspektive
pertenecer (-zco) algo III 5, PA jdm. gehören
(el) **Perú** II 5 Peru
un **peruano**, una **peruana** II 5, PP ein Peruaner, eine Peruanerin
una **pesadilla** II 9 ein Albtraum
pesado, -a II 6 schwer
III 1, R hier: lästig
pesar III 3, PA wiegen
a **pesar** de (que) III 1, R trotz, obwohl
pésimo, -a *(superlativo de malo)* III 1, R miserabel, sehr schlecht
un **peso** III 3, R ein Gewicht
la industria **pesquera** <II GC> der Fischfang, die Fischwirtschaft
una **petición** <III GC> eine Anforderung
el **petróleo** <II 6, 12> das Erdöl
un **pez** *(pl.* peces) <II GC> ein Fisch
un **piano** <I 8A, PP> ein Klavier
picante <III 6, PA> scharf
un **pie** II 6, 14 ein Fuß
una **piedra** III 6, PA ein Stein
la **piel** I 8B die Haut
una **pierna** II 5, 4 ein Bein
una **pieza** <II GC> ein Stück, ein Teil
el **pimiento** <II GC>; III 6, TA die Paprika
un **pino** III 3, PA eine Kiefer, eine Pinie
pintar algo <I 2B, TA>; III 4, TA etw. malen
un **pintor**, una **pintora** <II GC>; II 4, PP ein Maler, eine Malerin
la **pintura** <II 4, PP> die Malerei
III 4, R das Gemälde
pirata I 6 Raub-
una **piscina** I 3A, 6 ein Schwimmbad, -becken
Piscis <II 5, PP> Fische *(Sternzeichen)*
un **piso** I 5A eine Wohnung, ein Stockwerk
una **pista** de hielo <I CS> eine Eislaufbahn
un **plan** II 4 ein Plan, ein Vorhaben
planchar algo I 5A, 5 etw. bügeln
el **plancton** <II GC> das Plankton
un **planeta** III 5, PA ein Planet
un **plano** <II GC> ein (Bau)Plan
en primer **plano** <II 4, PP> im Vordergrund
una **planta** II 9 eine Pflanze
la **plata** <II GC> das Silber
II 8 das Geld
un **plátano** I 7B, 8 eine Banane
un **plato** I 5A, 5 ein Teller
<II GC> ein Gericht
lavar los **platos** I 5A, 5 spülen, abwaschen
la **playa** I 1 der Strand
en la **playa** I 1 am Strand
una **plaza** I 2B, PP ein Platz
una **plaza** de toros I 8A eine Stierkampfarena
un **plazo** III 8, PA eine Frist
un **plebiscito** <III GC> ein Plebiszit, ein Volksentscheid
una **población** II 5 eine Bevölkerung
poblar (-ue-) algo <II GC> etw. besiedeln
pobre I 6, PP arm
poco *(adv.)* I 2A wenig
un **poco** I 3A ein bisschen
poco, -a I 3B wenig
poder (-ue-) hacer algo I 3B etw. tun können
el **poder** <II 8, MA>; III 4, R die Macht
un **poema** I 8B ein Gedicht
un **poemario** <III 8, PA> die Gedichtsammlung
la **poesía** <II 4, PP> die Poesie
un **poeta**, una **poetisa** <II GC> ein Dichter, eine Dichterin
un **policía**, una **policía** I 4 ein Polizist, eine Polizistin
la **policía** I 4 die Polizei
un **polideportivo** I 3A, 6 ein Sportzentrum *(für verschiedene Sportarten)*
polinesio, -a <II 8, MA> polynesisch
la **política** III 6, R die Politik
la **política** exterior III 6, R die Außenpolitik
político, -a I 8A politisch
una **pollera** *(lat.am.)* <III 4, PA> ein Rock
el **polonio** <III 4, R> das Polonium
quitar el **polvo** I 5A, 5 abstauben
un **poncho** <II 6, 12> ein Poncho *(Umhang)*
poner (-g-) algo I 5B, PP etw. setzen, stellen, legen
poner(le) algo a alguien I 7B jdm. etw. geben
poner una cara II 9 ein Gesicht machen
poner (-g-) la mesa I 5A, 5 den Tisch decken
ponerse algo (me pongo) I 7B (sich) etw. anziehen
ponerse *(+ adj.)* II 8 werden
ponerse enfermo,- a II 6, 14 krank werden, erkranken
popular <II GC> verbreitet, beliebt
III 4, R Volks-
por I 4 wegen, aufgrund von
I 7B durch, in
gracias **por** I 3A danke für
preguntar **por** I 7A nach etw. / jdm. fragen
por un lado … **por** otro lado II 8, 11 auf der einen Seite, … auf der anderen Seite
por ciento (%) II 5, PP Prozent
por cierto I 3A apropos, übrigens
por desgracia II 3 leider
por ejemplo I 5A zum Beispiel
por eso I 2B deswegen, deshalb
por favor <I 2A, 5>; I 5B bitte
por la mañana I 3A morgens, vormittags
por la noche I 3A abends, nachts
por la tarde I 3A nachmittags
¿**por** qué? I 2A warum?
por si acaso II 6 für alle Fälle
por su cuenta II 7 allein, auf eigene Faust
por supuesto III 4, PA selbstverständlich
por teléfono I 8B am Telefon, telefonisch

un **porcentaje** III 3, PA ein Prozentsatz
porque I 2A weil
una **porquería** III 7, R eine Schweinerei
un **portavoz**, una **portavoz** <III 4, PA> ein Sprecher / eine Sprecherin
poseer algo II 2 etw. besitzen
una **posibilidad** II 7, PP eine Möglichkeit
posible II 7 möglich
una **postal** II 1, PP eine Postkarte
un **póster** I 5B, PP ein Poster
posterior III 4, R spätere, -r, -s
un **postre** I 8B ein Nachtisch
potable <III GC> trinkbar
una **potencia** <II GC> eine Macht
practicar deporte <I 2B, TA> Sport treiben
el **precio** I 7B der Preis
precioso, -a I 3A, PP wunderschön
precolombino, -a <III GC> präkolumbisch
preferir (-ie-, -i-) algo (a algo) I 3B etw. lieber mögen (als)
preferir hacer algo I 3B etw. lieber tun
una **pregunta** I 8A eine Frage
preguntar algo a alguien I 4 jdn. etw. fragen
  preguntar por algo / alguien I 7A nach etw. / jdm. fragen
prehispánico, -a <II 8, 7> prähispanisch *(vor der Entdeckung Amerikas)*
un **prejuicio** II 7 ein Vorurteil
un **premio** <II GC>; <III 4, PA> ein Preis, eine Prämie
(estar) **preocupado, -a** I 7A besorgt (sein)
preocuparse por algo / alguien II 6 sich Sorgen machen
  No te **preocupes.** I 6 Mach dir keine Sorgen.
preparar algo I 5A, 5 etw. vorbereiten, zubereiten
los **preparativos** II 6 die Vorbereitungen
la **preparatoria** III 2, R das Gymnasium *(mex., entspricht der Sekundarstufe II / Oberstufe)*
presentar algo III 7, PA etw. vorstellen, etw. präsentieren
presentar algo / a alguien como algo III 4, R etw. / jdn. als etw. darstellen
presentarse (a alguien) II 7 sich (jdm.) vorstellen
presionar a alguien <III GC> jdn. unter Druck setzen
pretender algo <III 4, PA> etw. beabsichtigen
previo, -a III 7, R bisherige, -r, -s, vorhergehend, -r, -s
la **primaria** III 2, R die Grundschule
la **primavera** I 7B der Frühling
en **primer** plano III 3, TA im Vordergrund
primero I 2B zuerst *(adv.)*
primer(o), -a I 7A erste, -r, -s
un **primo**, una **prima** I 1 ein Cousin, eine Cousine
principal <II GC>; III 3, PA wichtigste, -r, -s, Haupt-
el **principio** II 4 der Anfang, der Beginn
  al **principio** I 8B am Anfang, am Beginn
  a **principios** de <II GC> am Anfang
la **prioridad** III 2, PA die Priorität, der Vorrang
un **prisionero**, una **prisionera** III 4, R ein Gefangener, eine Gefangene
la **probabilidad** III 2, R die Wahrscheinlichkeit
probar (-ue-) algo II 4 etw. probieren
un **problema** *(m.)* I 3B ein Problem
proclamar algo <III GC> etw. erklären / proklamieren
la **producción** <II GC> die Herstellung
producir (-zco) algo <II 8, TA>; III 3, PA etw. produzieren, etw. herstellen
un **producto** II 8 ein Erzeugnis, ein Produkt
una **productora** III 7, R eine Produktionsfirma
un **profe**, una **profe** *(col.) (abrev. de profesor, -a)* I 7A ein Lehrer, eine Lehrerin
un **profesor**, una **profesora** I 2A ein Lehrer, eine Lehrerin
  un **profesor** / una **profesora** de español I 2A ein Spanischlehrer, eine Spanischlehrerin
un **programa** II 4 ein Programm
  un **programa** (de radio / televisión) III 7, PA eine Sendung
el **progreso** III 6, PA der Fortschritt, der Progress
(estar) **prohibido, -a** III 5, R verboten (sein)
prohibirle (prohíbo) algo a alguien III 5, R jdm. etw. verbieten
prometer a alguien <III GC> etw. jdm. versprechen
pronto I 3B bald
hasta **pronto** I 3B bis bald
pronunciar algo II 2 etw. aussprechen
propio, -a II 7 eigene, -r, -s
  III 4, R selbst
proponer(le) (-g-) algo a alguien I 5B jdm. etw. vorschlagen
la **protección** II 9 der Schutz
proteger (-j-) algo / a alguien II 9 schützen, beschützen
proveniente de III 3, PA stammend aus
provenir de <II 4, 9> stammen aus
una **provincia** I 7B eine Provinz
próximo, -a II 1 nächste, -r, -s
un **proyecto** II 1 ein Projekt
una **publicación** <II GC> die Veröffentlichung
la **publicidad** <III GC> die Werbung, die Publizität
un **público** I 8A ein Publikum
un **pueblecito** <I CS> ein Dörfchen
un **pueblo** I 1 ein Dorf, ein kleiner Ort
un **puente** II 7, PP eine Brücke
la **puerta** I 2B die Tür
un **puerto** II 4 ein Hafen
pues I 6 also, nun
un **puesto** II 6 ein Verkaufsstand
un **puesto** (de trabajo) III 2, R eine Stelle, ein Arbeitsplatz
el **pulmón** <II 6, 15> die Lunge
un **pulpo** III 5, R ein Oktopus, ein Krake
un **punto** <I 2B, 10>; II 9, PP ein Punkt
  un **punto** de vista <II GC>; <III 6, PP> die Sichtweise, der Standpunkt, ein Gesichtspunkt

Q

que I 3B der, die, das *(Relativpronomen)*
es **que** I 3B es ist (nämlich) so…, das kommt daher, dass…
que I 6 dass
  ¿**Qué**? I 1 Was?
  ¿por **qué**? I 2A warum?
  ¿… **qué**? I 5A Was ist mit…?
  ¡**Qué**…! I 3B Wie…!, Was für…!
  ¡**Qué** bien! I 3B Wie toll!
  ¿**Qué** es? I 1 Was ist das?
  ¿**Qué** hora es? I 4 Wie viel Uhr ist es?
  ¡**Qué** lástima! I 3B Wie schade!
  ¿**Qué** pasa? I 2A Was ist los?, Was passiert?
  ¡**Qué** pena! II 2 Wie schade!
  ¿**Qué** tal? I 2B Wie geht's?
  ¿**Qué** tal (+ *subst.*)? I 3B Wie ist/war…?
  ¡**Qué** va! I 7A Ach was! Keine Rede!
  …**que** viene I 3B, PP kommende, -r, -s… nächste, -r, -s…
ya **que** II 7 da (ja), denn
(el) **quechua** II 8 Quechua *(Sprache)*
quedar con alguien I 7A sich mit jdm. verabreden
quedarse II 1 bleiben
quedarse *(+ adj.)* II 1, PP werden
quedarse *(+ gerundio)* II 8 längere Zeit etw. tun
una **queja** III 3, TA eine Klage, eine Beschwerde
quejarse de algo / alguien I 6, PP sich über etw. / jdn. beschweren
querer (-ie-) (hacer) algo I 3B, PP etw. (tun) wollen
  Quisiera … II 5 Ich möchte / würde gerne …
querido, -a III 1, R liebe, -r
el **queso** I 7B, 8 der Käse
¿**quién**? *(pl.* ¿**quiénes**?*)* I 2A wer?
quieto, -a III 8, PA ruhig
(la) **química** I 7A, PP Chemie *(Schulfach)*
quince I 2B, PP fünfzehn
quinientos, -as I 7B fünfhundert
un **quinto** / una **quinta** parte (de) III 1, PP ein Fünftel
quinto, -a I 7A fünfte, -r, -s
la **quinua** <II 6, 13> Perureis *(Art Fuchsschwanzgewächs)*
Quisiera … <II 5, TA>; II 5 Ich möchte / würde gerne …
Quisiéramos … <II 5, TA> Wir würden gerne …
quitar algo I 5B, PP etw. wegnehmen, etw. wegtun, etw. entfernen
  quitar el polvo I 5A, 5 abstauben
quitársele algo a alguien II 4 jdm. etw. vergehen
quizá II 8 vielleicht

R

radial <II GC> strahlenförmig
una **radio** I 6 ein Radio
el **radio** <III 4, R> das Radium
una **raíz** *(pl.* raíces*)* III 4, PA eine Wurzel
un **ramo** II 2 ein Strauß
  un **ramo** de flores II 2 ein Blumenstrauß
rápido *(adv.)* I 2B schnell
rápido, -a I 3B schnell
raro, -a I 7A seltsam
un **rascacielo** <II GC> ein Wolkenkratzer
un **rato** I 2A ein Augenblick, eine Weile
una **raza** III 4, PA eine Rasse
tener **razón** I 5A Recht haben
real <II 4, PP> wirklich, echt
la **realidad** III 2, PP die Wirklichkeit
realista III 3, R realistisch
realizar algo <I 5A, 4>; II 7 etw. ausführen, etw. durchführen
realmente I 8A wirklich, tatsächlich
rebelarse (contra algo) III 4, R (gegen etw.) rebellieren
una **receta** I 3B ein Rezept
rechazar algo III 5, PP etw. ablehnen, etw. zurückweisen
el **rechazo** <III GC> die Ablehnung
recibir algo I 5A etw. empfangen, bekommen
el **reciclaje** III 3, R die Wiederverwertung
reciclar algo III 3, R etw. wiederverwerten
reclamar algo III 5, PP etw. anmahnen, etw. fordern
recomendar(le) (-ie-) algo a alguien III 1, R jdm. etw. empfehlen
reconocer (-zco) a alguien III 2, R jdn. wiedererkennen
  reconocer (-zco) algo III 2, PA etw. zugeben, etw. anerkennen
el **reconocimiento** III 5, PP die Anerkennung
la **Reconquista** II 3 die Reconquista, die Wiedereroberung
reconquistar algo <II GC> etw. wiedererobern
recordar (-ue-) algo / a alguien III 5, R sich an jdn. / etw. erinnern
recorrer algo <II GC>; III 2, PA etw. durchlaufen
el **recreo** I 4 die Pause
un **recuerdo** III 5, R eine Erinnerung
recuperar algo III 4, R etw. zurückbekommen

los **recursos** naturales II 9 die Naturschätze, die natürliche Ressourcen
redondo, -a III 2, PA rund
reducir (-zco) algo III 3, R etw. verringern
un **referéndum** III 5, PP eine Volksabstimmung
referirse (-ie-) a algo III 3, R sich auf etw. beziehen
reflejar algo III 3, PP etw. widerspiegeln
una **reforma** <II GC> eine Reform
un **refresco** I 7A ein (Erfrischungs)Getränk
un **refugio** III 1, R eine Berghütte
regalar(le) algo a alguien I 7B jdm. etw. schenken
un **regalo** I 7B ein Geschenk
una **región** II 5 eine Region
regresar (a) II 5 zurückkommen, zurückkehren (nach)
un **regreso** II 5 eine Rückkehr
regular I 2B, 2 mittelmäßig, es geht so
regularmente <II 2, TA> regelmäßig
el **reinado** <II GC> eine Regentschaft
reinar (sobre) III 1, PA regieren, herrschen (über)
un **reino** <II GC>; III 2, PA ein (König)Reich
reírse II 2 lachen
una **relación** II 9, PP eine Beziehung
relajarse III 2, R sich entspannen
relativamente III 6, R relativ, verhältnismäßig
(la) **religión** I 7A, PP Religion *(Schulfach)*
religioso, -a III 5, PA religiös
un **reloj** II 4, PP eine Uhr
un **remedio** III 1, R eine Abhilfe, ein Heilmittel
rendir honores <III GC> huldigen
la **renta** *(méx.)* III 2, R die Miete
la **renta** per cápita II 3 das Pro-Kopf-Einkommen
un **reparto** <III 4, PA> eine Verteilung
<III 7, PP> eine Besetzung *(Theater)*
repasar algo III 2, PA etw. wiederholen
repetir (-i-) algo III 6, R etw. wiederholen
replicar <I CS> entgegnen, antworten
un **representante**, una **representante** III 1, PA ein Vertreter, eine Vertreterin
representar algo <II 4, PP>; III 5, R etw. repräsentieren, etw. darstellen
la **represión** III 5, R die Unterdrückung
una **república** III 5, R eine Republik
rescatar algo III 4, R etw. retten
una **reseña** III 7, PP eine Rezension
una **reserva** natural <III GC> ein Naturschutzgebiet
reservar algo III 1, TA etw. reservieren
residir en algún lugar <III GC> wohnen, residieren
resistir algo III 1, R etw. aushalten
resolver (-ue-) algo III 2, R etw. lösen *(hier: entscheiden)*
respectivo, -a <III 5, PA> betreffend
con **respecto** a II 6 hinsichtlich, bezüglich
respetar algo / a alguien <I CS>; III 4, R etw. / jdn. respektieren, etw. einhalten
el **respeto** <II 8, MA> der Respekt
respirar II 8 atmen
responder (algo) I 8A antworten / etw. beantworten
la **responsabilidad** III 2, PP die Verantwortung
responsable III 3, PA verantwortlich
una **respuesta** I 2A eine Antwort
un **restaurante** I 2B ein Restaurant
restaurar algo III 1, R etw. restaurieren
un **resto** <I CS>; II 6 ein Rest
un **resultado** II 9, PP ein Ergebnis
resultar fácil / difícil III 6, R leicht / schwer fallen
un **resumen** II 5 eine Zusammenfassung
resumir algo III 4, PA etw. zusammenfassen
la **retirada** <III GC> der Abmarsch
una **reunión** II 5 ein Treffen, eine Versammlung
reunirse (reúno) (con alguien) II 5 sich versammeln, sich (jdm.) anschließen
reusar (reúso) algo III 3, R etw. wiederverwenden
revisar algo III 6, PA etw. durchgehen, überprüfen
una **revista** I 3B eine Zeitschrift
una **revolución** III 4, PP eine Revolution
un **revolucionario**, una **revolucionaria** III 4, R ein Revolutionär, eine Revolutionärin
revolucionario, -a III 4, PA revolutionär
un **rey**, una **reina** II 3 ein König, eine Königin
los **Reyes** Católicos II 3 die Katholischen Könige
rico, -a I 6, PP reich
I 7B lecker, gut
ridículo, -a III 2, PP lächerlich
un **riesgo** II 5, 4 ein Risiko
correr **riesgos** II 5, 4 Gefahr laufen, ein Risiko eingehen
un **riñón** <II 6, 15> eine Niere
un **río** <I 1, 6>; II 3 ein Fluss
una **risa** III 7, PA ein Lachen
un **ritmo** <II GC> ein Rhythmus
el **robo** II 9 der Raub, der Diebstahl
el **rock** duro <II 8, MA> der Hard Rock
rodar (-ue-) una película III 7, PP einen Film drehen
rodeado por algo <III GC> umgeben von etw.
rojo, -a I 7B, PP rot
ser un **rollo** patatero *(col.)* III 7, R langweilig sein
una lengua **románica** <II 4, 9> eine romanische Sprache
romano, -a <II GC>; III 5, PP römisch
romántico, -a III 7, PP romantisch, Liebes-
un **rompecabezas** III 7, R ein Puzzle
romperse algo II 5, 4 sich etw. brechen
ronco, -a <I 8A, PP> rau, heiser
la **ropa** I 2A, PP die Kleidung
una tienda de **ropa** I 7B ein Bekleidungsgeschäft
rosa I 7B, PP rosa
rubio, a I 5A, PP blond
un **ruido** II 8 ein Geräusch, der Lärm
una **ruina** II 5 eine Ruine
una **ruta** <II GC> eine Route, eine Strecke

S

sábado *(m.)* I 3B Samstag
saber (sé) I 2B wissen
sabroso, -a <III 6, PA> lecker
un **sacacorchos** <III 7, R> ein Korkenzieher
sacar algo I 7A etw. (heraus)nehmen, etw. (heraus)holen
sacar fotos II 4 Fotos machen
un **saco** de dormir III 1, PA ein Schlafsack
Sagitario <II 5, PP> Schütze *(Sternzeichen)*
sagrado, -a <II 8, TA> heilig
la **sal** <II 6, 12> das Salz
una **sala** de estar I 5B, 9 ein (kleines) Wohnzimmer
salado, -a <III 6, PA> salzig
tener **salero** II 2 süß sein
salir (-g-) I 3A ausgehen
I 4, PP weggehen, rausgehen
I 6 abfahren, abreisen
I 8A heraus kommen
saltar II 4 springen, hüpfen
la **salud** II 5, 4 die Gesundheit
saludar a alguien III 6, PA jdn. begrüßen
un **saludo** I 2B, 2 ein Gruß
las **sandalias** II 1, 7 die Sandalen
una **sandía** I 7B, 8 eine Wassermelone
sangrar <III GC> bluten
sano, -a II 5, 4 gesund
(estar) **sano** y salvo II 5, 4 gesund und munter (sein)
el día del **santo** <I 3B, 5> der Namenstag
sarcástico, -a III 6, PP sarkastisch
un **sargento** II 3 ein Unteroffizier *(Dienstgrad)*
una **sartén** I 8B eine Pfanne
(estar) **satisfecho, -a** III 1, PA zufrieden (sein)
un **saxofón** <I 8A, PP> ein Saxofon
se I 4 sich *(Reflexivpron.)*
o **sea** <II 3, TA> das heißt
sea como fuere III 8, PA wie es auch sein mag
un **sector** <II GC> ein Sektor, ein Teilgebiet
secuestrar a alguien <III GC> jdn. entführen
la **secundaria** III 2, R die Sekundarschule *(entspricht Sekundarstufe I / Mittelstufe)*
la **sed** <III GC> der Durst
seguir (-i-) I 8B, PP weitergehen, -fahren
seguir (-i-) *(+ gerundio)* I 8B fortfahren, weiterhin etw. tun
seguir con/sin algo II 1 etw. immer noch/weiterhin haben/nicht haben
según I 3B laut, nach
segundo, -a I 7A zweite, -r, -s
seguro *(adv.)* II 6 sicherlich, bestimmt
seis I 2B, PP sechs
seiscientos, -as I 7B sechshundert
un **sello** <I 2B, TA> eine Briefmarke
una **selva** II 5, PP ein Urwald, ein Regenwald
una **semana** I 3A eine Woche
un fin de **semana** I 3A ein Wochenende
el **senado** <III 5, PA> ein Senat
señalar algo III 6, PA etw. andeuten, auf etw. hinweisen
sencillamente II 4 einfach, schlichtweg
sencillo, -a <I 8A, PP> einfach
un **señor** *(abrev.* Sr.*)*, una **señora** *(abrev.* Sra.*)* I 3B ein Herr, eine Frau
un **señorito** <II 2, 11> ein junger Dienstherr
una **sensación** <III GC> ein Gefühl
sensual <I 8A, PP> sinnlich
estar **sentado, -a** II 8 sitzen
sentarse (-ie-) I 8B sich setzen
sentimental <I 8A, PP> sentimental
sentimentaloide III 7, R schnulzig, allzu gefühlsbetont
un **sentimiento** III 3, PA ein Gefühl
lo **siento** I 4 es tut mir leid
sentirse (-ie-/-i-) I 4 sich fühlen
sentirse bien I 4 sich wohlfühlen
sentirse a gusto III 6, R sich wohlfühlen
separar algo III 3, R etw. trennen
separarse de algo / alguien II 2 sich von etw. / jdm. trennen
septiembre *(m.)* I 3B, 4 September
séptimo, -a I 7A siebte, -r, -s
ser I 1, PP sein
ser una porquería III 7, R der letzte Dreck sein
sea como fuere III 8, PA wie es auch sein mag
ser de I 1, PP kommen aus, stammen aus
una **serie** (de televisión) III 7, PA eine Serie
serio, -a II 4 ernst
en **serio** I 3B ernsthaft, wirklich
¿Hablas en **serio**? I 3B Meinst du das ernst?
una **serpiente** <III 4, PP> eine Schlange
un **servicio** III 1, TA eine Dienstleistung
sesenta I 2B, PP sechzig
setecientos, -as I 7B siebenhundert
setenta I 2B, PP siebzig
severo, -a III 8, PA streng
una **sevillana** II 2 eine Sevillana
el **sexo** <III 1, PP> das Geschlecht
sexo seguro III 2, PP Safer Sex
sexto, -a I 7A sechste, -r, -s
si I 8B ob

si yo fuera tú III 2, R ich an deiner Stelle
sí I 1 ja
I 5B doch
siempre I 1 immer
una **siesta** II 2 eine Siesta
echarse la **siesta** II 2 Siesta machen
siete I 2B, PP sieben
el **siglo** II 3 ein Jahrhundert
el **significado** I 4 die Bedeutung
significar I 2A bedeuten
un **signo** <I 2B, 10> ein Zeichen
signo zodiacal <II 5, PP> ein Sternzeichen
siguiente III 3, TA nächste, -r, -s
el **silencio** III 3, PA die Stille, das Schweigen
una **silla** I 5B, PP ein Stuhl
simbolizar algo <II 8, MA> etw. symbolisieren
un **símbolo** <II GC>; <III 4, PA> ein Symbol, ein Wahrzeichen
la **simpatía** II 3 die Sympathie, die Warmherzigkeit
simpático, -a I 5A sympathisch, nett
simplemente II 1 einfach *(adv.)*
sin I 3B ohne
sin duda I 8B zweifellos
sin embargo III 3, R aber, dennoch
sin parar II 9 ununterbrochen
un **sindicato** <III GC> eine Gewerkschaft, ein Syndikat
un **sinfín** III 7, R eine Unmenge
sino <II 2, 11>; II 4 sondern
un **sinónimo** II 3, 3 ein Synonym
una **sinopsis** III 7, PP eine Inhaltsangabe
un **síntoma** II 6, 14 Symptom, Anzeichen
ni **siquiera** III 5, PA nicht einmal
un **sistema** <II GC>; III 4, R ein System
un **sitio** I 5B, PP ein Platz, ein Ort
un **sitio** arqueológico II 5, PP eine Ausgrabungsstätte
una **situación** I 6 eine Situation
sobre I 3A über
sobre las 6 y media <I CS> ungefähr um halb sieben
sobre todo I 6 vor allem
el **sobrepeso** III 2, R das Übergewicht
el **sobrino**, la **sobrina** I 2B, 3 der Neffe, die Nichte
social I 8A gesellschaftlich, gesellschaftskritisch
una **sociedad** III 2, PA eine Gesellschaft
¡**Socorro**! II 9 Hilfe!
el **sol** I 2A, PP die Sonne
tomar el **sol** I 2A, PP sich sonnen
de **sol** a **sol** <III 1, PA> von früh bis spät
el **sol** II 6 ein Sol *(peruanische Währung)*
solamente I 8A nur
solicitar algo III 6, R etw. beantragen
solo, -a I 4 allein(e)
sólo I 2B nur
soltero, -a III 5, PA ledig
una **solución** <II 8, 7> eine Lösung
un **sombrero** III 4, TA ein Hut
un **sombrero** rociero <II 3, MA> *ein typisch andalusischer Hut*
sonar (-ue-) I 4 läuten, klingeln
soñar (-ue-) con algo/alguien I 6 (von) etw. / jdn. träumen
un **sonido** <II 2, 8> ein Laut
sonoro, -a <I 8A, PP> wohlklingend
sonreír III 6, PA lächeln
una **sonrisa** III 6, R ein Lächeln
una **sopa** <II GC> eine Suppe
sordomudo, -a III 7, R taubstumm
el **soroche** *(en Perú)* II 6, 14 Höhenkrankheit *(in Peru)*
una **sorpresa** I 5B eine Überraschung
soso, -a <III 6, PA> fade
una **sospecha** III 5, PA ein Verdacht

un **sótano** III 2, PA ein Keller
su I 2B sein, seine, ihr, ihre *(sg.)*
suave <II 8, 10> weich
subastado, -a <III GC> versteigert
una **subida** III 1, R eine Steigung, ein Aufstieg
subir I 8B hinaufgehen, -steigen, -fahren
subrayar algo III 1, PA etw. unterstreichen
subsistir <III GC> fortbestehen
un **subtítulo** II 8, 11 ein Untertitel
el **sucesor**, la **sucesora** <III GC> der Nachfolger, die Nachfolgerin
sucio, -a II 8 schmutzig
Sudamérica *(f.)* II 7, PP Südamerika
un **sueldo** III 6, R ein Lohn, ein Gehalt
el **suelo** I 5A, 5 der Fußboden
un **sueño** II 5 ein Traum
la **suerte** I 6, PP das Glück, das Schicksal
tener **suerte** I 6 Glück haben
sufrir (algo) III 4, PA leiden, etw. erleiden
suicidarse <III GC> Selbstmord begehen
sumar algo II 9, PP zusammenzählen, addieren
súper II 9 super
superior *(comparativo de alto)* III 1, PP höchst, obenliegend, ausgezeichnet
un **supermercado** I 3A, 6 ein Supermarkt
suponer (-g-) algo II 1 etw. vermuten
el **sur** <I 1, 6>; II 3 der Süden
el **surf** I 2A, PP das Surfen
surgir (-j-) <III GC> auftauchen
el **suroeste** <II GC> der Südwesten
el **surrealismo** <II 4, PP> der Surrealismus
sus I 2B seine, ihre *(pl.)*
suspender III 2, PP durchfallen
un **susto** II 9 ein Schreck
suyo, -a II 4 seine, -r, -s, ihre, -r, -s *(betontes Possessivpron.)*

T

el **tabaco** II 3 der Tabak
una **tabla** (de surf) II 1, PP ein Brett, ein Surfbrett
tacaño, -a II 7, 6 geizig
¿Qué **tal**? I 2B Wie geht's?
un **taller** II 7, PP ein Workshop
también I 1, PP auch
a mí **también** I 2A, PP mir auch
tampoco I 7B auch nicht
yo **tampoco** I 4 ich auch nicht
tan I 5A so
tan... como... I 7B so... wie...
tanto, -a ... como I 7A, PP genauso / ebenso viel / sehr... wie
una **tapa** II 4 eine Tapa, ein Appetithäppchen
la **tarde** I 3A der Nachmittag
Buenas **tardes**. I 2B, 2 Guten Tag.
por la **tarde** I 3A nachmittags
tarde I 4 spät
una **tarjeta** II 6 eine Karte
una **tarjeta** de crédito III 1, TA eine Kreditkarte
una **tarta** I 3B eine Torte, ein Kuchen
una **tarta** de manzana I 3B ein Apfelkuchen
Tauro <II 5, PP> Stier *(Sternzeichen)*
te I 4 dich *(Reflexivpron.)*
I 5A dir *(Dativpron.)*
I 5B dich *(Akkusativpron.)*
te gusta, **te** gustan I 2A, PP du magst, dir gefällt / dir gefallen
te llamas I 1, PP du heißt
Te vas a enterar. II 5 Du wirst schon sehen.
Te veo venir. I 5A Ich sehe, worauf du hinaus willst.
un **teatro** <I CS> Theater
los **teclados** <I 8A, PP> das Keyboard
una **técnica** III 2, PA eine Technik
técnico, -a III 3, R technisch
(la) **tecnología** I 7A, PP Technikunterricht

tejer algo <III GC> etw. weben
una **telaraña** <III 7, R> ein Spinnennetz
el **telediario** III 7, PA die Nachrichten
un **telefilme** <I CS> ein Fernsehfilm
el **teléfono** I 2B, PP das Telefon, die Telefonnummer
por **teléfono** I 8B am Telefon, telefonisch
una **telenovela** II 9 eine Fernsehserie, eine Telenovela
la **televisión** <I 2B, TA>; I 3B, PP das Fernsehen
un **televisor** III 1, R ein Fernseher
un **tema** II 1 ein Thema
temblar (-ie-) III 8, PA zittern, beben
temer algo / a alguien III 1, PA etw. / jdn. fürchten
templado, -a <III GC> mild
temprano II 7 früh
¡**Ten** cuidado! I 5B Pass auf! Vorsicht!
la **tendencia** III 2, R die Tendenz, der Trend
tener (-ie-) (tengo) algo I 3B etw. haben
tener gracia III 3, R lustig sein
tener...años I 5A ...Jahre alt sein
tener buena pinta III 2, R gut aussehen
tener(le) a alguien de los nervios III 1, R jdm. auf die Nerven gehen
tener en cuenta (que) III 1, R beachten, bedenken, (dass)
tener ganas de hacer algo <II 4, TA>; II 6 Lust haben, etw. zu tun
tener prisa I 4 es eilig haben
tener que hacer algo I 5A etw. tun müssen
tener razón I 5A Recht haben
tener salero II 2 süß sein
tener suerte I 6, PP Glück haben
el **tenis** I 2A, PP (das) Tennis
la **tensión** <I CS> Anspannung
un **tercio** / una **tercera** parte (de) III 1, PP ein Drittel
tercero (3°) I 7A die dritte Klasse der Sekundarstufe *(entspricht der 9. Klasse in Deutschland)*
tercero, -a I 7A dritte, -r, -s
terminar I 2B zu Ende gehen, beenden
para **terminar** I 6 zum Schluss
una **terraza** II 4 eine Terrasse, ein Café im Freien
un **terremoto** <II GC> ein Erdbeben
terrible *(adj.)* III 7, PA schrecklich
terriblemente *(adv.)* <I CS> schrecklich
un **territorio** <II GC>; III 6, R ein Hoheitsgebiet, ein Territorium, ein Gebiet
el **terrorismo** II 7, PP der Terrorismus
un **terrorista**, una **terrorista** II 8 ein Terrorist, eine Terroristin
textil <II GC> Textil-
un **texto** I 8A ein Text
a **ti** también I 5B dir auch
el **tiempo** I 3B die Zeit, das Wetter
Hace mal **tiempo**. I 3B Das Wetter ist schlecht.
el **tiempo** libre I 3B die Freizeit
una **tienda** I 3A, PP ein Geschäft, ein Laden
una **tienda** de ropa I 7B ein Bekleidungsgeschäft
una **tierra** II 2 eine Länderei, ein Grundstück
la **tierra** II 8 die Erde, das Erdreich
el **tío**, la **tía** I 2B, 3 der Onkel, die Tante
un **tío** *(col.)* I 3A ein Typ, ein Kerl
típico, -a I 8B typisch
un **tipo** II 5 ein Typ
hace la **tira** de tiempo *(col.)* III 2, PP vor ewig langer Zeit
tirar la basura I 5A, 5 den Abfall wegwerfen
un **título** <I 8A, 6>; II 8, 11 ein (akademischer) Titel
una **tiza** III 6, TA eine Kreide
tocar I 8A spielen *(Instrument)*

tocar un instrumento <I 2B, TA> ein Instrument spielen
tocar(le) a alguien I 7B an der Reihe sein
todavía I 2A (immer) noch
todo I 3B alles
sobre **todo** I 6 vor allem
todo el mundo I 8B alle, jeder
todo el…, **toda** la… I 7A der / die ganze…
todo recto I 8B, PP geradeaus
todos, -as I 6 alle
todos los…, **todas** las… I 7A alle…
la **toma** <II GC> die Einnahme, die Eroberung
tomar I 2A nehmen, zu sich nehmen, trinken, essen
tomar el sol I 2A, PP sich sonnen
tomar una decisión III 6, PP eine Entscheidung treffen
un **tomate** I 7B, 8 eine Tomate
un **tomate** de árbol <II 6, 13> eine Baumtomate *(Frucht aus den Anden)*
una **tonelada** III 3, R eine Tonne
tonto, -a II 4 dumm
un **torero** II 3 ein Torero
una **tormenta** II 1, 9 ein Gewitter
una **torre** III 8, PA ein Turm, ein Wolkenkratzer
una **tortilla** II 4 eine Tortilla *(ein Omelett mit Kartoffeln und Zwiebeln)*
una **tortuga** II 9 eine Schildkröte
torturar a alguien III 8, PA jdn. foltern
total III 3, R insgesamt
un **trabajador**, una **trabajadora** II 4 ein Arbeiter, eine Arbeiterin
trabajador, -a II 7, 6 fleißig
trabajar I 2A arbeiten
el **trabajo** I 5A die Arbeit
dar **trabajo** I 5A Arbeit machen
el **trabajo** forzado <III GC> die Zwangsarbeit
una **tradición** <II GC>; III 5, PA eine Tradition
tradicional II 5 traditionell
traducir (-zco) algo III 4, R etw. übersetzen
un **traductor**, una **traductora** <II GC>; III 4, R ein Übersetzer, eine Übersetzerin
traer (traigo) I 8B (mit)bringen, dabeihaben
el **tráfico** III 3, R der Verkehr
un **traidor**, una **traidora** III 4, R ein Verräter, eine Verräterin
un **tráiler** III 7, PP ein Trailer, eine Vorschau
un **traje** de flamenca <II 3, MA> ein Flamencokleid
tranquilizarse II 8 sich beruhigen
tranquilo, -a I 3A, PP ruhig
el **transporte** <II GC> der Transport, die Güterbeförderung
tratar de algo II 3, PP von etw. handeln
tratarse de algo <II 4, PP>; III 1, R gehen um etw., handeln von etw.
trece I 2B, PP dreizehn
treinta I 2B, PP dreißig
un **tren** I 8B, 6 ein Zug
tres I 2B, PP drei
trescientos, -as I 7B dreihundert
una **tribu** <III GC> ein Volksstamm
el **trigo** <III GC> der Weizen
la **tripa** <II 6, 15> der Darm
(estar) **triste** I 5A, PP traurig (sein)
un **triunfo** <II GC> der Sieg
una **trompeta** <I 8A, PP> eine Trompete
tu I 2B dein, -e *(sg.)*
tú I 2A du
una **tumba** <II GC> das Grab
el **turismo** <II 2, PP>; II 3, PP der Tourismus
un **turista**, una **turista** II 1 ein Tourist
turístico, -a <II 1, 9>; III 1, R touristisch
tus I 2B deine *(pl.)*
tutear a alguien I 7A jdn. duzen
el **tutor**, la **tutora** III 2, PA der Grundschullehrer, die Grundschullehrerin
la **tutoría** I 7A, PP die Klassenleiterstunde
tuyo, -a II 4 deine, -r, -s *(betontes Possessivpron.)*

U

últimamente I 8B in letzter Zeit
último, -a II 3 letzte, -r, -s
un, una I 1 ein, eine *(unbestimmter Artikel, Sg.)*
único, -a II 8 einzige, -r, -s
una **unidad** III 5, PP eine Einheit
unificar algo <II GC> etw. vereinigen
un **uniforme** I 4 eine Uniform
unir algo <II GC> etw. verbinden
una **universidad** I 4 eine Universität
uno I 2B, PP eins
unos, unas I 7B einige, ungefähr *(+ Zahl)*
urbano, -a III 3, R städtisch
urgente I 5B dringend
usar algo I 4 etw. verwenden, gebrauchen
usted, ustedes I 6 Sie *(Höflichkeitsform Sg./Pl.)*
útil <I CS>; III 2, TA nützlich
utilizar algo II 9 etw. benutzen
una **uva** <II GC> eine Traube

V

va bien I 4 es ist ok, es ist in Ordnung
una **vaca** <II 6, 12> eine Kuh
las **vacaciones** I 2A die Ferien
(estar) **vacío, -a** II 1, PP leer (sein)
una **vacuna** II 6, 14 eine Impfung
vacunarse II 6, 14 sich impfen (lassen)
vago, -a II 7, 6 faul
vale I 2B in Ordnung, Ok
el **valenciano** <II 1, 3>; III 5, PA das Valenzianische *(Sprache)*
valer (-g-) algo I 7B etw. wert sein, kosten
una **valla** III 6, R ein Zaun
un **valor** III 1, R ein Wert
los **vaqueros** I 5B, 6 die Jeans
variado, -a <II GC> vielfältig
varias veces I 6 mehrmals
varios, -as I 6 verschiedene, mehrere
el **varón** <III 1, PP> der Mann
Vas a verlo. I 7A Du wirst es schon sehen.
el **vasco** <II 1, 3>; III 5, R das Baskische
un **vasco**, una **vasca** III 5, R ein Baske, eine Baskin
un **vaso** I 8B ein Glas
un **vecino**, una **vecina** I 6 ein Nachbar, eine Nachbarin
vecino, -a II 7 Nachbar-
veinte I 2B, PP zwanzig
veinti… I 2B, PP …undzwanzig
la **vejiga** <II 6, 15> die Blase
veloz II 6 schnell, flink
ven I 7B komm (her)
un **venado** <III 4, PP> ein Hirsch
vencer a alguien <III GC> jdn. besiegen
vender algo a alguien I 6 jdm. etw. verkaufen
¡**Venga**! I 2B Komm schon!
venir (vengo) (-ie-/-i-) I 3B kommen
una **ventaja** III 3, R ein Vorteil
una **ventana** I 5B, PP ein Fenster
ver algo I 3B, PP etw. sehen
Ya **veo.** I 4 Ich verstehe schon.
Vas a **verlo.** I 7A Du wirst es schon sehen.
el **verano** I 5B der Sommer
la **verdad** I 2A die Wahrheit
¿**verdad**? I 2A nicht wahr?
No es **verdad.** I 2A Das ist nicht wahr. Das stimmt nicht.
de **verdad** I 7A wirklich
verdaderamente II 3 wirklich
verdadero, -a <I CS> echt, wahr
verde I 4 grün
la **verdura** <II GC> das Gemüse
la **vergüenza** III 4, PA die Scham
verse I 4 sich treffen, sich sehen
una **versión** II 3 eine Version
un **vestido** I 5B ein Kleid
un **vestigio** <III GC> ein Überrest
vestirse (-i-) I 4 sich anziehen
a **veces** I 3B manchmal
una **vez** I 6 ein Mal
otra **vez** I 6 noch einmal, wieder
varias **veces** I 6 oft
viajar II 3 reisen
un **viaje** I 8B eine Reise
un **viajero**, una **viajera** <II GC> ein Reisender, eine Reisende
una **víctima** III 5, PA ein Opfer
una **victoria** <III GC> ein Sieg
victorioso, -a <III GC> siegreich
la **vid** <III 6, T> die Weinrebe
la **vida** I 6, PP das Leben
la esperanza de **vida** II 3 die Lebenserwartung
un **vídeo** I 1 ein Video(film)
un **videojuego** <I 2B, TA> ein Videospiel
el **vidrio** III 3, R das Glas
viejo, -a I 3A, PP alt
el **viento** II 1, 9 der Wind
viernes *(m.)* I 3B, 4 Freitag
el **vinagre** <II GC> der Essig
la industria **vinícola** <II 2, PP> der Weinbau
el **vino** I 7B der Wein
una **violación** III 8, PA eine Verletzung, eine Vergewaltigung
la **violencia** <III GC> die Gewalt
violento, -a III 4, PA gewalttätig
un **violín** <I 8A, PP> eine Geige
la **Virgen** de la Merced <II 1, 1> María voll der Gnaden
Virgo <II 5, PP> Jungfrau *(Sternzeichen)*
un **virreinato** <II GC> ein Vizekönigreich
una **virtud** <III GC> eine Tugend
un **visado** III 6, R ein Visum
una **visita** II 5 eine Besichtigung, ein Besuch
visitar I 2B besuchen
visitar algo II 5 etw. besichtigen
una **vista** III 2, PA ein Blick
la **viveza** <II GC> die Lebendigkeit
una **vivienda** <I 5B, 9>; III 3, R eine Wohnung, eine Wohnstätte
vivir I 2B, PP wohnen, leben
volar (-ue-) II 5 fliegen
un **volcán** <II GC> ein Vulkan
el **voleiplaya** II 1 (der) Beachvolleyball
el **volumen** III 1, R die Lautstärke
voluntario, -a <III GC> bereitwillig, freiwillig
volver (-ue-) I 4, PP zurückkommen, zurückkehren
el **vómito** II 6 das Erbrechen
vosotros I 2A ihr
el **voto** III 8, PA die Stimme
Ya **voy.** I 3A Ich komme schon.
una **voz** <I 8A, PP> eine Stimme
un **vuelo** II 5 ein Flug
la **vuelta** II 6 die Rückkehr
dar la **vuelta** II 8 umkehren
vuestro I 2B euer, eure *(sg.)*
vuestros I 2B eure *(pl.)*

Y

y I 1 und
ya I 2B schon
ya que II 7 da (ja), denn
Ya veo. I 4 Ach so. / Ich verstehe schon.
Ya voy. I 3A Ich komme schon.
yo I 2A ich
yo tampoco I 4 ich auch nicht
una **yuca** <II 6, 13> Maniok *(Wurzelfrucht)*

Z

una **zanfona** <I 8A, PP> eine Leier
una **zapatilla** <II 2, 11> ein Hausschuh
las **zapatillas** de deporte II 1, 7 die Sportschuhe
los **zapatos** I 5B, 6 die Schuhe
los **zapatos** de baile <II 3, MA> die Tanzschuhe
una **zona** II 5, PP eine Zone, eine Gegend
un **zopilote** *(lat.am.)* <III 4, PP> ein Geier
el **zumo** I 7B, 8 der Saft

alemán – español

A

der **Abschied** II 9 la despedida
ab *(+ Zeitangabe)* <II GC>; II 9, PP a partir de
ab und zu <I CS> de cuando en cuando
abbiegen I 8B, PP girar
das **Abc** <I 1, 4> el abecedario
etw. **abdecken** III 3, PA cubrir algo
Guten **Abend.** I 2B, 2 Buenas noches.
zu **Abend** essen I 4, 5 cenar
ein **Abendessen** I 8A una cena
abends I 3A por la noche
ein **Abenteuer** II 6 una aventura
aber I 2A, PP pero
III 3, R sin embargo
abfahren I 6 salir
den **Abfall** wegwerfen I 5A, 5 tirar la basura
das **Gepäck abfertigen** II 5, 4 facturar el equipaje
ein **Abgeordneter**, eine **Abgeordnete** <III 5, PA> un diputado, una diputada
von etw. / jdm. **abhängen** III 6, R depender de algo / alguien
eine **Abhilfe** III 1, R un remedio
ablaufen III 6, R expirar
etw. **ablehnen** III 5, PP rechazar algo
die **Ablehnung** <III GC> el rechazo
der **Abmarsch** <III GC> la retirada
abreisen I 6 salir
II 5 partir
ein **Absatz** II 8, 11 un párrafo
ein **Abschied** <I 2B, 2> una despedida
einen **Abschluss** machen *(an der Universität)* <III GC>; III 6, R graduarse
abstauben I 5A, 5 quitar el polvo
abwaschen I 5A, 5 lavar los platos
Ach so. I 4 Ya veo.
Ach was! I 7A ¡Qué va!
acht I 2B, PP ocho
achte, -r, -s I 7A octavo, -a
auf etw. **achten** <III 4, PA> fijarse en algo
achthundert I 7B ochocientos, -as
achtzig I 2B, PP ochenta
ein **Actionfilm** III 7, PP una película de acción
addieren II 9, PP sumar algo
ein **Adler** <III 4, PP> un águila (f.)
eine **Adresse** I 2B una dirección
ein **Affe** , eine **Äffin** <III 4, PP> un mono, una mona
ein **Afrikaner**, eine **Afrikanerin** II 3 un africano, una africana
aggressiv <I 8A, PP> agresivo, -a
ähnlich sein (wie etw.) II 3, 3 ser parecido, -a (a algo)
ein **Akkordeon** <I 8A, PP> un acordeón
eine **Aktivität** <II GC>; III 1, R una actividad
etw. **akzeptieren** II 6 aceptar algo
ein **Albtraum** II 9 una pesadilla
ein **Album** II 2 un álbum
eine **Allergie** II 9 una alergia
der **Alkohol** III 2, PP el alcohol
der **Alkoholismus** III 2, PP el alcoholismo
alle I 6 todos, -as I 8B todo el mundo
alle… I 7A todos los…, todas las…
eine **Allee** I 2B, PP una avenida
allein(e) II 7 por su cuenta
I 4 solo, -a
allerdings III 1, R no obstante
alles I 3B todo
im **Allgemeinen** <II 2, TA> generalmente
III 1, PP en general
alltäglich III 3, R cotidiano, -a
die **Alonsos**, die Familie **Alonso** I 5B los Alonso
die **Alpen** II 5, PP los Alpes
die **Alphabetisierung** II 3 la alfabetización
als I 8A cuando I 6 como
also I 6 pues II 1 en fin
alt I 3A, PP viejo, -a II 5, PP antiguo, -a
Wie **alt** ist er/sie? I 5A ¿Cuántos años tiene?
…Jahre **alt** sein I 5A tener…años
das **Alter** <III 1, PP> la edad
älter, -e, -s II 1 mayor
altmodisch <I 8A, PP> anticuado, -a
am Strand I 1 en la playa
amazonisch II 5, PP amazónico, -a
amerikanisch I 8B americano, -a
amtieren <III GC> ejercer una profesión
amtlich III 2, R oficial
eine **Amtssprache** <II 1, 3> una lengua oficial
eine **Amtssprache** einer Region <II 1, 3> una lengua cooficial
sich **amüsieren** I 8A divertirse (-ie-/-i-)
sich (nicht) **amüsieren** II 1 pasárselo bien / mal
an I 1 en
an der Costa Brava I 1 de la Costa Brava
an der Reihe sein I 7B tocar(le) a alguien
etw. **analysieren** III 7, R analizar algo
ein **Anarchist**, eine **Anarchistin** III 5, R un anarquista, una anarquista
der **Anbau** <II 8, 7> el cultivo
etw. **anbauen** <III GC> cultivar algo
jdm. etw. **anbieten** <II 1, 9>; III 1, R ofrecer(le) (-zco) algo a alguien
Andalusien II 3, PP Andalucía
ein **Andalusier**, eine **Andalusierin** II 2 un andaluz, una andaluza (pl. andaluces)
andalusisch II 2 andaluz, -a
das **Andalusische** *(Sprache)* II 2 el andaluz
die **Anden** II 5, PP los Andes
Anden- II 5 andino, -a
die **anderen** II 5 los / las demás
(ein, e) **andere, -r, -s** I 4 otro, -a
etw. (ver)**ändern** I 5A cambiar algo
anders (als) II 3 diferente (a)
eine (Ver)**Änderung** I 8A un cambio
etw. **andeuten** III 6, PA señalar algo
etw. **anerkennen** III 2, PA reconocer (-zco) algo
die **Anerkennung** III 5, PP el reconocimiento
ein **Anfall** II 9 un ataque
der **Anfang** I 7A el comienzo
II 4 el principio
am **Anfang** I 8B al principio
Anfang (+ Monat / Jahr) II GC a principios de (+ mes / año)
etw. **anfangen** I 4, PP empezar (-ie-) algo
II 3 comenzar (-ie-) algo
III 6, R iniciar algo
anfangen etw. zu tun II 8 ir *(+ gerundio)*
eine **Anforderung** <III GC> una exigencia
<III GC> una petición
ein **Anführer**, eine **Anführerin** III 4, R un líder, una líder
eine **Angabe** III 1, TA un dato
etw. **angeben** III 1, TA indicar algo
ein **Angebot** <II GC> una oferta
angelsächsisch III 7, R anglosajón, -a
angemessen <III GC> apropiado, -a
angenehm <I CS>; II 7, 6 agradable
ein **Angestellter**, eine **Angestellte** I 7B un dependiente, una dependienta
II 7 un empleado, una empleada
die **Angst** (vor) II 6 el miedo (a / de)
aus **Angst** davor, dass … III 1, R por miedo a que
anhalten II 8 pararse
sich **animieren** etw. zu tun II 1 animarse a hacer algo
jdn. **anklagen** III 3, PA acusar a alguien
ankommen I 2A llegar
eine **Ankunft** <II GC> una llegada
ein **Anlass** III 2, PA un motivo
jdn. **anmachen** II 9, PP coquetear con alguien
etw. **anmahnen,** III 5, PP reclamar algo
sich zu etw. **anmelden** II 1 apuntarse a algo
etw. **annehmen** II 6 aceptar algo
sich an etw. **anpassen** III 6, R adaptarse a algo
jdn. **anrufen** I 2B llamar
etw. **anschauen** I 4 mirar (algo)
sich (jdm.) **anschließen** II 5 reunirse (con alguien)
Anspannung <I CS> la tensión
jdn. **ansprechen** II 6 dirigirse a alguien
eine **Anstrengung** II 7 un esfuerzo
die **Antarktis** II 5 la Antártida
eine **Antriebskraft** II 3 un motor
eine **Antwort** I 2A una respuesta
antworten I 2A contestar (algo)
I 8A responder (algo)
die **Anzahl** III 1, PP la cantidad
Anzeichen II 6, 14 un síntoma
eine **Anzeige** III 4, PA un anuncio
sich **anziehen** I 4 vestirse (-i-)
(sich) etw. **anziehen** I 7B ponerse algo (me pongo)
ein **Apfel** I 3B una manzana
ein **Apfelkuchen** I 3B una tarta de manzana
ein **Apostel** <III 1, PA> un apóstol
eine **Apotheke** I 3A, 6 una farmacia
eine **Aprikose** III 6, TA un albaricoque
April I 3B, 4 abril (m.)
apropos I 3A por cierto
ein **Araber**, eine **Araberin** II 3 un árabe, una árabe
arabisch II 3 árabe
die **Arbeit** I 5A el trabajo
Arbeit machen I 5A dar trabajo
arbeiten I 2A trabajar
ein **Arbeiter**, eine **Arbeiterin** II 4 un trabajador, una trabajadora
III 5, R un obrero, una obrera
Arbeiter- III 5, R obrero, -a
ein **Arbeitsplatz** <I 8A, 6>; III 8, PA un empleo
III 2, R un puesto (de trabajo)
archäologisch II 5, PP arqueológico, -a
ein **Archipel** <II GC> un archipiélago
ein **Architekt**, eine **Architektin** <II GC> un arquitecto, una arquitecta
die **Architektur** <II GC> la arquitectura
jdn. etw. **ärgern** I 8A ; II 7 molestar(le) algo a alguien
ein **Argument** II 8, 11 un argumento
arktisch <III GC> ártico, -a
arm I 6, PP pobre
ein **Arm** II 5, 4 un brazo
eine **Armee** <III 4, PA> un ejército
ärmlich III 7, R humilde
die **Armut** I 6, PP la miseria
arrogant II 7, 6 arrogante
eine **Art** von … <I CS> una clase de …
eine **Art** II 7 una forma
<II GC> un género
die **Art** und Weise I 7A el modo
ein **Artikel** I 3B; II 8, 11 un artículo

ein **Arzt**, eine **Ärztin** II 6, 14 un médico, una médico
atheistisch III 5, R ateo, -a
der **Atlantische** Ozean II 3 el Océano Atlántico
atmen II 8 respirar
die **Atmosphäre** I 3A el ambiente
III 3, PA la atmósfera
ein **Atomkraftwerk** <II 2, PP> una central nuclear
attraktiv III 2, R atractivo, -a
ein **at-Zeichen** (@) <I 2B, 10> una arroba
die **Aubergine** <III 6, T> la berenjena
auch I 1, PP también
mir **auch** I 2A, PP a mí también
ich **auch** nicht I 4 yo tampoco
auch nicht I 7B tampoco
auch wenn III 1, R aunque (+ subjuntivo)
auf I 1 en
I 5B, PP encima de
auf diese Weise I 3B así
auf eigene Faust II 7 por su cuenta
auf keinen Fall III 4, PA de ninguna manera
Auf Wiedersehen. I 2B Adiós.
der **Aufbau** <II GC> la construcción
etw. **aufbauen** III 4, R construir algo
etw. **aufbewahren** I 5B guardar algo
aufbrechen II 5 partir
die **Aufenthaltsgenehmigung** I 6 el permiso de residencia
eine **Auffassung** III 5, PA un concepto
eine **Aufführung** <II GC> un espectáculo
aufgeregt (sein) II 6 (estar) excitado, -a
aufgeschlossen II 7, 6 abierto, -a (ser)
aufgrund von I 4 por
etw. **aufheben** III 3, PA levantar algo
jdn. **aufheitern** II 5 animar a alguien
aufhören II 9 parar
die **Aufmerksamkeit** II 3 la atención
aufnehmen I 8A grabar
aufpassen auf II 9 cuidar algo / a alguien
etw. **aufräumen** I 5A, 5 ordenar algo
etw. **aufschreiben** I 4 apuntar algo
ein **Aufstand** <III GC> un levantamiento
aufstehen I 4, PP levantarse
ein **Aufstieg** III 1, R una subida
auftauchen <III GC> surgir (-j-) algo
aufwachen I 4 despertarse (-ie-)
ein **Aufzug** III 1, TA un ascensor
ein **Auge** I 5A un ojo
ein **Augenblick** I 2A un rato
I 6 un momento
August I 3B, 4 agosto (m.)
eine **Ausbildung** III 2, TA una formación
ein **Ausdruck** III 1, PP una expresión
etw. **ausdrücken** III 8, PA expresar algo
ausdrucksstark <II GC> expresivo, -a
ein **Ausflug** II 6 una excursión
etw. **ausführen** <I 5A, 4> realizar algo
etw. **ausfüllen** III 6, R llenar algo
die **Ausgaben** II 5, 4 los gastos
ausgedehnt II 7, PP amplio, -a
ausgezeichnet III 1, PP superior (*comparativo de* alto)
III 1, R óptimo, -a (*superlativo de* bueno)
eine **Ausgrabungsstätte** II 5, PP un sitio arqueológico
die **Ausgrenzung** III 8, PA la exclusión
etw. **aushalten** III 1, R resistir algo
ein **Ausländer**, eine **Ausländerin** I 6, PP un extranjero, una extranjera
etw. **ausleihen** III 7, R alquilar algo
etw. **auslösen** III 3, PA dar lugar a algo
(jdm. etw.) **ausmachen** I 5A importar(le) algo a alguien
die **Ausnutzung** <II GC> la explotación
eine **Ausrede** geben III 2, R justificarse
ausreichen III 6, R alcanzar

das **Aussehen** <II 1, 8> el aspecto
gut **aussehen** III 2, R tener buena pinta
außen, äußerlich III 6, R exterior
die **Außenpolitik** III 6, R la política exterior
außerdem I 3B, PP además
eine **Aussicht** II 7, PP una perspectiva
etw. **aussprechen** II 2 pronunciar algo
aus etw. **aussteigen** II 8 bajar(se) de algo
eine **Ausstellung** <II GC> una exposición
das **Aussterben** II 9 la extinción
ein **Austausch** I 5A un intercambio
Auswanderer <I CS> un / una emigrante
ein **Auswanderer**, eine **Auswanderin** III 6, R un emigrante, una emigrante
auswandern (aus) II 7 emigrar (de)
die **Auswanderung** III 6, PP la emigración
die **Ausweisung** <II GC> la expulsión
sich ausziehen III 4, PA desnudarse
ein **Auto** I 6 un coche
mit dem **Auto** fahren I 6 ir en coche
ein **(Auto)Fahrer**, eine **(Auto)Fahrerin** III 3, PA un conductor, una conductora
ein (Getränke)**Automat** I 7A una máquina (de bebidas)
die **Automobilindustrie** <II 2, PP> la industria automovilística
eine **autonome** Region II 2, PP una comunidad autónoma
die **Autonomie** III 5, R la autonomía
ein **Autor**, eine **Autorin** II 8, 11 un autor, una autora
eine **Autorität** III 3, PA una autoridad
eine **Avokado** I 2A, PP un aguacate
aztekisch III 4, PP azteca

B

ein **Baby** II 9 un bebé
eine **Bäckerei** I 3A, 6 una panadería
ein **Bad(ezimmer)** I 5B, 9 un cuarto de baño
baden (in etw.) II 5 bañarse (en algo)
bald I 3B pronto
bis **bald** I 3B hasta pronto
das **Ballett** <I 2B, TA> el ballet
eine **Banane** I 7B, 8 un plátano
eine **Band** <I 8A, 6>; III 4, PA una banda (de música), un grupo
eine **Bank** *(Geldinstitut)* II 6 un banco
ein **Bankautomat** II 6 un cajero automático
ein **Bankier** III 2, R un banquero
eine **Bar** I 2A, PP un bar
ein **Barbar**, eine **Barbarin** III 5, PP un bárbaro, una bárbara
mit **Bargeld** III 1, TA en efectivo
barock <II GC> barroco, -a
basieren auf <II GC> basarse en algo
eine **Basis** <II GC> una base
ein **Baske**, eine **Baskin** III 5, R un vasco, una vasca
das **Baskische** <II 1, 3>; III 5, R el vasco
die **baskische** Sprache III 5, PA el euskera, el vasco
der **Bau** III 6, R la construcción
ein **(Bau)Plan** <II GC> un plano
der **Bauch** II 6, 14 la barriga
etw. **bauen** <II GC> construir algo
ein **Bauer**, eine **Bäuerin** II 8 un campesino, una campesina
ein **Baum** II 4, PP un árbol
eine **Baumtomate** *(Frucht aus den Anden)* <II 6, 13> un tomate de árbol
die **Baumwolle** III 6, TA el algodón
etw. **beabsichtigen** <III 4, PA> pretender algo
beachten III 1, R tener en cuenta (que)
(der) **Beachvolleyball** II 1 el voleiplaya
ein **Beamter**, eine **Beamtin** III 1, PA un funcionario, una funcionaria
etw. **beantragen** III 6, R solicitar algo

etw. **beantworten** I 2A contestar (algo)
I 8A responder (algo)
eine **Bearbeitung** <III 5, PA> una gestión
beauftragt <III GC> encargado, -a
ein **Beauftragter**, eine **Beauftragte** <III 6, R> un encargado, una encargada
sich **bedanken** I 8A dar las gracias
das **Bedauern** II 7 la lástima
bedenken, (dass) III 1, R tener en cuenta (que)
bedeuten I 2A significar
die **Bedeutung** I 4 el significado
bedrückt (sein) I 8B (estar) deprimido, -a
beeindruckend <II 4, PP> impresionante
beeindruckt (sein) I 5A, PP (estar) impresionado, -a
jdn. **beeinflussen** <III GC> influir en alguien
beenden I 2B terminar
etw. / jdn. **beerdigen** <III GC> enterrar algo /a alguien
ein **Befehl** <II GC> una orden
jdm. etw. **befehlen** III 5, R ordenar algo a alguien
sich **befinden** I 3A estar; I 6 encontrarse (-ue-)
Selbstmord **begehen** <III GC> suicidarse
der **Beginn** I 7A el comienzo
etw. **beginnen** I 4, PP empezar (-ie-) algo; II 3 comenzar algo
jdn. **begleiten** II 5 acompañar(le) a alguien
etw. / jdn. **begraben** <III GC> enterrar algo /a alguien
jdn. **begrüßen** III 6, PA saludar a alguien
etw. **behalten** I 5B guardar algo; III 1, PA mantener (-g-) algo
jdn. **behandeln** II 5, 4 atender (-ie-) a alguien
etw. / jdn. **beherrschen** <II GC> dominar algo / a alguien
die **Beherrschung** <II 3, PP> la dominación
bei I 3A cerca de
etw. **beibehalten** III 1, PA mantener algo; III 6, R conservar algo
jdm. etw. **beibringen** I 5A enseñar(le) algo a alguien
beide III 1, PA ambos, -as
ein **Bein** II 5, 4 una pierna
beinahe I 5A casi
zum **Beispiel** I 5A por ejemplo
bekannt I 3A, PP conocido, -a
etw. **beklagen** <III GC> lamentar algo
ein **Bekleidungsgeschäft** I 7B una tienda de ropa
etw. **bekommen** <II GC>; III 2, PA obtener (-g-) algo
beladen (sein) II 8 (estar) cargado, -a
ein **belegtes** Brötchen I 7A un bocadillo
eine **Beleidigung** III 6, R un insulto
etw. **bemerken** II 5 darse cuenta de algo; II 6 notar algo
sich **bemessen** auf <II GC> medir (-i-) algo
eine **Bemühung** II 7 un esfuerzo
benommen III 6, PA mareado, -a
benötigen I 2B necesitar
etw. **benutzen** II 9 utilizar algo
etw. **berechnen** <I 8B, 8> calcular algo
bereit I 8B (estar) listo, -a
bereitwillig <III GC> voluntario, -a
ein **Berg** <I 1, 6>; II 1, PP una montaña; III 3, PA un monte
der **Bergbau** <II GC> la minería
eine **Berghütte** III 1, R un refugio
ein (persönlicher) **Bericht** II 9 una crónica
ein **Bericht** <III GC> un informe
sich **beruhigen** II 8 tranquilizarse
berühmt I 8A famoso, -a
beschädigen III 2, R dañar
die **Beschaffenheit** <II GC> la calidad
eine **Beschimpfung** III 6, R un insulto

etw. **beschreiben** III 7, PP describir algo
jdn. **beschuldigen** III 8, PA culpar a alguien
III 3, PA acusar a alguien
eine **Beschwerde** III 3, TA una queja
sich über etw./jdn. **beschweren** I 6, PP quejarse de algo / alguien
beschwerlich I 6, PP duro, -a
eine **Besetzung** <II GC> una ocupación, una invasión
<III 7, PP> un reparto
etw. **besichtigen** II 5 visitar algo
eine **Besichtigung** II 5 una visita
etw. **besiedeln** <II GC> poblar (-ue-) algo
jdn. **besiegen** <III GC> vencer (-z-)a alguien
etw. **besitzen** II 2 poseer algo
ein **Besitzer**, eine **Besitzerin** II 6 un dueño, una dueña
besonders II 4 especial
etw. **besorgen** I 6 conseguir (-i-) algo
besorgt (sein) I 7A (estar) preocupado, -a
besser I 5B mejor
etw. **bestätigen** III 1, TA confirmar algo
<III GC> afirmar algo
das **Besteck** I 8B los cubiertos
aus etw. **bestehen** <III GC> componerse de algo
bestehend aus III 6, PP consistente en
etw. **bestellen** II 4 pedir (-i-/-i-) algo
bestimmt II 6 seguro *(adv.)*
bestimmte, -r, -s II 6 cierto, -a
ein **Besuch** II 5 una visita
besuchen I 2B visitar
eine **Betätigung** III 1, R una actividad
die **Betonung** <II 2, 8> la entonación
betreffend <III 5, PA> respectivo, -a
ein **Betreuer**, eine **Betreuerin** II 7, PP un monitor, una monitora
sich **betrinken** III 2, R emborracharse
jdn. **betrügen** III 3, PA engañar a alguien
ein **Bett** I 5A, 5 una cama
ins **Bett** gehen I 4, PP acostarse (-ue-)
Beutel I 5B una bolsa
eine **Bevölkerung** II 5 una población
bevor I 6 antes de *(+ infinitivo)*; II 8 antes de que *(+ subjuntivo)*
etw. **bewegen** <II GC> mover (-ue-) algo
sich **bewegen** III 3, PA moverse (-ue-); III 3, R circular
eine **Bewegung** <II 4, PP>; III 4, R un movimiento
etw. **beweisen** III 2, TA comprobar (-ue-) algo
ein **Bewerber**, eine **Bewerberin** III 2, TA un candidato, una candidata
die **Bewusstheit** III 2, PA la conciencia
etw. **(be)zahlen** I 7B pagar algo
sich auf etw. **beziehen** III 3, R referirse (-ie-) a algo
eine **Beziehung** II 9, PP una relación
bezüglich II 6 con respecto a
die **Bibel** <II 8, MA> la biblia
eine **Bibliothek** I 3A, 6 una biblioteca
ein **Bikini** III 5, R un bikini
etw. **bilden** <II GC>; III 4, PA formar algo; III 4, R constituir algo
ein **Bildhauer** <II GC> un escultor
die **Bildung** II 7, PP la educación
Bildungs- II 7, PP educativo, -a
billig I 7B barato, -a
ein **Bindestrich** <I 2B, 10> un guión
Biologie *(Schulfach)* I 7A, PP (la) biología
der **Biomüll** III 3, R la basura orgánica
eine **Birne** III 6, TA una pera
bis I 2B hasta; II 8 hasta que
bis bald I 3B hasta pronto
bis später I 2B hasta luego
bisherige, -r, -s, III 7, R previo, -a
ein **bisschen** I 3A un poco; II 5 algo *(+ adj.)*

bitte <I 2A, 5>; I 5B por favor
jdn. um etw. **bitten** I 7B pedir (-i-/-i-) algo a alguien
bitter <III 6, PA> amargo, -a
bittersüß III 7, R agridulce
die **Blase** <II 6, 15> la vejiga
blass II 8 pálido, -a
blau I 7B, PP azul
bleiben II 1 quedarse
bleiben in II 6 permanecer en
ein **Bleistift** III 8, PA un lápiz
ein **Blick** III 2, PA una vista
blind III 8, PA ciego, -a
blond I 5A, PP rubio, a
eine **Blume** II 2 una flor
der **Blumenkohl** <III 7, R> la coliflor
ein **Blumenstrauß** II 2 un ramo de flores
eine **Bluse** I 5B una camisa
bluten <III GC> sangrar
eine **Bohne** I 8B un fríjol *(Colombia)*; <III GC> un frijol *(lat.am.)*
eine **Bombe** II 8 una bomba
ein **Bote**, eine **Botin** III 4, R un mensajero, una mensajera
eine **Botschaft** *(Vertretung eines Landes)* <II GC> una embajada
der **Botschafter**, die **Botschafterin** <III 8, PA> un embajador, una embajadora
ein **Boulevard** I 2B, PP una avenida
ein **Brauch** II 3, PP una costumbre
brauchen I 2B necesitar
braun I 5A marrón
braungebrannt (sein) II 2 (estar) moreno, -a
sich etw. **brechen** II 5, 4 romperse algo
breit <II GC> ancho, -a
II 7, PP amplio, -a
ein (Surf)**Brett** II 1, PP una tabla (de surf)
ein **Brief** I 8B una carta
eine **Briefmarke** <I 2B, TA> un sello
die **Brille** I 5A, PP las gafas *(pl.)*
(mit)**bringen** I 8B traer (traigo)
das **Brot** I 7B, 8 el pan
ein belegtes **Brötchen** I 7A un bocadillo
eine **Brücke** II 7, PP un puente
ein **Bruder** I 1 un hermano
ein **Brunnen** <II GC> una fuente
die **Brust** II 6, 14 el pecho
ein **Buch** I 3B, PP un libro
eine **Bücherei** I 3A, 6 una biblioteca
eine **Buchhandlung** I 3A, 6 una librería
ein **Buchstabe** <II 8, 10> una letra
etw. **buchstabieren** III 1, TA deletrear algo
büffeln *(col.)* III 2, PA empollar *(col.)*
etw. **bügeln** I 5A, 5 planchar algo
bummeln I 7B ir de compras
ein **Bürger**, eine **Bürgerin** III 6, R un ciudadano, una ciudadana
der Spanische **Bürgerkrieg** <II GC> la Guerra Civil
bürgerlich III 4, R civil; III 5, R burgués, burguesa
ein **Bürgermeister**, eine **Bürgermeisterin** III 6, TA un alcalde, una alcaldesa
ein **Büro** III 3, R una oficina
ein **Bus** I 4, PP un autobús
mit dem **Bus** fahren I 4, PP ir en autobús

C

eine **Cafeteria** I 7A una cafetería
campen II 6, PP acampar
ein **Campingplatz** III 1, R un cámping
eine **CD** I 5B un cedé; I 8A un disco
ein **Cent** I 7B un céntimo
ein **Centimeter** III 3, R un centímetro
Ceviche *(rohe Fischstücke mit Limettensaft und Zwiebeln)* <II 6, 13> el ceviche
der **Charakter** <II 1, 8>; III 1, R el carácter

mit jdm. **chatten** II 6 chatear con alguien
Chemie *(Schulfach)* I 7A, PP (la) química
chilenisch II 7 chileno, -a
der **Chili** <II 6, 13> el ají *(en Perú)*
chinesisch III 6, R chino, -a
ein **Christ**, eine **Christin** <II GC> un cristiano, una cristiana
christlich III 5, PP cristiano, -a
Christoph Kolumbus II 3 Cristóbal Colón
v. Chr. (vor Christus) III 4, PP a. C. (antes de Cristo)
n. Chr. (nach Christus) III 4, PP d. C. (después de Cristo)
eine **Clique** I 3A una peña *(col.)*
ein **Computer** I 2A, PP un ordenador
ein **Computerfan** I 3A un fanático de los ordenadores
ein **Container** III 3, R un contenedor
cool *(col.)* III 2, PP flipante *(col.)*
die **Costa Brava** I 1 la Costa Brava
ein **Cousin**, eine **Cousine** I 1 un primo, una prima

D

da (ja) II 7 ya que
da ist / sind I 3A, PP hay
da I 5B ahí
da (weil) II 2 como
dabeihaben I 8B traer (traigo)
dafür (sein) II 8, 11 (estar) a favor (de algo)
dagegen (sein) II 8, 11 (estar) en contra (de algo)
damals I 8A entonces; II 2, 7 en aquella época
damit II 8 para que; III 1, R a fin de que
danach I 2A después
dank I 7B gracias a
danke <I 2A, 5> gracias
danke (für) I 3A gracias (por)
jdm. für etw. **danken** II 7 agradecer(le) algo a alguien
dann I 2A entonces
der **Darm** <II 6, 15> la tripa
etw. **darstellen** <II 4, PP> representar algo
etw. / jdn. als etw. **darstellen** III 4, R presentar algo / a alguien como algo
ein **Darsteller**, eine **Darstellerin** III 7, PP un intérprete, una intérprete
das I 3B eso; III 1, PA esto; III 6, R ello
das heißt <II 3, TA> es decir; <II 3, TA> o sea
Das ist kein Kinderspiel. I 1 No es un juego.
Das macht nichts. I 5A No importa.; I 6 Nada.
dass I 6 que
ein **Datum** III 1, TA una fecha
die **Dauer** III 1, R la duración
den Tisch **decken** I 5A, 5 poner (-g-) la mesa
die Kosten **decken** II 5, 4 cubrir los gastos
dein, -e *(sg.)* I 2B tu
deine *(pl.)* I 2B tus
deine, -r, -s *(betontes Possessivpron.)* II 4 tuyo, -a
die **Dekoration** <II GC> la decoración
die **Demokratie** III 3, PP la democracia
demokratisch III 4, R democrático, -a
eine **Demonstration** II 4 una manifestación
(gegen etw.) **demostrieren** III 5, R manifestarse (contra algo)
jdn. **demütigen** <III 4, PA> humillar a alguien
an etw. **denken** I 3B pensar (-ie-) en algo
ein **Denkmal** <I 1, 6>; I 3A, PP un monumento
denn II 7 ya que
dennoch III 3, R sin embargo
deplatziert <III 6, PP> desplazado
deprimiert (sein) I 8B (estar) deprimido, -a
der, die, das *(bestimmter Artikel, sg.)* I 1 el/la
der, die, das *(Relativpronomen)* I 3B que
der-, die-, dasselbe I 4 mismo, -a
der / die ganze… I 7A todo el…, toda la…

derzeit III 6, R actualmente
deshalb I 2B por eso
desorientiert III 2, R desubicado, -a
deswegen I 2B por eso
ein **Detail** II 5 un detalle
deutsch I 5A alemán, -a
ein **Deutscher**, eine **Deutsche** I 2A un alemán, una alemana
Deutschland I 2B Alemania
eine **Deutung** III 7, R una interpretación
Dezember I 3B, 4 diciembre *(m.)*
ein **Dialekt** II 2 un dialecto
ein **Dialog** III 7, R un diálogo
dich *(Reflexivpron.)* I 4 te
dich *(Akkusativpron.)* I 5B te
ein **Dichter**, eine **Dichterin** <II GC> un poeta, una poetisa
eine **Dichtkunst** <III GC> una musa
dick I 5A, PP gordo, -a
die *(bestimmter Artikel, sg.)* I 1 la
die *(bestimmter Artikel, pl.)* I 2A, PP los, las
ein **Diener**, eine **Dienerin** <II 2, 11> un criado, una criada
Dienstag I 3B, 4 martes *(m.)*
ein junger **Dienstherr** <II 2, 11> un señorito
eine **Dienstleistung** III 1, TA un servicio
dies ist... I 1 éste es..., ésta es...
dies I 3B eso; III 1, PA esto; III 6, R ello
diese, -r, -s dort I 7B ese, esa, esos, esas *(adj.)*; I 7B ése, ésa, ésos, ésas; *(pron.)*; I 7B este, esta, estos, estas *(adj.)*; I 7B éste, ésta, éstos, éstas *(pron.)*
eine **Digitalkamera** II 5 una cámara digital
eine **Diktatur** III 4, R una dictadura
ein **Ding** I 3B una cosa
ein **Diplomat**, eine **Diplomatin** <III 8, PA> un diplomático, una diplomática
diplomatisch <II GC> diplomático, -a
dir *(Dativpron.)* I 5A te
dir auch I 5B a ti también
direkt II 4 directamente
eine **Direktion** II 5 una dirección
ein **Direktor**, eine **Direktorin** III 1, PA un director, una directora
eine **Disko(thek)** I 2A, PP una discoteca
die **Diskriminierung** <III 4, PA> la marginación
mit jdm. **diskutieren** II 6 discutir con alguien
doch I 5B sí
ein **Dokumentarfilm** <I CS>; III 7, PA un documental
ein **Dollar** II 6 un dólar
ein **Dolmetscher**, eine **Dolmetscherin** III 4, R un intérprete, una intérprete
Donnerstag I 3B jueves *(m.)*
ein **Dorf** I 1 un pueblo
ein **Dörfchen** <I CS> un pueblecito
dort I 5B ahí; I 5B allí; III 6, PA allá
eine **Dose** III 3, R una lata
ein **Dosenöffner** <III 7, R> un abrelatas
ein **Drama** III 7, PP un drama
der letzte **Dreck** sein III 7, R ser una porquería
ein **Drehbuch** <III 7, PP> un guión
der **Drehbuchautor**, die **Drehbuchautorin** <III GC> un guionista, una guionista
einen Film **drehen** III 7, PP rodar (-ue-) una película
drei I 2B, PP tres
dreihundert I 7B trescientos, -as
dreißig I 2B, PP treinta
dreizehn I 2B, PP trece
dringend I 5B urgente
dritte, -r, -s I 7A tercero, -a
ein **Drittel** III 1, PP un tercio / una tercera parte (de)
eine **Droge** III 2, PP una droga
die **Drogenabhängigkeit** III 2, PP la drogadicción
etw. **drucken** <II 9> imprimir algo
sich (an jdn.) **drücken** II 8 apretarse (-ie-) (contra alguien)
du I 2A tú
du heißt I 1, PP te llamas
Du kannst dir nicht vorstellen, wie / was für ... III 1, R No veas qué ...
Du wirst es schon sehen. I 7A Vas a verlo.
Du wirst schon sehen. II 5 Te vas a enterar.
ein **Dudelsack** <I 8A, PP> una gaita
dumm II 4 tonto, -a
dunkel I 8B oscuro, -a
dunkelhaarig I 5A, PP (ser) moreno, -a
ein **Duo** <II GC> un dúo
durch I 7B por
durchgehen I 8B, PP pasar por
der **Durchfall** II 6 la diarrea
durchfallen III 2, PP suspender
etw. **durchführen** II 7 realizar algo <III GC> llevar a cabo
etw. **durchgehen** III 6, PA revisar algo
durchfahren I 8B, PP pasar por
etw. **durchlaufen** <II GC>; III 2, PA recorrer algo
etw. **durchsetzen** <III GC> imponer algo (a alguien)
der **Durst** <III GC> la sed
eine **Dusche** III 1, TA una ducha
duschen I 4, PP ducharse
ein **Dutzend** III 3, R una docena (de)
jdn. **duzen** I 7A tutear a alguien
dynamisch III 7, R dinámico, -a

E

ebenso viel... wie I 7A, PP tanto, -a ... como
eine **Echse** <III 4, PP> un lagarto
echt <I CS> verdadero, -a
eine **Ecke** I 5B, PP una esquina
eine **Ehe** III 5, PP un matrimonio
ein **Ehemann** III 3, PP un marido
ein **Ehepaar** <II GC> un matrimonio; III 6, R una pareja
Ehre <I CS> el honor
zu **Ehren** von jdm. <II 1, 1> en honor a alguien
ein **Ei** II 9 un huevo
eine **Eidechse** <III 4, PP> una lagartija
eigene, -r, -s II 7 propio, -a
eigentlich III 2, PP en realidad
es **eilig** haben I 4 tener prisa
ein, eine *(unbestimmter Artikel, sg.)* I 1 un, una
einfach *(adv.)* I 3B fácil; <I 8A, PP> sencillo, -a; II 1 simplemente; II 4 sencillamente
der **Einfluss** I 8A la influencia
ein **Eingang** <III 1, PA> una entrada
die **Eingliederung** III 7, R la integración
etw. **einhalten** <I CS>; III 4, R respetar algo
einheimisch II 5 indígena
ein **Einheimischer**, eine **Einheimische** II 7 un indígena, una indígena
eine **Einheit** III 5, PP una unidad
einige I 4 algunos, -as; I 7B unos, unas
die **Einkäufe** I 7B las compras
einkaufen gehen *(Lebensmittel)* I 5A, 5 hacer la compra
einkaufen gehen I 7B ir de compras
das **Pro-Kopf-Einkommen** II 3 la renta per cápita
jdn. **einladen** <I 8B, 8>; II 5 invitar a alguien
nicht **einmal** III 5, PA ni siquiera
die **Einnahme** <II GC> la toma
sich **einquartieren** III 1, R alojarse
eins I 2B, PP uno
einschlafen I 4, 5 dormirse (-ue-/-u-)
etw. **einschließen** <II 8, MA>; III 8, PA incluir algo
eintreten I 2B entrar (en)
eine **Eintrittskarte** I 7B una entrada
Einverstanden. <II 4, TA> De acuerdo.
mit etw. / jdm. **einverstanden** sein <II 7, TA>; III 5, PP estar de acuerdo con algo / alguien
ein **Einwanderer**, eine **Einwanderin** I 6 un inmigrante, una inmigrante
etw. **einweihen** III 7, R estrenar algo
ein **Einwohner**, eine **Einwohnerin** II 2, PP un habitante, una habitante
eine **Einzelheit** II 5 un detalle
Einzel- III 1, TA individual
eine **Einzelperson** III 6, PP un individuo
einzige, -r, -s II 8 único, -a
ein **Eis** I 1 un helado
eine **Eislaufbahn** <I CS> una pista de hielo
ekelhaft, ekelig III 7, R asqueroso, -a
elektronisch I 8A electrónico, -a
ein **Element** <II GC> un elemento
ein chemisches **Element** <III 4, R> un elemento químico
das **Elend** I 6, PP la miseria
elf I 2B, PP once
ein **Ellbogen** III 8, PA un codo
die **Eltern** I 2B los padres; II 8 los papás
eine **E-Mail** I 2B un correo electrónico; I 2B un e-mail
eine **E-Mail-Adresse** I 2B una dirección de correo electrónico
die **Emission** *(von Abgasen)* III 3, R la emisión
etw. **empfangen** I 5A recibir algo
jdm. etw. **empfehlen** III 1, R recomendar(le) (-ie-) algo a alguien
ein **Ende** <I CS>; II 1 un final
am **Ende, Ende** *(+ Subst.)* <II GC>; <II 8, MA> a finales de
zu **Ende** gehen I 2B terminar
eng <II GC> estrecho, -a
Englisch *(Schulfach)* I 7A, PP (el) inglés
der **Enkel**, die **Enkelin** I 2B, 3 el nieto, la nieta
etw. **entdecken** <II GC>; II 9, PP descubrir algo
eine **Entdeckung** II 3 un descubrimiento
etw. **entfernen** I 5B, PP quitar algo
entfernt I 3A lejos
jdn. **entführen** <III GC> secuestrar a alguien
entgegnen <I CS> replicar
sich **entmutigen** lassen III 6, R desanimarse
etw. **entscheiden** II 1 decidir (hacer) algo
sich für etw. **entscheiden** III 8, PA optar por
sich **entschließen** (etw. zu tun) II 1 decidir (hacer) algo
eine **Entscheidung** III 6, PP una decisión
Entschuldigung. I 4 Perdón.
sich **entspannen** III 2, R relajarse
etw. **entsprechen** II 9, PP corresponder a algo
etw. **entwerfen** <II GC> concebir algo
sich **entwickeln** <II GC> desarrollarse
entwickelt III 5, R desarrollado, -a
die menschliche **Entwicklung** II 3 el desarrollo humano
eine **Epoche** <I CS>; II 3 una época
er I 2A él
jdm. **(er)scheinen** I 5A parecer(le) (-zco) a alguien
der **Erbe**, die **Erbin** <III 4, PA> un heredero, una heredera
das **Erbe** <III GC> la herencia
etw. **erben** <III GC> heredar algo
das **Erbgut** <III GC> el patrimonio
das **Erbrechen** II 6 el vómito
ein **Erdbeben** <II GC> un terremoto
die **Erde** II 8 la tierra
Erdkunde *(Schulfach)* I 7A, PP (la) geografía
das **Erdöl** <II 6, 12> el petróleo
das **Erdreich** II 8 la tierra
ein **Erdrutsch** II 8 un desprendimiento de tierra
ein **Ereignis** III 3, R un acontecimiento
III 5, PA un evento
etw. **erfahren** II 9 enterar(se) de algo

eine **Erfahrung** II 5 una experiencia
etw. **erfinden** <III 4, R> inventar algo
der **Erfolg** I 8A el éxito
sich **erfreuen** über etw. <III 5, PA> gozar de algo
ein **(Erfrischungs)Getränk** I 7A un refresco
etw. **erfüllen** III 5, PA cumplir algo
ein **Ergebnis** II 9, PP un resultado
etw. **erhalten** <II GC> obtener algo; <II GC> conservar algo
die **Erholung** III 8, PA el descanso
sich an etw. / jdn. **erinnern** I 4 acordarse (-ue-) de algo / alguien; III 5, R recordar (-ue-) algo / a alguien
eine **Erinnerung** III 5, R un recuerdo
etw. **erklären** I 8B explicar algo; III 8, PA aclarar algo
etw. **erklären** <III GC> proclamar algo
eine **Erklärung** II 9 una explicación
erkranken II 6, 14 enfermarse
erleichtert (sein) II 8 (estar) aliviado, -a
etw. **erleiden** III 4, PA sufrir (algo)
jdn. ermordern III 4, R asesinar a alguien
jdn. ermuntern II 5 animar a alguien
etw. **ernennen** <II GC> declarar algo
ernst II 4 serio, -a
Meinst du das **ernst**? I 3B ¿Hablas en serio?
ernsthaft I 3B en serio
die **Ernte** II 2 la cosecha
ein **Eroberer**, eine **Erobererin** <II GC>; III 4, R un conquistador, una conquistadora
etw. **erobern** <II GC>; III 4, R conquistar algo
eine **Eroberung** II 3 una conquista
etw. **erreichen** I 6 conseguir (-i-) (hacer) algo; III 2, PA alcanzar algo; III 3, PA lograr algo
das **Errichten** <II GC> la construcción
etw. **erschaffen** <II GC> crear algo
erscheinen <II 4, PP> aparecer
eine **Erschießung** <III GC> un fusilamiento
jdn. **erschrecken** III 2, R asustar algo a alguien
etw. **erschweren** <II GC> dificultar algo
erstaunlich III 2, PA curioso, -a
erste, -r, -s I 7A primer(o), -a
etw. **erstellen** <III 4, R> crear algo
sich **erstrecken** <II GC> extenderse
ein **Erwachsener**, eine **Erwachsene** II 7 un adulto, una adulta
etw. **erwähnen** <III 1, PA> mencionar algo; III 2, PA comentar algo
(er)warten I 2A esperar
eine **Erwartung** II 7 una expectativa
etw. **erwerben** III 2, PA adquirir (-ie-) algo
einen akademischen Grad **erwerben** <III GC>; III 6, R graduarse
erzählen I 8A contar (-ue-)
etw. **erzählen** III 2, PA comentar algo
eine **Erzählung** III 4, PA un cuento
ein **Erzeugnis** II 8 un producto
jdn. **erziehen** III 4, R educar a alguien
die **Erziehung** II 7, PP la educación
es *(neutrales Objektpron. für einen Sachverhalt)* I 8A lo
es gefällt mir sehr gut I 3B me encanta
es gibt I 3A, PP hay
es ist (nämlich) so, dass… I 3B es que
es ist etwas los I 3A hay marcha
es ist ok, **es** ist in Ordnung I 4 va bien
es läutet I 5B llaman
es reicht! I 2B basta
es tut mir leid I 4 lo siento
etw. **essen** I 2A tomar algo; I 2B comer algo; II 4 comerse algo
zu Abend **essen** I 4, 5 cenar
das **Essen** I 5A, 5 la comida
der **Essig** <II GC> el vinagre
ein **Esszimmer** I 5B, 9 un comedor
Ethik *(Schulfach)* <I CS> la ética
etwas I 3A algo
euch *(Reflexivpron.)* I 4 os
euch *(Dativpron.)* I 5A os
euch *(Akkusativpron.)* I 5B os
euer, eure *(sg.)* I 2B vuestro
eure *(pl.)* I 2B vuestros
ein **Euro** <I 2A, 5>; I 7B un euro
Europa I 8A Europa *(f.)*
europäisch <II 4, PP> europeo, -a
ewig III 7, R eterno, -a
das **Exil** III 8, PA el exilio
existieren II 3 existir
Exkursion <I CS>; II 6 una excursión
eine **Expansion** III 5, PP una expansión
eine **Expedition** <III GC> una expedición
explodieren III 6, PA explotar
eine **Explosion** II 8 una explosión
etw. **exportieren** <II GC>; II 9 exportar algo

F

eine **Fabrik** II 3 una fábrica
ein (Schul)**Fach** I 7A, PP una asignatura
fade <III 6, PA> soso, -a
eine **Fahne** III 5, PP una bandera
fahren III 2, PP conducir (-zco)
mit dem Bus **fahren** I 4, PP ir en autobús
mit dem Auto **fahren** I 6 ir en coche
ein **Fahrer**, eine **Fahrerin** III 6, R un chófer, una chófer
ein **Fahrrad** I 8B, 6 una bicicleta
ein **Faktor** III 3, R un factor
für alle **Fälle** II 6 por si acaso
fallen III 5, R caer (caigo)
leicht / schwer **fallen** III 6, R resultar fácil / difícil
ein **Fallschirm** <III 4, R> un paracaídas
familiär, Familien- III 1, R familiar
eine **Familie** I 5A una familia
die **Familie** Alonso I 5B los Alonso
ein **Familienmitglied** III 6, R un familiar, una familiar
ein **Familienname** <I 2B, 3> un apellido
ein **Fan** I 3A un fanático
<II GC> un aficionado, una aficionada
fantastisch II 5 fantástico, -a
ein **Fantasyfilm** III 7, PP una película de fantasía
eine **Farbe** I 7B, PP un color
eine **Fassade** <III 1, PA> una fachada
fast I 5A casi
fasziniert II 7 (estar) fascinado, -a (por algo)
faul II 7, 6 vago, -a
die **Fauna** II 5, PP la fauna
auf eigene **Faust** II 7 por su cuenta
Februar I 3B, 4 febrero *(m.)*
jdm. **fehlen** I 5A faltar(le) a alguien
das **Fehlen** II 9 la falta
ein **Fehler** <I 6, 1> un error
eine **Feier** I 3A, PP una fiesta
etw. **feiern** <II 1, 1>; III 2, PA celebrar algo
ein **Feldherr**, eine **Feldherrin** <II GC> un capitán, una capitana
ein **Feldzug** III 7, PA una campaña
ein **Fenster** I 5B, PP una ventana
die **Fensterscheibe** II 8 el cristal
die **Ferien** I 2A las vacaciones
das **Fernsehen** <I 2B, TA>; I 3B, PP la televisión
ein **Fernseher** III 1, R un televisor
ein **Fernsehfilm** <I CS> un telefilme
eine **Fernsehserie** II 9 una telenovela
fertig (sein) I 8B (estar) listo, -a
ein **Fest** <I 1, 6>; I 3A, PP una fiesta
ein **Festival** I 3A un festival
eine **Festnahme** <III GC> un arresto; <III GC> una detención
jdn. festnehmen I 6 detener (-g-) a alguien
das **Fett** III 2, R la grasa
das **Feuer** II 6, PP el fuego
eine **Figur** *(in einem Roman / Film)* II 3 un personaje
eine **Figur** III 4, R una figura
die **Fiktion** II 3 la ficción
ein **Film** I 3A una película
ein **Filmfestival** I 3A un festival de cine
eine **Filmkritik** III 7, R una crítica
ein **Filter** III 3, PA un filtro
finanziell <II GC> financiero, -a
etw. **finden** <I 4, 8>; I 8A encontrar (-ue-) algo; III 5, PA hallar algo
eine **Firma** III 2, TA una empresa
ein **Firmeninhaber**, eine **Firmeninhaberin** <III GC> un empresario, una empresaria
ein **Fisch** <II GC> un pez *(pl.* peces)
Fische *(Sternzeichen)* <II 5, PP> Piscis
der **Fischfang**, die **Fischwirtschaft** <II GC> la industria pesquera; <II GC> la pesquera
ein **Fitnessstudio** II 1 un gimnasio
der **Flamenco** II 3 el flamenco
der **Flamencogesang** <II GC> el cante
ein **Flamencokleid** <II 3, MA> un traje de flamenca
eine **Flasche** I 8B una botella
fleißig II 7, 6 trabajador, -a
fliegen II 5 volar (-ue-)
eine **Fliegenklatsche** <III 7, R> un matamoscas
flink II 6 veloz
flirten II 8 coquetear
die **Flora** II 5, PP la flora
eine (Quer)**Flöte** <I 8A, PP> una flauta
ein **Flug** II 5 un vuelo
ein **Flügel** III 7, PA un ala *(f.)*
ein **Flughafen** I 6 un aeropuerto
ein **Flugzeug** I 8B, 6 un avión
ein **Flur** I 5B un pasillo
ein **Fluss** <I 1, 6>; II 3 un río
eine **Folge** III 3, R una consecuencia
jdn. **foltern** III 8, PA torturar a alguien
etw. **fordern** III 4, R exigir algo
etw. **fördern** III 7, R fomentar algo
eine **Form** II 7, PP una forma
ein **Formular** III 6, R un formulario
fortbestehen <III GC> subsistir
fortfahren I 8B seguir (-i-) *(+ gerundio)* II 4 continuar *(+ gerundio)*
fortfahren mit etw. I 7A continuar con algo
der **Fortschritt** III 6, PA el progreso
eine **Fortsetzung** <I 5A, PP> una continuación
ein **Foto** <I 2B, TA>; I 3A una foto
die **Fotografie** <II 4, PP>; III 7, R la fotografía
Fotos machen II 4 sacar fotos
eine **Frage** I 8A una pregunta
jdn. etw. **fragen** I 4 preguntar algo a alguien
nach etw. / jdm. **fragen** I 7A preguntar por algo / alguien
der **Frankismus** *(Regierung Francos)* III 5, R el franquismo
ein **Frankist**, eine **Frankistin** *(Anhänger Francos)* III 5, R un franquista, una franquista
Frankreich I 8A Francia *(f.)*
das **Französische** <II 4, 9>; III 5, PA el francés
eine **Frau** I 3B una señora *(abrev.* Sra.) II 4, PP una mujer
Ganz schön **frech**! I 2A ¡qué morro!
die **Freiheit** II 9 la libertad
freiheitlich II 7, 6 liberal
Freiluft… II 1 al aire libre
Freitag I 3B, 4 viernes *(m.)*
ein **Freiwilligendienst** III 1, R un voluntariado
ein **Freiwilliger**, eine **Freiwillige** III 1, R un voluntario, una voluntaria
die **Freizeit** I 3B el tiempo libre
<III 1, PP> el ocio
die **Freude** II 2 la alegría

ein **Freund**, eine **Freundin** **I 2A** un amigo, una amiga; **II 1, PP** un colega, una colega
ein (fester) **Freund**, eine (feste) **Freundin** **I 7A** un novio, una novia
freundlich **I 4** amable
die **Freundschaft** **III 7, R** la amistad
der **Frieden** **II 3** la paz
eine **Frist** **III 8, PA** un plazo
froh, fröhlich (sein) **I 5A, PP** (estar) contento, -a
fröhlich **<I 8A, PP>; II 2** alegre
fröhlich (sein) **I 5A, PP** (estar) animado, -a
eine (Kriegs)**Front** **III 5, R** un frente
früh **II 7** temprano
von **früh** bis spät **<III 1, PA>** de sol a sol
frühere, -r, -s **III 5, R** anterior
der **Frühling** **I 7B** la primavera
das **Frühstück** **I 7A** el desayuno
etw. **frühstücken** **I 4, PP** desayunar algo
sich **fühlen** **I 4** sentirse (-ie-/-i-)
sich wohl**fühlen** **I 4** sentirse bien; **III 6, R** estar / sentirse a gusto
jdn. **führen** **<III GC>** guiar a alguien
fünf **I 2B, PP** cinco
fünfhundert **I 7B** quinientos, -as
fünfte, -r, -s **I 7A** quinto, -a
ein **Fünftel** **III 1, PP** un quinto / una quinta parte (de)
fünfzehn **I 2B, PP** quince
fünfzig **I 2B, PP** cincuenta
ein **Funke** **II 4** una chispa
für **I 3A** para
für etw. (sein) **II 8, 11** (estar) a favor (de algo)
für alle Fälle **II 6** por si acaso
etw. / jdn. **fürchten** **III 1, PA** temer algo / a alguien
fürchterlich **III 5, R** horrible
ein **Fuß** **II 6, 14** un pie
zu **Fuß** gehen **I 8B** ir a pie
(der) **Fußball** **I 2A, PP** el fútbol
ein **Fußballspieler**, eine **Fußballspielerin** **<I CS>** un / una futbolista
der **Fußboden** **I 5A, 5** el suelo
jdn. **füttern** **II 6, PP** dar(le) de comer a alguien

G

ein **Galicier**, eine **Galicierin** **III 5, R** un gallego, una gallega
das **Galicische** **<II 1, 3>; III 5, R** el gallego
ganz **III 6, R** entero, -a
ein **Garten** **<II GC>** un jardín
ein **Gas** **III 3, R** un gas
eine **Gattung** **III 7, PP** un género
der **Gazpacho** *(kalte Gemüsesuppe)* **II 2** el gazpacho
ein **Gebäude** **<II GC>; III 6, PA** un edificio
es **gibt** **I 3A, PP** hay
jdm. etw. **geben** **I 5A** dar(le) (doy) algo a alguien
I 7B poner(le) algo a alguien
ein **Gebiet** **III 6, R** un territorio
gebildet **<II GC>** culto, -a
ein **Gebirge** **II 1, PP** una montaña
eine **Gebirgskette** **<II GC>** una cordillera
geboren werden **I 8A** nacer (-zco)
etw. **gebrauchen** **I 4** usar algo
eine **Geburt** **III 4, PP** un nacimiento
das **Geburtsdatum** **<I 8A, 6>** la fecha de nacimiento
der **Geburtsort** **<I 8A, 6>** el lugar de nacimiento
der **Geburtstag** **I 3B** el cumpleaños
ein **Gedanke** **III 4, PA** un pensamiento
ein **Gedicht** **I 8B** un poema
die **Gedichtsammlung** **<III 8, PA>** un poemario
die **Geduld** **II 9, PP** la paciencia
Sehr **geehrter** … / Sehr **geehrte** … **II 5** Estimado …, Estimada …
eine **Gefahr** **III 5, PA** un peligro
Gefahr laufen **II 5, 4** correr riesgos
gefährlich **II 6** peligroso, -a
jdm. etw. **gefallen** **I 5A** gustar(le) algo a alguien
III 2, PP ir(le) a uno algo(col.)
dir **gefällt** /dir **gefallen** **I 2A, PP** te gusta / te gustan
mir **gefällt** / mir **gefallen** **I 2A, PP** me gusta / me gustan
jdm. sehr gut **gefallen** **I 5A** encantar(le) a alguien
es **gefällt** mir sehr gut **I 3B** me encanta
ein **Gefühl** **III 3, PA** un sentimiento
<III GC> una sensación
allzu **gefühlsbetont** **III 7, R** sentimentaloide
geführt **II 5** guiado, -a
gegen (etw. (sein) **II 8, 11** (estar) en contra (de algo)
eine **Gegend** **II 5, PP** una zona
ein **Gegensatz** **II 3** un contraste
das **Gegenteil** von etw. **II 3, 3** lo contrario de algo
im **Gegenteil** **II 6** al contrario
gehen **I 3A** ir
III 1, PA andar
vorwärts **gehen** **III 8, PA** avanzar (con algo)
zu Fuß **gehen** **I 8B** ir a pie
gehen um etw. **III 1, R** tratarse de algo
jdm. **gehören** **III 5, PA** pertenecer (-zco) algo
ein **Geier** **<III 4, PP>** un zopilote *(lat.am.)*
eine **Geige** **<I 8A, PP>** un violín
ein **Geist** **III 3, PP** un espíritu
geistlich **<III GC>** espiritual
geizig **II 7, 6** tacaño, -a
gelangweilt **I 5A, PP** (estar) aburrido, -a
gelb **I 7B, PP** amarillo, -a
das **Geld** **I 6, PP** el dinero
II 8 la plata
ein **Geldschein** **II 6** un billete
eine **Gelegenheit** **II 5** una oportunidad
III 3, R una ocasión
ein **Gemälde** **II 4, PP** un cuadro
III 4, R una pintura
eine **Gemeinde** **<III 5, PA>** un municipio
gemeinsam **I 3B** junto, -a
eine **Gemeinschaft** **III 3, PA** una comunidad
das **Gemüse** **<II GC>** la verdura
genau **II 7** concretamente
genau richtig viel **III 2, R** lo justo / lo justito
genauso viel / sehr… wie **I 7A, PP** tanto, -a … como
generell **<II 2, TA>** generalmente
genial **I 3A** genial
etw. **genießen** **II 7, PP** disfrutar de algo
ein **Genre** **III 7, PP** un género
geöffnet **I 7A** abierto, -a
das **Gepäck** **II 5, 4** el equipaje
das **Gepäck** abfertigen **II 5, 4** facturar el equipaje
gerade etw. getan haben **I 5A** acabar de hacer algo
geradeaus **I 8B, PP** todo recto
ein **Geräusch** **II 8** un ruido
gerecht **III 8, PA** justo, -a
die **Gerechtigkeit** **III 3, PP** la justicia
ein **Gericht** **<I 1, 6>; I 5A, 5** una comida; **<II GC>** un plato
geringere, -r, -s **III 1, PP** menor *(comparativo de pequeño)*
das **Geringste** **III 1, R** lo más mínimo
ein **Geschäft** **I 3A, PP** una tienda
III 6, R un negocio
geschäftlich **<II GC>** comercial
ein **Geschenk** **I 7B** un regalo
Geschichte *(Schulfach)* **I 7A, PP** (la) historia
die **Geschichte** **II 9** la historia
geschichtlich **<II GC>; III 1, PA** histórico, -a
eine **Geschirrspülmaschine** **<III 4, R>** un lavavajillas
das **Geschlecht** **<III 1, PP>** el sexo
der **Geschmack** **II 9, PP** el gusto
die **Geschwister** **I 2B** los hermanos
eine **Gesellschaft** **III 2, PA** una sociedad
gesellschaftlich, gesellschaftskritisch **I 8A** social
ein **Gesetz** **III 4, R** una ley
ein **Gesicht** **II 1** una cara
ein **Gesicht** machen **II 9** poner una cara
ein **Gesichtspunkt** **<III 6, PP>** un punto de vista
ein **Gespräch** **<I 5A, 11>** una conversación
gesprächig **II 6** comunicativo, -a
gestern **I 8B** ayer
gesund **II 5, 4** sano, -a
gesund und munter (sein) **II 5, 4** (estar) sano y salvo
die **Gesundheit** **II 5, 4** la salud
ein (Erfrischungs)**Getränk** **I 7A** un refresco
ein **(Getränke)Automat** **I 7A** una máquina
das **Getreide** **<II GC>** el cereal
ein **Gewächshaus** **II 3** un invernadero
die **Gewalt** **<III GC>** la violencia
gewalttätig **III 4, PA** violento, -a
gewerblich **<II GC>** comercial
eine **Gewerkschaft** **<III GC>** un sindicato
ein **Gewicht** **III 3, R** un peso
ein **Gewitter** **II 1, 9** una tormenta
eine **Gewohnheit** **III 2, PA** un hábito
gewöhnlich **<II 4, PP>** común
gewöhnt (sein) **II 6** (estar) acostumbrado, -a
ein **Gewürz** **II 6** un condimento
die Meerenge von **Gibraltar** **II 3** el Estrecho de Gibraltar
eine **Gitarre** **<I 8A, PP>; II 2** una guitarra
ein **Glas** **I 8B** un vaso
das **Glas** **II 8** el cristal
III 3, R el vidrio
etw. **glauben** **I 6** creer algo
gleich **<II 8, 10>; III 4, PA** igual
die **Gleichgültigkeit** **<III GC>** la indiferencia
die **Gleichheit**, die **Gleichberechtigung** **III 4, R** la igualdad
ein **Gletscher** **<II GC>** un glaciar
ein **Glockenschlag** **<II GC>** una campanada
das **Glück** **I 6, PP** la suerte
Glück haben **I 6, PP** tener suerte
glücklich **<II 4, PP>; III 4, TA** feliz
gotisch **<II GC>** gótico, -a
ein **Gott**, eine **Göttin** **III 4, R** ein Gott, eine Göttin
das **Grab** **<II GC>** una tumba
ein **Gramm** **I 7B** un gramo
das **Gras** **<III 4, PP>** la hierba
gratis **III 3, R** gratuito, -a
grau **I 7B, PP** gris
grausam **III 7, PA** cruel
eine **Grenze** **II 3** una frontera
grenzen an etw. **II 3** limitar con algo
die **Grippe** **II 6, 14** la gripe
groß **II 7, 6** bruto, -a; **I 3A, PP** alto, -a; **I 3A, PP** grande; **I 7A** enorme
groß, großartig **II 8** gran *(+ subst.) (apócope de grande)*
großartig **I 3A** fenomenal; **II 7, PP** estupendo, -a; **III 1, R** espectacular
die **Großeltern** **I 2B** los abuelos
größer, größte, -r, -s *(Komparativ u. Superlativ von grande)* **II 3** mayor
ein **Großgrundbesitz** **II 3** un latifundio
ein **Großgrundbesitzer**, eine **Großgrundbesitzerin** **II 2** un latifundista, una latifundista
größte, -r, -s **III 1, R** máximo, -a *(superlativo de grande)*
der **Großvater**, die **Großmutter** **I 2B** el abuelo, la abuela

großzügig II 7, 6 generoso, -a
grün I 4 verde
ein **Grund** III 2, PA un motivo
etw. **gründen** <II GC>; III 4, R fundar algo
ein **Gründer**, eine **Gründerin** <II GC> un fundador, una fundadora
grundlegend II 7, PP fundamental
eine **Grundschule** <I 8A, 6> una escuela primaria; III 2, R una primaria
der **Grundschullehrer**, die **Grundschullehrerin** III 2, PA el tutor, la tutora
ein **Grundstock** <II GC> una base
ein **Grundstück** II 2 una tierra
die **Gründung** III 4, PP la fundación
eine **Gruppe** I 7A un grupo
ein **Gruß** I 2B, 2 un saludo
Mit freundlichen **Grüßen** *(in Briefen)* <II 5, TA> Atentamente
ein **Guerrillakämpfer**, eine **Guerrillakämpferin** III 4, PA un guerrillero, una guerrillera
eine **Gurke** <II GC> un pepino
gut I 3A, PP bueno, -a
I 7B rico, -a *(Essen)*
I 2A bien
Guten Abend. Gute Nacht. I 2B, 2 Buenas noches.
Guten Tag. *(vormittags)* I 2B Buenos días.
Guten Tag. *(nachmittags)* I 2B, 2 Buenas tardes.
die **Güterbeförderung** <II GC> el transporte
ein **Gymnasium** I 3A un instituto
III 2, R una preparatoria *(mex., entspricht der Sekundarstufe II / Oberstufe)*

H

die **Haare** I 5A, PP el pelo
etw. **haben** I 3B tener (-ie-) (tengo) algo
Glück **haben** I 6, PP tener suerte
haben *(als Hilfsverb)* I 6 haber
ein **Hafen** II 4 un puerto
ein **Haftbefehl** <III GC> un encarcelamiento
halbe, -r, -s I 7A medio, -a
die Iberische **Halbinsel** II 3 la Península Ibérica
Halbinsel- III 5, PA peninsular
die **Hälfte** (von) III 1, PP la mitad (de)
Hallo! I 1, PP ¡Hola!; I 4 ¡Aló! *(lat.am.)*
der **Hals** <II 6, 15> la garganta
eine **Halskette** III 4, PA un collar
sich für etw. **halten** <III 4, PA> considerarse
etw. / jdn für etw. **halten** III 5, PP considerar algo / a alguien
ein **Hamburgerrestaurant** <I CS> una hamburguesería
eine **Hand** II 8 una mano
der **Handel** II 3 el comercio
von etw. **handeln** II 3, PP tratar de algo; <II 4, PP>; III 1, R tratarse de algo
ein **Handy** I 2A, PP un móvil
mit dem **Handy** telefonieren I 7A hablar por el móvil
ein **Hang** <II 8, 7> una pendiente
der **Hard Rock** <II 8, MA> el rock duro
hart I 6, PP duro, -a
der **Hass** III 8, PA el odio
etw. / jdn. **hassen** <III GC> odiar algo / a alguien
hässlich I 5A, PP feo, -a
ein **Haufen** II 9 un montón (de)
die **Häufigkeit** III 1, PP la frecuencia
Haupt- III 3, PA principal
ein **Hauptkommissariat** I 6 una comisaría central
eine **Hauptstadt** II 3 una capital
ein **Haus** I 3A, PP una casa
eine **Hausangestellte** II 7 una empleada de hogar
die **Hausaufgaben** I 3B, PP los deberes
zu **Hause** I 3A en casa
der **Haushalt** II 7 el hogar
ein **Hausschuh** <II 2, 11> una zapatilla
ein **Haustier** II 6, PP una mascota
die **Haut** I 8B la piel
ein **Heft** I 7A un cuaderno
heidnisch <III GC> pagano, -a
heilig <II 8, TA> sagrado, -a
ein **Heilmittel** III 1, R un remedio
das **Heim** II 7 el hogar
jdn. **heiraten** III 4, R casarse con alguien
es ist **heiß** I 3B hace calor
heiß I 7B caliente
heißen I 4 llamarse
ich **heiße** I 1, PP me llamo
die **Heizung** III 1, TA la calefacción
ein **Hektar** <III GC> una hectárea
ein **Held** III 4, R un héroe, una heroína
jdm. **helfen** (etw. zu tun) I 5A ayudar a alguien *(Akk.!)* (a hacer algo)
hell <II 4, PP> claro, -a
ein **Hemd** I 5B una camisa
herankommen II 5 acercarse a algo/alguien
heraus kommen I 8A salir (-g-)
etw. **(heraus)holen** I 7A sacar algo
etw. **(heraus)nehmen** I 7A sacar algo
der **Herbst** II 1 el otoño
eine **Herkunft** III 5, PA un origen
ein **Herr** I 3B un señor *(abrev. Sr.)*
die **Herrschaft** <II 3, PP> la dominación
herrschen (über) III 1, PA reinar (sobre)
ein **Herrscher**, eine **Herrscherin** <II GC> un emperador, emperatriz
etw. **herstellen** III 3, PA producir (-zco) algo
die **Herstellung** <II GC> la producción
etw. **herunterladen** III 7, R bajar algo *(de Internet)*
etw. **hervorheben** <III GC> destacar algo
das **Herz** <II 6, 15>; III 5, PA el corazón
herzlich II 5 cordial
ein **Herzog**, eine **Herzogin** II 2 un duque, una duquesa
heute I 2B hoy
heute Morgen I 6 esta mañana
heutzutage II 2, 7 hoy en día
hier I 2B aquí
die **Hilfe** I 2B la ayuda
Hilfe! II 9 ¡Socorro!
der **Himmel** II 4, PP el cielo
hinaufgehen, -steigen, -fahren I 8B subir
hineingehen I 2B entrar
etw. in etw. **(hinein)stecken**, etw. **in** etw. **(hinein)legen** I 5B, PP meter algo en algo
hingehen zu <III 4, PA> acudir a
sich **hinlegen** I 4, PP acostarse (-ue-)
sich **hinlegen** II 2 echarse
hinsichtlich II 6 con respecto a
hinter I 5B, PP detrás de
im Hintergrund <II 4, PP> al fondo; III 3, TA al fondo
jdm. etw. **(hinüber)reichen** I 8B pasar(le) algo a alguien
ein **Hinweis** <I 7A, 4> una indicación
auf etw. **hindeuten** III 6, PA señalar algo
etw. **hinzufügen** III 1, PA añadir algo
ein **Hirsch** <III 4, PP> un venado
ein **Historiker**, eine **Historikerin** <II GC> un historiador, una historiadora
historisch III 1, PA histórico, -a
die **Hitze** I 3B el calor
hoch *(Stimme, Ton)* <I 8A, PP> agudo, -a
eine **Hochebene** II 5, PP un altiplano
der (königliche) **Hof** <II GC> la corte
die **Hoffnung** III 5, R la esperanza
ein **Hofstaat** <III 5, PA> una corte
die **Höhe** II 6 la altitud; III 3, R la altura
ein **Hoheitsgebiet** <II GC> un territorio
Höhenkrankheit *(in Peru)* II 6, 14 el soroche *(en Perú)*
etw. **(heraus)holen** I 7A sacar algo
die **Hölle** <III GC> el infierno
das **Holz** <III GC> la madera
Hör mal! I 2B ¡Oye!
(zu)**hören** I 2A, PP escuchar
etw. **hören** I 5B oír (-g-) algo
auf jdn. **hören** III 7, R hacer(le) caso a alguien
ein **Horoskop** II 5, PP un horóscopo
ein **Horrorfilm** II 9 una película de terror
eine **Hose** I 5B, 6 un pantalón
ein **Hotel** I 8B un hotel
hübsch I 5A, PP guapo, -a; III 2, R atractivo, -a; II 8 lindo, -a; I 7B, 8 bonito, -a
huldigen <III GC> rendir honores
der **Humboldtstrom** II 5, PP la corriente de Humboldt
ein **Hund**, eine **Hündin** <III 4, PP> un perro, una perra
hundert I 7B cien, ciento
ein **Hundert** III 3, R un centenar
der **Hunger** I 6, PP el hambre *(f.)*
ein **Hut** III 4, TA un sombrero
ein typisch andalusischer **Hut** <II 3, MA> un sombrero rociero
eine **Hymne** III 5, PP un himno

I

iberisch I 7B ibérico, -a
die **Iberische** Halbinsel II 3 la Península Ibérica
ich I 2A yo
ich an deiner Stelle III 2, R si yo fuera tú
ich auch nicht I 4 yo tampoco
Ich komme schon! I 3A ¡Ya voy!
Ich sehe, worauf du hinaus willst. I 5A Te veo venir.
ein **Ideal** <III GC> una causa
eine **Idee** I 2A una idea
sich mit etw. / jdn. **identifizieren** III 6, R identificarse con algo / alguien
eine **Identität** III 5, PP una identidad
eine **Ideologie** III 4, R una ideología
ihnen / Ihnen *(Dativpron.)* I 5A les
ihr I 2A vosotros, vosotras
ihr, ihre *(sg.)* I 2B su
ihr / ihm *(Dativpron.)* I 5A le
ihre *(pl.)* I 2B sus
illegal I 6 ilegal
ein **Illegaler**, eine **Illegale** I 6 un ilegal, una ilegal
im Folgenden III 7, PA a continuación
immer I 1 siempre
immer mehr <I CS> cada vez más
etw. **immer** noch haben / nicht haben II 1 seguir con/sin algo
sich **impfen** (lassen) II 6, 14 vacunarse
eine **Impfung** II 6, 14 una vacuna
in I 1 en
III 5, R dentro de
in der Nähe (von) I 3A cerca (de)
in Ordnung I 2B vale
es ist **in** Ordnung I 4 va bien
die **Inca** Kola *(peruanisches Erfrischungsgetränk)* <II 6, 13> la Inca Kola
das **Incareich** II 5, PP el Imperio inca
die **Incas** II 4 los incas
indigen II 5 indígena
ein **Indio** *(Ureinwohner Amerikas und deren Nachfahren)* I 8B un indio
die **Industrie** II 2, PP la industria
industrialisiert <II GC> industrializado, -a
industriell, Industrie- <II GC> industrial
(die) **Informatik** I 3A (la) informática
eine (private) **Informatikschule** I 3A una academia de informática
die **Information** I 3A la información

jdn. (über etw.) **informieren** II 5 informar a alguien (de algo)
sich über etw. **informieren** II 8 informarse (de algo)
die **Infrastruktur** <II 1, 9>; II 8, PP la infraestructura
eine **Inhaltsangabe** III 7, PP una sinopsis
ein **Innenhof** II 2 un patio
insbesondere III 4, R particularmente
ein **Insekt** II 9 un insecto
eine **Insel** <I 1, 6>; III 6, R una isla
eine **Inselgruppe** <II GC> un archipiélago
insgesamt III 3, R total
ein **Instrument** spielen <I 2B, TA> tocar un instrumento
die **Inszenierung** <III 7, PP> el montaje
die **Integration** III 7, R la integración
intellektuell III 5, R intelectual
intelligent <I CS> inteligente
die **Intelligenz** III 4, R la inteligencia
interessant I 3A, PP interesante
das **Interesse** <II GC> el interés
jdn. etw. **interessieren** II 5 interesar(le) algo a alguien
sich für etw. / jdn. **interessieren** II 7 interesarse por algo / alguien
international <II GC>; III 3, TA internacional
im **Internet** surfen <I 2B, TA> navegar por internet
ein **Internet-Café** I 3A un cíber
eine **Interpretation** III 7, R una interpretación
ein **Interview** I 8A una entrevista
jdn. interviewen III 3, R entrevistar a alguien
ein **Interviewer**, eine **Interviewerin** III 3, R un entrevistador, una entrevistadora
intolerant <I CS> intolerante
etw. **invadieren** <III 4, PA> invadir algo
eine **Invasion** III 4, PP una invasión
(irgend)jemand I 7A alguien
irgendein, -e, -r III 6, R cualquier, cualquiera; I 4 algún / alguno, alguna
irgendwann I 8B algún día
irreparabel III 2, PP irreparable
das **Italienische** <II 4, 9> el italiano

J

ja I 1 sí
eine **Jacke** I 5B, 6 una cazadora <II 3, MA> una chaqueta
die **Jagd** (von) II 9 la caza (de)
ein **Jahr** I 5A un año
...**Jahre** alt sein I 5A tener...años
eine **Jahrgangsstufe** III 6, PA un grado *(lat. am.)*
ein **Jahrhundert** II 3 el siglo
ein **Jahrzehnt** II 3 una década
Januar I 3B, 4 enero *(m.)*
die **Jeans** I 5B, 6 los vaqueros
jede, -r, -s II 3 cada
jeder I 8B todo el mundo
jedoch III 1, R no obstante
(irgend)**jemand** I 7A alguien
jene, -r, -s I 7B aquel, aquella, aquellos, -as *(adj.)*
I 7B aquél, aquélla, aquéllos, -as *(pron.)*
jetzig <II GC> actual
jetzt I 3A ahora
ein **Journalist**, eine **Journalistin** II 4 un periodista, una periodista
ein **Jude**, eine **Jüdin** <II GC> un judío, una judía
jüdisch III 5, PA judío, -a
die **Jugend** III 2, PA la juventud
ein **Jugendlicher**, eine **Jugendliche** <I 7B, 11>; II 7, PP un / una joven III 2, R un adolescente, una adolescente
Juli I 3B, 4 julio *(m.)*
jung II 5 joven
ein **Junge** I 1 un chico
ein **Junge** II 1 un chaval *(col.)*
eine **junge Frau** *(lat.am.)* I 4 una niña
der **Junge** mit dem Eis I 1 el chico del helado
Jungfrau *(Sternzeichen)* <II 5, PP> Virgo
Juni I 3B, 4 junio *(m.)*
Junk Food III 2, PP la comida basura

K

ein **Kaffee** II 2 un café
ein **Kaiman** II 9 un caimán
ein **Kaiser**, eine **Kaiserin** III 4, R un emperador, una emperadora
der **Kakao** III 6, TA el cacao
ein **Kalif** <II GC> un califa
das **Kalifat** von Córdoba II 3 el Califato de Córdoba
es ist **kalt** I 3B hace frío
(gefühls)**kalt** II 7, 6 frío, -a
die **Kälte** I 3B el frío
ein **Kampf** <II GC>; III 4, R una lucha
gegen jdn. **kämpfen** <III GC> luchar contra algo / alguien
(mit etw. / jdm.) **kämpfen** III 1, PA pelear (con algo / algien)
ein **Kaninchen** <III 4, PP> un conejo, una coneja
eine **Kanne** III 6, TA una jarra
ein **Kanu** II 9 una canoa
etw. **kapieren** *(col.)* II 9 enterar(se) de algo
eine **Karte** II 6 una tarjeta; III 3, R una ficha
ein **Kartenspiel** <I 2B, TA> un juego de cartas
eine **Kartoffel** I 7B, 8 una patata; I 8B una papa *(lat.am.)*
der **Käse** I 7B, 8 el queso
eine **Kastagnette** <II 3, MA> una castañuela
kastilisch *(in der heutigen Bedeutung: spanisch)* I 8B castellano, -a
das **Katalanische** <II 1, 1>; III 5, PA el catalán
Katalonien II 2 Cataluña *(f.)*
eine **Katastrophe** I 1 un desastre
eine **Kathedrale** <II GC> una catedral
katholisch III 5, R católico, -a
die **Katholischen** Könige II 3 los Reyes Católicos
eine **Katze** II 2 un gato
kaufen I 2A, PP comprar
ein**kaufen** gehen *(Lebensmittel)* I 5A, 5 hacer la compra
ein **Kaugummi** I 7A un chicle
kaum III 3, R apenas
die **Kehle** <II 6, 15> la garganta
keine, -r, -s I 7B ningún / ninguno, ninguna
Keine Ahnung. I 2A Ni idea.
Keine Rede! I 7A ¡Qué va!
ein **Keller** III 2, PA un sótano
ein **Kellner** I 8B un camarero
kennen I 4 conocer (-zco)
sich **kennen** lernen I 4 conocerse (-zco)
Kerl I 3A un tío *(col.)*; II 1 un chaval *(col.)*
das **Keyboard** <I 8A, PP> los teclados
eine **Kiefer** III 3, PA un pino
ein **Kilo** I 7B un kilo
ein **Kilometer** III 1, R un kilómetro
ein **Kind** I 4 un niño, una niña
Das ist kein **Kinderspiel**. I 1 No es un juego.
ein **Kindertagesheim** <III 4, R> una guardería
das **Kinn** III 8, PA la barbilla
ein **Kino** <I 2B, TA>; I 3A un cine
ein **Kiosk** <II GC> un kiosco
eine **Kirche** <I 1, 6>; III 1, PA una iglesia
eine **Kirsche** III 6, TA una cereza
kitschig <I 8A, PP> cursi
eine **Klage** III 3, TA una queja
klar I 2B claro
eine **Klarinette** <I 8A, PP> un clarinete
klasse I 3B guay *(col.)*
eine **Klasse** I 7A una clase
eine **Klasse** III 6, PA un grado *(lat. am.)*
die vierte **Klasse** der Sekundarstufe *(entspricht der 10. Klasse in Deutschland)* I 7A cuarto (4º)
die dritte **Klasse** der Sekundarstufe *(entspricht der 9. Klasse in Deutschland)* I 7A tercero (3º)
ein **Klassenkamerad**, eine **Klassenkameradin** I 7A un compañero, una compañera (de clase)
die **Klassenleiterstunde** I 7A, PP la tutoría
ein **Klavier** <I 8A, PP> un piano
ein **Kleid** I 5B un vestido
ein **(Kleider)Schrank** I 5B, PP un armario
die **Kleidung** I 2A, PP la ropa
klein I 3A, PP pequeño, -a; I 5A, PP bajo, -a
das **Klima** <II GC> el clima
klingeln I 4 sonar (-ue-)
ein **Klingelschild** <I 7A, 7> un panel de timbres
klug II 7, 6 (ser) listo, -a
eine **Kneipe** I 2A, PP un bar
der **Knoblauch** <II GC> el ajo
etw. **kochen** I 3B cocinar algo
kolonial II 5 colonial
der **Kolonialismus** <II GC> el colonialismo
eine **Kolonie** II 3 una colonia
ein **Kolumbianer**, eine **Kolumbianerin** I 4 un colombiano, una colombiana
Kolumbien I 4 Colombia *(f.)*
Christoph Kolumbus II 3 Cristóbal Colón
kommen I 3B venir (vengo) (-ie-/-i-)
komm (her) I 7B ven
Komm schon! I 2B ¡Venga!
Ich **komme** schon. I 3A Ya voy.
das **kommt** daher, dass... I 3B es que
kommen aus I 1, PP ser de
kommende, -r, -s... I 3B, PP ...que viene
ein **Kommentar** <II 9>; III 4, PA un comentario
kommunistisch III 5, R comunista
eine **Komödie** III 7, PP una comedia
dicke **Kondensmilch** mit Zucker III 7, R la leche condensada
konfrontiert (mit) III 6, R confrontado, -a con
ein **König**, eine **Königin** II 3 un rey, una reina
ein **(König)Reich** <II GC> un reino
die Katholischen **Könige** II 3 los Reyes Católicos
ein **Königreich** III 2, PA un reino
konkret II 7 concretamente
etw. tun **können** I 3B poder (-ue-) hacer algo
konservativ II 7, 6 conservador, -a
etw. **konservieren** <II GC> conservar algo
ein **Konsonant** <II 8, 10> una consonante
der **Konsum** III 2, PP el consumo
der **Kontakt** II 6 el contacto
ein **Kontext** III 7, R un contexto
ein **Kontinent** <II GC> un continente
ein **Kontrast** II 3 un contraste
etw. **kontrollieren** III 2, PA controlar algo
sich auf etw. **konzentrieren** <II GC> concentrarse en algo
ein **Konzert** I 3B, PP un concierto
ein **Kopf** II 4 una cabeza
ein **Kopfkissen** III 6, TA una almohada
ein **Korkenzieher** <III 7, R> un sacacorchos
ein **Körper** <II GC>; III 4, PA un cuerpo
ein **Korridor** I 5B un pasillo
etw. **kosten** I 7B costar (-ue-) algo; I 7B valer (-g-) algo
die **Kosten** decken II 5, 4 cubrir los gastos
kostenlos III 3, R gratuito, -a
kräftig <I 8A, PP> fuerte
ein **Krake** III 5, R un pulpo
krank sein II 6 estar malo
krank werden II 6, 14 enfermarse *(lat.am)*, ponerse enfermo, -a
ein **Krankenhaus** II 6 un hospital
eine **Krankenschwester** I 5A una enfermera
eine **Krankheit** II 5, 4 una enfermedad

Krebs *(Sternzeichen)* <II 5, PP> Cáncer
eine **Kreditkarte** III 1, TA una tarjeta de crédito
eine **Kreide** III 6, TA una tiza
ein **Kreislauf** III 3, PA una circulación
ein **Krieg** III 1, R una guerra
ein **Kriterium** III 5, PA un criterio
etw. /jdn. **kritisieren, Kritik** üben III 4, PA criticar algo / a alguien
ein **Krug** III 6, TA una jarra
eine **Küche** I 5B, 9 una cocina
eine **Kugel** <I 2A, 5>; III 7, PA una bola
Wie viele **Kugeln**? <I 2A, 5> ¿Cuántas bolas?
ein **Kugelschreiber** I 7A un bolígrafo
eine **Kuh** <II 6, 12> una vaca
eine **Kultur** <II GC> una civilización; II 3 una cultura
kulturell <II GC>; III 1, R cultural
sich um etw. / jdn. **kümmern** I 4 ocuparse de algo / alguien
sich um etw. **kümmern** <II GC> encargarse de algo
ein **Kumpel** II 1, PP un colega, una colega *(col.)*
die **Kunst** II 4, PP el arte *(pl. las artes)*
(die) **Kunsterziehung** I 7A, PP (la) educación plástica y visual
Kunsthandwerks- <II GC> artesano, -a
ein **Künstler**, eine **Künstlerin** <II GC>; III 5, R un artista, una artista
künstlerisch, Künstler- <II 4, PP>; III 1, PA artístico, -a
das **Kupfer** <III GC> el cobre
ein **Kurs** II 1 un curso
kurz I 5A, PP corto, -a; II 7 brevemente
ein **Kurzfilm** III 7, PP un cortometraje
ein **Kuss** *(auch Grußformel)* I 3A un beso
jdn. **küssen** II 9 besar a alguien
die **Küste** I 1 la costa

L

ein **Lächeln** III 6, R una sonrisa
lächeln III 6, PA sonreír
lachen II 2 reírse
ein **Lachen** III 7, PA una risa
lächerlich III 2, PP ridículo, -a
ein **Laden** I 3A, PP una tienda
eine **Lampe** III 3, R una lámpara
ein **Land** I 4 un país
das **Land** II 2 el campo
eine **Länderei** II 2 una tierra
ein **Landgut** <II GC> una finca
eine **Landkarte** II 3, PP un mapa
eine **Landschaft** II 2 un paisaje
eine **Landstraße** II 8 una carretera
die **Landwirtschaft** <II GC> la agricultura
landwirtschaftlich <III GC> agrario, -a
lang I 5A, PP largo, -a
längere Zeit etw. tun II 8 quedarse *(+ gerundio)*
langsam <I 8A, PP>; III 3, PA lento, -a
langsam etwas tun II 8 ir *(+ gerundio)*
sich **langweilen** II 1 aburrirse
langweilig I 5A, PP aburrido, -a
langweilig sein III 7, R ser un rollo patatero *(col.)*
(jdn.) etw. (tun) **lassen** I 5B dejar (hacer) algo (a alguien)
Lateinamerika I 8B Latinoamérica *(f.)*
lateinamerikanisch I 8A latino, -a
das **Lateinische** <II 4, 9> el latín
laut I 3B según
ein **Laut** <II 2, 8> un sonido
laut I 3B según
läuten I 4 sonar (-ue-)
es **läutet** I 5B llaman
die **Lautstärke** III 1, R el volumen
leben I 2B, PP vivir
das **Leben** I 6, PP la vida
die **Lebendigkeit** <II GC> la viveza
die **Lebensbedingungen** II 9 las condiciones de vida
die **Lebenserwartung** II 3 la esperanza de vida
die **Leber** <II 6, 15> el hígado
lebhaft I 5A, PP animado, -a
lecker I 7B rico, -a
<III 6, PA> sabroso, -a
ledig III 5, PA soltero, -a
leer (sein) II 1, PP (estar) vacío, -a
legal I 6 legal
eine **Legende** III 4, R una leyenda
ein **Leguan** <II GC> una iguana
ein **Lehmziegel** *(in Perú)* <II GC> el adobe
ein **Lehrer**, eine **Lehrerin** III 6, PA un maestro, una maestra
I 7A un profe, una profe *(col.) (abrev. de profesor, -a)*
I 2A un profesor, una profesora
leicht I 3B fácil
Es tut mir **leid**. I 4 Lo siento.
leiden III 4, PA sufrir (algo)
eine **Leidenschaft** <III GC> una pasión
leider II 3 por desgracia
eine **Leier** <I 8A, PP> una zanfona
eine **Leihgebühr** III 7, R un alquiler
eine **Leitstelle** II 5 una dirección
lernen I 2A, PP estudiar; I 2B aprender
lesen I 2B leer
letzte, -r, -s II 3 último, -a
die **Leute** I 3B la gente
liberal II 7, 6 liberal
das **Licht** I 5B la luz
die **Liebe** <I CS>; II 4 el amor
liebe, -r III 1, R querido, -a
etw. **lieber** mögen (als) I 3B preferir (-ie-, -i-) algo (a algo)
etw. **lieber** tun I 3B preferir hacer algo
Lieblings- II 3 favorito, -a
ein **Lied** I 8A una canción
ein **Lieferwagen** II 8 una camioneta
ein **Limeño**, eine **Limeña** *(Person aus Lima)* II 7 un limeño, una limeña
eine **Linie** II 5 una línea
links von I 5B, PP a la izquierda de
eine **Lippe** III 6, R un labio
eine **Liste** <I 2B, 6> una lista
ein **Liter** III 3, R un litro
die **Literatur** I 7A, PP la literatura
logisch III 5, R lógico, -a
ein **Lohn** III 6, R un sueldo
lokal I 6 local
London II 1, PP Londres *(f.)*
Los. II 4 Anda.
etw. **lösen** *(hier:* entscheiden*)* III 2, R resolver (-ue-) algo
losgehen, losfahren III 1, PA arrancar
eine **Lösung** <II 8, 7> una solución
Löwe (Sternzeichen) <II 5, PP> Leo
die **Lunge** <II 6, 15> el pulmón
die **Lust** II 6 la gana *(meist im pl.* las ganas*)*
auf etw. **Lust** haben <II 4, TA> apetecer(le) algo a alguien
Lust haben II 6 tener ganas
Lust haben / bekommen III 1, R dar(le) la gana a alguien
Lust haben, etw. zu tun <II 4, TA> tener ganas de hacer algo
lustig I 3A divertido, -a; I 4 gracioso, -a
lustig sein III 3, R tener gracia
sich über etw. / jdn. **lustig** machen II 2 burlarse de algo / alguien
lustig I 4 gracioso, -a

M

machen I 2B hacer (hago)
Mach dir keine Sorgen. I 6 No te preocupes.
Das **macht** nichts I 5A No importa.
eine **Machete** *(Buschmesser)* II 8 un machete
eine **Macht** <II GC> una potencia
die **Macht** <II 8, MA>; III 4, R el poder
ein **Mädchen** I 1 una chica
ein **Mädchen** *(lat.am. auch:* junge Frau*)* I 4 una niña
ich **mag** I 2A, PP me gusta / me gustan
wie es auch sein **mag** III 8, PA sea como fuere
der **Magen** II 6 el estómago
du **magst** I 2A, PP te gusta / te gustan
Mai I 3B, 4 mayo *(m.)*
der **Mais** I 8B el maíz
ein **Mal** I 6 una vez
etw. **malen** <I 2B, TA>; III 4, TA pintar algo
ein **Maler**, eine **Malerin** II 4, PP un pintor, una pintora
die **Malerei** <II 4, PP> la pintura
die **Mama** *(auch als Anrede)* I 5A la mamá
man muss I 5A hay que
manche I 4 algunos, -as
manchmal I 3B a veces
der **Mangel** II 9 la falta
Maniok *(Wurzelfrucht)* <II 6, 13> una yuca
manipulierend III 7, R manipulador, -a
ein **Mann** II 1 un hombre
<III 1, PP> un varón
eine **Mannschaft** I 8B un equipo
ein (leichter) **Mantel** I 5B, 6 un abrigo
die **Maracas** <I 8A, PP> las maracas
María voll der Gnaden <II 1, 1> la Virgen de la Merced
das **Marketing** III 6, R el marketing
ein **Marketingleiter**, eine **Marketingleiterin** III 6, R un jefe / una jefa de ventas
etw. **markieren** <II GC> marcar algo
Marokko II 3 Marruecos *(m.)*
ein **Marsch** III 4, R una marcha
März I 3B, 4 marzo *(m.)*
das **Material** III 1, R el material
Mathematik *(Schulfach)* I 7A, PP (las) matemáticas
eine **Mauer** III 3, PP un muro
ein **Maurer**, eine **Maurerin** III 6, TA un albañil, una albañil
Maximum <I CS> el máximo
eine **Medizin** II 6, 14 una medicina
das **Meer** I 2A, PP el mar
das **Mittelmeer** II 3 el Mar Mediterráneo
eine **Meeresenge** <II GC> un estrecho
der **Meeresspiegel** <II GC> el nivel del mar
ein **Meerschweinchen** II 6 un conejillo de indias; II 6 un cuy *(pl. cuyes) (Perú)*
mehr I 5A más
mehr oder weniger III 1, PP más o menos
mehr... als I 7A, PP más... que
mehrere I 4 algunos, -as; I 6 varios, -as
die **Mehrheit** III 1, PP la mayoría
mehrmals I 6 varias veces
mein, -e I 2B mi, mis
meine, -r, -s *(betontes Possessivpron.)* II 4 mío, -a
Meinst du / **Meint** ihr nicht? I 5A ¿No te / os parece?
Meinst du das ernst? I 3B ¿Hablas en serio?
eine **Meinung** III 3, TA una opinión
melancholisch <I 8A, PP> melancólico, -a
melodiös <I 8A, PP> melodioso, -a
Mensch! *(Ausruf)* II 1 ¡Hombre!
die **Menschheit** III 5, PA la humanidad
die **menschliche** Entwicklung II 3 el desarrollo humano
messen <II GC> medir (-i-) algo
ein **Messer** <III 4, PP> un cuchillo
ein **Meter** III 3, R un metro
eine **Metzgerei** I 3A, 6 una charcutería
mexikanisch <II 8, MA> mexicano, -a
mich *(Reflexivpron.)* I 4 me
mich *(Akkusativpron.)* I 5B me

die **Miete** III 2, R la renta *(lat.am.)*; III 7, R el alquiler
etw. **mieten** III 7, R alquilar algo
eine **Migration** II 2, PP una migración
migrieren (nach) III 6, PP migrar (a)
ein **Mikrofon** II 8 un micrófono
die **Milch** III 7, R la leche
mild <III GC> templado,-a
militärisch <II GC>; III 7, PA militar
eine **Million** II 3 un millón
die **Minderheit** III 1, PP la minoría
minderwertig III 1, PP inferior *(comparativo de bajo)*
mindeste, -r, s III 1, R menor *(superlativo de* pequeño*)*
mindestens III 2, PA al menos
das **Mineralwasser** I 7B, 8 el agua mineral
minimale, -r, -s III 1, R mínimo,-a *(superlativo de* pequeño*)*
ein **Minirock** <III 4, R> una minifalda
entspricht etwa: **Ministerium** für Soziale Sicherung <II 1, 9> el Ministerio de Asuntos Sociales
minoritär <III GC> minoritario,-a
eine **Minute** I 7B un minuto
mir *(Dativpron.)* I 5A me
mir auch I 2A, PP a mí también
Mir bleibt nichts anderes übrig. III 1, R No me queda más remedio.
etw. **mischen** <II GC> mezclar algo
etw. mit etw. **mischen** III 7, R combinar algo con algo
eine **Mischung** <II GC>; III 2, PA una mezcla
miserabel III 1, R pésimo,-a *(superlativo de malo)*
ein **Missbrauch** III 4, R un abuso
etw. / jdn **missbrauchen** <III GC> abusar de alguien / algo
der **Missmut** <III GC> el descontento
mit I 2A con
  mit Bargeld III 1, TA en efectivo
  mit dem Auto fahren I 6 ir en coche
  mit dem Handy telefonieren I 7A hablar por el móvil
  mit dir I 7B contigo
  Mit freundlichen Grüßen *(in Briefen)* <II 5, TA> Atentamente
  mit mir I 7B conmigo
(mit)bringen I 8B traer; II 2 llevar algo
ein **Mitglied** <III GC> un miembro
etw. **mitnehmen** II 2 llevar algo
in der **Mitte** <II 4, PP> en el centro
mittelalterlich <II GC> medieval
mittelmäßig I 2B, 2 regular
das **Mittelmeer** II 3 el Mar Mediterráneo
mitten in III 1, R en medio de
Mittwoch I 3B miércoles *(m.)*
ein **Mobiltelefon** I 2A, PP un móvil
ich **möchte** / du **möchtest** II 8 te / me gustaría
Ich **möchte** ... II 5 Quisiera ...
die **Mode** <II GC>; III 6, R la moda
modern I 3A, PP moderno,-a
der **Modernismus** II 4 el modernismo
möglich II 7 posible
eine **Möglichkeit** II 7, PP una posibilidad
ein **Moment** I 6 un momento
momentan <II GC> actual
eine **Monarchie** III 5, R una monarquía
ein **Monat** I 3B un mes
der **Mond** II 4, PP la luna
ein **Monopol** <II GC> un monopolio
monoton <I 8A, PP> monótono,-a
Montag I 3B lunes *(m.)*
morgen I 2B mañana
ein **Morgen** I 3A una mañana
morgens I 3A por la mañana
eine **Moschee** II 3 una mezquita
ein **Moslem** <I CS> un musulmán, una musulmana
motiviert (sein) III 1, R (estar) motivado,-a
ein **Motor** II 3 un motor
eine **Mücke** II 9 un mosquito
eine **Mückenschutzcreme** II 9 una crema antimosquitos
müde (sein) I 5A, PP (estar) cansado,-a
müde werden III 1, PA cansarse
der **Mund** I 7A la boca
eine **Münze** <I 2B, TA>; III 6, R una moneda
ein **Museum** I 1 un museo
die **Musik** I 2A, PP la música
Musik- II 4 musical
ein **Musiker** I 8A un músico
ein **Muslim**, eine **Muslime** III 5, PA un musulmán, una musulmana
etw. **tun müssen** I 5A tener que hacer algo
die **Mutter** I 2B la madre
mütterlich <III GC> materno,-a
eine **Muttersprache** III 5, R una lengua materna
die **Mythologie** II 4 la mitología

N

na ja, **na** gut I 2A bueno
nach I 3A a; I 3B según; I 6 hacia; I 3A a; I 6 después de
ein **Nachbar**, eine **Nachbarin** I 6 un vecino, una vecina
Nachbar- II 7 vecino,-a
nachdem I 6 después de
der **Nachfolger**, die **Nachfolgerin** <III GC> el sucesor, la sucesora
der **Nachmittag** I 3A la tarde
nachmittags I 3A por la tarde
etw. **nachprüfen** III 2, PA controlar algo
eine **Nachricht** I 2A un mensaje
  I 2B una noticia
die **Nachrichten** III 7, PA las noticias; III 7, PA el telediario
nächste, -r, -s II 1 próximo,-a; III 3, TA siguiente; I 3B, PP ...que viene
eine **Nacht** I 3A una noche
  Gute **Nacht**. I 2B, 2 Buenas noches.
ein **Nachteil** III 3, R una desventaja
ein **Nachtisch** I 8B un postre
nachts I 3A por la noche
die **Nähe** an etw. <III 6, R> la cercanía a algo
sich **nähern** II 5 acercarse a algo / alguien
eine **Nahrung**, ein **Nahrungsmittel** II 5 un alimento
das **Nahuatl** *(Sprache)* III 4, R el náhuatl
ein **Name** I 2B, PP un nombre
der **Namenstag** <I 3B, 5> el día del santo
die **Nase** II 9 la nariz *(las narices, col.)*
ein **Nationalist**, eine **Nationalistin** III 5, R un nacionalista, una nacionalista
ein **Nationalpark** <II GC> un parque nacional
die **Natur** <II GC>; III 1, PA la naturaleza
natürlich I 2B claro
  III 3, PA natural
die **Naturschätze**, die **natürlichen** Ressourcen II 9 los recursos naturales
ein **Naturschutzgebiet** <III GC> una reserva natural
der **Nebel** I 7B la niebla
neben I 5B, PP al lado de
  <II 4, PP>; II 8 junto a
der **Neffe** I 2B, 3 el sobrino
negativ III 6, R negativo,-a
nehmen I 2A tomar
  etw. (heraus)**nehmen** I 7A sacar algo
  etw. **nehmen** II 4 coger (cojo) algo *(nur in Spanien gebrauchen! In Lat.am. vulgär!)*
  zu sich **nehmen** I 2A tomar
der **Neid** II 5 la envidia
nein I 1 no
ein **Neonlicht** II 9 la luz de neón
jdm. auf die **Nerven** gehen III 1, R tener(le) a alguien de los nervios
nervös (sein) I 5A, PP (estar) nervioso,-a
nett II 7, 6 majo,-a; II 8 lindo,-a; I 4 amable
neu I 3A nuevo,-a
neuartig <II GC> original
neun I 2B, PP nueve
neunhundert I 7B novecientos,-as
neunte, -r, -s I 7A noveno,-a
neunzig I 2B, PP noventa
nicht *(Verneinung)* I 1 no
  auch **nicht** I 7B tampoco
  nicht einmal III 5, PA ni siquiera
  nicht wahr? I 2A ¿verdad?
die **Nichte** I 2B, 3 la sobrina
nichts I 6 nada
  Das macht **nichts.** I 6 Nada.
nicken II 4 asentir (-ie-/-i-)
sich **niederlassen** III 3, R establecerse (-zco)
niemals I 7B nunca
niemand I 7B nadie
eine **Niere** <II 6, 15> un riñón
ein **Niveau** II 3 un nivel
(immer) **noch** I 2A todavía
noch ein, -e I 4 otro,-a
noch einmal I 6 otra vez
der **Norden** <I 1, 6>; I 3A, PP el norte
der **Nordosten** <II GC> el noreste
der **Nordwesten** <II GC> el noroeste
normal I 3A, PP normal
eine **Note** III 6, R una nota
etw. **notieren** I 4 apuntar algo
eine **Notiz** <I 5A, 9> un apunte
notwendig II 7 necesario,-a
November I 3B noviembre *(m.)*
null I 2B, PP cero
eine **Nummer** I 2B, PP un número
nun I 6 pues
nur I 8A solamente; I 2B sólo
ein **Nussknacker** <III 7, R> un cascanueces
etw. **nutzen** III 3, R aprovechar algo
nützlich <I CS>; III 2, TA útil

O

ob I 8B si
oben III 3, R arriba
obenliegend III 1, R superior *(superlativo de alto)*
objektiv III 7, R objetivo,-a
das **Obst** <II GC> la fruta
obwohl II 6 aunque
  III 1, R a pesar de (que)
oder I 2B o
offen (sein) I 7A abierto,-a (estar)
offiziell III 2, R oficial
öffnen I 2B abrir
oft I 6 varias veces
ohne I 3B sin
ok, okay I 2B vale; I 6 está bien
  es ist **ok** I 4 va bien
die **Ökologie** <II GC> la ecología
ökologisch II 9 ecológico,-a
ein **Ökosystem** <II GC> un ecosistema
Oktober I 3B octubre *(m.)*
ein **Oktopus** III 5, R un pulpo
die **Olive** <III 6, T> la oliva
ein **Olivenbaum** II 2 un olivo
das **Olivenöl** <II GC> el aceite de oliva
Olluco *(Knollenfrucht)* <II 6, 13> un olluco
die **Oma** I 2B la abuela
ein **Omelett** mit Kartoffeln und Zwiebeln II 4 una tortilla
der **Onkel** I 2B, 3 el tío
der **Opa** I 2B el abuelo
open air II 1 al aire libre

eine **Oper** II 3 una ópera
ein **Opfer** III 5, PA una víctima
die **Opposition** III 8, PA la oposición
optimal III 1, R óptimo, -a *(superlativo de bueno)*
orange I 7B, PP naranja
ein **Orchester** <I 8A, 6> una orquesta
es ist in **Ordnung** I 4 va bien
in **Ordnung** *(lat.am.)* I 6 está bien
eine **Organisation** III 1, R una organización
organisch III 3, R orgánico, -a
etw. **organisieren** <II GC>; III 2, PA organizar algo
(gut) **organisiert** II 7, 6 organizado, -a
original III 7, PP original
ein kleiner **Ort** I 1 un pueblo
ein **Ort** I 5B, PP un sitio; II 1 un lugar
örtlich I 6 local
der **Osten** <I 1, 6>; II 3 el este
der Atlantische **Ozean** II 3 el Océano Atlántico
ein **Ozelot** *(Raubkatzenart)* <III 4, PP> un ocelote
das **Ozon** III 3, PA el ozono

P

ein **Paar** <II GC>; III 6, R una pareja
eine **Paella** *(span. Reisgericht)* I 1 una paella
ein **Palast** II 3 un palacio
Panama *(Land in Mittelamerika)* I 8B Panamá
panamaisch, aus **Panama** I 8B panameño, -a
der **Papa** *(auch als Anrede)* I 5A el papá
eine **Papaya** *(tropische Frucht)* <II 6, 13> una papaya
ein **Papier** I 2B un papel
ein **Papierkram** III 3, R un papeleo
Pappkarton <I CS> un cartón
eine **Paprika** III 6, TA un pimiento
luftgetrocknete **Paprikawurst** I 7B el chorizo
ein **Park** I 3A, 6 un parque
etw. **parken** III 8, PA estacionar algo *(lat. am.)*
eine **Parzelle** *(kleines Stück Land)* <I CS> una parcela
Pass auf! I 5B ¡Ten cuidado!
etw. zu etw. **passen** III 7, R encajar algo en algo
etw. jdn. **passieren** I 6 pasar(le) algo a alguien
passieren III 1, PA ocurrir
Patagonien II 7 la Patagonia
ein **Patient**, eine **Patientin** II 6, 14 un paciente, una paciente
die **Pause** I 4 el recreo
der **Pazifik** <II GC> el Pacífico
perfekt I 5B perfecto, -a
etw. **perfektionieren** I 3B perfeccionar algo
eine **Periode** <II GC> un período / un periodo
eine **Person** I 5A una persona
persönlich II 7 personalmente
eine **Perspektive** II 7, PP una perspectiva
Peru II 5 (el) Perú
ein **Peruaner**, eine **Peruanerin** II 5, PP un peruano, una peruana
Perureis *(Art Fuchsschwanzgewächs)* <II 6, 13> la quinua
eine **Pfanne** I 8B una sartén
der **Pfeffer** <II GC> el pimiento
eine **Pflanze** II 9 una planta
etw. / jdn. **pflegen** II 9 cuidar algo / a alguien
eine **Pflicht** III 2, PA una obligación
pharmazeutisch <II GC> farmacéutico, -a
Physik *(Schulfach)* I 7A, PP (la) física
ein **Pilger**, eine **Pilgerin** <III GC> un peregrino, una peregrina
eine **Pilgerreise** <III 1, PA> un peregrinaje
ein **Plakat** III 5, PA un cartel
ein (Bau)**Plan** <II GC> un plano
ein **Plan** II 4 un plan
ein **Planet** III 5, PA un planeta
das **Plankton** <II GC> el plancton
eine (Schall)**Platte** I 8A un disco
ein **Platz** I 2B, PP una plaza; I 5B, PP un sitio; II 1 un lugar
ein **Plebiszit** <III GC> un plebiscito
plötzlich II 8 de repente
die **Poesie** <II 4, PP> la poesía
die **Politik** III 6, R la política
politisch I 8A político, -a
die **Polizei** I 4 la policía
ein **Polizist**, eine **Polizistin** I 4 un policía, una policía
das **Polonium** <III 4, R> el polonio
polynesisch <II 8, MA> polinesio, -a
ein **Poncho** *(Umhang)* <II 6, 12> un poncho
ein **Poster** I 5B, PP un póster
eine **Postkarte** II 1, PP una postal
die **Pracht** <II GC> el esplendor
etw. **prägen** <II GC> marcar algo
prähispanisch *(vor der Entdeckung Amerikas)* <II 8, 7> prehispánico, -a
präkolumbisch <III GC> precolombino, -a
etw. **präsentieren** III 7, PA presentar algo
der **Preis** I 7B el precio
<II GC>; <III 4, PA> el premio
die **Priorität** III 2, PA la prioridad
eine **Privatschule** <I 8A, 6> una escuela privada
etw. **probieren** II 4 probar (-ue-) algo
ein **Problem** I 3B un problema *(m.)*
ein **Produkt** II 8 un producto
eine **Produktionsfirma** III 7, R una productora
etw. **produzieren** <II 8, TA>; III 3, PA producir (-zco) algo
ein **Programm** II 4 un programa; III 7, PA un canal (de televisión)
eine **Programmiersprache** <III 4, R> un lenguaje de programación
ein **Projekt** II 1 un proyecto
das **Pro-Kopf-Einkommen** II 3 la renta per cápita
ein **Prospekt** II 3, PP un folleto
eine **Provinz** I 7B una provincia
Prozent II 5, PP por ciento (%)
ein **Prozentsatz** III 3, PA un porcentaje
eine **Prüfung** I 4 un examen *(pl. exámenes)*
PS (Postskript) I 3B PD (posdata)
ein **Publikum** I 8A un público
ein **Pullover** I 5B, 9 un jersey *(pl. jerséis)*
ein **Punkt** <I 2B, 10>; II 9, PP un punto
eine **Puppe** <I 2B, TA>; I 5B una muñeca
ein **Putsch** III 7, R un golpe de Estado
etw. **putzen** I 5A, 5 limpiar algo
ein **Puzzle** III 7, R un rompecabezas

Q

ein **Quadratmeter** III 3, R un metro cuadrado
die **Qualität** <II GC> la calidad
die **Quantität** III 1, PP la cantidad
Quechua *(Sprache)* II 8 (el) quechua
eine **Quelle** III 3, PA una fuente
eine **(Quer)Flöte** <I 8A, PP> una flauta

R

ein **Radio** I 6 una radio
das **Radium** <III 4, R> el radio
ein **Rahmen** III 7, PP un marco
eine **Rasse** III 4, PA una raza
ein **Ratschlag** III 2, PA un consejo
rätselhaft <II GC> enigmático, -a
rau <I 8A, PP> ronco, -a
Raub- I 6 pirata
der **Raub** II 9 el robo
rausgehen I 4, PP salir (-g-)
realistisch III 3, R realista
(gegen etw.) **rebellieren** III 4, R rebelarse (contra algo)
ein **Recht** III 4, R un derecho
Recht haben I 5A tener razón
sich **rechtfertigen** III 2, R justificarse
rechts von I 5B, PP a la derecha de
die **Reconquista** II 3 la Reconquista
ein **Referat** II 2 una exposición
eine **Reform** <II GC> una reforma
ein **Regal** I 5B, PP una estantería
regelmäßig <II 2, TA> regularmente
etw. **regeln** III 6, R arreglar algo
der **Regen** II 1, 9 la lluvia
ein **Regenschirm** <III 7, R> un paraguas
eine **Regentschaft** <II GC> el reinado
ein **Regenwald** II 5 una selva
regieren III 1, PA reinar (sobre)
etw. **regieren** III 4, R gobernar (-ie-) algo
die **Regierung** III 3, PP el gobierno
eine **autonome Region** II 3 una comunidad autónoma
eine **Region** II 5 una región
ein **Regisseur**, eine **Regisseurin** III 7, PP un director, una directora
regnen I 7B llover (-ue-)
reich I 6, PP rico, -a
ein (König)**Reich** <II GC> un reino
jdm. etw. (hinüber)**reichen** I 8B pasar(le) algo a alguien
Es **reicht** I 2B ¡basta!
an der **Reihe** sein I 7B tocar(le) a alguien
der **Reis** I 8B el arroz
eine **Reise** I 8B un viaje
ein **Reiseführer**, eine **Reiseführerin** II 5 un guía, una guía
reisen II 3 viajar
ein **Reisender**, eine **Reisende** <II GC> un viajero, una viajera
eine **Reiseroute** II 5 un itinerario
ein **Reiseziel** II 5 un destino
relativ III 6, R relativamente
Religion *(Schulfach)* I 7A, PP (la) religión
religiös III 5, PA religioso, -a
rennen II 5, 4 correr
ein **Rentner**, eine **Rentnerin** <II 1, 9> jubilado, -a
etw. **repräsentieren** III 5, R representar algo
eine **Republik** III 5, R una república
etw. **reservieren** III 1, TA reservar algo
der **Respekt** <II 8, MA> el respeto
etw. / jdn. **respektieren** <I CS>; III 4, R respetar algo / a alguien
natürliche **Ressourcen** II 9 los recursos naturales
ein **Rest** <I CS>; II 6 un resto
ein **Restaurant** I 2B un restaurante
etw. **restaurieren** III 1, R restaurar algo
etw. **retten** III 4, R rescatar algo
eine **Revolution** III 4, PP una revolución
ein **Revolutionär**, eine **Revolutionärin** III 4, R un revolucionario, una revolucionaria
revolutionär III 4, PA revolucionario, -a
eine **Rezension** III 7, PP una reseña
ein **Rezept** I 3B una receta
ein **Rhythmus** <II GC> un ritmo
riechen II 9 oler (huele, olemos)
riesig I 7A enorme; II 9 gigantesco, -a
ein **Risiko** II 5, 4 un riesgo
ein **Risiko** eingehen II 5, 4 correr riesgos
ein **Rock** I 5B, 5 una falda; <III 4, PA> una pollera *(lat.am.)*
ein **Roman** II 3 una novela
eine **romanische** Sprache <II 4, 9> una lengua románica
romantisch III 7, PP romántico, -a
römisch <II GC>; III 5, PP romano, -a
rosa I 7B, PP rosa
rot I 7B, PP rojo, -a
eine **Route** <II GC> una ruta
der **Rücken** II 6, 14 la espalda
die **Rückkehr** II 5 el regreso; II 6 la vuelta

ein **Rucksack** III 1, R una mochila
der **Ruf** II 7 una fama
jdn. **rufen** I 2B llamar
die **Ruhe** <III GC> la calma
ruhig I 3A, PP tranquilo, -a; III 8, PA quieto, -a
eine **Ruine** II 5 una ruina
rund III 2, PA redondo, -a

S

eine **Sache** I 3B una cosa
der **Safran** <III 6, T> el azafrán
der **Saft** I 7B, 8 el zumo
jdm. etw. **sagen** I 4 decir(le) (digo) algo a alguien
ein **Salat** II 2 una ensalada
das **Salz** <II 6, 12> la sal
salzig <III 6, PA> salado, -a
etw. **sammeln** <I 2B, TA> coleccionar algo; III 3, R juntar algo
eine **Sammlung** <II GC> una colección
Samstag I 3B sábado *(m.)*
die **Sandalen** II 1, 7 las sandalias
ein **Sänger**, eine **Sängerin** <II GC> un cantante, una cantante
eine **Sardelle** II 2 un boquerón
Sardinien <II 4, 9> Cerdeña *(f.)*
sarkastisch III 6, PP sarcástico, -a
ein **Satz** II 8 una frase
sauber (sein) III 1, PA (estar) limpio, -a
der **Sauerstoff** II 9 el oxígeno
ein **Saxofon** <I 8A, PP> un saxofón
das **Schach(spiel)** III 6, TA el ajedrez
Wie **schade!** I 3B ¡Qué lástima!; II 2 ¡Qué pena!
der **Schaden**, die **Schädigung** III 2, PP el daño
etw. **schaffen** III 3, PA lograr algo
ein **Schal** I 5B, 6 una bufanda
eine **(Schall)Platte** I 8A un disco
die **Scham** III 4, PA la vergüenza
scharf <III 6, PA> picante
eine **Schätzung** <III GC> una estimación
schauen I 4 mirar (algo)
Schau (mal)! I 4 ¡Mira!
ein **Schauspieler**, eine **Schauspielerin** III 7, PP un actor, una actriz
ein **Scheibenwischer** <III 4, R> un limpiaparabrisas
sich (von jdm.) **scheiden** lassen III 5, R divorciarse (de alguien)
ein **Schein** III 6, PA un certificado
jdm. (er)**scheinen** I 5A parecer(le) (-zco) a alguien
Schema <I CS> un esquema
jdm. etw. **schenken** I 7B regalar(le) algo a alguien
eine **Schicht** <III GC> una capa
jdm. etw. **schicken** I 5A mandar(le) algo a alguien
das **Schicksal** I 6, PP la suerte
ein **Schiff** III 8, PA un barco
schiffbar <II GC> navegable
eine **Schildkröte** II 9 una tortuga
der **Schinken** I 7B el jamón
besonderer luftgetrockneter **Schinken** aus Spanien I 7B el jamón ibérico
schlafen I 3B, PP dormir (-ue-/-u-)
ein **Schlafsack** III 1, PA un saco de dormir
ein **Schlafzimmer** I 5B, 9 un dormitorio
jdn. **schlagen** <III 4, PA> derrotar a alguien
etw. / jdn. **schlagen** III 2, R pegar a algo / alguien
ein **Schlagzeug** <I 8A, PP> una batería
eine **Schlange** <III 4, PP> una serpiente
schlank I 5A, PP delgado, -a
schlecht I 5A malo, -a; I 2B mal *(adv.)*
sehr **schlecht** II 6 fatal; III 1, R pésimo, -a (superlativo de malo)
schlecht organisiert II 7, 6 desorganizado, -a
schlechter I 7B peor
Das Wetter ist **schlecht**. I 3B Hace mal tiempo.
schließen I 8A cerrar (-ie-)
schließlich I 8A al final; II 1 en fin
schlimm II 8 grave
schlimmer I 7B peor
Schluss! I 2B ¡Basta!
zum **Schluss** I 6 para terminar
eine **Schlussfolgerung** II 8, 11 una conclusión
der **Schmerz** II 6 el dolor
schmerzen II 6, 14 doler(le) (-ue-) algo a alguien
ein **Schmetterling** II 9 una mariposa
der **Schmuck** <II GC> la decoración
schmutzig II 8 sucio, -a
der **Schnee** II 1, 9 la nieve
schnell I 3B rápido, -a; I 2B rápido *(adv.)*; II 6 veloz
ein **Schnellkochtopf** <III 4, R> una olla exprés
schnulzig III 7, R sentimentaloide
eine **Schokolade** III 6, TA un chocolate
schon I 2B ya
schön I 7B, 8 bonito, -a; II 3 bello, -a
Das Wetter ist **schön**. I 3B Hace buen tiempo.
die **Schonheit** <III GC> la belleza
ein (Kleider)**Schrank** I 5B, PP un armario
ein **Schreck** II 9 un susto
schrecklich <I CS> terriblemente *(adv.)*; III 5, PA horrible; III 7, R terrible
Wie **schrecklich**! II 9 ¡Qué horror!
ein **Schrei** II 8 un grito
schreiben I 2B escribir
ein **Schreibtisch** I 5B, PP un escritorio
(etw.) **schreien** II 4 gritar (algo)
eine **Schrift** III 3, TA la letra
III 4, R una escritura
ein **Schriftsteller**, eine **Schriftstellerin** II 3 un escritor, una escritora
ein **Schritt** <II GC> un paso
die **Schuhe** I 5B, 6 los zapatos
Schuhe anziehen / tragen III 2, R calzar
Schulbuch <I CS> un libro de estudio
jdm. etw. **schulden** II 6 deber(le) algo a alguien
ein **Schuldiger**, eine **Schuldige** III 8, PA un culpable, una culpable
eine **Schule** II 2 una escuela; III 2, R un colegio
ein **Schüler**, eine **Schülerin** I 7A un alumno, una alumna
die **Schullaufbahn** <I 7A, PP> la carrera escolar
die **Schulter** III 8, PA el hombro
der **Schutz** II 9 la protección
Schütze *(Sternzeichen)* <II 5, PP> Sagitario
schützen II 9 proteger (-j-) algo / a alguien
schwanger (sein) III 2, R (estar) embarazada
schwarz I 7B, PP negro, -a
Schwarzer <I CS> un negro, una negra
eine **Schweinerei** III 7, R una porquería
schwer II 6 pesado, -a
jdm. etw. **schwerfallen** III 2, R costar(le) algo a alguien
schwerwiegend II 8 grave
die **Schwester** I 1 la hermana
schwierig I 4 difícil; <II 8A, PP> complicado, -a
ein **Schwimmbad, -becken** I 3A, 6 una piscina
schwimmen I 2A, PP nadar
etw. jdm. **schwören** II 9 jurar(le) algo a alguien
in **Schwung** kommen II 1 animarse a hacer algo
die **Science-Fiction** III 7, PP la ciencia ficción
sechs I 2B, PP seis
sechshundert I 7B seiscientos, -as
sechste, -r, -s I 7A sexto, -a
sechzig I 2B, PP sesenta
ein **See** II 5 un lago
ein **Seefahrer**, eine **Seefahrerin** <II GC> un navegante, una navegante
etw. **sehen** I 3B, PP ver algo
mal **sehen** I 2A a ver
sich **sehen** I 4 verse
Ich **sehe** worauf du hinaus willst. I 5A Te veo venir.
Du wirst es schon **sehen.** I 7A Vas a verlo. II 5 Te vas a enterar.
eine **Sehenswürdigkeit** <I 1, 6>; I 3A, PP un monumento
sehr I 2A mucho *(adv.)*; I 2A muy
Sehr geehrter … / **Sehr** geehrte … II 5 Estimado …, Estimada …
jmd. **sehr** gut gefallen I 5A encantar(le) algo a alguien
sehr viel I 6 muchísimo, -a
sein I 1, PP ser; I 5A estar *(+ adj.)*
da **ist / sind** I 3A, PP hay
es **ist** etwas los I 3A hay marcha
es **ist** (nämlich) so, dass… I 3B es que
sein, seine *(sg.)* I 2B su
seine *(pl.)* I 2B sus
seine, -r, -s *(betontes Possessivpron.)* II 4 suyo, -a
seit II 1 desde
seit *(+ Zeitangabe)* etw. tun II 8 llevar *(+ gerundio + tiempo)*
eine **Seite** I 3A una página; I 5B, PP un lado
auf der einen **Seite**, … auf der anderen **Seite** II 8, 11 por un lado … por otro lado
der **Sekt** <II 2, PP> el cava
ein **Sektor** <II GC> un sector
die **Sekundarschule** *(entspricht Sekundarstufe I / Mittelstufe)* III 2, R la secundaria
selbst I 4 mismo, -a
III 4, R propio, -a
selbst wenn II 6 aunque
die **Selbstbestimmung** III 5, PP la autodeterminación
ein **Selbstbildnis** <III GC> un autorretrato
selbstverständlich III 4, PA por supuesto
seltsam I 7A raro, -a
<II 4, PP> extraño, -a
ein **Senat** <III 5, PA> el senado
etw. **senden** III 7, PA enviar algo
ein **Sender** III 7, PA un canal (de televisión)
eine **Sendung** III 7, PA un programa (de radio / televisión)
sentimental <I 8A, PP> sentimental
September I 3B, 4 septiembre *(m.)*
eine **Serie** III 7, PA una serie (de televisión)
seriös II 7, 6 formal
sich **setzen** I 8B sentarse (-ie-)
jdn. unter Druck **setzen** <III GC> presionar a alguien
etw. **setzen** I 5B, PP poner (-g-) algo
eine **Sevillana** II 2 una sevillana
Safer **Sex** III 2, PP sexo seguro
shoppen I 7B ir de compras
sich *(Reflexivpron.)* I 4 se
sich freuen I 8A alegrarse
sich lächerlich machen III 2, PP hacer el ridículo
sicherlich II 6 seguro *(adv.)*
die **Sichtweise** <II GC> un punto de vista
sie *(Akkusativpron.)* I 5B los / las
Sie *(Höflichkeitsform sg. / pl.)* I 6 usted, ustedes
sie *(sg.)* I 2A ella
sie *(pl.)* I 2A ellos, ellas
sie / ihn / es *(Akkusativpron.)* I 5B lo / la
sieben I 2B, PP siete
siebenhundert I 7B setecientos, -as
siebte, -r, -s I 7A séptimo, -a
siebzig I 2B, PP setenta
ein **Sieg** <II GC> un triunfo; <III GC> una victoria
siegreich <III GC> victorioso, -a

eine **Siesta** II 2 una siesta
Siesta machen II 2 echarse la siesta
das **Silber** <II GC> la plata
singen <I 2B, TA> cantar
sinnlich <I 8A, PP> sensual
eine **Situation** I 6 una situación
ein **Sitz** <III GC> un asiento
sitzen II 8 estar sentado, -a
der **Skisport** <II GC> el esquí
eine **Skistation** <II GC> una estación de esquí
Skorpion *(Sternzeichen)* <II 5, PP> Escorpión
so I 3B así; I 5A tan
so dass, sodass II 7; III 1, R de modo que; III 1, R así que
so… wie… I 7B tan… como…
die **Socken** I 5B, 6 los calcetines *(sg.* calcetín*)*
sogar II 5 incluso
der **Sohn** I 2B, 3 el hijo
ein **Sol** *(peruanische Währung)* II 6 el sol
solange II 8 mientras *(+ subjuntivo)*
der **Sommer** I 5B el verano
sondern <II 2, 11>; II 4 sino
die **Sonne** I 2A, PP el sol
sich **sonnen** I 2A, PP tomar el sol
eine **Sonnencreme** II 9 una crema solar
Sonntag I 3B domingo *(m.)*
sich **Sorgen** machen II 6 preocuparse por algo / alguien
Mach dir keine **Sorgen.** I 6 no te preocupes
eine **Sorte** <II GC> un género
Spanien I 3B España
ein **Spanier**, eine **Spanierin** I 2A un español, una española
spanisch I 3B español, -a
Spanisch als Schulfach *(wie das Fach Deutsch in Deutschland)* I 7A, PP lengua y literatura
das **Spanische**, die **spanische** Sprache I 2A el español
ein **Spanischlehrer**, eine **Spanischlehrerin** I 2A un profesor de español, una profesora de español
spannend II 9 emocionante
etw. **sparren** III 3, R ahorrar algo
(keinen) **Spass** haben II 1, PP pasárselo bien / mal
spät I 4 tarde
spätere, -r, -s III 4, R posterior
spazieren gehen II 3 pasear (por)
spektakulär III 1, R espectacular
eine **Spezialität** III 5, R una especialidad
speziell II 4 especial
ein **Spiel** I 1 un juego
Das ist kein Kinder**spiel.** I 1 No es un juego.
spielen I 3B, PP jugar (-ue-)
spielen *(Instrument)* I 8A tocar
eine Rolle **spielen** III 7, R interpretar un papel
ein **Spielfilm** III 7, PP un largometraje
eine **Spinne** II 9 una araña
ein **Spinnennetz** <III 7, R> una telaraña
der **Sport** I 1 el deporte
Sport treiben <I 2B, TA> practicar deporte
sportlich III 1, R deportivo, -a
die **Sportschuhe** II 1, 7 las zapatillas de deporte
ein **Sportzentrum** *(für verschiedene Sportarten)* I 3A, 6 un polideportivo
eine **Sprache** I 4 un idioma; I 7A, PP una lengua
die **Sprache** <II GC> el lenguaje
eine romanische **Sprache** <II 4, 9> una lengua románica
eine romanische **Sprache** <III GC> una lengua romance
sprechen I 2A hablar
ein **Sprecher** / eine **Sprecherin** <III 4, PA> un portavoz, una portavoz
springen II 4 saltar
spülen I 5A, 5 lavar los platos
der **Staat** III 6, R el estado
etw. **stabilisieren** <II GC> estabilizar algo
eine **Stachelannone** *(tropische Frucht)* <II 6, 13> una guanabana
ein **Stadion** III 3, R un estadio
eine **Stadt** <I 1, 6>; I 3A, PP una ciudad
städtisch III 3, R urbano, -a
ein **Stadtviertel** I 3A, PP un barrio
das **(Stadt)Zentrum** I 3A, PP el centro
stammen aus I 1, PP ser de; <II 4, 9> provenir de
stammend aus III 3, PA proveniente de
stark <II GC>; III 1, PA fuerte
die **Stärke** <II 8, MA> la fuerza
eine **Statistik** <III 1, PP> una estadística
staubsaugen I 5A, 5 pasar la aspiradora
stehen bleiben II 8 pararse
eine **Steigung** III 1, R una subida
steil <II 8, 7> inclinado, -a
ein **Stein** III 6, PA una piedra
Steinbock *(Sternzeichen)* <II 5, PP> Capricornio
stell dir (nur) vor I 5A imagínate
eine **Stelle** III 2, R un puesto (de trabajo); III 8, PA un empleo; <III 8, PA> un cargo
etw. **stellen** I 5B, PP poner (-g-) algo
sich einer Sache **stellen** <III GC> enfrentar algo
eine **Steppe** <II GC> una estepa
sterben II 9 morirse (-ue-)
eine **Stereoanlage** I 5B, PP un equipo de música
ein **Stern** II 4, PP una estrella
ein **Sternzeichen** <II 5, PP> signo zodiacal
Stier *(Sternzeichen)* <II 5, PP> Tauro
eine **Stierkampfarena** I 8A una plaza de toros
eine **Stiftung** <II GC> una fundación
ein **Stil** <II GC>; III 3, TA un estilo
die **Stille** III 3, PA el silencio
eine **Stimme** <I 8A, PP> una voz; III 8, PA un voto
Das **stimmt** nicht. I 2A No es verdad.
die **Stimmung** I 3A el ambiente
ein **Stipendiat**, eine **Stipendiatin** II 5 un becario, una becaria
ein **Stockwerk** I 5A un piso
stolz auf etw. (sein) III 6, R (estar) orgulloso, -a de
jdn. **stören** I 8A molestar(le) a alguien
strahlenförmig <II GC> radial
der **Strand** I 1 la playa
über die **Stränge** schlagen III 2, PP pasarse de la raya *(col.)*
eine **Straße** I 2B, PP una calle
die **Straße** von Gibraltar *(Meeresenge)* II 3 el Estrecho de Gibraltar
Straßen- <II GC> callejero, -a
eine **Straßenlaterne** III 8, PA un farol
strategisch <II GC> estratégico, -a
ein **Strauß** II 2 un ramo
ein **Streber**, eine **Streberling** III 2, R un empollón, una empollona
eine **Strecke** <II GC> una ruta
etw. / jdn. **streicheln** III 8, PA acariciar algo / a alguien
ein **Streik** <II GC> una huelga
mit jdm. **streiten** II 6 discutir con alguien
(mit etw. / jdm.) **streiten** III 1, PA pelear (con algo / alguien)
streng III 8, PA severo, -a
der **Stress** III 1, R el estrés
ein **Strom** III 3, PA una corriente
eine **Strömung** <II GC> una corriente
ein **Stück** <II GC> una pieza
ein **Student**, eine **Studentin** I 4 un estudiante, una estudiante
Studien- II 5 académico, -a
studieren I 2A, PP estudiar
das **Studium** <I 8A, 6>; III 6, R los estudios de
ein **Stuhl** I 5B, PP una silla
eine **Stunde** I 4, PP una hora
ein **Stundenplan** I 7A, PP un horario
sich auf etw. **stützen** <II GC>; III 4, R basarse en algo
suchen I 2A buscar
Südamerika II 7, PP Sudamérica *(f.)*
der **Süden** <I 1, 6>; II 3 el sur
der **Südwesten** <II GC> el suroeste
super II 9 súper
ein **Supermarkt** I 3A, 6 un supermercado
eine **Suppe** <II GC> una sopa
ein **Surfbrett** II 1, PP una tabla de surf
das **Surfen** I 2A, PP el surf
im Internet **surfen** <I 2B, TA> navegar por internet
der **Surrealismus** <II 4, PP> el surrealismo
süß <III 6, PA> dulce
süß sein II 2 tener salero
ein **Sweatshirt** I 5B, 6 un jersey *(pl.* jerséis*)*
ein **Symbol** <II GC>; <III 4, PA> un símbolo
etw. **symbolisieren** <II 8, MA> simbolizar algo
die **Sympathie** II 3 la simpatía
sympathisch I 5A simpático, -a
Symptom II 6, 14 un síntoma
einen Film **synchronisieren** III 7, PP doblar una película
ein **Synonym** II 3, 3 un sinónimo
Syntaxanalyse <I CS> el análisis sintáctico
ein **System** <II GC>; III 4, R un sistema
eine **Szene** III 7, R una escena

T

der **Tabak** II 3 el tabaco
ein **Tag** I 2B un día
Guten Tag. *(nachmittags)* I 2B, 2 Buenas tardes.
ein **Tagelöhner**, eine **Tagelöhnerin** <II GC> un jornalero, una jornalera
der **Tagesanbruch** <III 4, PA> el amanecer; III 8, PA la madrugada
ein **Tageswerk**, eine **Tagesreise** III 1, R una jornada
täglich, pro / am **Tag** III 1, R al día
die **Tante** I 2B, 3 la tía
ein **Tanz** <II GC> un baile
tanzen <I 2B, TA>; I 8A bailar
die **Tanzschuhe** <II 3, MA> los zapatos de baile
eine **Tapa** II 4 una tapa
eine **Tätigkeit** <II GC> una actividad
eine **Tatsache** <II GC> un hecho
tatsächlich III 2, PP en realidad
taubstumm III 7, R sordomudo, -a
tausend I 7B mil
ein **Tausend** III 3, R un millar
eine **Technik** III 2, PA una técnica
Technikunterricht I 7A, PP (la) tecnología
technisch III 3, R técnico, -a
ein **Teenager** III 2, R un adolescente, una adolescente
ein **Teil** I 5B una parte; <II GC> una pieza
ein **Teil von** I 5B parte de
etw. **teilen** I 5A compartir algo
ein **Teilgebiet** <II GC> un sector
an etw. **teilnehmen** <I 5A, 11>; II 4 participar en algo
ein **Teilnehmer**, eine **Teilnehmerin** II 5 un participante, una participante
das **Telefon** I 2B, PP el teléfono
am **Telefon**, **telefonisch** I 8B por teléfono
mit dem Handy **telefonieren** I 7A hablar por el móvil
die **Telefonnummer** I 2B, PP el (número de) teléfono
eine **Telenovela** II 9 una telenovela
ein **Teller** I 5A, 5 un plato
die **Tendenz** III 2, R la tendencia

(das) **Tennis** I 2A, PP el tenis
ein **Termin** II 1 una cita
eine **Terrasse** II 4 una terraza
ein **Territorium** III 6, R un territorio
der **Terrorismus** II 7, PP el terrorismo
ein **Terrorist**, eine **Terroristin** II 8 un terrorista, una terrorista
teuer I 7B caro, -a
ein **Text** I 8A un texto
Textil- <II GC> textil
Theater <I CS> un teatro
ein **Thema** II 1 un tema
tief *(Stimme, Ton)* <I 8A, PP> grave
ein **Tier** II 4, PP un animal
ein **Tisch** I 5A, 5 una mesa
ein (akademischer) **Titel** <I 8A, 6> un título
ein **Titel** II 8, 11 un título
die **Tochter** I 2B, 3 el hijo, la hija
der **Tod** <III 4, PP> la muerte
toll I 3A fenomenal; I 3A genial; II 5 fantástico, -a; II 9 alucinante
Wie **toll**! I 3B ¡Qué bien!
eine **Tomate** I 7B, 8 un tomate
der **Ton** <III GC> el barro
eine **Tonne** III 3, R una tonelada
ein **Topf** <III 4, R> una olla
der **Töpfer**, die **Töpferin** <II GC> un ceramista, una ceramista
ein **Torero** II 3 un torero
eine **Torte** I 3B una tarta
eine **Tortilla** *(ein Omelett mit Kartoffeln und Zwiebeln)* II 4 una tortilla
tot (sein) II 1 (estar) muerto, -a
der **Tourismus** <II 2, PP>; II 3, PP el turismo
ein **Tourist** II 1 un turista, una turista
touristisch <II 1, 9>; III 1, R turístico, -a
eine **Tradition** <II GC>; III 5, PA una tradición
traditionell II 5 tradicional
etw. **tragen** I 4 llevar algo
ein **Trailer** III 7, PP un tráiler
etw. **trainieren** III 2, PA entrenar algo
der **Transport** <II GC> el transporte
eine **Traube** <II GC> una uva
ein **Traum** II 5 un sueño
(von) etw. / jdm. **träumen** I 6 soñar (-ue-) con algo / alguien
traurig (sein) I 5A, PP (estar) triste
traurig werden <I CS> deprimirse
sich (mit jdm.) **treffen** I 4 verse II 3 encontrarse (con alguien)
eine Entscheidung **treffen** III 6, PP tomar una decisión
ein **Treffen** II 5 una reunión
Sport **treiben** <I 2B, TA> practicar deporte
der **Trend** III 2, R la tendencia
sich von etw. / jdm. **trennen** II 2 separarse de algo / alguien
etw. **trennen** III 3, R separar algo
eine **Treppe** <III GC> una escalera
trinkbar <III GC> potable
trinken I 2A tomar
etw. **trinken** II 6 beber algo
eine **Trompete** <I 8A, PP> una trompeta
trotz III 1, R a pesar de (que)
ein **T-Shirt** I 5B una camiseta
eine **Tugend** <III GC> una virtud
tun I 2B hacer; I 5A acabar de hacer algo
etw. **tun** werden I 3B ir a hacer algo
die **Tür** I 2B la puerta
ein **Turm** III 8, PA una torre
eine **Tüte** I 5B una bolsa
ein **Typ** I 3A un tío *(col.)*; II 5 un tipo
typisch I 8B típico, -a

U

die **U-Bahn** I 8B, 6 el metro
über I 3A sobre
überall II 6 en todas partes
das **Übergewicht** III 2, R el sobrepeso
Amt **übernehmen** <III GC> asumir el poder
etw. **überprüfen** <I 3B, 8> controlar algo; III 6, PA revisar algo; III 2, TA comprobar (-ue-) algo
etw. **überqueren** I 8B, PP cruzar algo
eine **Überraschung** I 5B una sorpresa
ein **Überrest** <III GC> un vestigio
etw. **übersetzen** III 4, R traducir (-zco) algo
ein **Übersetzer**, eine **Übersetzerin** <II GC>; III 4, R un traductor, una traductora
überzeugt (sein) I 5A (estar) convencido, -a
die **übrigen** II 5 los/las demás
übrigens I 3A por cierto
ein **Ufer** <II GC> una orilla
eine **Uhr** II 4, PP un reloj
Um wie viel **Uhr**…? I 4, PP ¿A qué hora…?
Wie viel **Uhr** ist es? I 4 ¿Qué hora es?
um … herum III 6, R alrededor de
um etw. zu tun I 6 para hacer algo
eine **Umarmung** I 3B un abrazo
etw. **umfassen** <III GC> conformar algo
umgeben von etw. <III GC> rodeado por algo
umkehren II 8 dar la vuelta
ein **Umstand** <II 4, PP> una circunstancia
etw. (in etw.) **umwandeln** <II GC> convertir (-ie-) algo (en algo)
Umwelt- <II GC> ambiental
die **Umweltforschung** <II GC> la ecología
umweltschädlich III 3, PA contaminante
die **Umweltverschmutzung** III 3, R la contaminación
umziehen II 2 mudarse
ein **Umzug** <III 6, PP> un desplazamiento
unabhängig II 7 independiente
die **Unabhängigkeit** III 4, PP la independencia
unangenehm <II 4, PP>; II 7, 6 desagradable
unaufgeräumt I 5A desordenado, -a
unausstehlich II 4 insoportable
das **Unbewusste** <II 4, PP> el inconsciente
und I 1 y
und *(vor i- oder hi-)* I 5A e
Unehre <I CS> el deshonor
unerträglich II 4 insoportable
unfähig <III GC> incapaz
ein **Unfall** III 4, TA un accidente
unfreundlich <II 4, PP> desagradable
ungefähr I 7B unos, -as *(+ Zahl)*; <II GC>; III 1, PP aproximadamente; III 1, PP más o menos
ungefähr um halb sieben <I CS> sobre las 6 y media
ungerecht III 4, PA injusto, -a
eine **Ungerechtigkeit** III 4, R una injusticia
die **Ungleichheit** III 4, R la desigualdad
eine **Uniform** I 4 un uniforme
eine **Universität** I 4 una universidad
eine **Unmenge** III 7, R un sinfín
unordentlich (sein) I 5A (estar) desordenado, -a
unregelmäßig <I 8A, PP> irregular
uns *(Reflexivpron.)* I 4 nos
uns *(Dativpron.)* I 5A nos
uns *(Akkusativpron.)* I 5B nos
unser, unsere *(sg.)* I 2B nuestro
unsere *(pl.)* I 2B nuestros
unsympathisch II 7, 6 antipático, -a
untenliegend III 1, R inferior *(superlativo de bajo)*
unter I 5B, PP debajo de
(mitten) **unter** I 6 entre
unter <I CS> bajo *(adv.)*
die **Unterdrückung** III 5, R la represión
sich **unterhalten** I 8A charlar
eine **Unterhaltung** III 5, PA una conversación
ein **Unternehmen** III 2, TA una empresa
ein **Unteroffizier** *(Dienstgrad)* II 3 un sargento
eine **Unterrichtsstunde**, der **Unterricht** I 3A una clase
die **Unterschätzung** <III GC> el menosprecio
sich in etw. **unterscheiden** <II 2, 8> diferenciarse en algo
ein **Unterscheidungsmerkmal** III 5, PA un criterio
im **Unterschied** zu III 4, R a diferencia de
hier: eine **Unterschrift** III 2, TA una firma
etw. **unterstreichen** III 1, PA subrayar algo
etw. **unterstützen** <II 1, 9>; III 3, TA apoyar algo
etw. **untersuchen** III 7, R analizar algo
ein **Untertitel** II 8, 11 un subtítulo
ununterbrochen II 9 sin parar
unversehrt <II GC> intacto, -a
unzuverlässig II 7, 6 informal
ein **Ureinwohner**, eine **Ureinwohnerin** II 7 un indígena, una indígena
der **Ursprung** <II GC> el origen
ein **Urwald** II 5, PP una selva
die **USA** II 8 (los) EE. UU. *(Estados Unidos)*

V

das **Valenzianische** *(Sprache)* <II 1, 3>; III 5, PA el valenciano
der **Vater** I 2B el padre
ein **Vaterland** III 8, PA una patria
väterlich <III GC> paterno, -a
sich mit jdm. **verabreden** I 7A quedar con alguien
eine **Verabredung** II 1 una cita
sich **verabschieden** I 4 despedirse (-i-)
etw. **(ver)ändern** I 5A cambiar algo
eine **(Ver)Änderung** I 8A un cambio
verantwortlich III 3, PA responsable
die **Verantwortung** III 2, PP la responsabilidad
verärgert (sein) I 5A, PP (estar) enfadado, -a
etw. **verbessern** I 3B perfeccionar algo; II 9 mejorar algo
jdm. etw. **verbieten** III 5, R prohibirle (prohíbo) algo a alguien
etw. **verbinden** <II GC> unir algo
verboten (sein) III 5, R (estar) prohibido, -a
verbreitet <II GC> popular
verbringen I 2A pasar
ein **Verdacht** III 5, PA una sospecha
etw. **verdienen** I 6, PP ganar algo
(sich) etw. **verdienen** II 9 merecer(se) algo
etw. **vereinigen** <II GC> unificar algo
jdn. **verfolgen** III 8, PA perseguir (-i-) a alguien
verfügbar <III 1, PP> disponible
über etw. **verfügen** III 1, R disponer (-g-) de algo; III 3, PA contar (-ue-) con
vergangene, -r, -s I 8A pasado, -a
die **Vergebung** <I CS> el perdón
jdm. etw. **vergehen** II 4 quitársele algo a alguien
vergehen II 5 pasar
etw. / jdn. **vergessen** II 1 olvidarse de algo / alguien; olvidar algo / a alguien
eine **Vergewaltigung** III 8, PA una violación
ein **Vergleich** III 4, PA una comparación
etw. mit etw. **vergleichen** III 4, R comparar algo con algo
sich **vergnügen** I 8A divertirse (-ie-/-i-)
jdn. **verhaften** I 6 detener a alguien
ein **Verhalten** III 1, PA un comportamiento
verhältnismäßig III 6, R relativamente
eine **Verhandlung** III 3, PA una negociación
ein **Verhütungsmittel** III 5, R un anticonceptivo
jdm. etw. **verkaufen** I 6 vender algo a alguien
ein **Verkäufer**, eine **Verkäuferin** I 7B un dependiente, una dependienta
ein **Verkaufsstand** II 6 un puesto
der **Verkaufsstand** III 3, R el tráfico
sich **verkleiden** <III 4, PA> disfrazarse de algo
verlassen III 1, R abandonado, -a

verletzt (sein) II 8 (estar) herido, -a
eine **Verletzung** III 8, PA una violación
sich in jdn. **verlieben** II 3 enamorarse de alguien
verliebt (sein) I 5A, PP (estar) enamorado, -a
etw. **verlieren** II 5, 4 perder (-ie-) algo
etw. (zu tun) **vermeiden** II 6 evitar (hacer) algo
vermissen I 8B echar de menos
etw. **vermuten** II 1 suponer (-g-) algo
die **Veröffentlichung** <II GC> una publicación
sich auf etw. **verpflichten** <III GC> comprometerse a algo
ein **Verräter**, eine **Verräterin** III 4, R un traidor, una traidora
etw. **verringern** III 3, R reducir (-zco) algo
verrückt I 7B loco, -a (loco)
sich **versammeln** II 5 reunirse (reúno) (con alguien)
eine **Versammlung** II 5 una reunión
verschiedene, -r, -s II 5, PP diverso, -a
verschieden III 5, PA distinto, -a
verschiedene I 6 varios, -as
verschlossen II 7, 6 cerrado, -a
verschwinden II 7 desaparecer
jdm. etw. **versichern** III 1, R asegurar(le) algo a alguien
eine **Version** II 3 una versión
jdn. **versorgen** II 5, 4 atender (-ie-) a alguien
verspielt II 2 juguetón, juguetona
eine **Verspottung** <III GC> una burla
etw. jdm. **versprechen** <III GC> prometer a alguien
etw. **verstaatlichen** III 8, PA nacionalizar algo
Ich **verstehe** schon. I 4 Ya veo.
verstehen I 2B comprender
etw. / jdn. **verstehen** I 3B entender (-ie-) algo / a alguien
versteigert <III GC> subastado, -a
verstört (sein) II 4 (estar) alterado, -a
etw. **versuchen** I 6 intentar algo
etw. **verteidigen** III 4, R defender (-ie-) algo
eine **Verteidigung** III 4, R una defensa
eine **Verteilung** <III 4, PA> un reparto
ein **Vertrag** III 3, R un contrato
etw. / jdm. **vertrauen** III 6, R confiar en algo / en alguien
die **Vertreibung** <II GC> la expulsión
ein **Vertreter**, eine **Vertreterin** III 1, PA un representante, una representante
verursachen III 2, PP causar
die **Verurteilung** <III GC> una condena
verwahrlost III 1, R abandonado, -a
die **Verwaltung** <II GC>; III 5, PA la administración
Verwaltungseinheit in Perú *(ähnlich wie Bundesland)* <II GC> un departamento
etw. (in etw.) **verwandeln** <II GC> convertir (-ie-) algo (en algo)
etw. **verwenden** I 4 usar algo
jdm. etw. **verzeihen** II 6 perdonar(le) algo a alguien
verzweifelt <II 4, PP> desesperado, -a
ein **Video(film)** I 1 un vídeo
ein **Videospiel** <I 2B, TA> un videojuego
das **Vieh** III 8, PA el ganado
die **Viehzucht** <II GC> la ganadería
viel I 2A mucho *(adv.)*
  viel, -e I 3B mucho, -a *(adj.)*
  sehr **viel** I 6 muchísimo, -a
  so **viel** wie möglich III 1, R al máximo
die **Vielfalt** <II GC> la diversidad
vielfältig <II GC> variado, -a
vielleicht I 2B a lo mejor; II 8 quizá
vier I 2B, PP cuatro
vierhundert I 7B cuatrocientos, -as
vierte, -r, -s I 7A cuarto, -a
ein **Viertel** III 1, PP un cuarto / una cuarta parte (de)
vierzehn I 2B, PP catorce
vierzig I 2B, PP cuarenta
ein **virtuelles** Bild *(Digitalbild auf dem Computer)* <I CS> una imagen virtual
ein **Visum** III 6, R un visado
ein **Vizekönigreich** <II GC> un virreinato
ein **Vogel** II 4, PP un pájaro
eine **Vogelscheuche** <III 7, R> un espantapájaros
der **Völkermord** <III 4, PA> el genocidio
Volks- III 4, R popular
eine **Volksabstimmung** III 5, PP un referéndum
ein **Volksstamm** <III GC> una tribu
voll (sein mit) II 2 (estar) lleno, -a (de)
völlig II 8 completamente
von I 1, PP de
  von wo? I 1, PP ¿de dónde?
vor I 5B, PP delante de; I 8A hace *(+ Zeitangabe)* que; I 6 antes de
  vor allem I 6 sobre todo
  vor ewig langer Zeit III 2, PP hace la tira de tiempo *(col.)*
vorankommen III 8, PA avanzar (z-c) (con algo)
vorbei gehen II 5 pasar
etw. **vorbereiten** I 5A, 5 preparar algo
die **Vorbereitungen** II 6 los preparativos
im **Vordergrund** <II 4, PP>; III 3, TA en primer plano
etw. **vorhaben** I 3B, PP pensar (-ie-) hacer algo
vorhergehend, -r, -s III 7, R previo, -a
vorige, -r, -s III 5, R anterior
eine **Vorlesung** III 6, R una lección
eine **Vorliebe** <III GC> una afición
vormittags I 3A por la mañana
eine **Vorschau** III 7, PP un tráiler
jdm. etw. **vorschlagen** I 5B proponer(le) (-g-) algo a alguien
die **Vorsicht** I 5B el cuidado
  Vorsicht! I 5B ten cuidado
sich **vorstellen** I 5A imaginarse
sich (jdm.) **vorstellen** II 7 presentarse (a alguien)
etw. **vorstellen** III 7, PA presentar algo
ein **Vorteil** III 3, R una ventaja
ein **Vorurteil** II 7 un prejuicio
ein **Vulkan** <II GC> un volcán
ein **Vulkanausbruch** <II GC> una erupción volcánica

W

Waage *(Sternzeichen)* <II 5, PP> Libra
wachsen III 5, R crecer (-zco)
eine **Waffe** <II GC>; III 3, PA un arma *(f.)*
die **Wahlen** III 5, R las elecciones
etw. / jdn. **wählen** II 4 elegir (-i-/-i-) algo / a alguien
ein **Wahlpflichtfach** I 7A, PP una optativa
Das ist nicht **wahr.** I 2A No es verdad.
während I 6 durante; I 7A mientras
die **Wahrheit** I 2A la verdad
die **Wahrscheinlichkeit** III 2, R la probabilidad
ein **Wahrzeichen** <II GC> un símbolo
ein **Wald** <II GC>; III 1, PA un bosque
eine **Wanderbewegung** II 2, PP una migración
das **Wandgemälde** III 3, PP un mural
wann? I 3B ¿cuándo?
wäre III 2, R fuera
warm I 7B caliente
warmherzig II 7, 6 cariñoso, -a
die **Warmherzigkeit** II 3 la simpatía
warten I 2A esperar
warum? I 2A ¿por qué?
was *(Relativpronomen)* <I CS>; II 2 lo que
  was für *(+ subst.)* III 1, R menudo, -a *(+ subst.)*
  Was für…! I 3B ¡Qué…!
  Was ist das? I 1 ¿Qué es?
  Was ist los? I 2A ¿Qué pasa?
  Was ist mit…? I 5A ¿… qué?
  Was passiert? I 2A ¿Qué pasa?
  Was? I 1 ¿Qué?
etw. **waschen** I 5A, 5 lavar algo
sich **waschen** I 4, 5 lavarse
das **Wasser** I 7B, 8 el agua *(f.)*
ein **Wasserfahrzeug** <III GC> una embarcación
ein **Wasserfall** II 9 una catarata
ein **Wasserhahn** II 6 un grifo
Wassermann *(Sternzeichen)* <II 5, PP> Acuario
eine **Wassermelone** I 7B, 8 una sandía
etw. **weben** <III GC> tejer algo
eine **Web-Seite** I 3A una página Web
weder… noch I 7B no … ni / ni … ni
ein **Weg** I 8B un camino
wegen I 4 por; III 2, PA con motivo de; III 4, R debido a
weggehen I 4 irse; I 4, PP salir (-g-)
etw. **wegnehmen** I 5B, PP quitar algo
etw. **wegtun** I 5B, PP quitar algo
weh tun II 6, 14 doler (-ue-)
wehleidig III 7, R llorón, llorona
weich <II 8, 10> suave
(das) **Weihnachten** III 6, PA la Navidad
weil I 2A porque; II 2 como
eine **Weile** I 2A un rato
der **Wein** I 7B el vino
der **Weinbau** <II 2, PP> la industria vinícola
weinen II 9 llorar
die **Weinrebe** <III 6, T> la vid
die **Weise**; die Art und **Weise** I 7A el modo
  auf irgendeine **Weise** <I CS> de alguna manera
  in gewisser **Weise** <I CS> en cierta forma
weiß I 7B, PP blanco, -a
weit II 7, PP amplio, -a
weit weg (von) I 3A lejos (de)
weitergehen, -fahren I 8B, PP seguir
weiterhin etw. tun I 8B seguir (-i-) / continuar *(+ gerundio)*
etw. **weiterhin** haben / nicht haben II 1 seguir / continuar con / sin algo
weitermachen I 7A seguir / continuar con algo
der **Weizen** <III GC> el trigo
welche, -r, -s II 7 cuál, cuáles
die **Welt** I 8B el mundo
Welt- <II GC> mundial
der Erste **Weltkrieg** III 4, PP la I Guerra Mundial
sich an jdn. **wenden** II 6 dirigirse a alguien; <III 4, PA> acudir a algo / alguien
wenig I 3B poco, -a; I 2A poco *(adv.)*
weniger … als I 7A, PP menos … que
wenigstens III 2, PA al menos
(dann) **wenn** I 7A cuando
wer? I 2A ¿quién? *(pl. ¿quiénes?)*
die **Werbung** <III GC> la publicidad
werden I 8A hacerse (-g-); II 1, PP quedarse *(+ adj.)*; II 8 ponerse *(+ adj.)*
etw. **werden** III 2, PA convertirse (-ie-) en
ein **Werk** <II GC> una obra
ein **Wert** III 1, R un valor
etw. **wert** sein I 7B valer (-g-) algo
wesentlich III 5, PA esencial
der **Westen** <I 1, 6>; <II 5, TA>; III 3, PA el oeste
westlich <II GC> occidental
ein **Wettbew erb** III 7, PA un concurso
das **Wetter** I 3B el tiempo
  Das **Wetter** ist schlecht. I 3B Hace mal tiempo.
wichtig I 3A, PP importante; III 5, PA esencial
jdm. etw. **wichtig** sein I 5A importar(le) algo a alguien
die **Wichtigkeit** <II GC>; III 5, PA la importancia
wichtigste, -r, -s <II GC> principal

Widder *(Sternzeichen)* <II 5, PP> Aries
etw. **widerspiegeln** III 3, PP reflejar algo
jdm. etw. **widmen** III 2, PA dedicar(le) algo a alguien
wie I 1, PP ¿cómo?
wie I 3B como
Wie alt ist er/sie? I 5A ¿Cuántos años tiene?
Wie geht's? I 2B ¿Qué tal?
Wie heißt du? I 1, PP ¿Cómo te llamas?
Wie ist/war…? I 3B ¿Qué tal *(+ subst.)*?
Wie schade! I 3B ¡Qué lástima!; II 2 ¡Qué pena!
Wie toll! I 3B ¡Qué bien!
Wie viel Uhr ist es? I 4 ¿Qué hora es?
Wie viel, -e? I 8A ¿Cuánto, -a?
Wie viele Kugeln? <I 2A, 5> ¿Cuántas bolas?
Wie…! I 3B ¡Qué…!
wieder I 6 otra vez
jdn. **wiedererkennen** III 2, R reconocer (-zco) a alguien
etw. **wiedererobern** <II GC> reconquistar algo
etw. **wiederholen** III 2, PA repasar algo; III 6, R repetir (-i-) algo
etw. **wiederverwenden** III 3, R reusar (reúso) algo
etw. **wiederverwerten** III 3, R reciclar algo
die **Wiederverwertung** III 3, R el reciclaje
wiegen III 3, PA pesar
willkommen II 3 bienvenido, -a
das **Willkommen** II 5 la bienvenida
der **Wind** II 1, 9 el viento
der **Winter** I 7B el invierno
wir I 2A nosotros, nosotras
wirklich I 3B en serio; I 7A de verdad; II 3 verdaderamente *(adv.)*; <II 4, PP> real; I 8A realmente *(adv.)*
die **Wirklichkeit** III 2, PP la realidad
die **Wirtschaft** II 3, PP la economía
wirtschaftlich II 3, PP económico, -a
wissen I 2B saber (sé)
ein **Wissenschaftler**, eine **Wissenschaftlerin** <II GC> un científico, una científica
ein **Witz** III 3, TA un chiste
witzig I 4 gracioso, -a
wo *(Rel.pron.)* II 3 donde
wo? I 2B, PP ¿dónde?
eine **Woche** I 3A una semana
ein **Wochenende** I 3A un fin de semana
woher? I 1, PP ¿de dónde?
wohin *(Rel.pron.)* II 3, 3 adonde
wohin? I 3A ¿adónde?
wohl *(+ inf.)* **müssen** *(Vermutung)* II 9 deber de *(+ inf.)*
sich **wohlfühlen** I 4 sentirse bien
wohlhabend III 6, R acomodado, -a
wohlklingend <I 8A, PP> sonoro, -a
wohnen I 2B, PP vivir; <III GC> residir en algún lugar
eine **Wohnstätte** III 3, R una vivienda
eine **Wohnung** <I 5B, 9> una vivienda; I 5A un piso
ein (kleines) **Wohnzimmer** I 5B, 9 una sala de estar
eine **Wolke** II 1, 9 una nube
ein **Wolkenkratzer** <II GC> un rascacielo
etw. (tun) **wollen** I 3B, PP querer (-ie-) (hacer) algo
ein **Workshop** II 7, PP un taller
ein **Wort** I 4 una palabra
ein **Wörterbuch** I 5B un diccionario
wozu? II 1 ¿para qué?
eine **Wunder** <III GC> una maravilla
wunderbar II 7, PP maravilloso, -a
wunderschön I 3A, PP precioso, -a
ein **Wunsch** II 7 un deseo
etw. (zu tun) **wünschen** I 6 desear (hacer) algo
ich **würde** gerne / du **würdest** gerne II 8 te / me gustaría
Ich **würde** gerne … <II 5, TA>; II 5 Quisiera …
Wir **würden** gerne … <II 5, TA> Quisiéramos …
luftgetrocknete Paprika**wurst** I 7B el chorizo
eine **Wurzel** III 4, PA una raíz *(pl.* raíces)
eine **Wüste** II 5, PP un desierto
wüstenartig <III GC> desértico, -a

Z

eine **Zahl** I 2B, PP un número
etw. (be)**zahlen** I 7B pagar algo
zahlreich III 6, R numeroso, -a
ein **Zahn** I 4, 5 un diente
sich die **Zähne** putzen I 4, 5 lavarse los dientes
ein **Zaun** III 6, R una valla
zehn I 2B, PP diez; III 3, R una decena (de)
…**zehn** *(bei den Zahlen 16–19)* I 2B, PP dieci…
zehnte, -r, -s I 7A décimo, -a
ein **Zehntel** III 1, PP un décimo / una décima parte (de)
ein **Zeichen** <I 2B, 10> un signo
ein **Zeichentrickfilm** III 7, PP los dibujos animados
zeichnen <I 2B, TA> dibujar
Zeichnung <I CS> un dibujo
jdm. etw. **zeigen** II 3, PP mostrar(le) (-ue-) algo a alguien; I 5A enseñar(le) algo a alguien
in letzter **Zeit** I 8B últimamente
in / zu jener **Zeit** II 2, 7 en aquella época
die **Zeit** I 3B el tiempo
ein **Zeitabschnitt** <II GC> un período, un periodo
das **Zeitgeschehen** III 5, PP la actualidad
eine **Zeitschrift** I 3B una revista
eine **Zeitung** II 3, PP un periódico
das **Zentrum** <I 1, 6> el centro
das (Stadt)**Zentrum** I 3A, PP el centro
zerbrechlich III 7, PA frágil
etw. **zerstören** <II GC> destruir algo
die **Zerstörung** II 9 la destrucción
ein **Zeugnis** III 6, PA un certificado
ein **Ziel** III 2, PA una meta
III 4, R un objetivo
ziemlich I 3A, PP bastante
ziemlich viel, -e I 7B bastante, -s
eine **Ziffer** III 1, PP una cifra
eine **Zigarette** I 8A un cigarrillo
ein **Zigeuner**, eine **Zigeunerin** II 3 un gitano, una gitana
ein **Zimmer** I 1 una habitación; I 8A un cuarto
ein **Zirkus** <I CS> un circo
zittern III 8, PA temblar (-ie-)
eine **Zivilisation** <II GC> una civilización
eine **Zone** II 5, PP una zona
ein **Zoo** <I CS> un parque zoológico
(hin) **zu** I 3A a; I 6 hacia
zu (sehr / viel) I 6 demasiado
zu Ende gehen I 2B terminar
zu Hause I 3A en casa
zu sich nehmen I 2A tomar
zubereiten I 5A, 5 preparar algo
die **Zucht** II 9 la cría
der **Zucker** III 5, PP el azúcar
das **Zuckerrohr** <III 6, T> la caña de azúcar
zuerst *(adv.)* I 2B primero
zufälligerweise III 7, R casualmente
zufrieden (sein) III 1, PA (estar) satisfecho, -a
ein **Zug** I 8B, 6 un tren
etw. **zugeben** III 2, PA admitir algo
etw. **zugeben** III 2, PA reconocer (-zco) algo
(zu)hören I 2A, PP escuchar
die **Zukunft** II 1 el futuro
zum Beispiel I 5A por ejemplo
zum Schluss I 6 para terminar
zumindest III 2, PA al menos
zunehmen II 9 aumentar
jdn. **zurechtweisen** I 7A echar una bronca a alguien
etw. **zurückbekommen** III 4, R recuperar algo
jdm. etw. **zurückgeben** I 8B devolver(le) (-ue-) algo a alguien
zurückkehren I 4, PP volver (-ue-)
zurückkommen, zurückkehren (nach) II 5 regresar (a)
zurzeit III 6, R actualmente
zusammen I 3B junto, -a
etw. **zusammenfassen** III 4, PA resumir algo
eine **Zusammenfassung** II 5 un resumen
ein **Zusammenhang** III 7, R un contexto
(mit jdm.) **zusammenleben** II 7, PP convivir (con alguien)
etw. **zusammentragen** III 3, R juntar algo; III 3, R juntarse
zusammenzählen II 9, PP sumar algo
ein **Zustand** <II 1, 8> un estado
eine **Zutat** <II GC> un ingrediente
zuverlässig II 7, 6 formal
die **Zwangsarbeit** <III GC> el trabajo forzado
zwanzig I 2B, PP veinte
…**undzwanzig** I 2B, PP veinti…
zwei I 2B, PP dos
ein **Zweifel** I 8B una duda
zweifellos I 8B sin duda
zweihundert I 7B doscientos, -as
zweite, -r, -s I 7A segundo, -a
Zwilling *(Sternzeichen)* <II 5, PP> Géminis
jdn. **zwingen**, etw. zu tun II 2 obligar a alguien a hacer algo
zwischen I 6 entre
zwölf I 2B, PP doce

Repaso 1

1 El viaje al Camino de Santiago

1. os apuntéis
2. paguéis
3. pueda
4. se mejore
5. venga
6. haga
7. llueva
8. llevemos
9. decidáis
10. lleve
11. sea
12. den
13. cuenten
14. lo hagas

2 Los jóvenes y el tiempo libre

Subjuntivo
(No) me molesta que / No creo que / (No) me preocupa que / No me gusta que / Me alegro de que / Es una lástima que / Me parece importante que…
- los jóvenes pierdan el tiempo.
- muy pocos jóvenes vayan al teatro.
- haya muchos jóvenes que vayan de vacaciones con su familia.
- la actividad de tiempo libre favorita sea escuchar música.
- muchos jóvenes necesiten mucho tiempo para ayudar en casa.
- los jóvenes españoles no hagan mucho deporte.
- ir al cine sea un poco caro.
- nosotros pasemos mucho tiempo delante del ordenador.
- los jóvenes participen en campos de trabajo y ayuden a las ONGs.

Indicativo
Pienso que / Creo que / Me parece que…
- los jóvenes pierden el tiempo.
- muy pocos jóvenes van al teatro.
- hay muchos jóvenes que van de vacaciones con su familia.
- la actividad de tiempo libre favorita es escuchar música.
- muchos jóvenes necesitan mucho tiempo para ayudar en casa.
- los jóvenes españoles no hacen mucho deporte.
- ir al cine es un poco caro.
- nosotros pasamos mucho tiempo delante del ordenador.
- los jóvenes participan en campos de trabajo y ayudan a las ONGs.

3 ¡Buenas vacaciones!

a Solución posible:
1. La chica está sola en la montaña y le duele un pie / se ha roto una pierna. Necesita ayuda.
2. Dos chicos están en la montaña, pero les gustaría estar en la playa. No importa si llueve o no.
3. El guía explica unos cuadros en un museo, pero la chica no entiende nada.
4. El chico quiere estudiar español para conocer a chicas españolas y hablar con ellas.
5. Un grupo de personas está en la montaña y ya está cansado. Quieren hacer una pausa y descansar.
6. Las dos chicas están muy cansadas después de subir a la montaña.
7. El perro ve a un gato por la ventana. El perro tiene miedo del gato y por eso no sale de la casa.
8. Un grupo de jóvenes está en la montaña. Como hay mucha niebla no pueden ver nada.

b
1. Nadie me escucha a pesar de que grite / grito mucho.
2. Preferimos ir a la playa aunque llueva.
3. No comprendo nada a pesar de que lo explica muy bien.
4. Aprendo español para que las chicas españolas me comprendan.
5. Entramos en el refugio para que el grupo haga una pausa.
6. Subimos la montaña de modo que estamos cansadas.
7. Me quedo en casa a fin de que no me pase nada.
8. Hay una niebla fuerte, así que no vemos nada.

4 La experiencia en la ONG

1. falso
2. verdadero
3. no está en el texto
4. verdadero
5. falso
6. verdadero
7. no está en el texto

Hörtext (Track 8)
1. Bueno, sí, mi experiencia ha sido muy buena. Hemos tenido más tiempo libre y la ONG ha conseguido resultados muy buenos, incluso mejores que los del año pasado. Las cifras de gente que ayuda son superiores a las que pensábamos. La gente ha dado mucho más dinero este año. Está claro que cada vez hay más gente que quiere ayudar.

2. Pues yo, la verdad es que esperaba menos trabajo. El trabajo de voluntario es más duro de lo que uno se cree: he dormido mucho menos que en casa, pero claro, es que aquí te quedas hablando con la gente, después del trabajo.

3. Yo de lo único que me quejo es de que ha hecho muy mal tiempo para ser verano. Peor que en el pueblo de mis padres. Un tiempo pésimo realmente. Sin embargo creo que todos los del grupo hemos trabajado al máximo porque queríamos mejorar la vida de muchas personas.

5 Los planes para las vacaciones

Antonio: He encontrado un campo de trabajo que me parece muy interesante.
Lucía: Yo estoy buscando todavía un sitio en el que / donde sea posible hacer mucho deporte.
Antonio: Mira, aquí tengo este folleto para jóvenes cuya perspectiva es ayudar a los demás.
Lucía: No tengo ganas de ir de vacaciones a un lugar en el que / donde no tienes tiempo libre.
Antonio: El folleto también dice: «Tenemos muchos recursos con los cuales / con los que podemos hacer que la vida de mucha gente sea mejor». Además hay un programa cultural al que puedes apuntarte.
Lucía: Yo quiero ir con amigos con los que / con quienes me divierto siempre.
Antonio: Pues en el campo seguro que hay gente divertida e interesante a la que voy a conocer.

6 Un intercambio en México

1. tendrás
2. será
3. será
4. encontrarás
5. querrá
6. interesará
7. parecerá
8. acostumbrarás
9. pasaréis
10. os sentiréis
11. regresarás
12. serás
13. interesarán
14. Pensarás
15. buscarás

7 Para evitar el fracaso escolar

a 1c, 2b, 3b, 4a

b Soluciones individuales

8 ¿Los ayudarías?

a

1. Si Roberto fuera mi compañero, …
- le ofrecería fruta.
- no iría con él a las hamburgueserías.
- hablaría con sus padres.
- lo invitaría a hacer deporte juntos.

2. Si Carla fuera mi compañera, …
- haría los deberes con ella siempre.
- le explicaría los ejercicios.
- buscaría un profesor particular.
- le diría que pregunte si no ha entendido.

3. Si Andrés fuera mi compañero, …
- le diría que tiene que cuidar su salud.
- hablaría con sus padres.
- llamaría a un teléfono de ayuda.
- le diría que puede gastar su dinero en cosas mejores.

b

1. Si Roberto hubiera sido mi compañero, …
- le habría ofrecido fruta.
- no habría ido con él a las hamburgueserías.
- habría hablado con sus padres.
- lo habría invitado a hacer deporte juntos.

2. Si Carla hubiera sido mi compañera, …
- habría hecho los deberes con ella siempre.
- le habría explicado los ejercicios.
- habría buscado un profesor particular.
- le habría dicho que preguntara si no ha entendido.

3. Si Andrés hubiera sido mi compañero, …
- le habría dicho que tenía que cuidar su salud.
- habría hablado con sus padres.
- habría llamado a un teléfono de ayuda.
- le habría dicho que podía gastar su dinero en cosas mejores.

9 Buscando hotel en Sevilla

Das Hotel befindet sich im Zentrum von Sevilla, in der Straße Maestranza, in einem Geschäftszentrum. In der Nähe gibt es Museen, einen Park, die Universität und den alten Stadtkern.
Man kann in öffentlichen Bereichen das Internet gratis benutzen.
Es gibt keinen Parkplatz.
Ein Doppelzimmer kostet 88 Euro, ein Doppelzimmer zur Einzelnutzung kostet 75 Euro. Die Juniorsuite kostet 105 Euro. Das Frühstück ist inbegriffen. Es kommen aber noch 7 % Mehrwertsteuer dazu.
Es gibt ein Sonderangebot: Für die Nacht von Samstag auf Sonntag gibt es 15 % Preisnachlass.

Repaso 2

1 Un poco de historia

a

pretérito pluscuamperfecto	pretérito indefinido	pretérito imperfecto
había hecho	estuvo	estaba
habían estado	puso	fundaba
habías sido	hicieron	creía

pretérito perfecto	imperfecto de subjuntivo	condicional
ha constituido	tuvieran	tendría
se han negado	fuera	defenderían
hemos puesto	hubierais	ofreceríamos
		querría

b

1. Cuando Goethe publicó el «Fausto», el Inca Garcilaso de la Vega ya había publicado «Comentarios Reales».
2. Cuando Diego Rivera terminó los murales del Palacio Nacional, Dalí ya había pintado sus relojes blandos.
3. Cuando Rigoberta Menchú ganó el Premio Nobel de la Paz, ya había caído el Muro de Berlín.
4. Cuando Günter Grass ganó el Premio Nobel de Literatura, los estadounidenses ya habían comenzado a construir un muro entre México y Estados Unidos.

c Soluciones individuales

2 Protejamos el medio ambiente

a

aire	basura
el tráfico	el reciclaje
la contaminación	producir
circular	un contenedor
un gas	juntar
la emisión	separar
la circulación	la basura orgánica
la atmósfera	una lata
un filtro	reducir
el ozono	reusar
un contaminante	una botella
un coche	reciclar
reducir	el papel
producir	el vidrio
	un contaminante

b Soluciones posibles:

- Tenemos que reducir la contaminación / la emisión / la basura / el tráfico.
- En esta ciudad el aire no circula bien.
- El tráfico produce emisión de contaminantes / muchos gases.
- La industria produce mucha basura / contaminación.
- En muchos países se separa la basura.
- Hay que separar la basura orgánica.
- Junta botellas, latas, papel y vidrio.
- Tira las botellas en contenedores para vidrio.
- Muchas botellas se reúsan.
- En esta fábrica reciclan papel / vidrio.

3 Todo podría ser diferente

1. Si no viviera tan lejos de la preparatoria, no cambiaría de metro dos veces.
2. Si no hubiera tanta contaminación, no tendría alergia.
3. Si los vecinos no hicieran tanto ruido, podría dormir mejor.
4. Si no hubiera tanto tráfico, no necesitaría tanto tiempo para llegar al trabajo.
5. Si nos mudáramos a vivir al campo, viviríamos mucho más tranquilos.
6. Si tuviera un contrato de trabajo en EE. UU., no tendría problemas para vivir allí.

4 Cadenas

a

1. Si el transporte público fuera más barato, la gente lo utilizaría más. Si la gente utilizara más el transporte público, habría menos tráfico. Si hubiera menos tráfico, habría menos contaminación. Si hubiera menos contaminación, el aire sería más limpio. Si el aire fuera más limpio, la gente iría más en bicicleta.

2. Si en las ciudades utilizáramos menos agua, más gente tendría acceso a ella. Si más gente tuviera acceso al agua, no tendría(n) que viajar para conseguirla. Si no tuviera(n) que viajar para conseguir el agua, tendría(n) más tiempo para su trabajo. Si tuviera(n) más tiempo para su trabajo ganaría(n) más dinero. Si ganara(n) más dinero, viviría(n) mejor.

b Soluciones individuales

5 Demasiado tarde

a

1. Si hubiera visto los precios, habría ido a otro restaurante.
2. Si no hubiera visto una película por la noche, me habría acostado más temprano.
3. Si hubiéramos llevado el mapa de la ciudad, habríamos encontrado el museo.

4. Si el metro no hubiera estado llenísimo, habríamos podido llegar a tiempo.

b Soluciones individuales

6 Ser ecologista

1. Querían que fumáramos menos.
2. Exigían que los gobiernos pusieran contenedores de basura más grandes.
3. Pidieron que todos comiéramos menos hamburguesas.
4. Escribieron que los medios informaran mejor sobre la contaminación.
5. Dijeron que (nosotros) fuéramos en bicicletas.
6. Les gustaría que (nosotros) escucháramos a los ecologistas.
7. Querrían que más ciudadanos se unieran a ellos.
8. Exigían que cada uno respetara la naturaleza.
9. Pidieron que los supermercados usaran menos bolsas de plástico.
10. Dijeron que las ciudades ahorraran el agua.
11. Querían que los niños tuvieran más conciencia ecológica.
12. Les gustaría que los medios de comunicación les dieran más atención.

7 Personajes del mundo hispánico

a

1. Pancho Villa
2. Rigoberta Menchú
3. Diego Rivera / Frida Kahlo
4. Isabel de Castilla / Cristóbal Colón
5. Hernan Cortés
6. Cortés / Malinche
7. Moctezuma
8. Colón
9. Frida Kahlo
10. Malinche / Cortés
11. Subcomandante Marcos

b

1. Una mujer de la clase alta de la Ciudad de México fue llamada Adelita por Pancho Villa.
2. Algunos miembros de la familia de Rigoberta Menchú fueron asesinados por los militares.
3. Frida Kahlo fue pintada algunas veces por Diego Rivera.
4. Cristóbal Colón fue recibido por Isabel de Castilla.
5. En 1519 la región de Tabasco fue conquistada por Cortés.
6. Algunas mujeres, entre ellas Malinche, fueron ofrecidas a Cortés como regalo.
7. Varios mensajeros fueron enviados por Moctezuma para encontrarse con Cortés.
8. Otros tres viajes fueron realizados por Colón para encontrar un camino hacia la Indias.
9. Decenas de autorretratos, paisajes y retratos de personajes importantes fueron pintados por Frida Kahlo.
10. Cortés fue ayudado por la Malinche.
11. El Subcomandante Marcos fue entrevistado por el Loco de la Colina.

8 Una exposición sobre la historia de México

a Yolanda: pirámides mayas; Andrés: Revolución Mexicana; Belén: La Conquista, la Malinche (La Conquista) y Juan: Zapatistas.

b

1. Le gustaría saber más cosas sobre los mayas, ha visto las pirámides y le parecen preciosas.
2. Llevan unos sombreros enormes.
3. Se enterarían de un montón de cosas interesantes. Ella fue una figura clave y gracias a ella los españoles conquistaron el imperio azteca.

Hörtext (Track 22)

Andrés: Oye, Belén, ¿y tú sobre qué vas a hacer la exposición?

Belén: Pues todavía no lo sé. La verdad es que me gustaría saber más cosas sobre los mayas, porque he visto las pirámides y me parecen preciosas, pero es que ese tema ya lo ha elegido Yolanda y como no se pueden repetir…

Andrés: Así que los mayas ya están cogidos. ¡Qué rápida ha sido Yolanda! Pues yo creo que voy a trabajar sobre la Revolución: me encantan esas fotografías en las que esos señores llevan unos sombreros enormes. Además, la biografía de Zapata me ha parecido interesantísima. Oye, Belén, pues aunque los mayas ya estén pillados, podrías hacer algo sobre los aztecas. A mí me gustaría mucho que alguien nos explicara más cosas sobre ellos.

Belén: ¿Sabes? Estoy pensando que quizá, si pudiera hacer el trabajo sobre La Malinche, nos enteraríamos de un montón de cosas interesantes, ¿no?

Andrés: Pero, ¿la Malinche está en la lista de temas que ha preparado la profesora?

Belén: Bueno, no exactamente. Pero sí está la Conquista española y no creo que sea un problema, porque ella fue una figura clave. Gracias a ella los españoles conquistaron el imperio azteca.

Yolanda: Bueno, Juan ha decidido que va a hacer el trabajo sobre los zapatistas, así que ese tema también está pillado. Si no os dais prisa, no vais a poder elegir.

Andrés: No, si nosotros ya lo hemos decidido: yo voy a hacer la exposición sobre la Revolución Mexicana y Belén la hará sobre La Malinche.

9 La Conquista de México

1. Los mayas anunciaron que regalarían mujeres a los hombres blancos que habían llegado.
2. Los mayas dijeron a Cortés que tomara los regalos.
3. Malinche explicó que podía traducir del náhuatl a la lengua maya.
4. Moctezuma preguntó si habían sido enviados por los dioses.
5. Moctezuma dijo a sus mensajeros que tenían que informarle de quién era Cortés.
6. Cortés exigió a sus hombres que siguieran adelante aunque Moctezuma no quisiera.
7. Malinche dijo que tenía miedo de que la mataran los emperadores.
8. Cortés le dijo a Malinche que no podía casarse con ella, porque ya estaba casado.
9. La Malinche dijo que tendría un hijo suyo.
10. Los mexicanos dijeron que Malinche había tenido mucha importancia en la historia de su pueblo.

10 Cómo cuidar el agua

Los consejos dicen / En el folleto piden que …
1. no nos duchemos más de diez minutos.
2. cerremos el grifo cuando nos lavemos los dientes.
3. llenemos bien el lavavajillas antes de ponerlo.
4. usemos poco detergente para la ropa.
5. lavemos el coche con sólo 10 litros de agua.
6. usemos agua de lluvia para el jardín.

Repaso 3

1 La abuela de Carlos

a

1. era	6. estábamos
2. conocía / había conocido	7. se habían levantado
3. trabajaba	8. notamos
4. entró	9. escuchábamos
5. dijo	10. teníamos
	11. habíamos pasado

b Solución posible:
De repente un día empezaron a sonar las alarmas y llegaron muchos aviones. Nosotros pensamos / pensábamos que iban a caer bombas, pero enseguida empezó a caer pan.

2 Las lenguas de España

- Cuando murió Franco / Después de que muriera Franco…
- Cuando comenzó la democracia en 1978…
- Aunque son sólo cinco…
- … si se compara esta / si comparamos esta…
- … si se reconocieran…
- … que se considera como un derecho…
- … porque muchas personas tienen…

3 ¿Qué dijeron que harían?

Solución posible:
Jóvenes
- Juan y Ana dijeron que irían a Alemania para estudiar.
- Isabel dijo que trabajaría con niños difíciles.
- Paco dijo que escribiría novelas históricas.
- Paco y Ana dijeron que ayudarían a personas mayores.
- Isabel dijo que tendría una gran familia.
- Juan dijo que muchas personas lo conocerían.
- Carlos me dijo que leería sus artículos en distintas revistas.
- Adrián me preguntó si estudiaría en el extranjero.
- Juan le dijo a Sofía que se casarían en Venecia.
- Alonso nos preguntó a todos si recordaríamos nuestro tiempo en la escuela.

Adultos
- Nuestro profesor decía que intentáramos conseguir experiencia en el trabajo.
- Mi madre nos dijo que hiciéramos un viaje para conocer el mundo.
- Él siempre nos decía que nos interesáramos por todo.
- El profesor nos decía que siguiéramos aprendiendo toda la vida.
- Mi padre me dijo que ahorrara dinero para comprarme mi coche.
- La profesora me dijo que aprendiera al menos dos idiomas extranjeros.
- Mis padres me dijeron que estudiara algo en la universidad.
- Mis padres me dijeron que me quedara a vivir cerca de ellos.

4 Aprender una lengua

Se puede aprender español…
1. leyendo libros y periódicos españoles y latinoamericanos.
2. pasando un año de intercambio en el extranjero / haciendo un viaje a España o Latinoamérica.
3. escuchando música española y latinoamericana y cantando canciones en español.

Más ejemplos:
Se puede aprender español…
- viendo películas españolas.
- hablando con extranjeros.
- dando informaciones a los turistas.
- yendo a España o a América Latina.
- haciendo viajes a España o América Latina.
- teniendo amigos en el mundo.

5 Dilo con otras palabras

1b, 2a, 3c, 4c, 5b, 6a, 7c, 8b

6 Problemas al llegar

1. Aun habiendo estudiado
2. estando aquí
3. buscando trabajo
4. usando el diccionario o hablando inglés
5. preguntado cosas en la calle
6. cuidando a una señora mayor
7. preguntando y hablando
8. aprendiendo español en escuelas
9. encontrando a Marta

7 Opinión

Soluciones individuales

8 El estilo indirecto

1a, 2b, 3a, 4c, 5b, 6c

9 En un restaurante de Tijuana

Interpretación de los padres	Interpretación del camarero
¿Puede recomendarnos algo típico?	Der Kellner empfiehlt uns «Chiles en nogada».
¿Qué/ Cómo son esos chiles?	Das sind Chileschoten, die mit Fleisch und Früchten gefüllt sind. Dazu gibt es eine Sauce aus Walnüssen und Granatapfel.
¿Son muy picantes? / ¿Es un plato muy picante?	Nein, das ist nicht sehr scharf.
Los vamos a probar. / Queremos probarlos. ¿Qué tienen de postre?	Zum Nachtisch könntet ihr «Capirotada» nehmen.
¿Qué es la capirotada?	Das ist eine Süßspeise, die aus Weißbrot, Honig, Rosinen, Walnüssen und Käse gemacht wird. Diese Nachspeise ist ziemlich schwer / nahrhaft / macht schnell satt.
No importa. La probamos también.	Und was wollt ihr trinken?
Tráiganos una jarra de agua de jamaica.	In Ordnung. Der Kellner sagt, das ihr das wohl schon kennt.

Repaso 4

1 Compresión lectora

1b, 2a, 3a, 4b, 5c

2 Comprensión auditiva

1b, 2a, 3a, 4b

Hörtext (Track 42)
Esta semana se han dado a conocer los resultados del estudio «la televisión y los jóvenes» realizado por investigadores de la Facultad de Sociología de la Universidad Autónoma de Madrid.
Con una duración de dos años, este estudio, consistente en analizar los hábitos de los jóvenes de nuestro país con respecto a la televisión, muestra que los españoles de entre 18 y 34 años ven cada vez menos la televisión tradicional y pasan más tiempo con otros medios como el móvil o los ordenadores portátiles.
El estudio ha contado con más de dos mil individuos y uno de los resultados más claros es que casi un tercio de los entrevistados estaría de acuerdo con pagar por evitar ver anuncios comerciales.
Según el estudio, los más jóvenes están olvidándose de la televisión, apenas se interesan por la radio y mucho menos por los periódicos. Se considera que en la actualidad los jóvenes de entre 16 y 24 años pasan casi tres horas a la semana en Internet. Más del 70 por ciento utiliza el chat, y uno de cada cinco tiene una página web propia o un blog.
Como resultado estos jóvenes ven siete horas menos la tele a la semana que un español medio.

4 Gramática y vocabulario

1b, 2a, 3a, 4a, 5a, 6a, 7b, 8b, 9b, 10a, 11a, 12c, 13c, 14b, 15b, 16c, 17c, 18b, 19a, 20b, 21b, 22c, 23b, 24a, 25a, 26b, 27b, 28c, 29a, 30a

Índice de estrategias

Todas las estrategias

Tomo 1 535780-0020 Tomo 2 535780-0021

Bildquellen: AKG, Berlin: 17.2 (Antonio Machado y Ruiz / Photo); 18.5 (Bildarchiv Monheim); 98.3; Alamy Images RM, Abingdon, Oxon: 8.2 (David R. Frazier Photolibrary, Inc.); 9.1 (kolvenbach); 37.2 (Gianni Muratore); 47.1 (Shaun Higson); Avenue Images GmbH, Hamburg: 21.1 (image 100); 31.1 (Stockbyte); 96.1 (Image Source); 101.4 (imageshop); Banco de México, Del Cuauhtémoc 06059 México, D.F.: 50.1, 50.2 (VG Bild-Kunst, Bonn 2008); Bauknecht, Schorndorf: 52.4; Bilderberg, Hamburg: 59.2 (Banco de México Diego Rivera & Frida Kahlo Museums Trust/ VG Bild-Kunst, Bonn 2007); Caminito; www.caminito.eu, Cesano Maderno (MI): 27.1; 46.1; Corbis, Düsseldorf: 22.1 (Ajax/zefa); 42.1 (Ted Spiegel); 54.1 (Reuters); 57.1 (Eric Vernazobres); 58.1; 64.2 (Julio Donoso/CORBIS SYGMA); 65.2 (Joel W. Rogers); 69.3 (MAURY CHRISTIAN); 71.4 (Hubert Stadler); 86.3 (Mark Dye/Star Ledger); 101.1 (Gregory Doane); 104.1 (Barnabas Bosshart); 110.2 (Bettmann); COV.1; creativ collection, Freiburg: 52.1; 52.2; culture-images, Köln: 114.1 (GP); Das Fotoarchiv, Essen: 70.2; 70.3; DonQuichotte, Stuttgart: 77.1, 77.2, 77.3, 77.4, 77.5 (2. Internationaler Karikaturenwettbewerb der deutsch-türkischen Satirezeitung); Dream Maker Software, Colorado: 123.1 (RF); EL MUNDO DEL SIGLO XXI, Madrid: 27.3; Equipo Franja, Madrid: 12.1 (Programa Voluntariado); Festival de Cannes, Paris: 98.2; Fotofinder, Berlin: 9.2 (Guido Schiefer); 14.1 (Bjoern Goettlicher/Visum); 18.3 (Brigitte Merz / LOOK-foto); Fotolia LLC, New York: 86.5 (HD Connelly); 97.1 (RF / dotshock); Fotosearch RF, Waukesha, WI: 35.2 (medioimages); Fundación de Ayuda contra la Drogadicción, Madrid: 20.1, 21.2, 21.3; Getty Images, München: 28.1 (JOSE JORDAN); 44.1 (ALFREDO ESTRELLA); 56.1 (Frank Micelotta); 57.3 (PHILIPPE DESMAZES); 106.2 (AFP); 107.1; 126.2 (CHRISTOPHE SIMON/AFP); 129.1 (MARTIN BERNETTI); 62.1; 89.5 (RR / Suzanne & Nick Geary); Getty Images RF, München: 36.5 (Photodisc); IMAGO, Berlin: 108.1; Imago Stock & People, Berlin: 19.1 (puchinger); Injuve Logo: 32.1; Interfoto, München: 113.5 (NG Collection); Internet / Screenshot: 8.6 (www.ibg-workcamps.org); 12.3 (PVRM.org); iStockphoto, Calgary, Alberta: 10.1 (DIGIcal); 12.2 (Andrew Johnson); 15.1 (Francisco José Alarcón García); 17.1, 41.1 (René Mansi); 36.4 (Andree Feurich); 36.7 (Deejpilot); 41.2 (Thomas Mounsey); 41.3 (Marcelo Wain); 41.4 (Joe Gough); 41.5 (FhF Greenmedia); 52.3 (Justin Horrocks); 52.7, 52.11 (Monika Adamczyk); 52.8 (Luis Carlos Torres); 52.9 (Georg Winkens); 52.10 (Rob Friedman); 57.2 (Daniel Rodriguez); 57.5 (North Georgia Media L.L.C.); 57.6 (Richard Gunion); 64.3 (Rafael Ramirez Lee); 64.5 (Alan Crawford); 66.1 (absolut_100); 67.1 (Pamela Moore); 68.1 (jmsilva); 68.3 (dlewis33); 69.1 (Lucia Cantone); 69.2 (Simon Smith); 70.4 (David Freund); 72.2 (robert lerich); 78.1 (Jacom Stephens); 78.2 (William Casey); 78.3 (DeannaBean); 86.4 (Angus Plummer); 86.6 (Marti157900); 96.2 (Tomas Bercic); 96.3 (Ilbusca); 96.4 (LyaC); 96.5 (funebre); 96.6 (tomhoryn); 96.7 (Tim Mccaig); 96.8 (Mark Poprocki); 102.1 (Alex Brosa); 115.1 (66North); COV.2, COV.4 (Abimelec Olan); 123.2, 124.1 (andres balcazar); 89.1 (Millanovic); 89.6 (Anna Bryukhanova); Jahreszeiten Verlag, Hamburg: 52.5; JupiterImages, Tucson, AZ: 26.1 ,26.2 (photos.com); 57.4; 113.4; 89.4; 91.1 (Maryellen Baker); Keystone, Zürich: 8.1 (REGINA KUEHNE); Klett-Archiv, Stuttgart: 65.4 (Grizel Delgado); 71.1, 71.2, 71.3, 71.5, 71.6, 71.8 (Elena Freire Gómez); 18.4, 101.2, (Miguel Freire Gomez); 36.2, 103.2 (Thomas Gremmelspacher); 8.5 (Studio Leupold); 105.1 (Simone Schafitel); 69.5 (Silberzahn); La Susodicha Producciones S.L., Madrid: 99.1, 99.2, 99.3, 99.4 (Alberto Ruiz Rojo); laif, Köln : 8.4 (Enker); 45.1, 125.2 (Christian Heeb); 54.2 (Miquel Gonzalez); 98.1 (Kopra/Cover); 105.2 (Karl-Heinz Raach); 126.1 (Polaris); Lancashire County Council 2008: 41.6; Mauritius, Mittenwald: 13.2 (Gilsdorf); 24.1 (imagebroker.net); 29.1 (Marc Gilsdorf); Máximo, El País, 19-07-2007: 72.1; MEV, Augsburg: 13.1; 89.3 (RF); Campaña de prevención del consumo de alcohol en jóvenes y menores, 2007. El alcohol te destroza por partida doble, Gobierno de España. Ministerio de Sanidad y Consumo: 20.2; Modular, Stuttgart: 8.3 (Steinle); Okapia, Frankfurt: 120.1 (Juan Manuel Borrero); Panel de Audimetría de TNS, Audiencia de Medios: 100.1; Parteilogo: 75.1, 75.2, 75.3, 75.4, 75.5, 75.6, 75.7, 75.8; Picture-Alliance, Frankfurt: 9.3 (dpa epa Keystone Eng); 18.1 (Bildagentur Huber/ Gräfenhain); 18.2 (Horst Ossinger); 27.2 (Gaylen Floy); 36.6 (Bildagentur H); 55.1 (Korda); 65.1 (dpa); 65.3 (dpa/dpaweb); 69.4 (maxppp); 74.1; 82.1 (dpa/dpaweb); 101.3 (united archiv); 125.1 (Steffen K.); picturemaxx.net RF, München: 111.3 ,111.4, 113.1, 113.2, 113.3, 115.2 (KPA); 111.5 (KPV); Random House International, New York NY: 84.1 (Vintage Front Jacket Cover from CUANDO ERA PUERTORRIQUENA by Esmeralda Santiago. Used by permission of Vintage Espanol, a division of Random House, Inc.); Royal Academy of Arts, London: 48.1, 49.1 (aus: „Die Kultur der Azteken", S. 34, Abb. 25; Du Mont Literatur und Kunst); shutterstock, New York, NY: 10.2 (Tiplyashin Anatoly); 10.3 (Heinz Waha); 36.1 (James Steidl); 36.3 (Alan C. Heison); 38.1 (Galina Barskaya); 38.2 (Galina Barskaya); 38.3 (rgbspace); 70.1 (Alex Brosa); 86.1 (Elke Dennis); 86.2 (Graca Victoria); 103.1 (Konstantin Sutyagin); 105.3 (Sebastien Burel); 105.4 (Rafael Martin-Gaitero); 35.1 (Peter Albrektsen); 90.1 (Rj Lerich); The Romero Studio, Los Angeles: 83.1 (Frank Romero); SASI Group (University of Sheffield), 2006; Mark Newman (University of Michigan): 76; Tiberius Film GmbH & Co. KG, München: 92.1, 92.2, 92.3, 92.4, 92.5, 92.6, 93.1, 93.2, 93.3, 93.4, 94.1, 95.1, 95.2, 95.3, 95.4; TOPICMedia, Ottobrunn: 52.6; ullstein bild, Berlin: 37.1 (The Granger Collection, New York); 44.2 (Ron Giling); 47.2, 47.3 (Sean Sprague); 58.2; 59.1, 59.3 (Banco de México Diego Rivera & Frida Kahlo Museums Trust/ VG Bild-Kunst, Bonn 2007); 64.1; 64.4; 65.5, 68.2 (Reuters); 71.7 (imagebroker.net / Siepmann); 73.1; 74.2 (Becker & Bredel); 79.1 (CARO/Sorge); 106.1 (Billhardt); 109.1 (Giribas); 114.2 (Granger Collection); 89.2 (JOKER/Ausserhofer); vario images, Bonn: 116.1 (foto-begsteiger); Wikimedia Foundation Inc., St. Petersburg FL: EIN.3 (PD); 122.1 (PD); Yahoo! Deutschland GmbH, München: 39.1 (Cupto); 41.7 (Esparta)

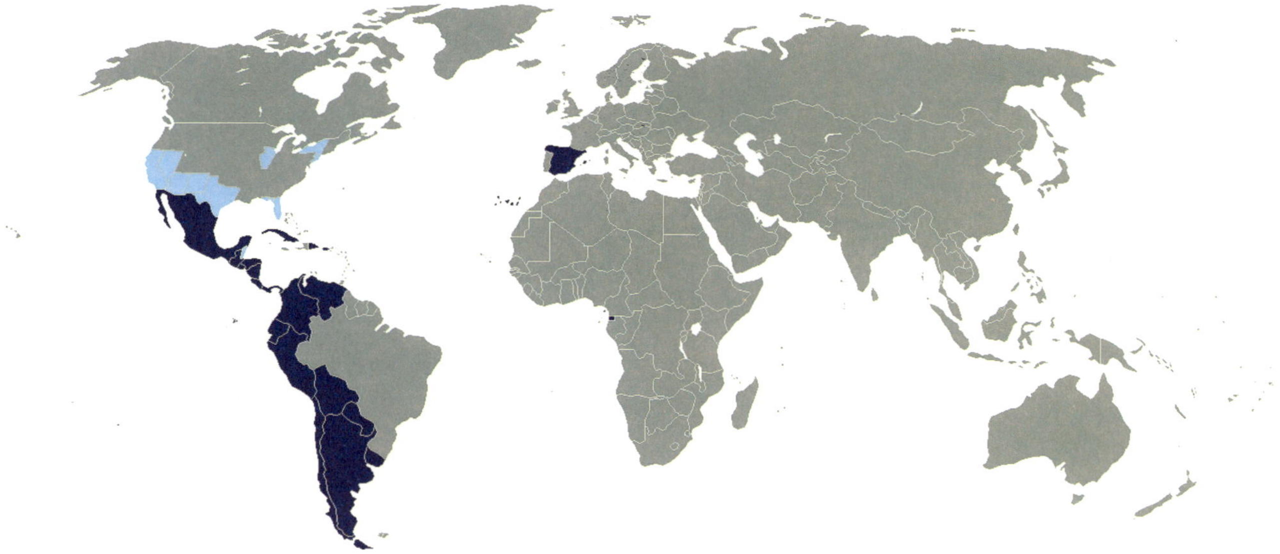

Hispanohablantes en países y territorios donde la lengua española es oficial

Países	Población	Hablantes % población
Argentina	36.060.000	99,40 %
Bolivia	7.279.000	87,90 %
Chile	15.015.000	99,30 %
Colombia	41.129.000	99,20 %
Costa Rica	3.779.000	99,20 %
Cuba	11.116.000	99,40 %
Ecuador	11.692.000	98,10 %
El Salvador	6.736.000	99,70 %
España	40.026.000	98,80 %
Guatemala	9.708.000	86,40 %
Guinea Ecuatorial	918.000	90,50 %
Honduras	6.020.000	99,00 %
México	96.097.000	98,50%
Nicaragua	4.988.000	97,00 %
Panamá	2.644.000	93,10 %
Paraguay	3.589.000	69,50 %
Perú	22.648.000	86,60 %
Puerto Rico	3.762.000	98,80 %
República Dominicana	8.449.000	98,60 %
Uruguay	3.205.000	98,90 %
Venezuela	24.601.000	98,80 %
Total	359.461.000	96,90 %

Britannica Book of the Year 200

Países de origen de los latinos que viven en EE. UU.

País de origen	Población estimada
México	28.339.354
Puerto Rico	3.987.947
Cuba	1.520.276
República Dominicana	1.217.225
El Salvador	1.371.666
total	44.252.278

U.S. Census Bureau, 2006 American Community Survey

El resto viene de otros países latinoamericanos. Es común que los latinos que nacen en Estados Unidos ya no hablen el español, pero muchos lo entienden.

Los Angeles
Colorado
Phoenix
San Diego
Tijuana
Mexicali
Ensenada
El Paso
Ciudad Juárez
Baja California
Golfo de California
SONORA
CHIHUAHUA
Guadalupe (México)
Hermosillo
Yaqui
Chihuahua
Conchos
Ciudad Obregón
Los Mochis
Guasave
Gómez Palacio
Torreón
DURANGO
Baja California sur
Culiacán
Durango
La Paz
SINALOA
Fresnillo
Mazatlán
Zacatecas
Río Grande de S.
Aguascalientes
NAYARIT
Tepic
Guadalajara
JALISCO
Colima
Uruapan
COLIMA
MICHOACÁN
OCÉANO PACÍFICO
Capital de Estado (3 233 000 hab., 01/07)
más de 500 000 habitantes
más de 200 000 habitantes
Capital de estado
Clipperton (Francia)